广东省国学教育促进会　广东省文化传播学会
广东省社会科学院国学研究中心审定　广东华文国学研
柯可主编《中华国学经典教育丛书》

中华国学经典教育丛书编审委员会
（排名不分先后）

唐明邦　张　磊　李本钧　田　丰　邸振兴　刘小敏　李庆新
李敏生　柯　可　江海燕　李　飏　刘介民　阮纪正　冯立鳌

珠江新語

柯可◎著

中国出版集团
世界图书出版公司

图书在版编目（CIP）数据

珠江新语/柯可著. —广州：世界图书出版广东有限公司，2015.5
ISBN 978 - 7 - 5100 - 9604 - 4

Ⅰ．①珠… Ⅱ．①柯… Ⅲ．①珠江流域—文化史—研究 Ⅳ．①K296

中国版本图书馆 CIP 数据核字（2015）第 105902 号

珠江新语

策划编辑：陈名港
责任编辑：韩海霞
责任技编：刘上锦
出版发行：世界图书出版广东有限公司
（广州市新港西路大江冲 25 号　邮编：510300）
电　　话：(020) 84451013
　　　　　http：//www. gdst. com. cn.　　　　E-mail：pub@ gdst. com. cn
经　　销：各地新华书店
印　　刷：广州家联印刷有限公司
版　　次：2015 年 5 月第 1 版
印　　次：2015 年 5 月第 1 次印刷
开　　本：787mm × 1092mm　1/16
字　　数：344 千
印　　张：19.25
ISBN 978 - 7 - 5100 - 9604 - 4
定　　价：60.00 元

版权所有　侵权必究

导　论

中华民族，志在文化复兴，实干兴邦；根在国学教育，培德育才。

"国学"是以中华传统思想为指针，有利于中国发展的中国特色的理论。它以自强不息、厚德载物、阴阳和谐、天人合一、道法自然、利乐有情为魂，以易学、道学、儒学和中国化佛学为核，以文学、史学、中医学、兵学、艺学、农学、生态国学等为用，引领中华民族创造了灿烂辉煌的古代文明，建构包括国德、国魂、国法、国学、国艺、国俗、国技在内的中华文化传承体系，是一个博大精深而与时俱进的开放性理论系统。

习近平主席 2013 年底考察山东孔子学院时指出："一个国家、一个民族的强盛，总是以文化兴盛为支撑的，中华民族伟大复兴需要以中华文化发展繁荣为条件。对历史文化特别是先人传承下来的道德规范，要坚持古为今用、推陈出新，有鉴别地加以对待，有扬弃地予以继承。国无德不兴，人无德不立。必须加强全社会的思想道德建设，激发人们形成善良的道德意愿、道德情感，培育正确的道德判断和道德责任，提高道德实践能力尤其是自觉践行能力，引导人们向往和追求讲道德、尊道德、守道德的生活，形成向上的力量、向善的力量。只要中华民族一代接着一代追求美好崇高的道德境界，我们的民族就永远充满希望。"

此后，中共中央办公厅印发了《关于培育和践行社会主义核心价值观的意见》，根据党的十八大精神，申明"培育和践行社会主义核心价值观，是推进中国特色社会主义伟大事业、实现中华民族伟大复兴中国梦的战略任务。""这与中国特色社会主义发展要求相契合，与中华优秀传统文化和人类文明优秀成果相承接，是我们党凝聚全党全社会价值共识做出的重要论断。"并依据"中华优秀传统文化积淀着中华民族最深沉的精神追求，包含着中华民族最根本的精神基因，代表着中华民族独特的精神标识，是中华民族生生不息、发展壮大的丰厚滋养"的价值判断，明确提出了要"发挥优秀传统文化怡情养志、涵育文明的重要作用。"加紧"建设优秀传统文化传承体系，加大文物保护和非物质文化遗产保护力度，加强对优秀传统文化思想价值的挖掘，梳理和萃取中华文化中的思想精华，做出通俗易懂的当代表达，赋予新的时代内涵，使之与中国特色社会主义相适应，让优秀传统文化在新的时代条件下不断发扬光大"的要求。

从党中央这一重要文件与国学的关系看，"富强、民主、文明、和谐"这一国家层面的价值目标，"自由、平等、公正、法治"这一社会层面的价值取向，"爱国、敬业、诚信、友善"这一公民个人层面的价值准则，既是五四运动以来中国人善于吸纳西方先进文化的表现，更是继承中华传统易学的和谐思想，包括道家、儒家、佛家、法家的道德、爱国、仁义、慈悲、法治思想的升华。为此，国学促教，引经化西，文化上开民智，铸国魂；经济上创新意，强国本，济民生；政治上扬国威，坚国基，和万邦；社会上修身齐家，和谐小康；生态上天人合一，美丽中国，将不仅为构建中国社会主义核心价值观寻来源头活水，还能伴随着时代进步不断吸收人类先进文化成果，为炎黄子孙奉献从孙中山的"三民主义"、毛泽东思想、邓小平理论、科学发展观直到中国复兴梦的"新国学"。

"国学"为政府、社会、校企所提出的"智力运动强省"、"绿道生态文明"、"佛禅文化传播"、"环保再生资源"等战略决策服务的实践，充分说明了"面对世界范围思想文化交流交融交锋形势下价值观较量的新态势，面对改革开放和发展社会主义市场经济条件下思想意识多元多样多变的新特点"，以学校、社会、自我教育相结合的方式推进国学教育，培养德智体美全面发展的优秀人才，大力弘扬中华优秀传统文化，所具有的增强文化软实力、复兴中华的不可估量的重大战略意义。故唯有同心同德，因势利导，颂读精研圣哲经典，完善中华文化传承体系，方可造就国之栋梁，达致民族伟大复兴，实现亿万人民建构精神文明、物质文明、政治文明、社会文明、生态文明的伟大中国梦。

然我中华文库满箱盈架，皓首穷经也难读尽，究竟如何才能依循现代育才规律，学以致用？这是社会各界不得不深思的。本丛书在回顾汉唐盛世，宋明文功，康乾武治的天朝气象，检讨自鸦片战争、五四运动直到文化大革命的历史教训，总结改革开放以来的各地经验和学术成果后，以《国学教纲》提出"易为学纲，儒为理纲，佛为心纲，道为总纲"，以《中华颂经》、《周易德经》、《老子道经》解经释义，以《国是策论》、《珠江新语》、《创意兴国》、《国德立企》、《生态国学》、《雄辩圣哲》综述国学兴邦理念，以《大学》和历代著名的启蒙读物《弟子规》、《三字经》、《百家姓》和《千字文》等传经诵典，将黄帝的天机奥义、圣贤的超绝智慧、儒释道之真知灼见，发扬光大，以循正道，索真理，兴中华。

为此，丛书一方面努力恢复《易经》作为"修身学道妙典，审时通变明鉴，为人处世指南，精神文明规范，知往察来神卷，明哲保身真经"的中华文化百科全书的崇高地位，全面阐析老子的恒道、玄德、清静、真知、无为、贵身、安民、用兵、治国诸观组成的哲学体系，及其炳耀千古的东方智慧的伟大现实意义，以推进马克思主义中国化；一方面以生态国学、孔子"六艺"、珠江文化等濡染先贤悠然自怡的生活艺术，以人类理想筑金塔，中华国艺修玉阶，循道培德，弘毅精进，养花格物，品茶致知，绘画正心，习书诚意，练武修身，抚琴齐家，诗教治国，博弈天下，鼓动民族正能量和雄辩风，培养青少年静思善谋，自信亲和的良好品质。

展望未来，国学教育将以修身治国平天下之优良传统与优美国艺，启发国人放眼世界，胸怀祖国，立足当下，安邦济世，为社会主义核心价值观之推行，复兴强国之实践，创意文化之星光，民族奋进之生命力，为人类文明的伟大进程，做出更伟大的贡献。

张磊　柯可

2014 年 3 月 13 日

引　言

　　一条神奇的巨川源自人迹罕至的云南马雄山间，翻腾着红褐色的泥浪浊流，流传着壮族神话造物主布洛陀的英雄奇迹，裹挟着云贵高原滚下的千溪万壑积起的万钧水势，冲开水网交错平坦肥沃的三角洲平原，直入浩瀚阔远的滔滔南海……

　　这就是以灵渠的柔臂挽长江，以幽深的溶洞潜暗流，蘸过太平军人的磨刀水，驶过讨叛平乱的中山舰，飘过广州起义的浓硝烟，淌过鸦片战争的民族泪，高奏改革开放的进行曲的珠江。她孕育的瑰丽神奇的珠江文化，与古老灿烂的黄河文化，绵长深厚的长江文化，雄浑大气的黑龙江，圣域雪原的雅鲁藏布江一起，构成了欧亚大陆太平洋西岸的文明奇观！

　　阐扬珠江文化的伟大和精神，自然首先是南方文人无可推卸的义务。在他们的惯用语汇中，南方文化、珠江文化、岭南文化（岭海文化），常常是互为通用，彼此并无严格的界限和本质区别的。这一方面有利于人们从不同的角度去体味珠江文化的丰厚内涵，另一方面也证明了珠江文化已成为南方文化杰出代表的现实。然而，细究起来，无论是从三者的外延和内涵，还是从三者的文化意识和文化参照系看，都有同中有异的区别和异中有同的联系。

　　岭南文化常相对于齐鲁文化、燕赵文化、秦晋文化、荆楚文化、吴越文化、京都文化、海派文化、巴蜀文化……而言，珠江文化常相对于长江文化、黄河文化而言，南方文化相对于北方文化而言（东方文化与西方文化则另有世界的意义），彼此外延大小有别。

　　岭南文化重视山的阻隔作用和历史的积淀，以及由此形成的山居土著民族的独特文化色彩；珠江文化重视水的联系作用和时代的精神，以及由此形成的汉越各族文化和东西方文化交融而成的鲜明文化色彩；南方文化重视南北地理、气候、气质、历史和文化的显著差异。

　　岭南文化约定俗成，概念明确，使用频率最高，年代久远，疆域意识强。其广义包括两广、港澳、海南，狭义专指广东。它往往强调自身的闭塞性、特殊性，以及历史、传统、保守的一面。珠江文化概念较泛，确切含义尚待填充，深入讨论仅是近几年以来的事，使用时间较短，范围也较小，海洋（水域）意识强。其广义包括整个珠江流域，狭义特指广东。它往往强调本体的开放性、多元性，以及现代、新潮、嬗变的一面，新世纪以来更有扩大为"泛珠江区域"的趋势，具有极大的灵活性。南方文化概念最广，含义最泛，是南中国文化的总称。它使用频率高，年代久。近年来广州文化人常以岭南文化为其代表。比较起来，新近受到注意的岭海文化最具海洋意识，且能涵盖江河海的大文化概念，惜目前使用者不多，尚需完善。

因此，尽管我在书中也有岭南文化、珠江文化、南方文化兼用之处，但主要以"珠江文化"为主，以突出全书重点，论述岭南文化的现状和发展趋势，强调她的现代化、开放性、多元性和与水性江情密切相关的海洋意识、商业意识、融合意识等。从现代工业文明的视角看，珠江文化意识，其实亦正是当代所谓南方文化意识、岭南文化意识乃至岭海文化意识的集中体现和最佳代名词。

本书有相当篇幅曾以不同形式发表过，其篇章独立性和时跨20载的年轮是清晰可辨的；但它又有着三大理论支柱贯串全书，并经过系统的整理，改写与完善，最终成为一个紧密的整体。这三大理论支柱就是中华水龙文脉论、人类文化金塔论与传播美学论。没有这三大理论的支撑，珠江文化理论的构建是不可能的。在具体的篇章结构上，为了行文的方便和逻辑的统一，三大理论支柱并不截然分开，而是相辅相成地内在统一于各篇诸章。

甲篇、珠江水系的文化繁荣，将其文化史分为内纳成型期、外引换质期和开放更新期，以"中华水龙文脉论"吸纳了文化地理环境论、水文化理论与中华风水学理论，在探源昆仑祖山分派的江山龙脉，简述位居东南西北中的长江、珠江、雅鲁藏布江、黑龙江、黄河各流域的文化贡献的基础上，大致勾勒出中华水龙文脉图，以及珠江水系的文化分布图，论证了珠江文化孕育地的地理优势、战略定位、重点工程及大繁荣的重要意义。

乙篇、珠江文化的传播美学，论述了珠江艺术文化的的思想性、艺术性与商业性结合的特点，以"传播美学论"综合当代电影美学、电视美学、戏剧美学、广告美学、文学摄影和传播学的科研成果，将珠江文化艺术的生产、流通、消费视为一种大众文化传播行为。

丙篇、珠江文化的金塔建构，从泛珠江文化区文化经济发展的现代特征和发展趋势分析出发，以"人类文化金塔论"视其为可以共享利众的整体，主张在物质文化共建，综合文化协调和精神文化交流基础上，在人类伟大理想文化的照耀下，追求共同致富和永久幸福，以大中华"一国两制"的构想，憧憬新珠江文化的壮丽远景。

作者
2014年元月8日

目录
CONTENTS

乙篇　珠江文化的传播美学

丙篇　珠江文化的金塔建构

甲篇

珠江水系的文化繁荣

派出昆仑五色流，一江红水入南洋。中华水文化的龙脉，分流于世界屋脊的莽莽昆仑，演绎出天然五色的文化景观，深深烙印在神州大地上。勃兴吧，泛珠江区的文化热潮——

第一章　昆仑祖龙图与泛珠江区崛起

一、昆仑祖山与中华龙脉走势

中华祖山莽昆仑的龙脉图，铺写在神州九百万平方公里的大地上，分布于五色巨龙蜿蜒逶迤的山脉峻岭旁，萦绕在无数千古风流人物的博大心胸间。

开国领袖毛泽东，一生转战大江南北，与祖国的山山水水，结下了永难忘怀的深厚情谊。特别是他 1935 年长征到达岷山，面对着莽莽昆仑这一游走于欧亚两洲之间的巨龙，更是壮怀激烈，意气风发，挥毫写下了《念奴娇·昆仑》这首惊世名作。其词上部"横空出世，莽昆仑，阅尽人间春色。飞起玉龙三百万，搅得周天寒彻。夏日消溶，江河横溢，人或为鱼鳖。千秋功罪，谁人曾与评说？"写尽了昆仑这一雄伟高寒、古远壮美的龙脉祖山的巨大威力与丰功伟绩。后半部"而今我谓昆仑：不要这高，不要这多雪。安得倚天抽宝剑，把汝裁为三截。一截遗欧，一截赠美，一截还东国。太平世界，环球同此凉热。"则彰显了中华民族的大同理想，尽抒妙化自然，造福人类的万丈豪情。

应该说，毛泽东对中华祖山莽昆仑的赞美和推崇，并非走马观山，一时心血来潮的阔论空谈，而是胸怀全局，言之有据的。中国人一向认为河出昆冈，神仙所居，很早就将世界屋脊之上的昆仑山，作为玉龙腾空、气势磅礴的中华山水中心地，感叹其辐射而出的大大小小的山脉流水，犹如巨龙入海，俯冲腾越，四散游去，排列成暗合五行的中华山水大格局，形成了中华民族地杰人灵的人文地理景观。

公元 11 世纪的中国改革先驱，宋代宰相王安石，早就对此有所感悟，他面对"吹沙走浪几千里，转侧屋间无处求"，灌水肥田，推沙摧屋，既为两岸人民带来巨大福祉却又造成深重灾难的黄河，这条孕育了中华灿烂文明的母亲河，流露出敬畏悲怅的复杂感情。值得注意的是，他在这首题名为《黄河》诗里，还生动描写了这条"派出昆仑五色流，一支黄浊贯中川"的大河气势，渲染出巍巍昆仑分流出青、红、黑、白、黄的五色大江，向神州大地东南西北中五大方位，奔流而去不复还的壮观图景。

　　这一为所有担忧国运兴衰的国人所关心，关系数千年的中华文明昌盛、版图完整的大中华山水龙脉图阵，从此深深烙印在中国人的心田，引起了无尽的深思细想，无不企图从中解开中华大地山水走势与人文地理的关联奥秘。然而，限于古代地理环境考察的艰辛和认识的局限，这一图阵的划分并非易事。只有当我们今天掌握了卫星地图提供的详图，根据注重山水的"来龙去脉"的风水学原理，认真分析了中国山脉的走向后，才可从昆仑山这一中华祖宗山周边，寻找出五色山水巨龙，经过三级梯地，向太平洋海边延伸而去的脉络，从西北高东南低的神州版图中，画出中华山水的龙图阵，体悟到古人当年的卓识远见。

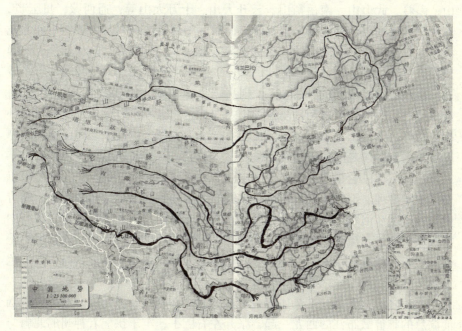

中华五大山水脉络图

　　察中华众山龙脉，"北龙"发自昆仑山北的天山山脉，它携手阿尔泰山脉，越过浩瀚的沙漠盆地，宽阔的蒙古草原，兴安岭的莽莽森林，经长白山至朝鲜白头山入海遁形。它的山势龙脉雄壮宽厚，苍劲威猛，延绵不绝，深入沙漠瀚海北面，气势磅礴，粗犷硬朗，将蒙古高原和东北平原囊括其中，尽显吞沙海，越草原之伟象。

西起昆仑，傲视荒原，万世不拔的"东龙"，经阿尔金山脉、祁连山脉、六盘山、贺兰山、阴山山脉、燕山山脉，贯通吕梁山、太行山、恒山、五台山、东岳泰山等，绵延于青藏高原、蒙古高原和黄土高原之间，与北龙成合围黄土高原，借山海关划分关内外的雄浑磅礴之势，成为华北平原与东北平原之间的脊梁。

巨掌分开长江与黄河的"中龙"，有万马奔腾和砥柱擎天之像。它西起昆仑山，经巴彦喀拉山脉、大巴山脉、秦岭山脉，串联武当山、巫山，绵延至大别山、庐山、九华山、天柱山、黄山、天目山等，隆起于长江中下游平原，成为划分南北的天然界线，最后从江浙沿岸入海，其山脉峻拔超群，雄壮沉稳而轻灵变化，绵延于巴蜀吴楚等最为富庶的天府江南地区。

"南龙"由昆仑山腾起，经唐古拉山脉，顺横断山脉强劲南下，经猫儿山、南岭、武夷山、南岳衡山、云开大山、十万大山等，通西藏，贯云贵，入两广，过湖南，穿江西，走福建，而后下南海游南洋，其山势似不如北龙浑厚，东龙威壮，中龙刚健，却更显跌宕起伏，轻灵俊秀，幽深葱郁，娴静热烈。

至于最野性酷寒的"西龙"，则高踞全球顶峰，钢筋铁骨，昂首冲天，力拔昆仑，扭冈底斯山和喜马拉雅山之龙脊，顺世界屋脊分流施威西行，环扣枯门岭、无量山、哀牢山等分江而下，成为中国云贵高原与印度恒河平原以及东南亚各国之间的天然屏障。

在俯瞰从昆仑祖山发出的中国山势五大龙脉走向的基础上，我们当可以根据中华易理、五行八卦、风水学以及当今深受重视的水文化理念等，结合中国各省区江河水流的分布，寻觅穿行五山龙脉间的水龙奥秘，感受其与中华民族血液一起流淌，与中华文化经络一起搏动的生命节奏，从这幅世界上独一无二，最威武雄壮，震撼人心的中华山脉五龙图中，看出其与中华五色水龙交融互动的生命之旅！

要言之，这就是，其势如弯弓射月的北龙，统辖着黑龙江，与裹挟着汹涌湍急的雅鲁藏布江的西龙一起，张开左右巨手，牢牢拱卫着神州的北疆与西域；而伴随着咆哮黄河入海流的东龙，则与驾驭滚滚长江东逝水的中龙，以及率领珠江一路凯歌滔滔南下的南龙一起，挺起了中华民族的坚硬脊梁，共同描画出最壮丽的中华山水大画卷。

行文至此，按图察脉，我们对究竟什么是古代风水学中的"龙脉"，当有所知晓。实际上，从我民族数千年拓荒耕耘，赖以栖身的大中华山川风水图阵看，在东西南北中五条山龙主脉的裹挟下，穿行蜿蜒其间，汹涌澎湃，虎啸龙驰，奔流入海不复还的众多江流里，其实只有五条大江，才称得上是色分黑白黄青红，位列东西南北中，收汇千流万溪水，堪称东方文明源的中华水脉主龙。其相应的水文化理念，可分述如下：

二、昆仑祖山与中华文化源流

一为以中华东龙山脉助势壮威，号称世界悬河，穿流了黄土高原，孕育了黄色人种，成为了炎黄子孙母亲河的浩浩黄河。她是中国境内第二大河，世界第五大河，发源于青藏高原，流经青海、四川、甘肃、宁夏、内蒙古、陕西、山西、河南、山东等9省，向东注入渤海。由于她流经黄土高原的黄河水，染黄了滔滔黄海，象征"华中"，代表中土，故可以中华水脉之"中龙"与"黄水"来表示。

从水文化理念看，地处神州中龙水脉之位的"黄水"，属土，具有坤卦那种正直方大、厚德载物的崇高精神。她以划分华北平原与东北平原的东龙山脉为脊梁，沿途汇水集流，冲壶口，破龙门，气吞山河，浊浪排空，汹涌奔腾于青藏高原、河套平原、黄土高原、华北平原的大地上，流域内沿岸筑起长安、乌海、银川、兰州、安阳、郑州、洛阳、开封、济南、北京等名城。其中仅观洛阳一城，自东周起就先后有东汉、曹魏、西晋、北魏、隋、唐、后梁、后唐等朝代在此建都，被称为"九朝古都"。

正是在黄河之畔，数千年来创建了世界四大文明之一的中华文明，滋润了西周强秦、大汉盛唐、宋元明清等中华帝国的赫赫王朝，为横扫六合的秦皇，金戈铁马的汉武，贞观之治的唐宗，豪迈风骚的宋祖，康乾盛世的清帝等许多风流人物，提供了叱咤风云的大舞台。人文始祖伏羲，以及先秦的伟人，如尧、舜、禹、汤、文武周公、孔子等，也都诞生于此，其性格多稳健厚重，政权长治久安，福泽中华文明至深至厚，以黄河、黄土地、黄皮肤、炎黄子孙等一系列黄色表征，拉开了中华文化心脏地区的黄河文明发展的大序幕，堪称中华民族中央文脉之母亲河。

登顶黄河边的鹳雀楼，远望"大漠孤烟直，黄河落日圆"的壮美景象，遥想这块孕育出燕赵文化、秦晋文化、齐鲁文化的辉煌，以及喝黄河水成长的诗人星群，当以满怀悲天悯人之情，写下著名的刻骨铭心的"三吏三别"，痛恨"朱门酒肉臭，路有冻死骨"的社会黑暗，渴望"致君尧舜上，再使风俗淳"，在盛唐留下"诗史"的"诗圣"杜甫最出名。

还有杜甫尊奉的儒家祖师黄河文化的哲圣孔子，一向倔强坚毅，明知其不可而为之，以禅让贤德，宅心仁厚，恩威服人的尧舜禹诸帝为典范，以礼义廉耻、克己复礼，忠孝两全为伦理规范，以坚信率天之下，莫非王土，礼仪森严，万国来朝，实行私有制父系社会治国理念的西周王朝为政治样板，设计出施行王道的"人之道"太平蓝图，影响中国和亚洲儒文化圈国家两千余年，成为后世历代封建王朝统治御民的理论支柱。

憧憬"黄河之梦"，是面对近40年间，黄河年均输送至渤海的泥沙10亿吨，延伸2公里，净造陆地30平方公里，相当于每天增加一个足球场的面积的严峻现实，在黄河水利委员会的统管下，生态上让上游河谷地带，水源丰沛，水流清澈，灌溉便利，水草丰美，农业发达，有"塞上江南"美誉的宁夏平原和河套平原的生态文明及其丰收景象，扩展至整个黄河流域，再现古代黄河森林繁茂、大象出没的图景，彻底杜绝争水灌地，越垦越穷，越穷越垦，草木稀缺，水土流失，黄河断流的悲剧现象；文化上以南北运河为纽带，联北通南，合东聚西，借助伏羲八卦与文王演卦的易学智慧的普及，大力开掘中华创意产业之源，为传承中华文化体系的亿万炎黄子孙，提供博大精深的国学教育，再造河清海晏、神州尽舜尧的太平盛世，焕发中原古都那照射四方的赫赫神威。

绕中龙山脉而流的长江，地处中华水脉的"东龙"之位，是亚洲和我国的第一大河，全水系流域约占国土总面积的1/5，由长江水利委员会管辖。他发源于唐古拉山的冰川中，流经青海、西藏、云南、四川、重庆、湖北、湖南、江西、安徽、江苏和上海等11个省（区）市，在吴淞口入海，因源自青海，水清流激，注入东海，奔向东方，象征"华东"，故可以中华水脉"东龙"与"青水"来表示，属木，方位属震卦。

在水文化意义上，长江以湍急的金沙江水硬挤开两大雪山间的虎跳峡，锤炼出其深厚绵长、自强不息，如天旋如乾刚的勇毅顽强精神；以广泛显露于赤水、嘉陵江、乌江、湘江、汉江、赣江、黄浦江等支流两岸，萌发于滇池、洞庭湖、鄱阳湖、太湖等湖泊周边，以及藏埋于地下大大小小的三星堆、马王堆里的宝藏，见证了它两岸昔日曾是巴蜀王城、重庆陪都、南朝故都、民国南京的所在地的那神秘古远的辉煌历史，如今是流域内产粮占全国近半，集上海、南京、杭州、南昌、长沙、苏州、武汉、宜昌、合肥、重庆和成都等百万人口以上的大城市于一江，尽显京沪杭长江三角洲的富庶繁华。正是在这长江灌溉的天府之国、烟花扬州、金陵古都、苏杭天堂、江南水乡里，熏陶出才子佳人的吴侬软语、才情智趣，它与人才辈出、世代不绝的志士俊杰的风流倜傥一起，造就了汉明两朝雄主，历代无数贤良，堪称中华民族东方文脉之父亲河。

正是在这条东方文化长河的肥沃土壤上，培育出春秋时期的吴越文化与荆楚文化。其后者的文豪庄周和屈原，以大作《庄子》和《离骚》合称"庄骚"，开创了中华浪漫主义文学的先河，对东晋陶渊明，唐代李白，宋朝苏轼等大诗人，均产生了深刻影响。如原籍虽是河南，但生于中亚碎叶城，五岁后随父迁居成都，长大后终于成为长江诗文化代表的李白，就是以他那不畏"蜀道难，难于上青天"的勇敢胆识，以漂流长江真切体验那"两岸猿声啼不住，轻舟已过万重山"的快乐，描绘出那构思精密，意境雄伟，感慨深沉的游仙诗之境，开始他那内容丰富曲折，形象辉煌流丽，极富浪漫主义色彩的"诗仙"之旅的。它以《梦游天姥吟留别》的神奇梦境与美妙憧憬，真切传达出那些常年在长江流域的黄鹤楼、岳阳楼、滕王阁之上的江南贤才，那蔑视权贵，不随世俗，渴望辅明君，安社稷，济苍生，治天下的豪迈精神，以及那"安能摧眉折腰事权贵，使我不得开心颜！"共同心声。

重温"长江之梦"，当是尊道贵德，挫锐解纷，和光同尘，恒道普行天下之梦。它见于长江哲圣老子所提出的大道总纲。老子生于江淮流域那流经豫皖两省，贯通鹿邑涡阳两县的涡河之畔，是东龙与南龙水脉相连，治域远达岭南广州的楚国之子。他于周王朝国都担任守藏史即国家档案局长兼图书馆长期间，在吸纳长江神秘文化，尽探黄河文化底蕴后，完成了名著《道德经》，以上善若水、小国寡民的远古母系社会为政治样板，设计出道法自然的"天之道"乐园图，指导汉唐英主立国创业，开启了远接欧亚的丝绸之路，为明君贤臣的安邦济世，为中华民族和谐万邦的不朽基业。老子奠定的伟大的道学，成为文化界、社会科学界乃至宗教界无不称颂，最具中国特色与世界胸襟的国学理论，可谓是具有包容世界一切先进理论并使之中国化的宏大理论框架与体系。

7

主流长 2320 公里，水量充沛，仅次长江，源于云南省曲靖市沾益县马雄山的珠江，支流众多，水道交错，冲积出珠江三角洲大平原，涵盖 44 万平方公里的国土，是集山脉南龙千溪万水的南方最大河，她汇聚起珠江水系的西江、东江与北江，以及分流入海的南江水系，流域涵盖云南、贵州、广西、广东、海南、湖南、江西、香港、澳门等九省区（含特别行政区），展现出"一脉隔双盘"，"一水滴三江"，"一江开八门"独特奇观。

从水文化意义上说，地处高温多雨的南亚热带，流经气候炎热的红土地，有支流红水河，色红水激，水资源丰富，沙含量最小的珠江，象征"华南"，故可以中华水脉"南龙"与"红水"来表示，属火与离卦，绚丽多彩。她以南国人的火热激情、创业冒险精神和孕育南越国、南汉国、太平天国乃至共和国之创业伟史，被人视为多出哲理，仙佛，女神、宰相之才，近代百年大变局以来，更生变革创业先驱的思想文化伟人之地，堪称中华民族南方文脉的娘娘河。

在这条大河两岸，上演了民俗上断发文身，渔猎农耕，生活上壮瑶苗汉杂居，百越主客兼容，饮食上丰盛繁杂，蛇虫虾蛹，无所不吃，文化上放眼世界，远涉重洋，引进西学，多元包容，气势上融汇古今，威武雄壮的珠江大剧，培育了敢发人先的唐代名相张九龄、明朝心学家陈白沙、湛若水，清朝农民起义领袖洪秀全，公车上书，发起百日维新的康有为，以及倡导三民主义的革命先行者孙中山等伟人。

特别是生于岭南云浮的新兴县，堪称珠江哲圣的慧能，虽说其卢姓先祖来自黄河之北的涿县，自己家贫丧父，大字不识，砍柴为生，被人贬称为"獦獠"，只是个村野樵夫，却能闻经识法，拜师学佛，感悟佛学真谛，为汉传佛教的最大流派禅宗，花散五叶，流芳百世做出巨大贡献。毛泽东称赞慧能思想的大众化特点，认为有上层的佛经，也有劳动人民的佛经，如唐朝时六祖的中国化佛经《法宝坛经》，就是老百姓的，将他与孙中山并列为广东的两大伟人之一。由此可见，文化底蕴上稍欠丰厚，不如老子道学之深邃，不及孔子儒学之务实的慧能佛学之睿智，在悟性上却更胜一筹，终以中国第一部佛经的问世，促成了佛学中国化的进程，奠定了中华千年辉煌的儒释道文化大格局。

遥想"珠江之梦"，正是文化经济上加强泛珠江区域内省（区）之间的融合与互动，聚合劳资力量，重开国学讲堂，开掘文化资源，点燃创意之光，启动自贸之区，发展文化产业；生态上天人合一，南北一体，东西兼顾，营造生态文明的生命绿道；思想上集萃长江文化哲圣老子、黄河文化哲圣孔子、珠江文化哲圣慧能的智慧精华，以中国化的马克思主义为明灯，融汇中西，贯通古今，构建人类文化金塔，化解人类精神文化由来已久的严重分歧，在大道理想文化的引领下，和光同尘，实现人间净土乐园的大同梦。

中国北方最大河，长度居我国第三位，属于世界十大河之一的黑龙江，原是中国内河，19世纪中后期被沙皇俄国依仗武力和不平等条约，强占了江北百余万平方公里的大片领土后，成为中华山脉北龙东麓的国际界河。它总长5498公里，流域总面积184万平方公里，气势雄豪，深沉威猛，其中在我国境内长3474公里，流域面积88.7万平方公里，经过黑龙江省流入鄂霍次克海的鞑靼海峡，因途经北方黑土地，水色发黑，在满语、蒙语以及中国古代文献中，均以黑水相称，至公元13世纪的《辽史》，才第一次以"黑龙江"来称呼。

从水文化意义看，黑龙江色黑居北，象征"华北"，故可以中华水脉"北龙"以及其固有的"黑水"来表示，属水，坎卦，多险而守信。他以其崇信萨满教、长生天、佛教的信仰，豪爽豁达，诚信坚韧的精神，以及先后兴起辽国、金国、元朝、清朝之帝国伟业，横扫欧亚的雄图霸业和悲苍雄蛮的历史，堪称中华民族的北方文脉的叔叔河。

驰骋纵横于这一水域的浩瀚漠野、广阔草原与莽莽森林之间的盖世英雄，有拓展辽国疆域的契丹人主帅辽太祖耶律阿保机，有兴起金国霸业的女真人首领金太祖完颜阿骨打，以及奠定清国帝业，改女真族名成为满族统领的清太祖努尔哈赤等。但其中的佼佼者，则非奠定大元帝国基业，惯于弯弓射大雕的蒙古族统帅成吉思汗莫属。据《蒙古秘史》透露，他秘葬于蒙古国北部中央省和肯特省的肯特山，又称不儿罕山和狼居胥山，是蒙古国的发源地。当年汉武帝遣大将霍去病追杀匈奴兵至此，曾于元狩四年（前119年）在这座蒙古圣山祭天行禅礼，史称"封狼居胥山"。有学者认为，此山名可能是"狼居穴"的误读，即狼族老巢之意，这倒也符合匈奴人崇信狼图腾的实际。从汉将在此祭战神，成吉思汗的先辈在此感染圣山灵气，成吉思汗及其父亲速该都葬于此地，他本人多次在此山躲过大劫，故每逢重大事件，必进山朝拜长生天，求得内心平静和解决问题的最佳思路等史实来推断，此地确实是将才辈出、战神显灵的圣山，具有《山经》所述的龙脉走势和成就伟业之潜质。

当然，如今若重温东三省绵延至西伯利亚荒野的"黑水之梦"，当不会是欧洲至今仍深感震撼，留下恐惧的蒙古铁骑与黄祸洪水，但却是尽洗近代三百多年来，沙皇俄国通过一系列不平等条约，割裂吞占中国现有国土面积近三分之一土地的耻辱，改变目前黑龙江沿岸人口密度分布极其不平衡状况，实现民族互惠大迁徙大融合之梦。到那时，矫健的黑水龙当头尾相连，弓背扬鬃，爪牙伸张，腾空踏云，迸发出远古俱来的巨大生命活力！它不再是强悍入侵者以流血国界强霸他族家居的贪婪恶行，而是人类的智慧足以化剑为犁，摧枯拉朽，中华民族的勤劳子孙得以再度开发他们远祖的发祥地，化开西伯利亚冻土的美好春天，这是中华民族与俄罗斯民族真正尊重对方并热烈拥抱的快乐节日。

雅鲁藏布江是中国西部最大河、世界最高最陡之长河，发源于世界屋脊喜马拉雅山北麓，沿其主脉和冈底斯山脉之间的峡谷东进，穿过最新发现震惊全球的"世界第一大峡谷"——雅鲁藏布大峡谷再急拐弯后，转向南流注入印度洋，全长3848公里，中国境内2057公里，水量仅次于同一水系的恒河，流域面积71万平方公里。

从水文化意义上看，雅鲁藏布江的藏语意为"高山流下的雪水"，梵语称其下游布拉马普特拉河为"梵天之子"，具有神秘圣洁的意味。因其流域内有高原雪山自然融化出白净江水，有学成于印度，注重口耳相传，师徒相承的密法修行，常着白衣的僧人，为藏传佛教四大流派之一，能一视同仁地传道解惑的"白教"，又地处"华西"，故可名"白水"，属金与兑卦，代表西方，象征富裕与欢乐。雅鲁藏布江以拉萨为文化中心，孕育了与汉、蒙、维各族一样有独立文字的灿烂文明，堪称中华民族西域文脉之姑姑河。

世代生活于白水流域的高原雪野间，勤劳勇敢的藏族人民，曾经在六世纪建立起称雄一时，远征西突厥的吐蕃王国，而促成民族大团结大统一，与汉民族结为一家亲的藏族英雄，正是松赞干布。他迎娶唐王朝贤惠聪明的文成公主，为白水圣域带来了中原农耕文明，促进了汉藏大融合，永远成为中华民族大家庭的一员，受到汉藏人民的世代尊崇。

与"白水"会流的恒河，印度教徒都相信她发源于西藏的圣湖玛旁雍错，流域面积占印度国土面积三分之一。但这条沿岸四散着昔日帝国首都与省会，流经世界人口最密集区，为4亿多人生活命脉的恒河，却被评为世界污染最严重的河流之一，这与恒河被尊为"恒河女神"的圣河地位很不相称。从文化意义看，华西雅鲁藏布江与南亚恒河的汇流，不仅有印度佛教西传西藏扎根发枝的文化传播意义，亦经过援易入佛的中国化过程，正蓬勃兴旺发展的汉传佛教，对佛教发源地的文化反哺意义。

这将是雪山圣域的"白水之梦"。它不仅会为恒河流域源源不断地注入纯净雪水，净化其肮脏的水流，而且是汉藏人民追根寻祖，在佛祖家乡尼泊尔重建中华寺，以人间佛教普渡众生的大乘教义，在种姓制度社会里净化人心，使印度近乎灭绝的佛教再放光芒之美梦！她将传播中华民族大同世界的美好理想，让她灿烂的智慧光芒，永恒照耀于这块由中国、印度、尼泊尔、锡金及孟加拉各国人民和谐共居的南亚圣河流域，使之变成佛祖早在2500多年前，就已开示的众生平等的西方极乐净土。

上述五大河流之外，中国还有包括号称"中国七大河流"在内的许多著名河流，如松花江、辽河、鸭绿江、图们江、嫩江、塔里木河、额尔齐斯河、澜沧江、怒江、淮河、海河等，有的还是国际河流。但从中华水文化意义看，它们均难与上述五大河流等量齐观，故可合而概论。如被列为全国七大河流之一的松花江，流域面积达55万多平方公里，但与嫩江、乌苏里江一样都只是黑龙江的支流。

至于有时被用来代表东北文化，流域面积近22万平方公里的辽河，其实也与鸭绿江、图们江一样，都属于与黑龙江南北呼应的水系，可归于东三省的关东文化圈。只是图们江与辽河以及同为中朝边界的鸭绿江的不同处在于，自中国长租朝鲜图们江口岸后，就再获出海权，为吉林省找到了出海口，由内陆省恢复为海疆省。

再看号称中国华北地区最大水系的海河，由卫河发源，汇聚众河，流至天津入海，是一条地跨京、津、冀、晋、鲁、豫、辽、内蒙古八省区的千里长河。但从它现存的沙脊就是黄河故道，是黄河在平原上多次迁徙的遗痕看，同属黄河文化圈无疑。

古称淮水，与长江、黄河和济水并称"四渎"的淮河也如此。它西起桐柏山，东临黄海，南以大别山与长江分界，北以黄河和泰山与黄河流域毗邻，在文化上则与长江最大的支流汉江一样，同属长江文化圈。与海河、淮河齐名的澜沧江，下游易名湄公河，是著名的国际河流。但它在我国境内流经地区主要属于雅鲁藏布江和珠江，故也可统而析之。

总之，中华民族是个重视生命之源江湖海，疆域辽阔的文明古国，许多地名往往都带有水字旁。仅以省级地名论，与水相关的就有江西、浙江、江苏、黑龙江、四川、湖南、湖北、海南、云南（滇）、重庆（渝）、青海、香港、澳门、台湾、河南、河北、天津等，足足占了全国省级行政区地名的一半。

在这一意义上可以说，神州大地充满了溪流湍急，大江奔腾，水波荡漾，湖光潋滟，人文美好的强烈的水文化气息，是龙母、妈祖、冼太、河神、湖仙等众多神灵留下许多美丽的传说与身影，受其护佑的众水流域。这里是繁育出中华灿烂文明的浩瀚水系之福地，是与珠江携手共进，黑水、白水、黄水、青水、红水五江并流，百花绽放的神奇大地。中华民族融入世界文明之河，驶向远方的巨船，正由此起航，前程似锦，勇往直前。

三、珠三角崛起与泛珠区形成

目前，随着中国改革开放的进程，以珠江三角洲的新城市群辐射为中心，已经形成了泛珠江区域经济文化资源大整合的明显趋势。从世界城市格局看，已经形成带动全球经济发展的七大城市群分别是：1. 美国东北部大西洋沿岸城市群；2. 北美五大湖城市群，其中底特律是全球著名的汽车城；3. 日本太平洋沿岸城市群，它是日本经济最发达的地带和全国政治、经济、文化、交通的中枢；4. 英国环伦敦城市群，它是英国主要的生产基地和世界的三大金融中心之一；5. 欧洲西北部城市群，其中巴黎是法国最大的工商业城市和西欧交通中心之一，荷兰的鹿特丹则为"欧洲门户"。小珠三角与香港、澳门整合成大珠三角后，经济区总量相当于国内环渤海经济区与长三角经济区之和，以繁荣的"珠江口湾区"形象，与号称世界第六大城市群的以上海为中心的"长江口湾区"媲美，成为世界第七大城市群。

中国泛珠江地域区位优势示意图

从上述的中国地域经济格局看，泛珠江地区的优势十分突出。一是区域人口多，面积大，产业多元互补性强，对内地的辐射面广，其中多数省份如滇、湘、川、赣、黔、桂（灵渠）等，都有支流与长江水系相通，经济联系历来非常紧密。二是泛珠区的海岸线长，珠江出海口仅广东就有"八门"之多，借助于南海与东海航道这条"大南江"，可很好地沟通沿岸南流诸江的经济联系，其通航长度与便利，远超出海口单一的长江与黄河数倍，客观上延长了珠江主航道，弥补了珠江干流较短的不足。其三是泛珠区拥有穗港澳、汕头、厦门、泉州这样一批具有开拓海上丝绸之路的历史背景与国际色彩，善于面向海外传播华商文化的外向型城市，为泛珠区的海外发展奠定了良好的基础。

从地域经济格局看，大珠三角的整合，符合全球经济一体化、城市集群化的大趋势，有利于珠三角发挥自己引领性产业多、融集资灵活的优势。而在大珠三角的整合中，超大城市广州和香港的优势互补又最为关键。作为大珠三角工贸中心的广州，现已有多个大型汽车项目落户市内，可谓大珠三角重工业中心。在交通运输方面，广州与大珠三角金融服务中心香港的互补性也很强，整合后更有利于前者以制造业见长，后者以服务业和金融业见长，前者港口以散货为主，后者以集装箱为主，前者以国内航班为主，占 3/4，后者以国际航班为主，占 5/6 的各自优势的充分发挥。

从城市功能和布局看，大珠三角区有利于根据各卫星城市的主业、功能、优势合理调整行政区。目前大佛山、大惠州的调整已初见成效，改变了过去市内有市，关卡林立，交通受阻，通讯不畅的弊端。有鉴于此，有专家建议大珠三角行政区应整合为三大城市群经济圈，即广州、佛山整合而成的广佛城市带，深圳、东莞整合而成的大深圳经济圈，以及中山、珠海、江门整合而成的大中山群经济圈。从大珠三角经济圈的全局和更好地发挥香港的引擎作用看，这一行政区划的变动，还应充分考虑香港服务业和广州制造业的核心作用，以及深圳次中心的窗口中介作用。为此，粤港首先要以穗深港高速铁路、高速公路和高速航运为动脉，念好穗深港"三点一线，强化主轴，扬长补短，带动周边"的 12 字真经，抓住共建珠港澳跨海大桥的契机，把周边的珠海、江门、东莞、中山、惠州紧密联结起来，建立和完善大珠三角城市首脑联席制度，从长远利益去有效推动整合协调，解除发展中的各种障碍。

从区域文化格局看，大珠三角的文化中心城市广州和香港、澳门，虽各有内地主流文化、盎格鲁－撒克逊文化和拉丁文化的独特背景，但都以大中华文化的岭南子系文化为纽带。其中广州主要以深厚醇正的民俗文化底蕴和激进高亢的创新精神见长，香港主要以西式政制文化和广阔的全球视野见长，澳门主要以拉丁文化体系和欧陆风情见长，而位居三城之中的深圳则以地缘人源形成的现代移民文化优势见长，起着联系内地、穗港澳的桥梁作用。通过四座大中城市骨肉相连、异质同构的文化解读、诠释和吸收，将促进大珠三角区域文化的内外联系和稳步繁荣。

粤港联席会议现已在合作的新架构、发展的总思路和重点内容等方面达成了共识。《内地与香港关于建立更紧密经贸关系的安排》（CEPA）的签署，穗深港主轴城市和"前瞻性、全局性、务实性、互利性"指导原则的确立，将为粤港双方抓住新机遇，创新合作模式，提升合作水平，促进"大珠三角"繁荣发展走出重要的一步，把大珠三角建设成世界上最具活力的经济中心之一，实现广东要努力发展成为世界上最重要的制造业基地之一，香港要发展成为世界上最重要的以现代物流业和金融业为主的服务业中心之一的双赢目标。

如果说，大珠三角的整合，主要利在粤港双赢和广东经济实力强化的话，那包括了中国大南方九省区和港澳特区的"泛珠江区域"（简称"泛珠区"）的提出，则为粤港发展的后劲和辐射力发挥，为泛珠区奋起赶超世博圈，为华南、中南、西南的经济文化大繁荣，提供了更广阔的空间，更实惠的平台和更壮观的前景。

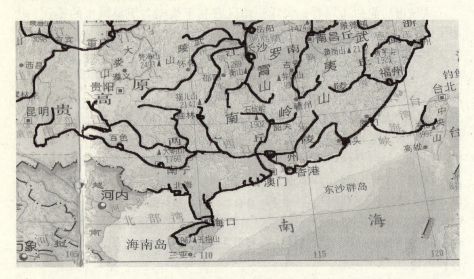

中国泛珠江流域地势图

14

众所周知，在中国长江、黄河、珠江三大水系流域中，广东、福建、江西、广西、海南、湖南、四川、云南、贵州九省（区），均或多或少跟珠江有关，与珠江流入南海而形成的经济流向和海洋文化潮流有关，与大珠三角的经济一体化趋势有关。这一区域地域辽阔，联系密切，面积199.45万平方公里，人口4.46亿人，占全国面积的20.78%，人口的34.76%。2002年国内生产总值34474.2亿元，占全国的33.67%。如加上港澳则更为可观。以香港为引擎，以大珠三角为车头，以泛珠各省为车身的"泛珠区"，和以一个中心上海为引擎，由四个次中心南京、苏州、杭州、宁波为车头，以十个中等城市为车身的"长三角"，是中国目前最有活力的经济区，拥有中国内地经济实力最强的35个城市中的10个城市，全国百强县的一半，形成了"世博圈"产业生态链，并自觉进行资源整合与产业细分，避免恶性竞争与产业同构，实行整体协调发展战略等成功经验，尤其堪为"泛珠区"城市群借鉴。

打造三小时交通圈，催生区域同城效应。长三角在半径300公里的15城市经济区内，以上海为中心，建设7条快速通道以及跨杭州湾大桥，计划在"世博圈"的公交、出租车、轮渡、轻轨、地铁上全部实现公交"一卡通"，实现同城效应。而珠三角则在半径300公里内的穗、深、港、澳、珠、佛、莞、惠、中、江等 10 城市经济区内，以穗、莞、深、港为轴心，实现公交"一卡通"的同城效应，并利用高速公路和跨省铁路辐射"泛珠区"内的各省、区。

细分城市群产业，打造区域产业生态链。长三角通过由上海投资 100 亿元到嘉善开辟信息产业园，把钢铁企业整体拆迁到常州，在上海、苏、锡、常地区建设世界级的 IT 产业高增长区域等措施，形成了制造业去江浙，服务业去上海，中小企业去江浙，大型企业去上海，IT 制造业向昆山、苏州、无锡集聚，上海为周边企业提供产前、产中和产后的全方位服务的产业生态链，有效扼制了恶性竞争与产业趋同。"泛珠区"则构建港穗深澳复合型国际都会区，建设港穗深高新技术走廊和大珠三角产业生态圈，把大珠三角建成国际金融中心、国际物流中心、国际信息中心、国际高科技制造中心和国际旅游娱乐中心，通过珠三角城市群与"泛珠区"的整合，形成世界级的多功能城市群。

推进旅游一体化，打造区域旅游风情区。长三角有 25 个优秀旅游城市、48 个国家 4A 级旅游区，旅游收入占全国 63.4%，旅行社数量占全国 20%，拥有全国百强国内游旅行社中的一半。其与黄山市共同签署的《长江三角洲旅游城市合作宣言》，将把"世博圈"建成中国首个跨省市无障碍旅游区。旅游业也是"泛珠区"龙头城市香港的支柱产业，第三个迪斯尼国际主题公园已经营运，2002 年访港旅客达 1650 万人次。京沪粤正全面推进个人赴港旅游签证业务，正成为"泛珠区"发展旅游业的新契机，只要区内各市能与长三角一样，在区内取消旅游地陪制和外地旅游车入景区的限制，共同筹办好珠三角旅游交易会，与香港、广州、深圳、桂林、昆明、厦门、成都等城市共同开发旅游市场，互为市场，互为腹地，互送客源，共筑旅游信息平台，必将促进区内旅游经济一体化。

开发会展业，加快区域经济一体化。2010 年在上海召开的"世博会"，预计可在"世博圈"内吸引 5000 万国内外游客，其中 35% 将顺道去周边旅游，由此可以进一步推动长三角基础设施共建共享和旅游市场联合开发。香港则是世界著名的国际会展中心之一，广州从 20 世纪 50 年代起每年召开的两届"广交会"，现也成为海内外知名的会展品牌。今后只要充分利用穗港会展品牌和新交易会场馆优势，与深圳近年举办的"高交会"，东莞的"电博会"等组合成会展方阵，将可利用人口达 17 亿，贸易总额达 2 万亿美元的"中国——东盟自由贸易区"以及香港、广州在其中的特殊地位，增强"泛珠区"的竞争力。

促进区域合作，资源合理共享。2003 年 8 月 8 日，"泛珠区"九省区计委主任聚首广州，达成共识，争取中央支持，推进与港澳的交流合作，建立政府联席会议制度，促进区域内资源有效利用和合理共享。实际上，"泛珠区"目前彼此之间签订的经济技术合同协议金额累计已达5500多亿元，合作项目超过8000个。"泛珠区"理念的正式出台，将借助现代交通网，打破传统的长江中上游省市一定是长江三角洲地区的排他性腹地的格局，将粤港合作从CEPA再向前一步，把周边省区变为大珠三角的内销市场腹地，进而为繁荣新珠江文化奠定雄厚的物质基础。

2009年，泛珠三角区域合作各方联合制定了《关于推进泛珠三角内地区域产业转移和合作的指导意见》，为珠三角产业的"腾笼换鸟"营造了良好的环境，有力地抵御了2008年突如其来的国际金融危机。从现任全国人大常委会委员长，时任广东省委书记张德江开创性地提出泛珠江区理念，到现任国务院副总理，时任广东省委书记汪洋曾表示抱团应对、共克时艰，是泛珠合作最迫切和艰巨的任务，再到新任广东省委书记胡春华亲率省党政代表团到广西考察，并出席第九届泛珠大会开幕式，这一被简称为"泛珠大会"——2004年启动的"泛珠三角区域合作与发展论坛暨经贸洽谈会"至今，已经在"9＋2"省区轮值了一遍，10年的经贸签约量相当于"再造一个大省"，区域内地9省区经济增速已经超过全国同期平均水平。

总之，从面积占全国1/5，人口占全国1/3强，经济总量占全国1/3，体量庞大的泛珠江区域经济体看，其合作各方同心携手所迸发出的"集聚效应"——2012年泛珠区仅内地9省区生产总值就达15.7万亿元，约占全国生产总值的32%，10年来其经济增速超过了全国同期平均水平，显示出本区域合作的光明前景。可以说，泛珠江区域理论的提出与成功实践，为珠江梦乃至中国梦的实现，注入了新的正能量，其联结促进中华水龙五脉文化大繁荣的重要性，将随着中华民族的崛起而日益清晰地显露出来。

一方水土养一方人，一方人修一方文化。五岭横亘，珠水汇聚，佳果奇葩，珍禽异兽，物宝天华，地杰人灵，蕉风椰雨，山峒渔乡，田畴旷野，溶窟险峡，小城重镇，名胜古迹，造就了——

第二章　珠江文化滋生地的景观

珠江文化首先是一种地域文化。她的滋生萌蘖、串花挂果，她的外延内涵、历史未来，她的丰姿妙韵、神采魅力，无不与珠江流域的自然风貌、气候水土、人文景观，有着浸润熏染、神交气合、连理同根的微妙关系。

铺展地图，抬眼望去，这珠江流域的版图，恰似一盆繁茂的扇形玉树，座落在中国大地的最南端，太平洋的西海岸。那栽树的聚宝盆，便是中国第二大岛——目前最大的经济特区海南岛；那拱屈挺拔的树干，便是雷州半岛和云开大山。山右为粤，山左为桂，合称岭南。岭者，即南岭，又称五岭，由重峦叠嶂、逶迤连绵的大庾岭、骑田岭、萌渚岭、都庞岭、越城岭组成。南连九连山，北接雪峰山，西联苗岭、武夷山和哀牢山，恰似一弯弧形画屏，遮卫于玉树冠顶，为她挡风御寒，汇流纳川，更显婆娑风姿。

在古代中原人看来，山隔岭阻的珠江流域，是与岭北、岭内、岭里差距悬殊的岭南、岭外、岭表，是化外之域，瘴疠之地，是与中州周围的东夷、西戎、北狄同类的南蛮。一句话，那里山高林密，毒蛇猛兽，奇风异俗，散发纹身，悬棺凿齿，恐怖野蛮，是个只有战败的部族、粗野的獠人、流放的囚徒才不得不在此栖身的荒僻之地。"东拒大海，西隔流沙，北横大漠，南阻五岭，此天所以限夷敌而隔中外也。"[1] 的确，面对五岭花岗岩峰，只能从梅岭路、摺岭路、桂岭路等几条崎岖坎坷的南北交通道互相交往的古代岭内外人民，是太惊诧于彼此的文化反差了，以至于只能归之于天意。

然而，自然的屏障只能作用于一时，在人的努力下，天意也有改变的时候。这历史的变迁遭递，正可证于岭南名山。

① 刘昫等. 旧唐书·狄仁杰传 [DB/OL]. http://yuedu.baidu.com/ebook/019c66349b6648d7c1c74699? fr = aladdin&key = % E6% 97% A7% E5% 94% 90% E4% B9% A6.

17

一、岭南名山传诗话

"五岭北来峰在地，九州南尽水浮天。"势接五岭雄峰、南眺大海怒涛的白云山，越秀山（现为广州市博物馆）、越王台、郑仙岩、白云仙馆、蒲涧濂泉等。真可谓"石巘埭嶒摩天岭，余脉越秀山，绵亘数十里，位居广州市北郊，林木葱茏，古迹甚多。

有镇海楼倚碧虚，凭高一望倍踟蹰，海涛东合地维缺，山势北来天柱孤。落日层台开霸业，断崖芳草暗王图。……"①游罢白云越秀，看过山脚下南越王墓（已辟为博物馆）的人们，自然会缅怀为南北文化交融建立丰功伟绩的南越王赵佗，以及在这位北方人治理下广州总辖南海、桂林、象郡三郡时的昔日繁华。时过境迁，公元前2世纪西汉南越王的赵氏宅居，被三国时的流放贵族虞翻用作讲学之所的虞苑之后，终在公元3世纪建成了被后人称为光孝寺的寺院。寺中楹联"禅教徧寰中兹为最初福地，祇园开岭表此是第一名山"，记载了它的悠久与荣耀。它与建于南朝、因苏轼题词而改称的六榕寺及雄立院中的壮观花塔一道，默默诉说着广东寺院及禅宗在佛教史上的突出地位。

在中国道教史上占有光辉一页的岭南名山，首推方圆500里的罗浮山。其主峰飞云顶高达1296米，山麓有东晋道教理论家、炼丹家、药物学家葛洪创建的有1600多年历史的冲虚古观，还有他炼丹的丹灶、洗药的洗药池、小憩的仙人卧榻、采药的蓬莱径、论道的遗履轩、升仙后的蝴蝶洞，以及相传为苏东坡来此学道后留下的东坡亭、会仙桥等。唐代诗人刘禹锡以"赤波千万里，涌出黄金鳞"之句赞罗浮观日胜景。李贺以"博罗老仙时出洞，千古石床啼鬼工。蛇毒浓凝洞堂湿，江鱼不食衔沙立"的诗句，极状被道教称为第七洞天的罗浮山的神秘怪诞。诗圣杜甫以"结托老人星，罗浮展衰步"的咏怀诗，表达他不顾年老体衰，要亲访慕名已久的道教名山的宿愿。

与东樵山罗浮齐名的南海的西樵山，有鉴湖观月、华盖观瀑、云泉仙馆、白云古诗、奎光楼、逍遥台、龙崧阁等古迹集揽而成的白云洞景区，始建于明嘉靖年间。著名的维新改良派首领康有为曾在此岩洞中修读，为名山涂上了一抹政治色彩。读着他在山北澹如楼所作的"忏除绮语从居易，悔作雕虫似子云。忧患白经未闻道，空阶细雨送斜曛。"②的小诗，饱览西樵

---

① 陈永正.（王渐逵. 白云山）. 岭南历代诗选［M］. 广州：广东人民出版社，2012.10.172.

② 康有为. 澹如楼读书［DB/OL］. http：//sou-yun. com/PoemIndex. aspx？dynasty＝Qing&author＝%E5%BA%B7%E6%9C%89%E4%B8%BA.

"地涌千峰元气里，天连诸水大荒中"的壮观景色，催人奋起。

为中国政坛名人扬名的粤中名山还有韩山。当年韩愈谏迎佛骨，被贬潮州，关心民众疾苦，政绩卓著。民众改双旌山（笔架山）为韩山，"惆怅昌黎去不还，小亭牢落古松间"①，表达了深沉追思之情。

以"石雕古迹"著称的莲花山，是岭南先民的古石矿场，千百年来由工民们一锤一钎开凿而成。莲花岩、莲花石、神仙桥、观音岩、美濂洞天、南天门等诸多石景，巧夺天工，令人叹为观止。山顶上的莲花塔、莲花城，则是国民镇妖御敌的意志体现。登塔远眺，珠江环绕，三角洲的南国风光，尽收眼前。

广东的名山，除上述之外，还有位于北回归线，以自然生态系统完整，兼有热带、亚热带、温带植物群落和珍稀动物著称的南昆山；地貌独特，锦江环绕，峭峻奇险，峰林石柱，"色渥如丹，灿若明霞"，古迹甚多，如今被列为体现全球丹霞地貌典型特征的世界自然文化遗产的丹霞山；上有天湖，中有庆云古寺及天溪、云溪景区，下有树木园、蓝带作家山庄及地质疗养院，风景宜人，湖幽林静的鼎湖山；以及相传远古圣君曾亲登山顶，乐而忘返，奏起韶乐，引来孔雀开屏，百鸟欢唱，因而得名的韶石山（附近的城镇也因而被称为韶州——现称曲江县），等等。

海南省的名山有黎母岭与五指山。其中五指山为全岛最高峰，达 1867米。其指状山峰传说甚多。一说为：一个叫达菲的猎手，眼见天空暴雨倾下，伸出巨掌指擎天，只让五条溪水顺指缝而现下，救民于洪水……。另一说为：一位叫翠花的姑娘登山为民除妖，在踏死恶妖的同时被埋于飞砂走石中，只剩下高举左臂的五指……。还有一个关于五指山沟里猎手逐鹿，追至崖州的榆林港海边，小母鹿回头一望，化为仙女，与猎手成亲，男耕女织，过着幸福生活的传说。推究起来，这大概是远古百越先民的一支登岛围猎辟荒，直到天涯海角的南天尽头，决心抗灾除魔，扎根定居的坚韧意志和美丽憧憬的曲折体现吧？

广西的名山最集中最秀美的地区，自然非山水甲天下的桂林莫属。汲水江畔的象鼻山，月悬峰顶的穿山，昂首挺峰的骆驼山，屹立王城的独秀峰，临波枕流的伏波山，叠翠溢彩的叠彩山，青苍如染的南溪山……，数不胜数。古往今来，不知引发了多少文人墨客，雄才英杰的豪情诗兴，留下了多少历代吟诵的动人诗篇。"江作青罗带，山如碧玉簪。"（韩愈）"玉带蜿蜒画卷雄，漓江秀丽复深宏。神奇景物疑三峡，嗳靆烟云绕万峰。"（郭沫若）

① 刘允. 韩山［DB/OL］. http://www.iraoping.com/html/fengsu/13459.html.

19

这是总括桂林山水美，名闻天下。"青罗江水碧连山，城在山光水色间。"（陶弼）"桂林环城如雁荡，平地苍玉忽嵯峨。"（黄庭坚）这是写城，山城辉映。"秋清菡苕红千炳，风静琉璃碧一方。"（张孝详）"訾州画境奇而秀，杉湖诗境清且幽。"（彭光辅）这是写湖，清幽深碧。"浩渺浸云根，烟岚出远林。鸟归沙有意，帆过浪无痕。"（宋之问）"梁燕往来新霁石，江帆摇曳夕阳中。"（况澄）是写江林，如诗如画。"来龙去脉绝无有，突然一峰插南斗。桂林山形奇八九，独秀峰尤冠其首。"（袁枚）"悬崖百仞余，江流绕其趾。仰视不见天，森秀拔地起。"（刘克庄）这是写山崖，突兀峭拔。"东渡春澜下水东，西峰晚照隐山江。尧山冬雪日天赐，舜洞熏风虞庙中。"（况澄）"春花娇且媚，夏洪波更宽。冬雪山如画，秋桂馨而丹。"（陈毅）① 这是写四季景物变化，贴切传神。诚如清人彭兴辅在百韵长诗中所概括："桂林山佳今始信，美如天女排瑶簪。奇似鱼腹刻八阵，雄如猛虎争搏人，怪似摩天扬巨刃。"②

与誉满天下、已成诗山画境的桂林相比，广西其他地方的许多雄山丽岭还都是"养在深闺人未识"的潜在旅游资源。有的近 10 余年来才经营开发，如首府南宁近郊颇有莲花山意趣的青秀山；有的近 50 年来才辟为公园，如以"冈峦盘行胜"的梧州白鹤山。时间更为久远的，则有柳州的崛起于闹市之间、塑有歌仙刘三姐美丽雕像的鱼峰山，以及桂平县的萧梁王朝（公元 502 年）曾建郡其上的西山。西山上有建于唐末的"李公祠"、清初的"洗石庵"和"龙华寺"，并有一口清醇爽口的"乳泉"，能酿佳醮，实为桂海胜景。

略而言之，地处丘陵盆地的广西名山虽不及广东，但其山林水利资源之丰富，却又是略胜一筹的。尤应称道的是大瑶山与大明山这两座分居广西中部东西两侧，分呈东北—西南走向和西北—东南走向的山脉，犹如两条巨臂反弧形托举。一座劈分桂、柳两江，一座划开红水河与右江，再与大容山、十万大山等携手并肩，于郁江、浔江河段将众江总汇于梧州，出桂赴粤而去。这种揽河分江，辐辏聚散，纳流汇川，保土益林，便灌利航，充分利用宝贵水资源的独特地理环境，世界罕见，实为珠江流域之奇观。

① 陈毅. 陈毅诗词选集 [M]. 北京：人民文学出版社，1977.301.
② 彭光辅. 桂林旅游山水诗话 [M]. 南宁：广西教育出版社，1992.（《桂林放舟赴苍梧即景感怀成七言一百韵》，以及本段桂林山水诗均选自此书）

二、珠水名城相辉映

珠江与长江、黄河并称中国三大内河,其源出云南省沾益县马雄山,流域面积44万平方公里,长2320公里。虽只占三大内河总长的1/6,流域面积的1/7,流量却达1/3,水电资源十分丰富。目前,由广东罗洞变电站接受大西南地区东送的电量累计达15.4亿千瓦时。可以预见,随着中国电力建设西电东送重大战略决策的进一步实施,珠江上游贫瘠山区的强大电力将更多地为下游富庶工业区所用,达到共同繁荣之目的。

在珠江流域这盆青葱玉树上,那东流而下的河川就像一条条茎脉。沿河一座座傍岸而立的大小城市,就像一颗颗飘逸着岭南风味奇香的果实,挂满枝头,述说着珠江文化神奇悲壮而又光辉的历史。

且从珠江出海口溯流而上,分东江、北江、西江、韩江及其他水系逐一而叙。在中国最大的边缘海——南海环绕下的珠江地区,海岸线是曲折而漫长的。这为汕头港、甲子港、惠州港、香港、珠海港、盐田港、黄埔港、北津港、闸坡港、博贺港、湛江港、北海港、防城港等众多海港提供了优良条件。其中,在珠江主要出海口的崖门、磨刀门、虎门至石龙、三水之间,又由人口稠密、物产丰饶、经济发达的地区构成了水网密布、水路方便的珠江三角洲的主体范围。"惶恐滩头说惶恐,伶仃洋里叹伶仃",是南宋末民族英雄文天祥兵败于此后写下的诗句。末尾"人生自古谁无死,留取丹心照汗青"一句,已成千古绝唱。崖门古战场上,至今犹存杨太后陵、慈元殿等古迹,令人怀想南宋为元朝所灭的最后一场血战的往事。内外伶仃岛旁,珠江口两岸,是分别被英帝国和葡萄牙割占而20世纪末已回归祖国的香港和澳门,两颗正为一国两制的珠江文化繁荣做出新贡献的明珠。"地势尽南湾,茫茫巨侵间。不风潮刮岸,当午瘴沉山。大舶微如点,颓沙曲似环。却疑星宿海,潜气出诸蛮。"① 既是澳门夜景实写和忧患意识的流露,又以金星万点潮涌波激的壮丽景色,暗寓了南方人对其未来的美好企盼。

由港澳乘海轮北上,经过新兴特区城市珠海以及深圳的蛇口区,便来到南大门的海防要塞虎门。这是当年提督关天培挥军死战,抵御发起鸦片战争的骄横英军直至壮烈殉国的战场。"粤海重关二虎尊,万龙轰斗事何在?至今遗垒余残石,白浪如山过虎门!"② 康有为对大、小虎山对峙江边,扼守

---

① 钟启超.澳门杂咏 [DB/OL]. http://dlib.zslib.com.cn/qklw/rdzl/RD199999/RD023544.

② 康有为.过虎门 [DB/OL]. http://www.shicimingju.com/chaxun/list/1114115.html.

珠江咽喉，狮子江外口的虎门地形海潮的描写和战事的追怀，将与虎门销烟遗址及鸦片战争纪念馆一起，印入凭吊参观者的心间。

经狮子洋及莲花山，过南海神庙及黄埔军校旧址——分别为汉唐海上丝绸之路的启航点之一和国共合作发起北伐的军官培训基地，便来到华南最大的城市广州。历史上，这座现有 1270 万人口的华南重镇，曾在南越国、南汉、南明时期三次成为古都，爆发过黄花岗起义、广州起义，成立过广东国民政府、广州公社，办过农民运动讲习所，成为大革命的策源地，是一座有辉煌历史和优良革命传统的英雄城市。时至今日，广州又因为处于全国改革开放综合实验区的中心，而成为国家的综合配套改革试点城市。

珠江，因流经广州内段旧称"海珠"的沙洲而得名。其支流之一自东而来，故名东江。溯东江而上，经东莞、抗战时期曾为东江纵队司令部所在地的罗浮山、南海郡四大古县之一的博罗，便来到苏轼曾被贬官至此，有西湖胜景的惠州市。"烟迷鹤观荒荒碧，水抱鹅城谂谂寒。万古文章雄海外，一生事业寄江干。"① 寄寓了当地人民对这位修堤兴教、勤政爱民、遭逢不幸的一代文豪的深切思念。

东江在惠州的下段有水渠引水至香港，是香港繁荣不可须臾离开的命脉。在上段则有河源市郊的新丰江水库和龙川上游的枫树坝水库蓄积水源。龙川亦为秦置南海郡的四大古县之一，当年南越王赵佗在此任县令时所筑的陀城，所挖的陀井遗址，至今犹存。"象郡原吞楚，龙川自隔秦"，描述了此地的险要。龙川以东，便是东江的上源——由江西定南县、寻邬县间流出的定南水和寻邬水。

东江西北面为北江，下游直达广州，上游源自湖南临武县的武江，另一条支流源自途径南雄小梅关的浈水。梅关，古称秦关、横蒲岭，因宋置梅关得名，向为南北交通要道。陈毅元帅的《梅岭三章》，就是红军时期在此一带转战时抒情明志的壮丽诗篇。"浓岚四合冻云痴，水墨连屏斗岣奇"，将这座南粤雄关奇崛威势点染尽致。武水，则是由湘入粤的水路要道，与浈水交汇于韶关市。粤北工业基地韶关市，原从曲江县析出。曲江为隋唐所设韶州治所，附近有狮子岩马坝人遗址和禅宗的发源地南华寺。

"长风吹裂碧云隈，卷取银河泻下来。雨搅犀潭千尺浪，烟迷龙窟一声

① 李黼平. 惠州［DB/OL］. http：//rsj. huizhou. gov. cn/publicfiles/business/htmlfiles/1281/4. 1/201205/155324. html.

雷。松翁偃盖岩限立，猿女穿萝洞里回。"① 是北江自曲江至清远市所经 9 公里之长的飞来峡之雄伟俊美风景的写照。峡谷中部的藏霞洞和飞霞洞，是两座建筑面积达 4 万多平方米的宗教洞府。飞来峡以上，北江有滃江、连江两条支流。其中连江上游有连山、连南、连县诸县，抗战时期曾为广东临时省政府所在地。其背靠湖南，有鹰扬关扼东西要道可通广西，有贺江在关外经贺县后又折往封开入西江，地势十分险要。

由清远南下的北江和由封开东来的西江汇合于三水，又由此向崖门、磨刀门、横门、洪奇门、蕉门、虎门等出海口撒开珠江水网，与来自狮子洋东面的东江支流一起，形成了华南经济最发达的珠江三角洲地区。这里有中国古代四大名镇之一的佛山市，以祖庙和石湾陶艺著称；有孙中山故居翠亨村所在地的中山市；有维新变法首领康有为的家乡南海区；梁启超的家乡新会市；有太平天国的创建人洪秀全的家乡花都区；有旅外侨胞甚多的台山市、开平市、江门市；有工业实力强大相继撒县立市区的东莞市、顺德区、番禺区、增城区、鹤山市，等等。这里既有广东四大名园——可园（东莞）、梁园（佛山）、清晖园（顺德）、余荫山房（番禺）等具有岭南庭园之淡雅风格的古典园林，显示珠江文化儒雅丰厚的历史积淀；又有号称广东四小虎的中山、顺德、东莞、南海的崛起以及所兴起的亿元企业文化，为珠江文化的勃兴注入了新的活力。

沿三水往西溯江而上，经羚羊峡可通肇庆达梧州。肇庆古称端州，以出产端砚著称于世。北宋清官包拯曾在此为官，以清廉刚正深得民众爱戴。市区北郊的星湖有"七岩、八洞、五湖、六岗"之称，兼有"阳朔之山，西湖之水"，被誉为岭南第一奇观，城南古建筑阅江楼，曾为叶挺独立团团部旧址。登楼眺远，可见位居贺江、罗定江、西江、绥江中心港要地的肇庆航运之繁忙。贺江与西江交汇点的封开，亦是古代重镇，两广版图在其县外划开。

封开上游是山城梧州。梧州扼广西水路之咽喉，客轮可直航广州、香港、桂林、柳州、南宁。其中通桂林的支流至平乐段称桂江，桂江有两条支流，一条是源自湖南经龙虎关南下的乐江，一条是风景如画，流经阳朔、桂林，与兴安境内著名灵渠相通的漓江。建于秦代、全长 30 余公里的灵渠工程。是 2000 多年前劳动人民的伟大创造。它以三七分流的"铧嘴"迎战由柱立天际的海洋山奔涌而来的海洋河：北渠引流入湘，南渠引流入漓，余洪可泻回湘江故道，由此将珠江水系与长江水系结为一体，为南北文化交流和

---

① 陈永正.（李昂英. 登峡山疾风甚雨）. 岭南历代诗选 [M]. 广州：广东人民出版社，2012.10.

23

岭南开发做出了不可磨灭的历史贡献。秦堤上遗存至今的"四贤祠",是岭南人民缅怀筑堤护坝功臣史禄、马援、李渤和鱼孟威的心意体现。

梧州至桂平的一段江流称为浔江。容江经藤县与浔江合流。建于容江上游容县——古容州治地容城的真武阁,全用两广特产铁黎木建成。阁楼中四根圆柱离地悬空三厘米,承压千吨,屡遭地震狂风,历经 400 余年不倒,被誉为天南杰构,显示出岭南干栏文化的精妙奇绝。

浔江的起点桂平,是来自象州的黔江河来自南宁的郁江的终点。桂平是秦代桂林郡的治所,古名浔州,有名胜古迹西山。明代境内曾爆发过大藤峡瑶民起义。清代 1851 年洪秀全在此地金田村举行过震惊全国的金田起义。1855 年广东天地会起义军曾撤至此地建立大成国,改浔州为秀京,直至 1861 年被清军攻陷,由此可见桂平在农民革命战争史上的不朽地位。

桂平溯黔江而上到象州,象州溯柳江而上到柳州、贵州。柳州与广州同为华南铁路交通枢纽,前者是黔桂、湘桂、柳枝等铁路交汇之处,后者是京广、广九、广湛铁路终点。唐代著名政治家、思想家、文学家柳宗元曾在柳州为官,人称柳柳州。他力倡释婢掘井,植树兴教,功德昭世,后人在今柳侯公园内建柳侯祠祀之。这位参与革新,事败遭贬的柳州刺史病故任上,遗著百篇,成为激励岭南人革故鼎新的力作。"惊风乱飐芙蓉水,密雨斜侵薜荔墙,岭树重遮千里目,江流曲似九回肠。"[①] 表现了作者在黑暗势力的摧残下素志不移、清操自首的高洁品格。

柳州近郊有柳江人遗址。柳江上游支流有雒清河、融江、龙江、环江等。其中源自贵州都江的融江,有一条也叫浔江的支流通往三江侗族自治县。其众多风雨桥的典型建筑程阳桥,楼亭画栋,横卧林溪,精工妙艺。郭沫若以"重瓴联阁怡神巧、列砥横流入望遥"的律诗赞之,名不虚传。

汇于象州的另一条支流红水河,因峡谷险峻,滩多流急,岸多红土,水色红褐而得名。自与贵州曹渡河交汇处起,它的上游恰成为滇、黔、桂三省区的天然界限。源头北盘江与南盘江成双臂围拢之势,隔山相望于乌蒙山麓。"五岭逶迤腾细浪,乌蒙磅礴走泥丸"。茫茫五岭,巍巍乌蒙,毛泽东当年率红军用草鞋连接起来的这两座山脉,在水系上也一脉相连!奔走肆虐于云贵高原之间的红水河,神秘而伟大,沿岸流传着壮族神话造物主布洛陀的多少传说!

南宁,唐时为邕州治所,位于郁江(邕江)上游,现为广西壮族自治

① 柳宗元. 登柳州城楼寄漳、汀、封、连四洲 [DB/OL]. http://so.gushiwen.org/view_18246.aspx.

区首府，全区政治、经济、文化和交通中心。区博物馆内，保存着大型铜鼓、各类化石及太平天国文物，弥足珍贵。郁江的北源为右江，上源西洋江及驮娘江均源出云南，流经百色，为红军时期邓小平、张云逸、韦拔群等领导百色起义，建立左右江革命根据地的地方。郁江的南源为左江，与右江汇合于邕宁县合江村成郁江。左江上源水口河、平而河分别出自越南的龙江河黎溪，经水口关和平而关汇流左江。"文革"时期，大批南宁知青插队左右江流域，促进了当地壮、汉文化的交流。

在黎溪中段位置的友谊关（古名镇南关）附近，曾于1884年爆发过一场中国军民抗击入侵者的中法战争。粤籍帮办广西军务冯子材，率军于镇南关前大败法军，取得谅山大捷。晚清"诗界革命"倡导者，中国近代诗史著名诗人黄遵宪（梅县人），特作《冯将军歌》贺之："敌军披靡鼓声死，万头窜窜纷如蚁。十荡十决无当前，一日横驰三百里。"赞颂了这位七旬老将豪勇不减、跃马横刀扫敌营的神威。

左江的另一上源明江，有一处花山崖壁画，是壮族先祖在左江流域五县境内遗存64处崖画的杰出代表作。画宽40米，长约200米，红朱为色，线条粗狂，各类人物、动物形象离奇古怪，画面内容神奥难测。其魅力独特的武士动作，则成为岭南文艺家、尤其是舞蹈艺术家揣摩和寻求创作灵感的对象。

在珠江大地的漫长海岸线上，还有许多后来被列为珠江流域的"泛南江水系"，各自独自汇入南海的江河，由东而西，其著名者还有数条。其中的韩江流域之大，足以称为韩江三角洲。沿江有汕头市、潮州市与梅州市等，分讲潮州话和客家话，分属福佬民系和客家民系，与珠江三角洲的讲广州话的广府民系，鉴江流域讲雷州话的雷州民系，同为广东四大民系。湛江、茂名、阳江一带各自入海的江河有漠阳江、鉴江、陵江等，形成了鉴江流域；广西北海、钦州、防城一带则有廉江、九州江、钦江等；海南则有南渡河、万泉河、昌江等，均是当地建城通航的命脉。韩江的得名则与韩山的得名相类，是韩愈的政绩造福民众的史证。潮州和梅州各自设有潮剧院和汉剧院，与广州的粤剧院一样，珍藏有大量传统剧目，是汉文化南移百越文化区，共同繁荣珠江文化的活文物。

三、玉树临风美景多

珠江文化滋生地，处于山多水密的红土黄壤地区，其中又多石灰熔岩区，由此形成了自己地形地貌的特点，微妙地影响了岭南人的心理心态和文化特征。无视和否认这种影响，就等于无视和否认一种地域文化与其滋生地的地缘关系，使地缘文化脱离本土而成为无本之木，无源之水。当然，由此而导致"地理决定论"的观点，也是错误的。就整个中华文化来说，它包含有多种地域文化，而每种地域文化都只是中华文化整体系统的一个子系统，其地域文化的特性是有限的，这尤其表现在一定历史条件下，这种地域文化的特性已经成为中华文化的主导倾向性的时候。

"地理决定论"错误的另一方面，是看不到今日的世界已不是古人类生活的世界，即使就其地理环境而言，也已成为人化的自然，而非原始状态的自然界了。本章所述珠江文化滋生地的景观，就属于人化的自然，含有自然景观与人文景观的双重意义。其对岭南人珠江文化意识形成的微妙影响，主要体现在八个方面：

（一）**雄岭铁关多**。珠江流域三面环山，一面临海，岭内岭外雄关林立：出闽有松栢关，入赣有小梅关，进湘有龙虎关、清水关，赴越有水口关、平而关、友谊关，域内有鹰扬关、北嶲隘、宝鸡隘、昆仑关等。每当政局动荡、战云纷起的时候，这些雄岭铁关就自然成为阻燃战火蔓延，抵御强敌，保境自安和庇护中原江浙历代逃难人群的屏障。历史上南越国、南汉、南明政权的存在，足可见证。抗战时期昆仑关大战的胜利，更堪称道。然而，岭南人并非只会在非常时期利用雄岭铁关保境自安的狭隘地方主义者，更不是喜欢割地称雄的民族分裂主义者。前引王渐逵的诗句已流露出对地方割据政权的不满，"朔南尽是尧封地，愁听樵苏说霸功"[①]，是多数岭南人的心态，即使是远在天南的海南岛人，也时刻以全国为念。琼籍岭南四大清官之一的丘浚借题诗五指山明志道："五峰如指翠相连，撑起炎洲半壁天。夜盥银河摘星斗，朝探碧落弄云烟。雨余玉笋空中见，月出明珠掌上悬。岂是巨灵伸一臂，遥从海外数中原？"[②] 这种僻居一隅，心系天下的博大胸怀，是岭南人的雄关意识和雄直诗风的力量源泉，成为其积蓄力量、伺机而起、北伐公敌的内心依托。孙中山 1917 年在广东成立的讨伐北洋军阀的护法军政府，1924 年在共产党帮助下改组成立的领导国民革命和北伐的广东革命政府，更早的洪秀全领导的太平天国革命，均可作如此观。

（二）**口岸海关多**。珠江流域濒临南海，其海洋面积是东海与黄海面积

---

① 欧大任. 镇海楼 [DB/OL]. http：//baike. baidu. com/link？url＝TmI2sr57gn3sLDE6yW9lrhA1xY4nN51fQXSVj3u6Gq6dFjto1oyATkn2ePuybswcqiztmPn7JgWpsIUeY4H9T1uMRCYKrqwLGWSZ8z8RDmgBnJ3E8h9Bspy70ZukHX5m.

② 丘浚. 提五指山 [DB/OL]. http：//zhidao. baidu. com/link？url＝9IdC15bQA0KK1PIfN8uK8u4LsRpnBU37udToZshsBt5zhkeRgEKnVxWB0INUrvY1LQULXtCuQwvKgqoULlq8fa.

总和的三倍，海域面积之广、海岸线之长（约 6000 公里）、入海口之密（仅珠江就有磨刀门、虎跳门、鸡啼门、蕉门、横门、崖门、虎门、洪奇门等八大门）和通商口岸、海防要塞之多（仅广东开放口岸便达 40 多个，占全国 120 多个开放口岸的 1/3），有助于岭南人产生海洋意识。所谓海洋意识，即四海为家、涉洋远航、深造经商的意识，诚邀四海宾客和外御强虏的南大门意识。有"岭南诗祖"之称的唐代杰出诗人张九龄曾作《望月怀远》的名句："海上生明月，天涯共此时。"以及清代嘉、道年间广东诗坛领袖张维屏作的《海门》："七省边隅接海疆，海门锁钥费周防。贾生一掬忧时泪，岂独关心在梓桑。"广东人写成中国第一部介绍世界概况的著作《海录》（谢清高，1820 年版）、中国第一部地方关志《粤海关志》（梁廷枏，1839 年编程）。这些事实都是岭南人四海为家和为国守好南大门意识的流露。

由于这种意识潜移默化的影响，岭南人，尤其是濒海的粤籍人历来有飘洋过海、四海为家、通商贸易的传统，以及在出洋留学深造，学成后报效祖国的传统。在全球 3000 余万海外华人中，粤籍人至少一占了一半以上。早在汉唐开通闻名世界的海上丝绸之路以来，番禺（广州）就是先秦时代海上贸易的都会，拥有许多内地罕见的珍奇货物，如犀角、象牙、玳瑁、珠玑等。每当海战爆发、强寇临境之际，粤人更是同仇敌忾，或御敌于海门之外，或歼敌于城门之下。林则徐的禁烟抗英，关天培的血战虎门炮台，三元里的抗英义举，无不洋溢着岭南人民守好祖国南大门的战斗豪情，改革开放以来，珠江流域的沿海开放口岸不断增多，海上丝绸之路的对外交往日益活跃频繁，岭南人海洋意识的积极面进一步得到弘扬，其消极面得到一定遏制（如走私活动），为珠江文化的建设发挥了积极作用。

（三）航运水系多。珠江流域环山濒海，内部水网纵横，而且结构合理，基本上可说是"条条水路通广州"，为发展航运提供了得天独厚的条件。尤其是在古代陆路少而不平，车也不多不牢的情况下，运载量大，相对安全的水运就尤显重要。岭南人很早就有利用珠江水系进行贸易活动的商业意识和很高的造船技术，善于利用当地的材料制造坚固的货船和客船。如宋代就已著称于世的"广舶"，系用岭南特产乌蓥木制成，长达五丈，凌波蹈浪，不怕折断，可载客数百至上千人。时至今日，虽然公路、铁路、航空运输已在岭南普及，但仍未取代也不必取代珠江水系发达的航运。相反，随着广州作为华南最大都市、全国商业文化中心之一的地位确立，随着航道的疏通和沿江水电站的相继建立，以及位于广州下游的香港这一国际大都市的崛起，直航广州以至香港的航运更趋繁忙和发达。珠江江面上，机船客轮穿梭如织。一船船土特产源源运来，一船船工业品源源送出，以繁荣社会主义市场经济的新精神，赋予了昔日"生意兴隆通四海，财源茂盛达三江"的珠江航运以鲜明时代色彩，把得如网水系之助的珠江文化的商品意识，发挥至新的极致。

（四）**土客杂居多**。汉民族与百越名族杂居共荣，是珠江流域的一大特色。由于历史的原因，汉人（包括已跟汉人通婚同化了的越人）多居平原（梅州地区的客家人例外）；而百越人的后裔，包括壮族（骆越）、苗族、瑶族、黎族、侗族、仡佬族、水族、毛难族、回族、彝族、京族、仡佬族、畲族等，则大都居于山区。多民族杂居的人口格局，形成了岭南人特有的民族意识。中央实行民族团结的政策，将广西省改为广西壮族自治区，大大提高了以占广西人口1/3的壮族为代表的少数民族的自治地位，为珠江文化古已有之的民族意识增添了新的内涵，为发挥包括全国最大的少数民族在内的岭南少数民族在建设新珠江文化中的积极作用，创造了有利前提。无庸质疑，岭南古百越民族及其后裔的文化积累，为珠江文化的繁荣作出了独特的贡献。如以花山崖画为代表的富于骆越神韵的绘画艺术，以程阳桥、真武阁为代表的民族建筑艺术，以博采、烧烤、杂食为特点的百越饮食文化，以壮戏、侗戏、苗戏为代表的民族表演艺术，以黎锦、瑶斑布、壮锦为代表的编织印染艺术，以铜鼓为代表的造型艺术，等等。可以想见，如果今后岭南人能继续发挥各兄弟民族的创造天性，缩小而不是人为扩大彼此的差距，不搞一些徒劳无功的怪异花样，正确执行民族平等、民族团结的政策，那么珠江文化的色彩将会由于民族意识的介入而呈现更繁丽壮美的色调。

（五）**名胜古迹多**。岭南的秀丽山水，富庶繁华，吸引了天下众多僧侣道徒南来建寺修观，激发了神州甚多文人墨客的游兴诗情，留下了甚多碑文壁刻。这些与岭南青山绿水融为一体的古寺名观、石刻题咏，多受北方文化意识的影响，或者体现了中国社会儒道释三教合一的现实精神（如飞来峡上的飞霞洞洞府）和忠臣清官意识（如海南的五公祠、海瑞墓，广东的慈元庙），或者以北方大一统文化的视觉审视岭南风物山川，赋予其以新的文化意蕴。像南宋覆灭于粤留下的众多古迹（包括香港部分）以及文天祥《过伶仃洋》明志诗的长远影响，像北方正直官吏如苏轼、韩愈、柳宗元、包拯等的政绩及其所受的崇敬（包括以山河、堤坝命名及建祠立庙等），像韩愈、柳宗元等著名文人游览岭南名山胜地留下的赞颂祖国山川壮丽的诗篇题刻（包括由唐代著名书法家李邕在肇庆七星岩题写的《端州石室记》等），无不为珠江文化注入了一种传统文化意识（或曰北方中原文化意识）及爱国主义意识，这也是珠江文化始终认同于中华文化母体的原因之一。

（六）**幽洞奇岩多**。珠江流域石灰岩分布广，大都呈熔岩地貌，已发现的著名岩洞和待开发的岩洞很多。除著名的桂林七星岩、芦笛岩、肇庆的七星岩外，较知名的还有罗浮山的朱明洞、怀集县的燕岩、阳春的崆峒岩、凌霄岩、霞山的湖光岩、阳朔的冠岩、柳州的都乐岩、武鸣的伊岭岩、东兰的列宁岩、天等的万福洞、凌云的水源洞、融水的老君洞、寿星岩、鹿寨的香桥、白象岩、宜山的白龙洞、仙女岩、陆川的龙岩、北流的勾漏洞等。"天矸神剜不记年，洞中风景异尘寰。""曾按薰弦天一方，扫除民愠变清凉。"（朱晞颜）"神工斧出金天界，仙乳溶天玉露台，物象宛然真诡境，龙潭一跃见三台。""众峰合沓撑嶙岣，六洞迂折蟠江滨。"（董传策）"深窦贯阴崖，寒飙生不绝。悬泉石罅垂，炎月吹成雪。""石牖次江潭，琼峥发灵异。水乐谐古音，率舞鱼龙至。""石扇划烟堂，四壁涂青翠。葩乳拥华榱，翻成佳丽地。"（俞安期）从上述几位历代岭北诗人对桂林伏波岩、韶音洞、七星岩洞、隐山六洞、玄风洞、华景洞的精采描述中，我们可以细腻地感触到岭南景物尤其是幽洞奇石对岭南人审美意识的潜在影响。鬼斧神工，自然造化，清凉宜人，琼峥水乐，青翠佳丽，阴崖寒飙，幽洞悬泉，似乎都贯注着一种只可意会、难以言传的流动之美、自然之美、阴柔之美。它与岭南秀山丽水相揉合，与炎夏的灼人酷暑相融化，与岭南画派色彩鲜丽、不落俗套的奇绝画风相辉映，与岭南音乐自然流畅、清新妙韵相共鸣，与岭南舞蹈轻歌曼舞、柔情万种相默契，达到了一种令人神往陶醉的意境。珠江文化与艺术，得益于滋生地之直观印象和潜移默化的，实属非浅！近年来，随着旅游热的加温，以及类似移民化城市深圳建立中国民俗文化村、锦绣中华旅游区的尝试，岭南人的文化视野更为开阔宽广，审美意识更为练达洞明，丰足圆满，艺术风貌也更为壮观奇丽。但其崇尚柔美的审美指向，将仍会持续相当时期，以其清幽神秘的魅力享誉艺苑文坛。

值得注意的是，岭南奇洞幽岩，还为岭南原始人提供了最佳天然庇护所，留下许多富含深厚人文价值的出土文物。如封开黄岩洞出土两颗距今14万8千年原始人牙齿化石，就将原来以曲江狮子岩出土的马坝人所代表的距今12万年的岭南人文明史，推前了2万8千年，证实封开确为"岭南文化古都"。此外，考古学家张镇洪教授通过对北江流域的南雄、曲江、乐昌、翁源、韶关、仁化、英德、清远等县市的考察，也在英德宝晶宫岩洞的地质层发现：这里与封开黄岩洞、广西柳江，以至贵州、云南的古人类遗址，同属一个考古地带，从地质考古的角度，证实了珠江水系同属一条人类生活文明带，其文化的源流从西江发源地云南起，直至所流经的贵州、广西和广东各省，都是一水相连，同根同源的。

（七）**土特物产多**。珠江地区的物产丰饶久已闻名于世，直令外来的贪官污吏垂涎万丈，以至于有"贪泉"的警戒传说。"日啖荔枝三百颗，不辞长作岭南人"（苏轼）和"一骑红尘妃子笑"的诗句，为岭南佳果留下诗名。像椰子、菠萝蜜、橄榄、槟榔、香蕉、龙眼、菠萝这些水果，胡椒、藿香这些香料，橡胶、香茅、沉香、香菇这些工业原料，药材、食料，以及海龙、蛤蚧一类的海产土特产，都是岭南特有的热带、亚热带特产，有很高的营养、药用和工业价值。其出产与珠江地区大都三冬无雪（高寒山区除外）、四季常青的气候条件有关。丰饶的物产有助于岭南人靠山吃山、靠水吃水，形成一种豪放进取的饮食文化意识，并辐射到珠江文化的其他领域。究其实质，这是一种"敢第一个吃螃蟹"的创新意识、"物尽其用，广采博纳"的"杂食"意识和"包融"意识，它无疑有利于文化的进步和丰富。

（八）**特别区域多**。珠江流域是全中国乃至全世界拥有最多"特别地区"的地方。一种是因制度的差别所出现的"香港特别行政区"和"澳门特别行政区"；一种是因与香港、澳门和世界市场经济对接的需要而建立的"经济特区"，包括海南、深圳、珠海、汕头等；一种是因全国改革开放全局的宏观需要建立的"全国改革开放综合试验区"、"自贸区"、"沿海开放城市"，分别为广东、珠江三角洲、广州、北海等；一种是"民族自治区"，包括广西壮族自治区及侗族、黎族、苗族、瑶族等少数民族的自治州县等。多种性质、多种功能、多种行政管理方法的"特别区域"的存在，是历史的原因和现实的需要加给珠江文化滋生地的人文景观。粗看起来，这似乎不符合高度集权统一管理的传统模式，成分混杂指挥不灵，实际上却是珠江文化多元化意识和充满活力的生动表现。正是由于众多"特别区域"的存在，有助于不同区域根据自身实际制定发展方针，采取灵活措施，因地制宜，竞争协作，互惠互利，为史无前例的社会主义市场经济繁荣摸索出宝贵经验，为全国改革开放提供借鉴。最近深圳特区建立特区文化研究中心，深受中央重视，就是新珠江文化由其特殊地域条件所决定的肩负历史重任的具体表现。

珠江文化滋生地的山山水水，以及"八多"现象，对珠江文化意识的形成的深远影响，已如上述。必须再次指出的是，这种地理多元文化景观的形成是历史的而非纯自然的，这种地理文化景观对岭南人珠江文化意识的微妙作用，是以多种形式在意识的多层面中潜移默化进行的。它最终形成珠江文化的主导意识还需要许多别的重要条件，包括历史的和社会的，经济的和文化的，杰出人物个人的主客观条件和历史机遇等，而且这些条件所起的作用不是机械的和简单的。

珠江饮食文化，源远流长，豪勇风流，开放创新，触动了多少雄才文杰的创造灵机，汇聚了多少岭南文化的日月精华，独擅八美，仙酿佳肴，享誉寰球，成为——

第三章　珠江文化大繁荣的沃土

民以食为天。饮食文化的创造和发展，是人类建立文明社会积累文化财富的重要方面和基本前提。人类只有满足了"食"的生理需求，才可能进而解决"生"的繁衍需求、安全需求和"文"的个性全面发展需求。"食在广州"，是全国人民对集中展示粤菜美味的珠江文化之都会广州的赞美。珠江饮食文化，无愧为滋养珠江人民并繁茂其创造的所有文化——包括其最精美的艺术文化的沃土。

作为对人类饮食文化作出了重大贡献的中华饮食文化的一支，珠江饮食文化有着丰富的内涵、进取的雄姿和突出的地位。以菜系结构论，它基本上由珠江上游的桂菜，珠江下游的粤菜和隔海相望的琼菜所组成，其中又以粤菜为旗帜。这不仅因为它内容丰富，拥有广府菜、香港新派粤菜、潮菜、东江菜的强大阵容，兼揽桂菜、琼菜之精华，被公认为是与长江菜系、黄河菜系鼎立神州的珠江菜系的杰出代表；而且因为它从不以港式粤菜之根自居，善于从"美食天堂"——香港的"新派粤菜"中吸取西方饮食文化的营养，始终保持其传统特色和趋时善变的青春活力而享誉海内外，成为荣列世界名菜行列的中国菜的后起之秀。

考察珠江饮食文化的过去和现在（尤其是自改革开放以来在广东所取得的丰硕成果）；展望其将来，将使我们对繁茂当今珠江文化之树的沃土香泥，有一种更为真确切实的感受。

即使从文化艺术的角度看，研究珠江饮食文化也是大有裨益的，因为她实际上已成为珠江地区建筑艺术、园林艺术、绘画艺术、造型艺术、书法艺术、装潢艺术、表演艺术、音乐艺术、影视艺术、公关艺术、广告艺术、烹饪艺术、大众艺术、体育艺术及科技进步的总汇和展览馆，具有强烈的时代气息、开放色彩和丰厚的审美内涵。换言之，只有充分了解建立于人类文化金字塔底层，荷重万钧，凝聚着珠江先民的智慧和汗水，蕴含着民族文化的瑰宝和精魂，养育着、充实着、升华着千百万劳作者的灿烂的珠江饮食文化（这里主要从粤菜和广东食品工业发展的角度切入），才可能概览珠江文化巨潮的全貌，扬帆正舵，飞驶直向太平洋上那一轮金日。

下面，谨就珠江饮食文化的历史、现状和未来等加以分述。

一、源远流长领风骚

人类的饮食文化史，是由于火的运用而开始、形成和发展的。正是由于火的运用，人类才由生食转为熟食，由烧烤熏灸转为蒸煮煎炒的。中国早在50万年前的"北京人"时期即已学会用火，后来又相继发明了甑、釜、鼎、锅等陶制、铜制、铁制炊具，走上了现代饮食文明之路。据专家研究，这一文明之路大致经历了火烹时期（陶器发明前50万年至100万年）、铜烹时期（陶器发明后，距今约1万余年）、陶烹时期（铜器发明后，距今约4000余年）和铁烹时期（铁器发明后，距今约2000余年），从萌芽到形成，从发展到繁荣。

珠江饮食文化史的进程，大致与中国饮食文化发展史同步，而又独具特点：属于火烹时期的化石，有在广东曲江县马坝镇边狮子岩狮子洞穴发现的"马坝人"（距今约12万年）；属于陶烹时期的实物，有在英德县青塘圩、始兴县玲珑岩洞穴遗址发现的广东最早陶器（距今7000~8000年）；属于铜烹时期的出土青铜器，有在饶平县浮滨、曲江石峡遗址及广东各地先后发现的"浮滨类型"、"夔纹陶类型"和"米字纹陶类型"等三种遗存；属于铁烹时期的铁器，可见于汉代南越王墓的出土。当时岭南不产铁，全赖中原进口，但至东晋时"流人"入粤，广州终于有了冶铁业，加强了日后粤菜发展的物质基础。唐朝时粤菜已初具规模，但从明、清以前的中国历史看，岭南属于化外之地、南蛮之乡，饮食文化发展滞后而以吸纳中原先进烹调技艺为主，是大体不错的。

然而，环山带海，河网纵横的珠江流域，虽有开发较晚、陆路阻隔的落后一面，但也有物产丰富、开放较早、舟楫便利、通航异域、见多识广的先进一面。从中国古已有之的"五谷为养，五果为助，五畜为益，五菜为充"（见《黄帝内经》）的膳食结构看，奇花异果遍野、珍禽异兽满山、海鲜水产丰饶的岭南，可谓得天独厚，比之中原有过之无不及。"天下所有之食货，粤东几尽有之，粤东所有之食货，天下未必尽有也。"清代屈大均的这番赞叹，有根有据，将粤菜至明清以来名声日盛终致加入中国四大名菜行列的缘由之一，明白道了出来。

当然，炊具齐备，物产丰饶，是一个地区饮食文化繁荣的先决条件，但没有进取豪放的饮食文化观念和数代庖厨的精心研制，也不可能绽开饮誉中华，名播海外的粤菜奇葩！面对岭南山珍海味，无论是蛇鳖虫鱼、花果茎叶、蚝螺蛙鼠，粤人均有鲁迅所称誉的"敢于第一个吃螃蟹的人"那般勇敢无畏精神，必将其油煎火炒，汤煮水蒸，调味烹食而后快。久而久之，日积月累，便使粤菜获得了用料广杂，无所不包之美名，确是天上飞的，地下走的，山里爬的，水中游的，"动植飞潜，无不入厨"。时至今日，粤菜的"田基美食""异国野味"热依然不减先祖豪勇，——将蟾蜍蚯蚓、竹象沙虫、金蝉蚂蚁、田鼠水蛇以至于美国响螺、澳洲袋鼠、泰国鳄鱼等这些人畏我取之物，去毒净皮，刮鳞剖肚，炮制盛碟，视为"奇珍"上席款客，令鲜见寡闻者乍听时瞠目称奇，品尝后却连声赞好，回味无穷，叹服这野味佳肴的特殊营养价值、食疗作用和奇香美味！

其实，粤菜有名菜地位，固然与物产丰饶，用料广博，观念开放有直接关系，但更赖于中原先进烹饪文化的影响和历代厨师对烹调技艺的发展。自唐代起，粤菜的烹调法便已具有炒、炸、煮、炮、炙、炖、蒸、脍、甑、焗、煎等十几种，原来的生食之风得到扬弃，保存了"生猛鲜活、清淡适口"的本质特点，加上南宋末避难入粤的御厨指点，烹艺更臻上乘，出现广府菜、潮州菜、客家菜各据一方，竞芳斗艳，交融荟萃的兴盛局面。到了明清以后，珠江三角洲、韩江平原开发得更为富庶繁华，崛起一大批商业城市和集镇，大大促进了珠江饮食文化的兴隆和昌盛，"食在广州"的美誉不胫而走，声名远播。

著名国画大师张大千生前遍游祖国名山大川，饱尝各地美食之后，欲修正以往将中国菜分为"京菜、鲁菜、川菜、粤菜、闽菜、浙菜、苏菜、皖菜"八大类或"川苏鲁粤"四大菜系的说法，主张按江河流域划为三大系统，即黄河流域的"鲁菜"，长江流域的"川菜"、"苏菜"与"沪菜"，以及珠江流域的"粤菜"。这是极有见地的，因为它抓住了一种菜系所形成、演化和流传的必备要素，包括地理、气候、交通、物产、人文民俗、烹艺风格、对外交往等。即以受西菜影响为例，粤菜就不同川、鲁二大菜系。早在南北朝时期，广州即已成为中国主要对外贸易港口。唐代玄宗年间，专设官员市舶使，立市舶法，海上丝绸之路得以畅通无阻，外域货物源源运来，与中国互通有无。当时，广州最盛时期的市舶收入竟占全国的九成以上，其中不但有珍珠琥珀，玳瑁玻璃，犀角象牙等奇珍异产，也有不少异域食料。

自汉代起，粤人引进、食用的国外烹饪原料便有菠菜、芹菜、花生、芫荽、芝麻、玉米、芦笙、西兰花、黄瓜、辣椒、洋葱、大蒜、喼汁、茄汁、咖喱等，大大丰富了粤菜的原料和品位。清代以后，全国各地均受闭关锁国政策的影响而与国外断绝往来，唯广州成为中外互市的法定口岸，蕃商云集，使节酬酢，促进了西餐行业。加之晚清后广东流散海外侨民返乡时将异域烹技带回，都对粤菜构成产生影响。一些烹饪术语明显来自异国，如沙律、窝贴、沙嗲、吉列等。一些源于西菜的菜式，也被粤厨改制成粤菜上桌，如"薯仔焖鸡"、"喼汁焗猪扒"（俄式）、"吉列虾球"（美式），"喼汁焗笪鸡"（罗马式）。这种多方使用异域烹饪原料并掺杂不少西式烹艺的变种粤菜的大量存在，正是粤菜有别于其他国内菜系的一个显著特点。也是粤菜品种大大超过国内囿于一域的其他地方菜系的原因之一。据周光武先生统计，《中国名菜谱》（中国财政经济出版社出版）共 11 辑，广东即占 2 辑；日本出版的世界最大型的《中国名菜集锦》共 9 卷，广东即占 2 卷；上海科学技术出版社出版的《中国名菜点丛书》共 6 册，广东即占 1.5 册，且份量最重。又据台湾烹饪界认为，中国"八大名菜"应为粤菜、潮菜、东江菜、福建菜、京菜、沪菜、淮扬菜、川菜。把八大名菜中的三种划入广东，也许不无偏颇，但确实从一个角度说明粤菜在中国菜系中的突出地位及内部三大派系各领风骚、质优品繁、饮誉中华的事实。

推本溯源，粤菜三大菜系虽有今日之盛誉，其产生和发展，却与中原烹饪文化的传入直接有关。粤菜的中心"广府菜"，是秦代"和辑百越"，遣汉军 50 万南下，与广东土著人融合，将"脍不厌食，食不厌精"的中原烹艺与本地"杂食"之风合为一体而创制出来的。潮州古属闽越，民俗和语言与广州之南越有别，其民喜食海鲜杂食，善于调味和甜食，隶属广东后依然能保持食俗本色而自成一派。其中有些传统名菜受唐宋时期中原烹艺影响较大。东江菜即客家菜。客家人并非少数民族，而是汉代以后，历代战乱时期避居东江山区的汉族人。由于他们整村整族南迁，反客为主，未经"越化"，中原古朴习俗保留最多，烹料多为山货畜养，水产较少，以焖、炖、煲、焗等法见长。

总而言之，物产丰饶的地理环境，中原烹艺的吸纳传承，国际名港的特俗地位，越俗杂食的开放观念，三大菜系的兼容互补，争娇斗艳，是粤菜以品种繁多，质优味美，后来居上，成为中国菜系中最具代表性及最有世界影响的派系之一的原因。联系到中国菜与法国菜、土耳其菜齐名，并称世界烹饪三大风味体系的杰出地位，粤菜的文化品位自然非同凡响。其成功的历史经验值得重视，其优良文化传统尤须弘扬。

二、珠水粤粮赞"八美"

改革开放以来，随着珠江流域食品工业、相关企业的崛起，以及一大批高、中档涉外饭店的兴建和香港新派粤菜的流传，珠江饮食文化建设事业更加蒸蒸日上，"吃广东粮，喝珠江水"的美誉传遍大江南北，为珠江饮食文化注入新的活力与内涵。传统粤菜以仿古潮流与新派粤菜为双拳，迎战汹涌而至的西餐文化，青春焕发，奇招竞出，再显珠江文化兼容并蓄、创新善变之伟力。

所谓"广东粮"，指的是袋装米、面制品、即食面、即食粉、即食八宝粥之类以及饼干等。所谓"珠江水"，指的是粤产碳酸饮料、天然果汁饮料、乳酸饮料、矿泉水饮料、营养口服液、啤酒饮料等。目前"广东粮"仅饼干一项年产量便达 40 万吨，分威化、蔬菜、夹心、薄饼、月饼等系列，拥有"嘉士力"、"万士发"、中山"杏仁饼"、"新会薄饼"、"九州牌"奇味葱油饼、曲奇饼等名牌产品。而"珠江水"年产量也达百万吨，除了 30 万吨省内消费外，70% 外销国内外，拥有"健力宝"系列运动饮料、"益乐宝"、"喜力佳"、"多维健"等乳酸饮料，"笔架山"、"麒麟山"等 50 多种优质名牌矿泉水饮料，"天然椰汁"、"粒粒橙"、"荔枝汁"、"苹果汁"、"山楂寄生茶"、"南枣养颜茶"、"沙棘茶"、"马蹄爽"、"粒粒菠萝"等天然果汁型饮料，以及"太阳神"、"视力宝"等营养保健口服液。据统计，珠江地区的广东食品工业年产值 20 世纪 90 年代即为全国第 1 位，达 301 亿元。

涉外饭店的效益更为喜人。据国家旅游局公布的统计资料表明，珠江地区仅广东的涉外饭店便近千家，占全国 2354 家涉外饭店的 1/3 左右。1992 年营收达 100.47 亿元，占全国涉外饭店收入总额的 37.7%，其中外汇收入 25.68 亿元人民币，占全国饭店收汇总额的 28.9%。花园酒店、中国大酒店、白天鹅宾馆、东方宾馆、流花宾馆等年营收入均超亿元，居全国前三名的涉外饭店均为广州所得。

毫无疑问，由于"广东粮"、"珠江水"的大行其道，传统腊味、月饼、酿酒作坊向现代工业的转化，"万宝"、"华凌"电冰箱，"嘉利"三明治、电烤箱、微波炉等系列炊具，"康宝"消毒碗柜"、"三角牌"电饭煲的大量生产行销，以及分布珠江流域大中小城市、视力雄厚、食客众多的涉外饭店对西餐文化、新派粤菜，尤其是对"麦当劳""添美食""肯德基""大家乐"等洋快餐的大力推崇，使珠江饮食文化的面貌发生了巨大的变化。一是一批有生命力的美食老字号作坊，完成了向现代化工业的转化，如酿酒史始自唐朝的梅录酿酒联营社，变成了生产"梅鹿液酒"的吴川酒厂；"致美斋"酱坊变成了年产值上千万的大型集团公司；"皇上皇"腊肠小作坊变成了年产值 1094 万的现代化综合肉食制品厂；广式食品如"陶陶居"等，在上海等地开办月饼分厂；一些名店如"莲香楼"等向国内外出售月饼馅料，广味美食的供应量和影响力借工业之力大大增多。二是面对用料新奇、口味多变的新派粤菜和讲究情调、营养卫生、快捷方便、调味丰富、菜点琳琅满目的现代西餐文化的挑战，一些低俗大排档式，不懂营养结构、不重卫生，拖时费事，菜式单一的食肆酒楼感到了沉重压力，思考着如何创新求变的难题。

珠江饮食文化"八美"论，只是对以粤菜为标志的珠江饮食文化成就和丰富创造的现状分析和初步小结，提出以利珠江饮食文化事业建设的发展。

（一）**美质**。无论是粤菜名菜或广东名优食品，都以质量美取胜。广东名鸡大都选用"清远鸡"、"文昌鸡"、"竹丝鸡"、"三黄鸡"等良种土鸡作主料，确保菜品质量上乘。海中奇珍"红斑鱼"、"石磅鱼"、"皇冠螺"、"膏蟹"，田基美食蛇蝎蝉蚕及时菜果蔬等，也都物择天时，待膏满肉肥叶嫩果熟的合适季节捕捉采摘烹食，且保持"生猛鲜活"状态，使粤菜的"杂食"博而不乱，贱而不劣，品质精良，满足人们对烹后优质食料的"软、硬、老、嫩、酥、脆、爽、滑、粘、韧、柴、糜、凉、热"等口感需求和营养需求。对那些"仿生燕窝"（广州康泰生物科技有限公司研制）、"五羊"、"穗生"牌花生油，"太阳神""天生健""隆泰多糖""福寿仙"保健口服液等新型食品，也当作如是观。

（二）**美味**。料以质为本，食以味为先。通过鼻嗅、嘴触、舌尝的作用，感受美食的异香、质地和美味，是人类通过嗅觉、触觉、味觉进行审美活动的重要方面。粤菜以炒、焖、炖、煎等烹技，掌握适当火候，在咸、甜、苦、辣、酸的"五味"基础上调制出以"清鲜爽滑、淡而有味"为特色而又口味多变的粤菜，极大丰富了饮食世界的审美内容。对于有"味之将帅"之称的"酱"料选配，广东饮食也十分讲究，除了使用"柱侯酱"、"致美斋耗油"等本地传统优质酱料以及大量引进国外酱料调味品外，在研制方面也有长足进展，如广州市调味食品研究所研制成功的番茄沙示、沙律调味酱、辣椒精、油咖喱等 29 种包括中西式调味品在内的调味汁类、酱类、果酱类、航空配套类产品，就拓展了粤式美食的味感审美天地，得到各界好评。

（三）**美色**。美食的色彩作用于人的视觉，可产生或宁静舒畅，或紧张兴奋的心理效应，引发人的美感和食欲。粤菜不但善于根据时令变化、物料色调、食客心理对事物进行"固色"（利用原料天然色彩）、"变色"（利用火候改变原料色泽）、"调色"（利用调味料及食用色素调配原料色彩）、"配色"（将不同色彩的原料配成一个彩色，或将各菜式组合成一桌菜式）的精心处理，而且还巧妙利用鲜花入肴，如炸虾丸拼边加夜香花的"愉园花月夜"，八宝炒牛奶加辣椒花的"椒乳透花香"，炒响螺加西兰花的"花映罗兰艳"，炒肾球蟹钳加鸡蛋花的"抱花入醉香"等等，调制出一个色彩缤纷，胃口大开的美食世界。在工业食品方面，粤菜的这一特点也得到相应继承。

（四）**美形**。按造型美的标准对食品进行加工塑性，使菜肴、拼盘、糕点等在形体外观上进入审美层次，是粤厨的拿手好戏，其基本手法为刀工和食雕。所谓"刀工"就是根据烹饪需要运用各种刀法（直刀、平刀、斜刀、剞刀等）将大块原料切割成较小的形状各异的原料的过程，它能使原料易于加温、调味、配色，制成协调、美观的菜肴。所谓"食雕"，就是运用雕刻技艺来造成可食用或供观赏的工艺菜，如像生拼盘和牛油食雕等。在全国第二届烹饪技术比赛中一举夺魁的广东美点"百花金鱼饺"、"像生白玫瑰"、"银鱼戏春水"等烹饪作品，以及像以羽状卤猪舌为尾，蒸蛋白切皮为翼，青椒为足、嘴，红椒为顶冠，冬菇凤眼为睛，栩栩如生的"松鹤延年"等大量粤式像生拼盘，无不巧夺天工，精美异常，令人望而生畏，胃口顿开。工业食品通过产品造型如"太阳神"在海印桥上的雄丽商标形象来树立企业形象的做法，亦属同一目的。

（五）**美名**。寓意吉祥幸福，联想美好的菜式食品命名，是粤人把饮食引入审美联想的深层精神领域的艺术构思，表现了珠江饮食文化积极乐观，昂扬进取的美学追求。它不仅与菜式的造型配色浑然一体，而且与食客的心理需求陶然吻合，达到增添节庆喜宴气氛并使审美主体神采飞扬的目的。如寓意深长的"一掌定山河"（熊掌）、"及第粥"、"祥龙呈瑞"、"凤鸟来仪"、"满堂富贵"、"四喜脆皮鸡"、"荷香麒麟鳝"、"龙王献美果"；以景入菜的"鳄水鸿运裙"、"韩祠过门香"、"松山鹧鸪王"、"锦凤山海会"、"北阁日月盏"、"湘桥聚八仙"、"龙舸玉笋塔"、"西湖沉金钩"；以曲入镬的"双飞蝴蝶"、"二泉映月"、"赛龙夺锦"、"宝鸭穿莲"，等等，无不诗情画意，妙合菜谱，予人以性养情怡，神舒心旷的美好感受，食兴倍添。同样，以"福寿仙"、"长春药酒"（中国八大补酒之一）、"玉兰牌"、"欢乐牌"命名的粤产工业食品，也寄寓了人们对食品功效、质地、命运的美好期望。

（六）**美景。**粤人不但以景名菜、以菜喻景，如羊城八景菜：东湖蟹羹、越秀双球、珠海酥蚝、鹅潭月影、白云猪手、罗岗橙露、双桥飞鸽等；而且直接在省内秀丽山水间修建餐馆饭店，将建筑美、园林美与饮食文化结合起来，以景佐餐，增添雅兴。目前已列入《世界建筑史》《英国版》的37座中国建筑物中，珠江地区的饭店建筑就占了4座，即广州矿泉别墅、东方宾馆、白云宾馆及白天鹅宾馆，其他像广州东湖边的东湖酒家，越秀山麓的南音餐厅，南湖岸边的南湖宾馆，白云山顶的晴峰餐厅，肇庆七星岩旁的星岩宾馆，等等，无不景丽楼秀，令人流连忘返。此外，在餐馆内部景观上粤人也不遗余力，刻苦经营，如白天鹅宾馆主楼内以"故乡水"为主题的奇石园林，花园酒店内的以"三国桃园"景观为题的餐厅，东方宾馆的"红楼梦"立体壁画等，无不精美绝伦，引人入胜。

（七）**美艺。**艺术的通感互益作用，在广东饮食界得到高度重视，往往将服装艺术美、接待艺术美、推销艺术美、曲艺音乐美、绘画艺术美、楹联书法美、装潢艺术美、食器美、茶艺美等与珠江饮食文化融为一体。如各类饭店往往根据自身形象、优势、经营、方式、服务对象，为厨师、服务小姐、保安员、管理人员、艺人和美食节设计定制专门服装，培训仪表美、语言美、态度美的店员，布置装修格调高雅，或具西欧情调，或具中式古典美，或具民族风格美的餐厅，配以悠扬悦耳的世界钢琴名曲或广东曲艺音乐、舞蹈节目、时装艺术节目的表演，使食客在美的艺术氛围中进餐畅饮。

（八）**美乐。**根据当前审美主体表现自我，发展自我的客观需要，已有越来越多的广东餐馆装置了卡拉OK设备和健身设备，让饭店从单纯的果腹饱食场所，变为广大食客一展歌喉、自娱自乐、强身健体的乐园。工业食品中像能吹能玩的"大大泡泡糖"，袋藏小玩具的"虾饼"等，都是既满足消费者食欲又满足其玩兴的产品。广东首创的饮料节和每年一度的民间艺术节，深圳的中国民俗文化村等，都注意将地方风味食品与游乐活动结合起来，让游客玩得惬意，吃得快乐。

珠江饮食文化的精华和现状，当然难以用"八美"论一语道尽，这里仅是作一浮光掠影的探究而已。

三、前程似锦论"五化"

从改革开放前的"有得吃"，到改革开放后的"舍得吃"，是中国经济腾飞后人们饮食观的一大改变，是珠江地区大多数人在收入丰足后不满足于食饱而要求食好的生动表现。然而，只有当人们不断开发新食源并按科学合理搭配食物的营养结构，变"舍得吃"为"晓得吃"，才能达到更高更自由的美食境界，为中华饮食文化作出新的贡献，迎接21世纪人类饮食文化的新纪元。

概而言之，珠江饮食文化21世纪的未来发展总趋势，将是烹饪食品工业化、饮食服务多元化，它首先意味着广东食品工业20年内将持续保持两位数的总产值增长率，其制成品在居民饮食消费支出的比例将由目前的40%达到70%，接近发达国家80%的水平；并且意味着家庭烹饪社会化和饮食行业服务功能多样化：如娱乐、赏艺、团聚、会议、商务、健美、食疗、度假等。其具体表现为五大发展方向：

（一）**用餐方便化**。随着现代生活节奏的加快和家务社会化的需要，洋快餐、中式快餐已风靡广东乃至珠江地区。即食面、即食粥、即食粉开盖即食，一些商场的大型速冻柜里贮满了各式冷冻食品，有烧烤类的酿鱼、鸡腿、香芋扣肉、五香牛腩、果蔬类的苏州刀豆、四川贡菜、台湾红椰菜、异国风味的日本芝麻八爪鱼、马来西亚沙爹牛肉、韩国的蒜汁鸡翼、海鲜类的海参、响螺、鱼翅，等等。通过现代化工业的罐装、袋装、泡沫盒装、瓶装及冷冻处理，粤菜精品和时新美食的贮运食用将更为方便。西方发达国家的工业食品产值同农业总产值的比例为3：1，而广东目前仅为0.45：1，发展即食类、半制成品类等工业食品系列，是大有可为的。

（二）**食品营养化**。目前珠江地区尤其是广东已出产许多有营养的保健食品，包括品类繁多的口服营养液，如益乐宝、健力宝、百年乐、多维奶、多维健乳酸饮料，视力宝、振华—8510口服液，以及益寿营养饼干、豆奶、人参糖、配方米、调和油等等。然而，由于食物营养搭配不当，也出现了如广州肥胖儿童增多，检出率达5.24%，高于北京、上海的不合理现象，急需扭转。根据国家制品的"食物结构改革与发展纲要"，结合本地实际提出本世纪及下世纪的食物发展的指导思想和基本目标，优化珠江地区人民食品营养结构，已势在必行。

（三）**原料天然化**。面对世界各地食品受环境污染日益严重的严峻现实，天然绿色食品的生产受到举世青睐。所谓"绿色食品"，即安全、营养、无公害的食品类产品，包括米面、食油、茶叶、咖啡、瓜果蔬菜、乳制品、水产品、畜禽产品等。广东在开发绿色食品方面卓有成效，共有34种食品经过严格审核，获发绿色食品标志，约占全国绿色食品总数的十分之一，具有较强的国际国内市场竞争力。粒粒橙、椰子汁、荔枝汁、柠檬茶、菊花茶、芒果汁、苹果汁等天然花卉果汁饮料和天然矿泉水、调合油、配方米、鲮鱼罐头的广受欢迎，显示了绿色食品未来发展的蓬勃旺盛的生命力。

（四）**品种多样化**。如何将广州建成国际化大都市，已成为珠江地区尤其是广东人普遍关注的课题，食品种类、功能的多样化是"食在广州"向现代化高度进军的关键，西方菜系、外省菜系、民族菜系都将在广州找到各自的位置，在竞争和交融中生发活力，创新菜式，不断丰富传统粤菜和新派粤菜的内涵，多品种多功能的工业食品也将同步发展，全方位、多层次、多功能地满足不同国度、不同环境、不同工种、不同性别、不同年龄、不同体质的食客需要，提升珠江饮食文化水平至新的高度。

（五）**美食情趣化**。珠江流域是中西文化、中原文化与珠江文化的荟萃之地，拥有多座历史名城和一批旅游胜地，素有华南重镇之称的广州仅1993年上半年便接待海外旅游者97万人次，居全国各大城市之首。它在下世纪将真正成为美食家的乐园，越来越多的中外新一代食客们的文化素质和审美情趣会日益高雅多元，推动珠江饮食文化更紧密地与旅游观光、购物娱乐完美结合起来，形成"珠江游——美食城"式的衣、食、住、行、游、购、乐消费一条龙。食客到饭店就餐将不仅是为了饱腹填肚，品尝山珍海味，获得口感、味觉、嗅觉等方面的美感，而且要求当地民俗文化浑然一体，通过园林景色、厅堂布局、周到服务、食器服饰、演艺茶艺、传统食俗的综合观赏和舒情奔放的自娱活动，达到审美主体的自我充实和潜能释放，享受到南国美食消费的审美情趣和无穷快乐，体验出珠江饮食文化的生命意味和迷人魅力。

那将是珠江饮食文化大放光彩的新世纪，一个呼唤亚太经济圈经济文化腾飞猛进，人民生活更加充实健康的崭新世纪！

珠江文化，已由绵绵数千年的内纳成型期，百余年可歌可泣的
外引换质期，发展到今天辉煌壮丽的开放更新期，蛰伏已久的南方
巨龙顿足腾空，迎来了——

第四章　珠江文化新纪元的发端

　　珠江文化的历史，是珠江流域民众创造的文明史。自有文字记载以来，
它便是一部在其形成、换质、发展阶段中不断吸收北方文化、西方文化的精
华，不断完善自我机制，在自我更新、演变、升华的基础上，为中华文化不
断做出伟大贡献的发展史。

　　珠江文化，已由内纳成型期，外引换质期发展到今天的开放更新期，她
曾为90年前的五四新文化运动的发生和发展造成了必要的历史氛围，并提
供了历史条件，又为今天的改革开放蕴蓄着变革力量。

　　了解珠江文化的历史，把握珠江文化发展的现状，为其新潮泛起而助澜
推波，为其巨能释放而竭心尽力，是炎黄子孙，尤其是珠江民众责无旁贷的
历史使命。

一、内纳成型期

　　在黄河文化、长江文化的昌明时代，珠江流域的古越人虽也有了商业都
会番禺（广州），有了"缚娄"、"阳禺"这样的小国，但毕竟是些楚国的
附庸，对中华文化的影响无足轻重。

　　秦王朝一统天下，挥师南进，设置桂林、象、南海三郡，兴修灵渠，把
珠江流域与长江流域结成整体。此后直至清末，南粤虽也曾有过赵佗立国
（南越国，前206—前137年），刘䶮称帝（南汉国，公元917年—970年）
的时候，但在中国漫长历史上，不过是昙花一现的封建割据。岭南与内陆的
交通阻隔，以及人为的政治上的偏安一隅，确也有过保护地方经济免遭战祸
的一面，然就其对全民族文化的贡献而言，则难有重大建树。以唐朝而论，
清人黄子高苦寻穷搜，在其四卷《粤诗搜逸》中亦仅仅得唐、五代岭南诗
人20余人、诗数十首（张九龄、邵谒、陈陶除外），这在同时代多达两千

余诗人，近万首唐诗中所占的比例确实过小。即使是入相唐朝，名震一时，被尊为岭南诗祖的张九龄，其诗歌成就也难敌同朝诗人李白、杜甫、白居易诸人。再纵观宋、元、明、清（前期）诸朝，除屈大均略有文名外，在全国享有更高知名度的大诗人便再也找不到了。而此期间最为世人称道的珠江文化功臣，则是逾岭南来的唐代韩愈和宋代苏轼。由于这两位佼佼者兴学勤政，客观上缩短了时称南蛮之地的珠江文化与先进的黄河文化及长江文化的差距。从历史上看，所有以先进文化改良本土文化的先哲都将为后人景仰，这正是毅然归汉的赵佗和巧结异族缘的冼夫人颇受岭南人尊崇的原因。

总之，这一时期绵绵两千年的珠江文化，可称之为"内纳成型"式的借助先进的内陆文化由低级向高级发展的文化，她将秦汉中原人的谪徙，晋末"流人"的避乱，宋代江南藉人为主体的逃难等多次岭外南迁人潮所带来的先进的内陆文化，纳入本土文化的深层结构中，形成了一种既水乳交融地统一于中华文化之中，又独具风情特色的地域文化。

这种虽经"汉化"却依然保持本色的珠江文化的个性特征是很鲜明的，在粤人思想的物质外壳——语言方面，它表现在：粤方言大致可分为广州方言、潮州方言、客家方言三种，它们本身便分别是迁于秦汉的"中县人"、唐宋时的闽南人、东晋时的黄河流域的汉人所操的古汉语与当地古代百越人语言结合的产物；在粤人思想的价值取向——如功利观、事业观、乡土观等方面，它表现在：

1. 粤人重农而不轻商，在岭南农耕发展，成为"多谷"之乡，稻田利薄之后，即大力发展经济作物，或"以花果取饶"，或以蔗鱼获利，颇具经济头脑。

2. 粤人重仕而不轻工，除了也走读经致仕这条路外，并不鄙视甚至还更多地把眼光投向了天地广阔的国际市场上，很早就利用本地资源发展了具有资本主义萌芽且技术精进的造船业、陶瓷业、冶铁业、铸钱业、制盐业、榨糖业……

3. 粤人重土而不惮离，由于先祖颠沛流离，开辟蛮荒，创家立业的示范，粤人既有造福乡梓，叶落归根的浓厚的乡土观念，也有漂洋过海，经商致富，白手起家的勇毅和经营才干。环视海外，粤人在千百万华裔中的人数居全国之冠，便可为证。

当然，笼统地将近代史前的珠江文化发展，归结为"内纳成型期"，虽有点睛之妙，难免粗疏之弊。特摘引著名珠江文化学者黄伟宗教授赠阅的《对珠江文化的探索历程》如下，他对本时期的"三分法"，完全可以看作这一漫长时期的三阶段：

"第一时期，秦始皇统一中国后，派任嚣、赵佗先后治理岭南，为中原文化与岭南土著文化的交融做了许多工作，也为岭南文化在中华民族文化中占有一席之地打下基础，但真正结出硕果的是在汉武帝于元鼎六年（公元前111年）统一岭南以后。这时在广信（今广东封开与广西梧州之间）设管辖岭南九郡的交趾部首府，使广信成为岭南政治、经济、文化中心，是中原文化南来的桥头堡，是其与岭南文化的主要交汇地。所以，作为代表广府文化的语种粤语（是中原古汉语与岭南百越语混交而成之语种）在此发源，中原和海外的文化教育最早最快在此传播，使生长在此的文化人得风气之先，捷步登上全国文化舞台，并形成为带学派型的学术领袖或家族，产生广泛影响。如：屈大均称为'粤人文之大宗'的陈钦、陈元父子，为《左氏春秋》立为官学奋斗了三代，被称为'古文经'学派；东汉时广信太守士燮和他的三个弟弟（士壹、士䵋、士武）都是经学家，被称为陈氏学派之继承，在当时京师学者关于古文《尚书》的论争中名噪遐迩，他们与陈氏父子都是广信人；另一位东汉人牟子在广信撰写出中国佛教的首部理论著作《理惑论》；东汉著名道教领袖和理论家，在广东罗浮山著述影响深远的《抱朴子·内篇》。这些都是在当时和在历史上很有影响的名人名著，分别是汉代的儒、佛、道三家学术界主要代表。所以，这些人物和他们所代表的文化，堪称为汉代珠江文化的代表，他们的成就和影响标志着珠江文化的形成和成熟（即屈大均所说的'然'），体现了珠江文化从汉代起就具有重要的历史地位。"

"第二时期是屈大均所说'炽'（即兴旺）的唐代宋代。唐代是中国历史上的盛世，也是珠江文化发展史上的盛世。在这年代，广东经济空前繁荣，岭南政治、经济、文化中心转到广州，海上丝绸之路主要始发港已从粤西转向粤东，对外交通和贸易特别发达，岭南与中原交通要道之一的梅岭（即大庾岭）古道，在张九龄主持下修连开通，促进了南北交流。这些因素造就的社会环境，更有利于珠江文化的兴旺发达，涌现了文才辈出、泰斗层生的盛况：堪称珠江诗圣的岭南第一诗人张九龄，是广东曲江人，官至宰相，贤明有为，主修梅关古道，功在当代，造福千秋，可谓大儒，其诗清淡幽雅，代表岭南诗风，又被誉在唐诗中开创清淡诗派。明代学者胡震亨《唐音癸签》称：'唐初承袭梁隋，陈子昂独开大雅之源，张子寿（九龄）首创清淡之派'，说明张九龄在诗坛的影响是非同小可的。同在唐代的佛家禅宗六祖惠能，是广东新州（今新兴县）人，主张佛性人人皆有，创造顿悟成佛说，使佛教平民化、中国化，被视为中国佛教禅宗的真正创始人，又是禅学思想的领袖和代表，堪称珠江文化哲圣，在全国全世界都有极其广泛的影响。宋代岭南文坛泰斗也大有人在，如广东曲江人余靖，既做过高级外交官和武将，又是著名学者、诗人；特别是有不少著名文人墨客因种种原因在岭南久住或暂住，写下或留下甚多弘扬珠江文化的名篇或业迹，也作为珠江文化的一份历史财富名垂青史，如唐宋散文八大家中就有一半（韩愈、柳宗元、苏轼、苏辙）在岭南留下千古绝唱，唐代诗人刘禹锡、宋代诗人杨万里、书画家米芾、著名清官包拯和著名爱国诗人文天祥，都为珠江文化作出贡献。"

"第三时期是屈大均所说'照于四方'的明代，特别是郑和七次下西洋的明代中期。在这年代，广东经济很繁荣、对外交通和贸易尤其发达，海外思想文化和科学技术多从广东沿海涌进，使得广东接受了特多的海洋文化，同时与内地中原经济文化的交流更密切了，更多地介入全国性的文化潮流了，自身的文化结构和形态更成熟更明显了，对全国和世界的影响更大了。最能体现这种盛况的，是三个代表人物：一是此时从澳门进入广东、后又先后到南京、北京的意大利传教士利玛窦，此人在广东先后在肇庆和曲江达十多年之久，穿佛教的衣服宣传天主教，既传教又传西方科学技术，做了许多将海洋文化融入珠江文化的工作，然后又使具有江海一体内涵的珠江文化北上，与长江文化、黄河文化交流，可谓是一位珠江文化化的文化交流使者。二是明代著名哲学家陈白沙，又名陈献章，广东新会人，明代理学大儒，是后来形成的王阳明与代表的心学体系的开山祖，又是著名的心学诗人，在哲学和诗学上都体现珠江文化特色，在全国和海外有广泛影响。明末学者屈大均，广东番禺人，晚年出家，以和尚身份掩护进行抗清斗争，写出巨著《广东新语》，是一部广东的'百科全书'，可谓广东首部地方学专著。他在此书《自序》中清楚地表明此书详写广东不仅局于广东，而是从世界看广东、以广东看世界。这种视角，说明作者写这地方著作，不是为地方而地方，是从世界大视野确立之地方学，是世界性的地方学专著。以此高度眼光而写出的首部岭南文化学专著的出现，正是包含岭南文化在内的珠江文化成熟的一个重要标志。"

可以说，珠江文化在本时期三个阶段中，经长期演变形成的这种在北方"汉化"中依然保持南方本色的珠江文化特质，既与它最充分地吸纳内陆文化的灿烂成果有直接关系，也与它顽强地保存本土乡民的原始观念有关，自战国时期番禺（广州）成为华南商业都会，成为北国珍奇异玩（如玳瑁、珠玑、象牙、犀角）源源不绝供应地后，珠江口岸便是内商往返，外商云集的繁华之地。这种状况从来就是历代统治者的主观意志所改变不了的（如汉代吕雉对岭南地区的经济围困，明初严禁私人出海贸易的《大明律》，清初强行内迁沿海居民，不准片帆下海的政令，等等）。千百年来，南粤人民为了自己的生存与发展的权利，不惜以死抗争，前赴后继，终于迫使封建统治者放弃了闭关锁国、封海禁商的反动法令，为珠江文化的勃兴创造了有利条件。

二、外引换质期

北方移民文化与南方土著文化的糅合交融，中央集权封建君主的闭关自守与地方独裁封建小国的割据称王所激起的南粤土民与官府、封闭与反封闭、禁海与反禁海、通商与反通商的长期斗争，以及历史上先后建立的、禁而不绝的通达东南亚、阿拉伯乃至西欧各国的贸易关系网，使珠江文化在体现大一统中华文化的基本内容的同时，保持了自身开放求变的活力和潜质。1840年，帝国主义列强的坚船重炮轰毁了亚洲最古老、最封建的泱泱帝国的边垒，珠江流域的子民们从昏睡中惊醒过来，最先尝到了落后要挨打的痛苦滋味，终于从中外文化的比较中省觉到中学的拘囿和弊端，一批使珠江文化外引西学而更换旧质的才高学富、远见卓识之士脱颖而出。

花县乡村塾师洪秀全（1814—1864），从西方基督文化中吸取精神营养，创立了拜上帝会。他溯珠江而上，广收会员，揭竿起义于广西金田，开始了席卷大半个中国，威震中外的太平天国革命。然而，洪秀全借助"皇上帝"声威发动的这场革命，吸收的西方进步文化份量有限，实质上还是小农经济思想在政治上的表现，如果说，天国初期的"封王"还有号令众军，团结战友之意，那后来随着"万岁"、"九千岁"、"八千岁"的排序，则又将封建等级观，乃至君臣观搬了过来。太平天国革命是伟大的，对封建势力的打击是沉重的，但是思想文化上却没有找到足以克敌制胜的思想武器，这也正是千百年来农民起义最终不是失败，便是变质，成了封建王朝改朝换代的工具的原因。

在政治体制的改良上谨小慎微的南海举人康有为（1857—1925），在引进西方文化上却比洪秀全激进，他的《大同书》以西方人权思想为圭臬，改造了《礼记》"小康"、"大同"说和公羊"三世"说，提出了建立共和制改造人类社会的理想。他在穗开办"万木草堂"，兼讲孔学和西学，培养了梁启超、徐勤、麦孟华等一批高足，壮大了维新变法的阵营。康有为的变法维新虽然短短数月便宣告流产，但这毕竟是近代珠江文化的代表人物——先进的资产阶级改良派的思想家开风气之先的创举。

中国革命的先行者孙中山（1866—1925），比仰仗脆弱皇权变法维新的康有为更聪明地找到了革命的基础力量，终于摧毁了封建帝国大殿。孙中山不愧为求变图强，充满活力与革命精神的近代珠江文化的最杰出代表，他审时度势，制定联俄、联共、扶助工农三大政策，在广州胜利召开了国民党第一次代表大会，创办了黄埔军校，组织了北伐军，使珠江文化的发源地成为全国国民革命运动的中心，先后吸收了一大批全国俊彦精英如陈独秀、李大钊、毛泽东、周恩来、鲁迅、郭沫若等，并借助他们的努力把珠江文化被时代磨砺出来的革命精神发扬光大，遍播全国。

先后哺育了洪秀全、康有为、孙中山这三位中国近代史上的伟人的珠江流域的文化氛围的形成，是有着深刻的历史根源的。从客观因素看，帝国主义割占港澳，强租沙面，四处传教，严重削弱了清朝对珠江流域的有效统治，为世界各种新思潮、新文化的涌入提供了方便；海内外民族资本家在广东沿海地区发展经济，抵制官办洋股，铺铁路办工厂的成功，也初步显示出民族资产阶级的勃勃实力。从主观因素看，郑观应、容闳、何启、詹天佑等爱国知识分子的进步言论、翻译成果和科学实践，粤人对帝国主义暴行的愤恨和对封建统治者的绝望，所有这些，都促使南粤爱国志士刻苦钻研西学、发愤图强，创立了由民族资产阶级济世救民、倡导革命的政治思想、经济思想和文化思想所合成并取得了实际成就的珠江新文化，促成了全国新文化运动的产生和发展。

从某种意义上，可以说，没有太平天国的武装暴动，没有"百日维新"的可贵尝试，没有辛亥革命的伟大实践，就不可能产生足以催生"五四"新文化运动的历史文化氛围；而没有"五四"新文化运动的发生及其对近代珠江文化的超越和发展，就不会有由她准备了思想条件和干部条件的中国共产党的诞生，也就不会有人民今天所获得的革命成果。这便是近代珠江文化最足以自豪的对中华文化做出的历史贡献。滔滔珠江、丹丹红棉、黄花岗墓、农讲所址、黄埔校门、烈士陵园，便是近、现代珠江文化精魂的史镜。

建国以后，浩浩荡荡的南下大军，把帝国主义、封建主义、官僚资本主义在珠江流域残存的反动势力一扫而光，为珠江流域生产力的解放创造了前提，为珠江文化的新繁荣奠定了基石。

遗憾的是，主观上由于过早地对民族资本主义经济的消灭，对"一大二公"、"大跃进"的盲目提倡，对海外华侨、港澳同胞的猜忌心理，对农业学大寨的生搬硬套，对以粮为纲的片面强调，对多种经营的忽略，以及对文化大革命的狂热；客观上由于帝国主义长达20余年的经济封锁，使珠江文化开放进取潜质的发挥受到一定程度的不应有的压抑限制，无论在物质文明或是精神文明的建设方面都与时代步伐拉开了一段距离，这确是发人痛省的。

三、开放更新期

自 1979 年实行改革开放政策以来，全国文化的发展趋势已逐渐形成了京、沪、穗三大政治文化中心、经贸文化中心、商业文化中心的新格局。重视和深入研究珠江文化这一地域性文化现象，有利于把握文化个体的特殊性，从而更好地找到文化整体发展的规律性，自觉而富有成效的为中华民族文化昌盛而奋斗。

进入改革开放时期的珠江文化，应如何顺应时势，确定自己的历史方位和未来走向呢？一言以蔽之，就是要建立社会主义市场经济，加速与世界市场衔接的战略思想指导下，同珠江文化不可分割的组成部分——香港文化的认同、融汇、化解中发挥自己的潜质的巨大生命力，为实现"一国两制"，加强祖国四化建设的伟大设想而奋斗。

随着 1997 年的到来和英国殖民统治的终结，香港已成为祖国的特别行政区。作为一种文化现象，香港文化虽与母体文化有过人为的历史隔绝，但她的根始终扎在中国。这不仅由于 90% 的港人是华人，说粤语，用汉字，受中国传统文化的熏陶，而且由于香港文化有省港大罢工那样中外罕见的斗争经历，有一度成为影响华南，乃至全国的抗战文化中心之一的光荣历史。帝国主义的武装侵略和精神奴役，从未能屈服港人的斗志，从未能吞噬港人的爱国良知。这正是香港文化的积极面，是香港文化与珠江文化同源合流的客观基础。

进入改革开放以来，香港，这颗西方文化与华夏文明孕育的东方明珠，已成为欧风东渐的中继站，成为广东，乃至全国借鉴西方文明之精华，加速四化进程的活样板，作为珠江文化体系中最开放最活跃的一员，香港文化正在中华腾飞的正剧里扮演着越来越重要的角色。据有关部分统计：9 年来，内地已批准的 7800 家"三资"企业中，港资企业占 84%，港资的投入额（43 亿美元）占全部外商投资额的 65%；港资在经济特区和广东省的投资比重现已高达 80% ~ 90%，而港人在粤捐钱赠物、办大学、盖医院、建中小学的善行义举更是数不胜数。可以想象，没有港人对中国现代化建设的巨大热忱和对改革开放政策的理解和支持，没有振兴中华的珠江文化的巨大向心力的维系，这种盛况是不可能出现的。

香港成为亚洲四小龙，成为国际的金融中心、交通中心、旅游中心、信息中心之一，与英国当局对港实行的自由港政策有关，但这也是珠江文化在特定历史条件下开发结果的表现，是香港人民的辛勤劳动和大陆人民尤其是珠江流域人民长期大力支援的结果。据统计，广东 1987 年对外出口达 55 亿美元以上，其中 1/3 在香港市场销售，1/3 通过香港转口，这无疑是香港外向型经济发展的巨大推动力。从全国情况看也是如此。自 80 年代起内地与香港的经济贸易额平均每年递增 36.5%，1987 年贸易额高达 2053.98 亿港元，创历史最高纪录。从 1982 年起，内地对港出口额超过日本，占香港进口首位，并保持至今；而内地 1980 年后在港的转口市场也由 1978 年的第 16 位上升为首位，成为香港的最大贸易伙伴。"大进、大出、大繁荣"，是人们对香港发展与内陆经济联系后对双边文化建设的积极影响的正确看法，对港贸易已成为我国沿海经济发展战略的重要一环。

中华文化是开放、进取、灿烂的文化；在继承"五四"传统，振兴中华文化的今天，珠江文化在吸纳香港文化精华后的蓬勃发展尤具特殊的重要意义；广东被列为全国综合改革开放试验区，正是党中央对珠江文化在新时期的特殊作用的充分估计和殷切期望的表现。珠江文化，是消融着香港文化精华，变"一国两制"伟大设想为伟大文明果实的催化器，而不是左倾教条主义者不敢越雷池一步，只知亦步亦趋的脚上的裹脚布……。可以乐观地预言：开放更新期的珠江文化，定能够像前期珠江文化那样（甚至超过它）为中华文化的昌盛做出伟大贡献。

48

也许有人会担心：珠江文化吸收了香港文化后会变质走样。这是大可不必的。一度不前的低势能文化奋起直追先进的高势能文化是一条普遍性的历史规律，何惧之有？正如鲁迅所说的人们吃了牛肉绝不会变成有蹄类动物一样，消化了香港文化的当代珠江文化只能是更健康、更丰富、更有朝气和活力的中国社会主义的精华。有些人把香港文化机械地分为精神文化和物质文化，只叹羡吸取其物质文化而恐惧排斥其精神文化，这是不科学的。须知，任何一种生机盎然的成功的文化，其内部机制都不可能由绝对腐朽的精神因素和相对进步的物质因素所构成，更何况是有着光荣革命传统、与珠江文化血肉相连、同源同根、兴旺发达的香港文化呢？

如今，俯瞰岭南粤海，云蒸霞蔚，四虎雄踞，群龙蛰伏，似乎正哺育着新一辈詹天佑、冯如式的科学家，黄遵宪式的诗人，冼星海式的音乐家，高剑父、陈树人式的画家，康有为式的思想家，梁启超式的文艺理论家，张榕轩兄弟、陈宜禧式的实业家，孙中山、廖仲恺、叶剑英式的杰出的政治家。倘若如此，则南粤幸甚！华夏幸甚！让我们高举起双臂，欢呼这顺时应势，东流入海，浩浩荡荡的珠江文化新潮的泛起吧！

珠江黄河远隔数千里，广州青州隔海海相望，古称南蛮与东夷，而今却成为中国沿海最发达的珠三角经济区与环渤海经济区的龙头，具有强大的区位优势和互补资源。

第五章　珠江文化与青州生态文化战略

一、古青州儒释道三教旅游文化

"青州"上古为东夷之地，位于古神州的东极。据《周礼》记载"正东曰青州"，并注释说："盖以土居少阳，其色为青，故曰青州。"传说大禹治水后，曾按照山川河流的走向，把全国划分为青、徐、扬、荆、豫、冀、兖、雍、梁等"九州"，青州是其中之一，因地处东海和泰山之间，位于中国东方，"东方属木，木色为青"，故名"青州"，在七千年的人类文化发展传承过程中留下了"北辛文化"、"龙山文化"、"大汶口文化"等众多遗址，被史学家称为"东夷文化"的发祥地。

中国最古老的地理著作《尚书·禹贡》中，早就有"海岱惟青州"的说法，以渤海至岱宗泰山的最美城市赞誉之。自从汉武帝、北魏献文帝在此设立青州刺史部，唐宋先后设立青州总管府治、京东东路路治，直到明清时期设为青州府治，青州一直是山东地区的政治、经济、军事、文化、贸易中心。先后诞生过王曾、邢玠、钟羽正、冯溥等一代名臣，燕肃、于钦等学术巨擘，哺育过郦道元、黄庭坚、李清照、冯惟敏等一代名流，并有寇准、范仲淹、宗泽、张叔夜等朝廷重臣，郑道昭、欧阳修、王世贞等文坛巨匠，在此居官执政，流芳百世。

现代的青州市虽降格为面积仅 1569 平方公里的山东半岛城市群的副中心城市，依然以其深厚的文化底蕴与人文素养，先后获得国家卫生城市、国家园林城市、中国优秀旅游城市、全国双拥模范城、国家级生态建设示范区等 17 项国家级荣誉称号，修建起"青州市博物馆"这一全国唯一的县级一级博物馆，馆藏文物达三万余件，国家珍贵文物一千多件，包括明代赵秉忠的殿试卷、东汉"宜子孙"玉璧、战国玉人等，可谓尽得古青州的地利人和文兴之利。

儒教的清官文化方面，青州得天独厚，尤其是有包拯等清官诞生，最优待文官的北宋时代的名贤会聚之地，同时也是北宋儒家官员大展身手的施政舞台。所谓"朝廷择相多从此"，"青州名宦宋时多"，就是对青州历史上千古流传的北宋时名宦重臣十三贤，包括寇准、范仲淹、欧阳修、富弼、王曾等青州守臣的生动写照。如今的青州境内，至今仍有因范仲淹惠政青州而得名的范公亭公园占地 300 余亩，楼台参差，湖水潋滟，花木隐翳，溪流蜿蜒，竹柳翩翩，曲径通幽，有范公亭、顺河楼、李清照纪念馆、洋溪湖等景点。有后人祀三位青州知州范仲淹、富弼、欧阳修之所的"三贤祠"，以及中国北方园林袖珍式建筑，始建于明代，原是明朝嘉靖年间刑部郎中胡邦佐的故宅，坐北向南，砖木结构，总建筑面积约 2000 平方米。因占地较小，喻若十个板笏之大而得其名的全国重点文物保护单位，有"鲁东明珠"之称的"十笏园"和 3A 级的诸城刘墉板栗园等。

青州的街头巷尾，至今流传着诸如范仲淹命人把全部余款如数退还给农民，手下没有一个官吏敢吃"回扣"的故事，传颂着他赋词中的警句"好山深会诗人意，留得夕阳无限时"，"飞泉落处满潭雷，一道苍然石壁开"等。至于秉性耿直，风节自持，豪迈豁达，狂放不羁的北宋文坛领袖欧阳修的《醉翁亭记》，也和被称为"天下第一状元卷"的明代赵秉忠的殿试卷，西门李清照纪念馆的珍藏、饮誉海内外的玲珑山北魏郑道昭书法题刻等一起，可以和中华诗词与书法艺术赏析结合起来，和廉政勤政为民建设结合起来的清官文化结合起来，继续为中华国学教育服务。

道教的养生文化，也是历来有一拜寿、二拜佛、三拜清官之说的青州的重要文化资源。慕名而来的中外游客，向来都以能到云门山参拜大"寿"字作为自己最大的心愿。这里摩崖巨上的"寿"字名扬天下，还有望寿阁、天仙玉女祠、云门仙境、万春洞、昊天宫、郑玄墓、城隍庙等，都是云门山养生文化和生态文化相结合的最佳景点。

其中的"望寿阁"位于北极山腰，红墙青瓦，古色古香，宏伟壮观。置身阁中，仰望南山，恰好望见"寿"字，故此得名；位于山巅，结构奇特，富丽壮观，别具一格，祠内塑有泰山老母像的"天仙玉女祠"是建筑史上典型的明代全石无梁建筑，匠工非凡。登临云门山巅，便可饱览"驼岭千寻"、"劈峰夕照"和"三山联翠，障城如画"的壮丽景观的云门山"云门仙境"，其云窟放云，有千仞之势，自古为鲁中名山。主峰大云顶形若鱼脊，东西走向，上多寺庙宫观。山巅植"东岳大帝"之宫，树有"泰山老母"之祀与阆风亭等。

"万春洞"是云门山著名的"道洞"，洞里雕有宋道教首领陈抟老祖枕书长眠的卧石像，是象征长寿的吉祥人物，因老百姓有"摸摸陈抟头，一辈子不发愁，摸摸陈抟腔，一辈子不生病"的传说，游人无不争相抚摸石像。

驼山的"昊天宫"也是过去道教盛行的痕迹。志书上多有记载的"龙湫"，玉皇顶、凌霞关、卡天门，"天降石"、"飞来石"，以及远近闻名，当地人把"九月九逛花山"作为一年中最为开心的趣事儿的"花山"等地，也都是道教文化和养生文化之地。

佛教艺术文化在青州也很丰厚绵长。国家4A级旅游景点"仰天山"上，有千佛洞、黑龙洞等，上有宋哲宗的御赐匾额和"灵泽"二字，至今探临者络绎不绝。驼山北周佛教石窟造像为华东之最，集生态旅游、休闲旅游、文化旅游于一体，名列国家4A级旅游景点的云驼山景区，主要由一座"大明衡王城"，云门山、驼山、龙潭湖等"三大景区"，以及甲子文化园、龙兴寺等两大寺院组成。其中建于北魏延续千余年的著名佛教寺院的龙兴寺，有窖藏坑等寺院遗址，坑内埋藏有北魏、东魏、北齐至隋、唐、北宋时期的石灰石、汉白玉、花岗岩、陶、铁、木及泥塑等各类佛教造像400余尊，以中国"二十世纪百项考古发现"之一的"龙兴寺佛教造像"扬名世界，是迄今中国发现的数量最多的窖藏佛教造像群，代表了自北魏至宋元时期中国佛教艺术的杰出成就，为研究佛教在我国的传播及雕塑、绘画艺术的发展提供了珍贵资料。

同时，青州的这些出土文物也留下许多待解的谜团。如青州是当时的佛教中心和佛像制作的中心吗？这些佛像为什么会在泥土的隐埋中沉睡了如此漫长的时间？这些前代的佛像贴金彩绘仍然散发着光泽色彩？青州的北齐石刻拓片上，为什么会有胡人的形象？青州市为何至今有伊斯兰教风格的建筑；青州清朝时期为何有八旗之一驻扎，有"旗城"之称？"曹衣出水"的样式为什么会从万里以外的西域传播到青州，它是从南方沿水路进入青州的吗？

二、中华旅游文化的风筝名都

青州目前隶属的潍坊市，位于山东半岛中部的渤海之滨，是山东半岛都市群最大城市，古属青州，人口900余万，面积15859平方公里，东邻青岛市、烟台市、西接淄博市、东营市，南连临沂市、日照市，北濒渤海莱州湾，地扼山东内陆腹地通往半岛地区的咽喉，胶济铁路横贯市境东西，有潍坊港国家一类开放口岸、羊口港国家二类开放口岸，以及通往北京、上海、广州、海口、重庆、大连等市的航线，是全国四大航空邮件处理中心之一，是山东半岛的交通枢纽和中国风筝的发祥地，享有"世界风筝之都"、"鸢都"的美名，是国际风筝联合会组织总部所在地。

古人在青州放风筝，主要是为了怀念世故的亲友，所以在清明节都把慰问故人的情意寄托在风筝上。为擦亮"风筝之都"的文化品牌，潍坊抓住的地域优势一是"会"，即自己作为"国际风筝会"庆典活动举办地的历史文化资源；二是"节"，即具有"潍坊国际风筝节"，这一从20世纪30年代就开始举办风筝会的传统节日。三是"场"，即潍坊特有的"世界风筝都广场"，它有自己的"风徽"标志，以及吉祥大道、鸢标广场等十大景观，成为展示潍坊风筝文化与民俗文化、市民休闲娱乐、全民健身强体、商业购物消费以及举办大型集会活动的综合性城市广场。四是"浪"，每年都举办中国潍坊滨海国际风筝冲浪邀请赛；五是"馆"，即建筑面积8100平方米，建筑造型选取了潍坊龙头蜈蚣风筝的特点，屋脊是一条完整的组合陶瓷巨龙，设计风格在国内独树一帜，作为潍坊标志性建筑的"潍坊世界风筝博物馆"这一我国第一座大型风筝博物馆。

潍坊抓住的地域优势二，是配合风筝之都建设的旅游工艺文化。潍坊向来以"都"、"城"、"园"闻名于世。其"都"即"中国画都山东潍坊"。2013年由中国画学会、中国美术家协会、山东省委宣传部、潍坊市政府，在山东潍坊鲁台会展中心主办了"第三届中国画节·中国（潍坊）第六届文化艺术展示交易会"，展区面积2万多平方米，海内外近5000位国画艺术家的1万多幅作品参展，创造了规模最大的世界纪录。"城"即国内规模最大、功能最完备，唯一冠"中国"字号并获"国家AAAA级旅游景区"的昌乐中国宝石城。"园"之一为被授予"全国农业旅游示范点"、"全国56个最具民族特色的景区"、"山东省旅游休闲场所十佳品牌"及"山东省文化产业示范基地"等称号的"杨家埠民间艺术大观园"，专营与天津杨柳青年画、江苏桃花坞年画、四川绵竹年画并称为中国四大年画之一的"杨家埠木版年画"以及被国务院确认为首批国家级非物质文化遗产的风筝。"园"之二为同属4A级景区的安丘青云山民俗游乐园。同在安丘的还有市景芝酒文化博物馆、庵上石坊、安丘齐长城等。

此外，游客在游览潍坊市博物馆、万印楼、郭味蕖美术纪念馆的同时，还可以领略东夷文化的特殊工艺美术品，如为中华传统特种工艺瑰宝之一，艺术源远流长，早在宋代中期就有文字记载的国家级非物质文化遗产"潍坊核雕"；作为衣物的边饰，享有很高的国际声誉，先后获得"中国工艺美术百花奖金杯奖"、"北京国际博览会金奖"等荣誉称号的"青州府花边"；

一派"家家支红炉，户户铁锤响"的剪刀生产繁荣景象，有"剪子不用挑"的美传的"青州剪刀"；种类繁多，有玲珑石、纹石、杂色混生石、红丝石、紫金玉、黑丝石、枣花石、五彩石、钟乳石、矿物晶体、生物化石等各类名目的"青州奇石"；还有用奇石制砚台，大书法家启功曾写诗赞美"唐人早重红丝石，田海推迁世罕知。今日层台观鲁砚，百花丛中见红丝"的"青州红丝石砚"等。

三、东夷胜地的生态旅游文化

夏商周时曾把中原以东的众部落、方国统称为"东夷"。周代继续将都城以外的四方文化发展相对落后的蛮族，称为东夷、西戎、南蛮、北狄。但时隔不久，原属于东夷的青州，自齐鲁时代成为孕育了孔子儒文化的文明之邦后，与秦汉、明代时多指朝鲜、日本及琉球外族或中国东北少数民族的"东夷"，就已不可混为一谈了。当然，从中原眼光看，青州作为古代九州之一，在泰山以东至海有嵎夷、莱夷，在青州南部至淮河有淮夷，至今在青州市还建有东夷文化园，故被视为华夏文明的有机组成部分之一的东夷文明，还是理所当然的。

黄河流域的古青州境内，是"农圣"贾思勰的故里，是有着悠久的历史与辉煌的成就，有潍坊萝卜、青州蜜桃、青州弥河银瓜、青州山楂、青州柿饼、青州全蝎等土特产，举办过数届"花卉博览会"的东夷生态文明之地。其中心潍坊不仅与"南国花都"广州齐名，有中国"北方花都"之称，获得过中国人居环境奖城市、国家环保模范城市、国家卫生城市、国家园林城市，还拥有全国著名的大型蔬菜生产基地之一，以及著名的生态典范"三会"与"四园"。

"三会"一是"菜博会"，即国内唯一"中国国际蔬菜科技博览会"，2000年起由农业部、商务部、科学技术部与山东省政府在山东寿光蔬菜高科技示范园定期举办。其中的4A级弥河生态农业观光园，以保护生态环境为宗旨，以寿光"中国蔬菜之乡"生态农业文化为特色，将人文与自然有机结合起来，是集旅游观光、休闲、娱乐、宣传科普教育为一体的新建景区。二是"花博会"，即国内著名的"中国（青州）花卉博览交易会"，从2001年至今已成功举办了十届，主题是"科学发展、花卉与旅游"，另设有3A级中国花卉博览园。三是"绿博会"，即4A级"中国（昌邑）北方绿化苗木博览会"，开幕后还同时举办招商引资推介签约、专家讲座、企业论坛、书画展和园林摄影艺术展等一系列绿色生态文化活动。

生态"四园"一是"湿地园",包括先后拥有"国家级水利风景区"、"国家4A级旅游景区"、"山东省十佳水利风景区"等殊荣的4A级的白浪绿洲国家城市湿地公园,昌邑潍水风情湿地公园和桂河湿地公园。二是"游乐园",包括潍坊市65家A级旅游景区和17家4A级旅游景区,如潍坊富华游乐园、金宝乐园、诸城中国暴龙馆等。其馆内的"世界第一龙",被誉为"华夏第一奇骨",民间有"看看巨龙、心想事成;摸摸龙骨、安康幸福"的说法,引来无数看客争相围观。

三是"湖景园",包括位于临朐县,有"北国江南"与"薰冶湖"之称、由万泉汇成的全国七十二大名泉之一,传泉眼通东海并有神龙潜居而得名的"老龙湾";因具有受人们喜爱与推崇的杀菌、消毒、健身、理疗的作用,被誉为"东方不沉湖"、"东方死海"的"寿光林海生态博览园";4A级诸城潍河公园,以及西湖公园、青云湖、青龙湖水利风景区、五龙山旅游风景区、鸢都湖、白浪河景观带、虞河景观带、张面河景观带、峡山水库、仙月湖风景区等一系列湖光山色景区。

四是"山林园",包括以古称"海岳",素享"泰山为五岳之尊,沂山为五镇之首"的盛名,主峰玉皇顶被誉为"鲁中仙山",主要自然景观有玉皇顶、狮子崮、歪头崮、百丈崖瀑布、古松群等80余处的4A级"沂山国家森林公园";二是临朐县内两峰对峙如门,悬崖峭壁,迭曲峻峭,林木丛茂,怪石奇岩,有众多文化遗迹和"骈邑石门晚照残"之景的"石门坊";以"一窍仰穿,天光下射"而得名,古迹荟萃,地形奇特,列为国家森林公园、国家地质公园的4A级景区仰天山区;集森林景观、地貌景观、宗教文化、会议度假于一体,有明末农民起义女领袖唐赛尔的遗迹的"泰和山景区",以及浮烟山森林公园、潍坊市植物园、寿阳山国家森林公园、昌乐火山省级地质公园、方山、山旺国家地质公园、海浮山公园、临朐嵩山和原名卧虎山,投资28亿元兴建成雩泉亭、碧霞祠、常山民间艺术收藏博物苑、诸城常山文化博物馆的历史文化名山常山等。

四、绿道网与珠江城市景观带

(一) 珠三角文明城市景观带的绿道网

中国改革开放后城市化的急剧扩张,在吸引大量农村人口到渤海湾、长三角、珠三角城市群进城就业生活,极大增强综合国力的同时,也造成了这三大世界城市圈建设的过度"欧化"和"石屎森林化"的建筑大同现象,

54

减损了城市原有的特色和魅力，淡化了城市传统的隽永的文化个性和品味。因此，如何在公共建筑、居民住宅、公共绿地、公用交通这城市规划的四大块上，找到彼此的关节点和联系点，设计并建设优秀的城市景观带，尽可能突显城市标志性景观和景观节点的作用，提高其美誉度和满意度，已经成为珠三角文明城市群建设的重要问题。

据百度介绍，《美国城市文化》在研究今后50年的环境与变化时，曾对世界16个城市进行了"城市适意度"的评比，并将23个评价项目归纳为3类：①良好的自然条件及其利用，包括美丽的河流、湖泊、喷泉、大公园、林地树丛，富有魅力的景观、洁净的空气、适宜的气温等。②良好的人工环境建设，包括杰出的建筑物，清晰的城市平面，宽广的林荫大道（系统），美丽的广场（群），街道的艺术，喷泉群，富有魅力的景观等。③丰富的文化传统及设施，包括著名的博物馆，富有盛名的学府，重要的、可见的历史遗迹，众多的图书馆、剧院，美丽的音乐厅，琳琅满目的商店橱窗，街道的艺术，可口的佳肴，大游乐场，多种参加游憩的机会，多样化的邻里等。概括起来，这就是将优美的生态自然环境与标志性建筑、市民惬意生活有机结合起来，使城市景观为提升城市适意度亦即居民的幸福感服务。在这些方面，古青州地区的生态文明建设无疑取得了很大的成绩，为历史文化共生的生态旅游业发展打下了良好的基础。

令人欣喜的是，在广东省委、省政府的统一部署规划下，六条省立新绿道的诞生，已经为珠江三角洲文明城市景观带增添了无穷魅力，很大程度上实现了城市景观设计将优美的生态环境与景观建筑、惬意生活有机结合起来以提升城市适意度的目的。它们有的沿珠江两岸布局，或西起肇庆双龙湖旅游度假区，经佛山、广州、中山至珠海观澳平台，或北起广州流溪河国家森林公园，经东莞、深圳至惠州巽寮湾休闲度假区。有的分四路纵横贯穿珠三角，或西起江门帝都温泉，经中山、广州、东莞东至惠州黄沙洞自然保护区，或北起广州芙蓉嶂水源林保护区，南经佛山至珠海御温泉度假村，或北起惠州罗浮山，经东莞、深圳南至深圳银湖森林公园，或北起肇庆贞山，南经佛山至江门银湖湾湿地，将沿途城市的公园、广场、自然保护地、名胜区、历史古迹、居住区绿地等开放空间连接起来，具有重要的生态意义、游憩功能与景观带价值。

无可否认，在当前快速城市化进程中，在园林建设、保护生态学及城市规划等诸多领域，作为上世纪70年代西方国家兴起的一种自然保护、文化遗产保护和绿地建设理念，绿道与流传数千年、早已十分注重生态环境的选址、保护以及通道和建筑的藏风聚气的中国风水学意趣相合，具有领先世界的应用价值。在珠三角各市如广州，用一条绿线去编织"广绣"，把四通八达的地铁公交网和高架桥、商街骑楼，把博物馆、图书馆、歌剧院以及小蛮腰般靓丽动人的广州塔、中山纪念堂、越秀层楼、云山珠水麓湖等羊城美景链接起来，在世人面前勾勒出广州那魅力迷人的世界名城风貌，有助于人类在自己工作与生活的聚居区里，实现创建文明城市、宜居城市、休闲城市、卫生城市，以及世界名城、文化强市、创意城市、学习型城市的梦想，协调好公共设施、交通运输、居民住宅和公共绿地这四大板块的相互联系，以彰显城市景观的魅力，发挥好城市的功能。

省政府批复实施的《珠江三角洲绿道网总体规划纲要》，就是我们利用绿道突出珠三角各个城市的标志性景观、功能定位、文化个性和文化品味，实现差异互补发展，美化与链接珠江沿岸景观带的指导性文件。它抓住了珠三角地区山丘起伏，江流纵横，水网密布的特点，部署和引导各级政府在珠三角修建了总长达 2372 公里的六大区域绿道网，在区内土地资源十分紧缺的情势下，改变了以往"大拆大建"的大规模征地模式，不但为全线贯通的沿线新增绿化带 1572 公里，还借助全省统一的简明标识系统，配建的 171 个驿站和休息点，以及停车场、自行车租赁、餐饮、卫生、安保等服务设施，使 18 个城际交界面省立绿道互联互通，为广大群众提供了低碳出行、户外运动休闲的绿色开敞空间和独特的城市标志性景观，通过绿道实现珠三角文明城市群一体化建设的愿景。

可贵的是，如此实用和有价值的绿道，还有三大优势。一是成本低廉，效益突出。如去年广州市建成的 1060 公里绿道，由于与广州迎亚运环境整治、城市绿化、河涌整治等工程衔接，平均每公里绿道的造价只有 50.8 万元，却覆盖了全市 12 个区县，串联了 234 个景点、98 个镇街、42 个亚运场馆、52 个地铁站。这和建设 1 公里市政道路所需的 1500 万元成本相比是很低的。而建设 1 公里高速公路的 1 亿元成本，更足以建 100 多公里绿道，而后者的社会效益显然要比高速公路大得多，路面养护费也不高。二是因地制宜，各具特色。绿道最能彰显都市个性，风姿绰约。如广州将城市步行道系统和轨道交通系统，河涌整治、"青山绿地"工程、园林城市和各类旅游资源等很好地结合了起来。深圳努力缩短三级绿道网入网时间，使市民 5 分钟可达社区绿道，15 分钟可达城市绿道，30～45 分钟可达区域绿道。珠海因地制宜、不征地、不拆迁、不砍树，沿山边、水边、林边建设绿道网，巧妙地将废弃地段改造为休闲驿站和观景平台。佛山将绿道建设和三旧改造和村庄整治相结合，突显了水乡优美景观。惠州积极利用沿海步行栈道、观光道、沿江湖水边、山边和乡村小路等打造特色各异的绿道。东莞坚持原生态、原产权、原居民、原民俗，建起了滨水绿道环、都市绿道环、山林绿道环。中山借绿道网把城区、翠亨村、五桂山、水乡等主要景观串联起来，突出了人文中山理念。江门将滨江山水葵林、世界文化遗产碉楼与历史文化古村落等景点串联起来，体现了侨乡特色韵味。肇庆将绿道网与自然生态、历史文化资源、城市建设、旅游景观和设施配套相结合，向全市辐射。三是九市龙舞，共展宏图。使广东省委、省政府关于从 2010 年起在珠三角建好绿道网，"一年基本建成，两年全部到位，三年成熟完善"的战略决策，在逐年落实之中开启了幸福广东之门，使绿道成为人见人爱的"健康之路、美丽之路、生财之路、幸福之路"，成为广东科学发展的城市新景观标识。改变过去人们认为只有"高楼大厦"、"高速路"、"高架桥"才是城市景观建设的现代化标志的旧观念，认识到生态良好、环境宜居才是最高水平的现代化，最美的城市景观建设。

（二）绿道网使珠三角城市景观带更鲜活靓丽

绿道建设，加深了我们对建设生态型幸福绿道的理解，这就是要把绿道建设和宜居城市的规划、景观、民生、管理、功能发挥、生态文明结合起来，使景观生态永续，宜居永续。它使我们更明确认识到，城市景观的建设目的不是为了单纯欣赏与炫耀政绩，而是要为提升市民生活质量，为城市的生态文明、精神文明、物质文明服务。

概括来说，绿道网的建设和成熟完善对珠三角文明城市景观带的功能发挥和提升作用，主要表现于几个方面：

1. 绿道是城市景观的慢行观赏道

人们在高速公路上呼啸而过，再美的城市景观也只能留下模糊的印象。绿道则是以绿化为特征的市民休闲的"慢行系统"和"流动电影院"，具有开放性、连通性的独立系统，随时与进出城市、马路的通道相结合，不仅改变了以往城市景观和绿地有点、有面，但不成网，可看不可用的弊端，与贯穿城市与乡村的机动车道的"快行系统"并行不悖，还可以有效缓解因现代城市生活紧张快捷，所造成的市民的巨大生活与心灵压力，借助河滨、溪谷、山脊、风景道路等自然廊道，为游人和骑车者提供游山玩水、叹绿赏花的慢行路，过上健康、环保的"慢生活"，获得悠然自得的幸福感受，更好地养精蓄锐，投入新一天的工作。

2. 绿道是城市景观的文化长廊

它以人行道、自行车道为纽带，将山边、路边、河边、居民楼边等联为一体，形成完善的旅游观光系统、文化生态休闲系统，把人觉得好玩的新地方、新美景送到人跟前。让游人欣赏到公路、自然保护区、风景名胜区、历史古迹和城乡居民区内各大风景旅游区，给周边带来了新的发展机遇。如江门市的286公里绿道就将1000多座列入世界文化遗产名录的碉楼连接起来。骑车人可以一边畅游散布在乡村各个地方的碉楼，一边享受清新自然的田园风光，累了还可以在茶馆里泡上一壶茶，聆听古筝之音。这使游客增加了近40%，停留时间也更长，提高了旅游资源的利用效率。

3. 绿道是城市生态景观的绿色卫士

如果说东夷湿地公园和江南建筑比较重视"亲水性"、"文人性"，则南粤绿道与岭南建筑较为重视"绿化性"、"民俗性"。尤其是遍布珠三角9个城市的绿道，在把握城市的整体特征，包括"城市性质定品位，城市规模定尺度，历史文化见文野，自然环境凝风格"等方面，改变了内陆某些城市流行的"欧陆风"这一远离本土的不伦不类的文化错位，尊重自然、因形就势、逢树绕路、遇水搭桥，使其经过的生态环境变得更加漂亮，优化了珠三角区域生态格局，密切了城乡之间的生态联系，整合了绿色资源，使人们可以一边健身一边亲近自然，改变了过去认为园林绿化是做来看的，意识到园林还可拿来用的，人们可在里面感受大自然与自我生命，不仅进一步优化了珠三角区域生态格局，连接起主要的公园、自然保护区、风景名胜区、历史古迹等，密切了城市之间、城乡之间的生态联系，为广大群众提供了低碳出行、户外运动休闲的绿色开敞空间，将珠三角各市串联成网，使市民拥抱绿色，走进自然，白天可以晒太阳，晚上可以照月亮，可以在绿道里慢跑、散步、骑车、垂钓等，可亲近自然，也可作为出行、农家乐、渔家乐、烧烤场等，漫步水岸、绿草、红花之间，欣赏岭南水乡美景；骑自行车，便捷穿越市区纵横交错的绿道网，既不受汽车拥堵之苦，又能在上下班途中锻炼身体，呼吸新鲜空气。城市不再是"只长楼、不长树"的"水泥森林"，农村也不再是道路崎岖、人迹罕至的"穷乡僻壤"。

可以说，生态旅游和绿道建设，是古老的东夷文化与南蛮文化在新时代的生态文明共鸣点，是黄河文化与珠江文化跨流域的生命之歌。

草原文化是全球生态文明典范。草原珠水绿，南北一家亲。珠江文化健儿们，现也正以数千里绿道维护幸福宜居的国际大城市圈。时代呼唤珠江草原两携手，相扶持，共建全球生态文明的亮点工程。

第六章　珠江文化与草原文化的亮点工程

一、北狄西戎的草原文化

生活在北方草原上的北狄，和南方五岭内的南蛮一样，都是炎黄子孙。正如《山海经·大荒西经》所记："有北狄之国。黄帝之孙曰始均，始均生北狄。"从居住中原的汉族目光看，北狄与南蛮、东夷、西戎合成了大中国的四方概念，同属中华民族大家庭。

北狄的称谓起始于自称华夏的周人，作为北方少数民族的统称，有赤狄、白狄、长狄之分，强盛时与诸夏抗衡，部族联盟瓦解后逐步融合，在地域上虽与戎有明显的不同，但春秋时代往往混称，进入战国有一部分华夏化，另一部分则融入南下胡人之中，成为匈奴的重要来源之一。所以把狄作为与蛮南北呼应的族称，作为草原文化各族的统称，大致是可以成立的。狄有"犬"旁，《尔雅·释兽》解释说它是一种鹿类野兽："麎、绝有力"，这也正是"狄"有强悍有力，行动疾快等含义的由来。联系蒙古人的白鹿苍狼崇拜，可以看出草原先民对强健生命力和自由奔放精神的渴盼。这种狄鹿的本意后来有所变化，据王国维先生在《鬼方昆夷猃狁考》中考证，"狄"还可作"远"与"剔除"（可能来自"狄"与"抵"——鹿决斗、与"剔"的谐音）解释，"后乃引申之为驱除之于远方之义"。这与诸夏称呼南方百越土著为"南蛮"——意即南方未开化的野蛮人，实质是一样的，属于诸夏文化自大与排他的负面意识。

逐水草迁徙北方，成为与北狄几乎同义词的"北戎"，是我国春秋时期北方的一支较强大的属于匈奴一支的少数民族，他们和南方珠江畔主要从事稻作渔猎的百越族不一样，以"射猎禽兽为生"，"随畜牧而转移"，活动在河北省北部，后亦为北方少数民族的泛称之一。据《史记》匈奴列传记载："唐虞以上有戎、猃狁、荤粥，居于北蛮。"这就是与"南蛮"相对成趣，与"北满"谐音的北蛮的由来。它说明，在尧舜的上古时代，就已有和北狄混称的北戎族居住于中国北方。他们与中国南方的少数民族的统称"南蛮"相对应，被称为"北蛮"，春秋战国前一度相当强大，在河北、辽宁和内蒙古等地曾建立了孤竹、会支、屠何、无终诸国，后才在不断南下侵扰中原的大规模战争的消耗下，逐渐衰落。

《北狄与匈奴》一书的作者马长寿，主张讲匈奴必须先讲北狄。他从第一章的"北狄部落和部落联盟"开始，详论了匈奴国与汉朝的关系，南匈奴降汉，北匈奴政权在奴隶和奴役部落的反剥削斗争中趋于总崩溃的过程，对匈奴的人种、语言、文化和社会经济，匈奴是蒙古利亚种，匈奴人入居中国内地作为国内少数部族以后的前期活动史，强调了北狄在中国史上的重要位置。

二、特克斯八卦城之典范

"西戎"的称谓远自周人自称华夏，把本国周围四方的族人，分别称为东夷、南蛮、西戎、北狄，以区别华夏时就开始了。按照这一中国中心主义的四夷图划分，西戎是古代华夏人对西方少数民族的统称，既可以是古代中国中原王朝对其边界西方的部落的泛指，也可以指春秋战国时期的一个国家。

历史上原居于西方的"西戎"，由于游牧民族的迁徙性，人口数量大，居住地区广，有大戎、小戎、陆洋之戎、九州之戎、骊戎、犬戎、扬拒、泉皋、伊雒之戎、姜戎、茅戎、北戎（又称山戎）无终等名称，往往被混称，有些部落兼有戎与狄两种称号，在族类上难以绝对分清。故可以说，西戎、北戎与北狄，以大西北看实一家，共同创造了强盛辉煌的草原游牧文化。

华夏文化对北狄、西戎的草原蛮族文化的影响是深远而多元的，包括地域性很强的生态国学的影响。所谓的"生态国学"，具有中华民族的宝贵智慧、无穷奥秘和巨大威力，源于人类与生俱来的对自己栖身地的生态优选优化需求，它既古老神秘，有科学的合理的因素，也精粹而芜杂，有玄学的乃至不可思议的神秘解释，可谓鱼龙混杂。如就其所涉及的生态地理论，它通常指空气在山丛地面的流动，江河湖泊水流的分布和去向，以及整个地球的生态环境；在天文方面则包括了星相、天空大气层与地球气流水流之间，以及宇宙星际辐射、天体磁场效应之间的生态影响；在建筑学及家居设计方面，则涉及到外部生态环境与室内生命微粒子运动和人体生命磁场的相互作用，及其对人身心健康的微妙影响等。

从玄学的神秘主义角度看，生态国学的风水就是在承认天、地、时、人、屋、坟互动合一的前提下，对决定了人的现状、未来乃至子孙后代前途的时空环境以及阴宅和阳宅的优选和改善。其阴宅迷信已由历史证实为谬误，而有的则是人类的可解之象或未解之谜，可加审验。

从科学的理性主义角度看，生态风水学是古人留下的丰富的生命文化结晶，其中不少可作现代科学的合理解释，或至少含有某些心灵抚慰作用而令居者心情舒畅，以及和谐自然与和谐社会的有益作用。

从数千年人类文明史看，生态风水学是中国古代与建筑环境规划有关的一门学问。它源自于人类早期的择地定居实践，主要内容是为选择地形、地貌、景观、气候、生态等各环境要素而进行综合评价，提出建筑规划和设计的一些指导性意见，说明哪些是应该追求的、哪些是应该禁忌的一般原则。这一点，我们可以从旧石器、新石器时代之交人们就开始注意选择优良的居住环境看出来。此后，在先秦发展为相地术、堪舆术，并逐步发展为风水术的风水学，深刻影响了中国宫殿、民居建筑的规划布局、设计施工，位置朝向，以及营造时机等，形成了弥足珍贵的中华生态建筑传统文化。

改革开放以来，在党和政府关怀下，我国生态国学正在为创意经济发展做出越来越大的贡献。通过 2012 年在新疆伊犁州召开的"首届中国特克斯世界周易论坛"集思广益的讨论，大家更清楚地认识到：生态风水学是中国古代关于建筑文化的一门学说，具有很强的实践指导意义，其发展宗旨是审慎周密地考察、了解和顺应自然环境，有节有制地合理利用和改造自然，创造良好的居住与生存环境，创造"天人合一"的和谐至善境界，解决人类在何处何时以及怎样建符合生态理想的房子，实现安居乐业的生态文明建设的大问题。

中国西域天柱——新疆北部的国家历史文化名城特克斯县，是世界上惟一完整按照周易卦爻规划建城，遵守中华风水八卦总纲规律的生态文明典范。全城呈放射状圆形，面积 8 平方公里，最早由南宋丘处机勘察定位，后于 1937 年由伊犁屯垦使兼警备司令邱宗浚按易理设计，督导施工，建成呈放射状的 4 环、64 条街，是国内唯一没有红绿灯，却路路相通无拥堵的城市，至今已有 77 年。其功能齐全，百姓安乐，诸业兴旺，交通便捷的现象，暗含八卦玄机的神秘魅力，至今享誉海内外，引起了学术界尤其是龙年应邀出席该次"周易论坛"学者们的强烈关注和热烈评议。

特克斯据当地语与蒙语，分别有"野山羊多"和"原野水源纵横"之意，是各族聚居，水肥土美的难得的生态风水宝地。它座落于天山北麓西隅的特昭盆地，东方丝绸之路最西端的伊犁河谷乌孙高原上；东接伊犁州府伊宁市，有"青龙"达根别勒山环卫；南扼南疆拜城县，有阿特恰比斯平台山为"案山"，以及天山余脉起伏有致的朝山"朱雀"起舞；北连察布查尔锡伯自治县，有气势磅礴的祖龙乌孙山"玄武"垂头拱护；西邻与哈萨克斯坦国交界的昭苏县，有百里绵延的阿腾套山"白虎"蹲踞，四周被特克斯大阪、喀拉峻大草原、乌孙山环抱，由西面发源于"天山之父"汗腾格里峰的特克斯河绕城而过，确实具有山秀、草丰、隘峻、水氲、人杰的风水神韵美。

实地考察可见，据《周易》"文王后天八卦"设计的特克斯八卦城，于城中心八卦公园内，以象征太极的雕塑城标为轴心，通过四周刻有"天、地、雷、电、水、火、山、泽"的八卦花岗岩标识，再由外围象征易经64卦的64根铁柱引领，向外辐射"乾、坤、震、坎、艮、巽、离、兑"八条大街，并以四条环路相连。其中一环路为商铺和公共服务设施建筑群，二环路为行政企事业单位，三环路与四环路间是城镇居民小区，圆形街道呈放射状，环连外围的广阔田园，完全符合中华"和谐人居"对消除改革开放、经济增长、阶层位移、社会急剧变化所带来的地区差异、城乡鸿沟、民族矛盾、收入失衡、心理冲突、人际紧张、社会不稳等现象的时代要求。

从特克斯八卦城今后的可持续发展看，首先应该继续建设好以和谐美德、和谐家庭、和谐社区为主要内容和基本标准的"和谐人居"。这不仅是其今后产生生态宜居城市典范意义的重要抓手，也是其全面建设和谐社会，成为中亚丝绸之路旅游新热点的重要组成部分。之所以确立和谐美德为前提，是因为"人居"亦即人心所居，是人安身立命、修养身心、谐和自然之需。人的道德追求和全面发展程度，决定了人的心理和谐、道德和谐的深度，深刻影响人对自己生存方式的满意度，是实现和谐人居的重要前提之一。特克斯城政府在为各族人民办实事的同时，当注意以周易和谐理念作为建设和谐人居的指导思想，培养具有各族和谐美德的一代新居民，为和谐人居创造条件。

根据《周易》培育和谐美德的易理，和谐家庭是和谐社会的细胞。今后特克斯城只有善于吸收中华民族美德精华，形于外而生于内，制定"和谐家庭"新标准，如家庭成员和谐互助、父慈子孝、夫妻和美、婆媳和睦、邻里和谐相处等，掀起建设千百户"和谐家庭"的热潮，才能把八卦城的和谐人居建筑在和谐家庭的坚固基础上。

和谐人居还要以和谐社区为保证。丘处机信奉的道祖老子，很早就提出过"和光同尘"、"小国寡民"的政治理想，设计过一个"甘其食、美其服、乐其俗"的居民理想社会。如果将其视为一个"和谐社区"看，那是很有启发的。特克斯城的人口不多，社区不大，各族居民交往互助较容易。如能在周易"泰德"指导下，融汇市区居民普遍认同的政治文化、经济文化、饮食文化与民俗文化，就能形成一个稳定、安详、互助、同乐、和谐的文化生态圈，将八卦城的"和谐人居"建设成一个由内在的和谐心灵和外在的和谐环境构成的人类安居典范。

更重要的是，古代辖制的疆域辽阔，有曾在珠江边焚烧鸦片的国魂人物林则徐在此屯垦，为民请命，收回被占良田。为此万民感恩，齐呼"林公活我"，留下了民族团结佳话。以特克斯八卦城为亮点的伊犁州，还应与以首府乌鲁木齐为中心，联合南疆以疏附县为亮点的喀什市，以及和田市、吐鲁番市、哈密市等新疆名城，树立起在祖国西域地区重开新丝绸之路的文化重镇，再现中华灿烂文明的生态旅游中心的地位。如果说，疏附县由于广州市视为自己的一个"区"，投入数十亿资金，已经建立起广州商业城、民族乐器文化产业园，以及在中亚地区深入人心的阿凡提大型游乐园，使得该地文化经济大为发展，成为欧亚新丝绸之路的交通要道，成为珠江文化与西戎文化交融互惠的活样板的话；那么特克斯八卦城通过更古老的中华生态国学的演绎展示，将为中华文化植根西部地区，把原籍广东省信宜市的唐代风水大师杨筠松的生态文明理念展现于此，为广东与新疆的生态文化旅游找到心灵的契合点和生态文明建设的共生点。

不无巧合而又意味深长的是，就在特克斯县领导带领与会专家学者考察当地古老岩画的回程路上，落日余晖，澄空如洗之际，我竟看到了一尊慈眉善目，神态安详，仰卧于群山峻岭间的大佛！在将这一喜讯告知当地的蒙古族女县长李青梅，托她踏察落实之后，联想自己在新疆一路讲学考察所见的"千佛洞"、"三仙洞"等遗址，从大中华文化交融和国家安全的战略远景看，以其更古老、更包容，更和平，更早进入新疆的重视"援易入佛"的中国化佛文化的传承，达成与伊斯兰文化的共生繁荣，促成西域的反腐惩贪，扶弱济贫，民族团结，扭转大汉族主义偏见，坚决反对血腥嗜杀的民族分裂主义、极端宗教势力、恐怖主义势力，将有助于中华民族大家庭的和谐共荣。

以下是此次参会期间考察新疆的诗意观感。摘要如下：

帕米尔高原喀什游

三国结庐五脉峰，東方丝路情意浓。
公格尔山野葱绿，阿凡提赞乐园红。

注：（1）帕米尔高原最高峰公格尔山海拔 7719 米，平均海拔 4000 米以上，号称亚洲屋脊，为喜马拉雅山、天山、昆仑山、喀喇昆仑山和兴都库什

山五大山脉汇集处，因雪峰多野葱，山色翠绿又名"葱岭"，是东方丝绸之路的必经之路，清朝全盛时期归属中国，分为和什库珠克帕米尔、萨雷兹帕米尔、郎库里帕米尔、阿尔楚尔柏米尔、大帕米尔、小帕米尔、塔克敦巴什帕米尔、瓦罕帕米尔等八"帕"，现分属于中国、阿富汗、塔吉克斯坦三国。

（2）阿凡提生于新疆喀什，爱憎分明，嫉恶如仇，乐观幽默，智慧超群，为中、俄、乌兹别克、阿富汗、沙特阿拉伯、土耳其、埃及诸国公认之大智者。广州援疆项目阿凡提乐园为国家重点旅游项目，激活喀什特殊经济开发区的国际商贸旅游功能，意义重大。

吐鲁番游有感

西域天柱蟠三龙，昆仑尔泰天山雄。
沙盆藏宝绿洲翠，葡萄酒香火焰熊。

注：新疆古称柱州，又名西州，有昆仑山、天山、火焰山等捍卫西域，可谓神州天柱，地形特点为"三山夹两盆"，即天山两侧的准格尔盆地，塔里木盆地，分别位于昆仑山、阿尔泰山麓之内。

64

天山远眺

西州丝路雪峰旋，坎井润田绿洲宽；
西母穆王欢宴处，天山巍峨汉唐关。

林公赞

虎门禁毒烟未散，谗言纷起谪于阗。
哈密碑惊郡王胆，伊犁镇留总兵衔。
静绥中原西域剑，动御外辱东土鞭。
夷患早防公谋定，军垦柱州万顷田。

注：民族英雄林则徐罢职贬谪新疆期间，捐财开渠，屯田戍边，考察国情。他认为：新疆安，静可以绥中原，动可以御外辱，在朝廷欲撤守天津时，力主新疆保留总兵镇守，以抗外夷侵略；并曾上书清帝，责令哈密郡主退还夺民的万亩良田。边民山呼："林公活我！"

登马山

草坡红日耀银峰，马山陡峻车履险；
敖包三匝祈福愿，深沟巨壑收眼帘。

注：特克斯之马山，又名马鞍山，路险坡峻，状如马鞍，上有神圣敖包，当年为蒙古人各部落聚会议政之处，四周环以著名的草原，远眺雪山，银装素裹，气象万千。

特克斯岩画

藍溝穿行巇嶺間，雄鹿騰空跳畫岩；
方歎古人鬼斧藝，又瞻笑佛臥山邊。

注：特克斯猎鹿岩画，栩栩如生，史前人画，位于乌孙山铁矿区景色优美的"蓝沟"尽头崖壁上，晚归看远山绵延，恰如巨佛，笑卧雪峰。

卧佛颂

大佛游爱西域美，笑卧山间隐千年；
忽闻盛世来远客，嘱鹿迎宾展慈颜。

上图注：龙年应邀参加特克斯国际周易论坛期间，由县府人员领访远古岩画，雪鹿矫健，众皆欢喜，黄昏归途，寻道而下，暮然回首，见大佛仰卧山间，慈眉善目，佑我中华，欣然摄下，赠友存念并记。

三、共信萨满的南蛮文化

与北蛮相对的南蛮，是先秦时期居于我国南部的少数民族的统称，是盘古、神农、火神、凤凰图腾以及萨满的故乡。作为世界古老民族之一和中国最古老的原生民族，南蛮是世界稻作文明、海洋文明的创造者。由于不像草原文化那样有自己长期使用的文字如蒙古文，汉化程度更高的南蛮人，包括当年属于古百越族，如今全国最大的少数民族壮族（其"壮文"只是现代创制的拼音文字，很少人用），都主要把自己的聪明才智用于汉语文化系统的开发之中，创造并形成了系统的而精密的"稻作语言"文化与文字符号，为汉字库中提供了诸如"禾"类的稻、谷、糯、秋、科、秒、租、种、税、稔、稠、稼、积、颖、穗、稳等字，"米"类的精、粹、粲、糙、糠等字，极大地丰富了汉字文化系统。

南蛮还被称为凤凰图腾的故乡，中华民族的凤凰崇拜始于怀化高庙文化。其遗址陶器表面大都绘着类似兽面、太阳和神鸟的结合体，是原始人类对于阳光、雨露、五谷丰登的崇拜。南方在中国五行文化中属火，7800 年前高庙的神农氏族"太阳鸟族徽"、"神农炎帝像"和"火神祝融像"都是南蛮崇拜火的表现，与北方在五行中属水、崇拜水是很不一样的。但南蛮与北蛮这分属火水，一个爱农耕、一个喜游牧的两大不同文化系统的民族，却又都以萨满文化为精神纽带，这与儒家占统治地位、一方面"不语怪力乱神"，一方面按道教信仰建立起天宫地府神仙谱的中原文化是不同的。据考证，神农炎帝之乐又名"下谋"。而"下谋"又是母系氏族社会"黔台语"对"女祖先"、"女祖神"及"女祭司"等的尊称，表现出与文明程度较高，较早进入私有社会的重父系文化、父亲权利的中原诸族文化不同的一面。如今"萨满教"在国际上已变成对全世界原始宗教的通称，而珠江文化依然保持对龙母、冼太、妈祖三女神的尊崇。

与狄戎文化主要是内陆游牧文化，诸夏文化主要是原野农耕文化不同，南蛮文化可谓是海洋贸易文化的代表。这里有国际航运最早的船舵和世界最早的和平贸易城市，以及比北蛮族系更复杂的南蛮族系。它大体分为百越、百濮与巴蜀三大族系。其中百濮族系分布于今湖南、贵州一带，巴蜀族系分布于今四川、重庆一带，百越族系分布于长江以南直至今天越南北部的广大地区，包括了现今南方大多数的少数民族。值得辨析的是，尽管南蛮作为多民族群体，范围极广很难精确划定，南蛮之地却比较清晰可辨，多被用来泛指古中国最南方的地区，即如今的南粤、广西和海南一带，属于本文所说的珠江文化区域。当时本地区并没有今天的繁华大都市，而是群山环绕，水网密布，鱼虾多，野生动物出没，水田不多，所谓的"蛮子"们多以狩猎、打渔等方式生存，农业落后，人口稀少，是古时候朝廷惩罚罪犯与被贬官员的流放地。

不过，丘陵起伏，瘴气四布的岭南虽称南蛮之地，人口毕竟比北蛮稠密些，珠江人民在学习中原农耕文化方面也更深入更有成效，以至创建了后来全国著名的珠江三角洲鱼米之乡。所以自秦末河北人赵佗来此镇守拓城，建立南越国以后，贬居此地的官员，如唐宋的韩愈、苏东坡等人，都与当地人相交甚乐，克服了诘屈聱牙的"鸟语"障碍，取得很大政绩。这与地理条件不宜推广中原农耕文化，漠北牧羊的囚官苏武所感受的北方草原游牧文化是很不同的。

四、南北同心的爱羊民族

从上述对北蛮和南蛮的地理族类差异与文化纽带的简略分析看，以往仅以草原文化和黄河文化、长江文化并列为中华三大文化的定义是不全面的。它遗漏了在中国文化版图上具有无可替代、不容忽视的地位的南方文明。它以中州平原、河淮江南汉民族为核心，属于黄帝族系的北方文明相对独立；它盛兴于南蛮之地（粤桂巴蜀滇黔琼），属于炎帝族系的百越文化。这就是足以和黄河文化、长江文化、草原文化并列媲美的珠江文化（参见拙著《新珠江文化论》，暨南大学出版社 1994 年版）。从地域角度看，珠江文化与岭南文化同义。从历史角度看，它与南蛮文化同义，与东夷文化及北狄文化即草原文化南北争艳，是中华民族最主要地域文化之一。

由于西方海洋文化的影响，在五岭珠水间分为广府文化、潮汕文化、客家文化三脉，长居黄河文化、长江文化边缘的珠江文化，近代却后来居上，成就辉煌，孕育出洪秀全、康有为、孙中山等伟人，推动了中国近现代革命进程，并使其最大城市广州，成为举世公认的古代"海上丝绸之路"发祥地、近现代中国民主革命策源地、当代全国改革开放前沿地、中国文明进程中的岭南文化中心地、弘扬中华羊吉祥文化的世界名城。

说到广州与羊的悠久文化联系，就不能不提到"五羊衔谷"的神话。说的是在那灾荒连年，田野荒芜，民不聊生的古代，忽然在辽阔南海的天空上，传来一阵悠扬的乐声，随即出现了一片五彩祥云，上有五位仙人，身穿五彩衣服，骑着五色山羊，羊口衔着饱满的稻穗，飘然降临楚庭。五位仙人把稻穗交给了广州人，并祝愿此处永无饥荒，幸福吉祥。祝福罢了，仙人腾空飞逝而去，留下的五只仙羊化为石头，留在了广州山坡。从此，广州便成了岭南最富庶的地方，享有"穗城"和"羊城"美称的南海明珠。杨冠丰先生据此得出了广州人是羊的传人，羊城是广州特有的称谓，羊祥和文化是珠江文化的重要组成部分，岭南给世界最深刻的形象是羊图腾，羊是广州独特的文化优势等结论。无论是否赞成此说，我们都不否认一点，那就是"羊"在珠江和草原的外来身份与原产身份的不同，但具有同样重要的象征意义。羊非岭南特产，早在南越国王赵佗的《报文帝书》里，就留下了缺羊的铁证。书中所说的"高后自临用事，近细士，信谗臣，别异蛮夷，出令曰：'毋予蛮夷外粤金铁田器；马牛羊即予，予牡，毋予牝。'老夫处辟，马牛羊齿已长，自以祭祀不脩，有死罪，使内史潘、中尉高、御史平凡三辈上书谢过，皆不反。"就说明岭南的羊种依赖北方传入，羊是岭南祭祀的必备祭品，意义重大，吕后禁运母羊母畜的"别异蛮夷"政策，影响了岭南祭祀的牺牲供给，是造成岭南与内地商贸断绝，交恶开战的原因之一。

羊的祭祀和图腾意义非同一般。人文始祖伏羲的名字中有"羊"，炎帝的母亲是姜嫄，姜字有"羊"，"羌族"这一中国最古老族群的"羌"字也有"羊"。《说文·羊部》解释道："羌，西戎牧羊人也，从人从羊，羊亦声。"这说明羌是当时西部陕西、甘肃、宁夏、新疆、青海、西藏、四川游牧民族的泛称，姜、羌是说他们就像一群像头戴羊角头饰的儿女，是我国西北逐水草而居的以羊为图腾的原始游牧部落。在他们的观念里和中华文化词典里，羊都是祥和、良善文化的代表。所谓"三羊开泰"，寓意"三阳开泰"，就是易经泰卦新春伊始，"万象更新"，"安泰通达"的吉祥景象。所谓"羊大为美"，羊多（二十口）为善（可膳），祭祀呈祥（示加羊），牧（君）羊为"群"的字义解释，也从中透露出羊的美质、美善、美义与合群性，是羊作为羌族图腾并融入华夏图腾库的主要定义。

"天苍苍，野茫茫，风吹草低见牛羊"。浑身是宝的羊为草原和人类贡献了奶、肉、皮、毛。我们仅从草原歌声中，就可以感受草原人深深的爱羊之心，羊与朝夕相处的草原人民和草原文化的关系，自然比外来的仙羊和珠江文化的文化关系更为深远绵长。如蒙古族作曲家美丽其格于1951年创作的《草原上升起不落的太阳》，被评为"20世纪华人音乐经典"作品，是他在中央音乐学院学习结业时作。这首词曲优美、热情歌颂草原新生活的抒情歌曲一问世就大受群众欢迎，描绘出了一幅蓝天白云的草原美景，充满感情地表达了蒙古族人民热爱家乡、热爱伟大领袖毛主席、热爱中国共产党的思想感情。其中羊虽然隐身了，但却使人联想到挥动鞭儿骑马放羊的牧人的幸福快乐。另一首诞生于1959年，被称为"东方小夜曲"的《草原之夜》也是如此。它曾被联合国教科文组织定为世界著名小夜曲，也是中国民歌经

68

典，半个世纪以来久唱不衰。由词曲作者张加毅、田歌去新疆草原时，根据当地流行的蒙古民歌素材编曲，成为草原民歌的经典力作。全曲时而低回沉思，时而高昂奔放，以马头琴的醉人音色，使人们仿佛置身蓝天白云绿草牛羊之间，歌声恬静而深远，舒缓而绵长，深情款款，余韵悠悠，在美丽草原的无边夜色中，倾述出无限的深情和思念。

如果说，这些脍炙人口，歌颂新生活之爱的草原之歌，还没有直接吐露"羊"字的话，那有西部歌王之称的王洛宾在1939年创作的一首至今仍被广为传唱的歌曲《在那遥远的地方》，就更形象地表达了草原人民对"羊"的喜爱。歌中唱到："在那遥远的地方，有位好姑娘；人们走过她的帐房，都要回头留恋地张望。她那粉红的笑脸，好像红太阳，她那美丽动人的眼睛，好像晚上明媚的月亮。我愿抛弃了财产，跟她去放羊；每天看着她迷人的眼睛和那美丽金边的衣裳，我愿做一只小羊跟在她身旁，我愿每天她拿着皮鞭不断轻轻打在我身上……"这首传唱70余年的歌曲，让几代中国人如痴如醉。直至2007年，中国第一颗探月卫星嫦娥一号中，还特别选用这首歌曲搭载。是王洛宾当年协拍摄纪录片《民族万岁》时，为活泼美丽的藏族姑娘卓玛创作的一首歌曲。当时他们共乘一马，在青海湖边奔驰，如同歌词中写的那样，卓玛的皮鞭轻轻地敲打在王洛宾的身上，如同爱的雨点。两人分离后，王洛宾怅然若失，借助哈萨克族民歌旋律写成了这首传世之作，使草原牧羊女成为国人心中最美丽动人的形象，使羊成为受到恋人柔情抚慰的至爱宠物，成为草原文化炽热真挚的爱情象征。

这三首著名的草原之歌，以及《赞歌》、《草原英雄小姐妹》主题歌和近年《吉祥三宝》等草原歌曲的流行，无不有力地说明了草原人民热爱和平，热爱生活，热爱祖国，草原文化是一个包容了西部各游牧民族的大文化体系，是一种牛羊相伴，跃马扬鞭，与中国主流文化息息相关，情感意通，血脉相连的文化，是与时俱进，充满强大生命力的文化。它同时也说明，注重吉祥羊的草原文化在融入中国主流文化的过程中焕发了异彩，展现出魅力，而汉民族对草原文化的发扬光大也起到了升华和传播的重要作用。

五、狼图腾与龙图腾辨析

羊的天敌——草原狼，受到牧民憎恶驱除。但从狄戎各族以狼为图腾，高车族老狼，突厥族狼母，薛延陀族狼头人，蒙古族以苍狼白鹿为图腾的追忆里，却也暗示出狼在激发古人血性时的某种潜能与文化含义。直至今天，也还有论者如安波舜在内蒙插青姜戎所作的《狼图腾》一书的《序》中，大赞狼的团队精神和家族责任感，狼的智慧、顽强和尊严，狼对蒙古铁骑的驯导和对草原生态的保护，肯定游牧民族千百年来对于狼的至尊崇拜，认为"狼是草原民族的兽祖、宗师、战神与楷模。"这也就是时下一些人把狼作为草原民族甚至中华民族图腾的理由。但我们在品鉴援藏知青杨志军创作的《藏獒》时，却获得了勇于追逐獒性，激烈鞭挞狼性的强烈感受。同样属于草原文化的《藏獒》一书，却以忠勇大爱的藏獒作为民族精神图腾。这一由一千多万年前的喜马拉雅巨型古鬣犬演变而来的高原犬种，自六千多年前被驯化，与人类开始了相依为命的生活后，养成一种沉稳刚猛而又宽宏仁爱的精神和藏獒之德，获得了"龙狗"、"国宝"、"东方神犬"等许多当之无愧的称号，以保卫家园、自我牺牲、帮助别人、见义勇为和狼的欺软怕硬、损害别人、见死不救、自私自利形成鲜明对比，这对我们对比狼性与獒性，体悟民族图腾的价值取向与定位是颇有启发的。那就是，"藏獒"以道为天，勇敢的战斗早就超越了低层次的食物需求，只在精神层面上展示力量。而狼虽也有丰富的战斗技巧和生存智慧，但在物欲横流的今天，狼性崇拜却将使道德受漠视，使人性退化至黑暗的漫长轮回。也许，这正是当初许多草原民族在血腥厮杀、弱肉强食的古代，不得不寄望于狼图腾护佑，而蒙古族偏要在凶残黑狼之上，增加善良的草食动物白鹿为图腾的秘密——人类对真、善、美的永恒追求。它与太极图黑白鱼的相交里，我们看到宇宙间的阴阳和谐图式同义，蒙古族的苍狼白鹿图腾，正是对敌人的凶猛和对亲朋的良善。否则无原则赞美狼性、狼心、狼恶只能将人类导向灭亡。

再联系人们熟知的东郭先生与狼的故事，以及"狼子野心"，实取自犬戎，而古代中原王朝也一直用"犬戎"来指代北狄等古代北方的突厥系游牧民族，直到隋唐年间，汉民族还把一切北方游牧民族统称之为"犬戎"和"戎狄"，含有用豺狼来贬斥北狄胡人，将其视为华夏的心腹大患的事实，当代仍主张将狼作为蒙古图腾实为不智不雅不妥。

不过，持反对意见的学者却认为，狼，或者狼头蛇身号称"中华第一龙"的"狼龙"，才是中华民族图腾。没有蒙古狼群纵横驰骋的游牧草原正在消失，一旦失去"狼——特别是蒙古的草原狼——这个中国古代图腾崇拜和自然进化的发动机，就会像某些宇宙的暗物质一样，远离我们的地球和人类，漂浮在不可知的永远里，漠视着我们的无知和愚昧。"但在人类生命的长河中，尽管每一个民族都要凭借自己的民族精神，生生不息，代代繁衍，但却不应把狼作为体现自己核心价值观的图腾。事实上，早有学者根据考古材料对小说《狼图腾》提出的新石器时期红山文化"中华第一龙"为"狼龙"的学术观点进行了反驳，认为狼不是草原红山诸文化人采集、狩猎经济生活中的重要角色，姜戎断定"中华第一龙"为"狼龙"的结论是不能令人信服的。

事实上，正如有关考古发现所描绘："该玉龙用整块墨绿色软玉雕刻而成。体蜷曲呈'C'字形，昂首扬颈、弯背卷尾、吻部前伸、鼻端截平、梭眼上翘、头似猪首、颈鬣上卷。除龙头部分用浮雕和阴刻的手法表现眼、鼻、嘴外，龙身上下光素无纹，通体磨光，使其看上去如蟒似蛇、生气凛然。"若认真审视，其实此长方形龙头更似马头，特别是长颈上那夸张的飘扬鬣鬃，惟马独有，配以弯曲蟒身，活脱脱一匹"马龙"，闪射出"红山先民的神灵崇拜物"、"氏族部落的象征及保护神"、"祭司祈天求雨的法器"以及"马龙图腾"的重要意义，是雄浑刚健的草原马文化构建"中华第一龙"形象要素。无独有偶，断发文身的长江水系、珠江水系的古百越各族，也对龙有深厚的感情，这可以从后来南越王墓出土的龙形金钩玉带等饰物看出端倪。

更深层次上，草原文化学者有的运用文化语言学的理论和方法，以蒙古语有关五畜名称，去解释其与草原文化的关系及内涵；有的论证了图腾制可以作为一种理论模型来分析草原文化的本质、精神以及表现形式，从文化复杂系统标志的角度解释草原文化的起源、特征等问题，形成一个具有突出特征的文化理论体系；有的把蒙古族族源传说分为天命所生型、感光型、兽祖型、灵禽始祖型、树始祖型等五种类型并对其历史文化渊源进行了文化分析；还有的认为蒙古族传统文化的基本精神通过独特方式施加影响，可有效地激发人们的道德情感，唤起人们的道德需要，增强人们的道德信念，强化人们对文化核心价值的认同和内化。这对我们进一步探讨草原文化图腾精神是很有意义的。

六、珠江草原共建生态文明的全球意义

主流观点认为："草原作为地球生态体系的基本形态之一，在漫长的历史年代中，世世代代生活在内蒙、新疆草原地区的游牧民族形成了以尊崇自然，爱护自然，追求人与自然和谐共存的特色的生态文化。""草原文化就是世代生息在草原地区的先民、部落、民族共同创造的一种与草原生态环境相适应的文化。"因此，尽管我们不苟同草原文化应崇拜狼图腾的主张，却也不否定狼在生物链中促进物种进化的积极意义。缺少刺激和汰劣的物种会懒惰、退化，直至消亡，尤其是高度依赖人类的羊。这方面，美国野生公园里适度引进狼群，恢复物种生态平衡的做法值得效法。

草原文化之所以崇尚自然，与自然融为一体，是因为自然环境是畜牧业

发展的基础条件和基本资源。在长期浸润萨满文化的草原民族眼中，大自然中的万物皆有灵性，自然界的草木、山水都是有生命的。敬畏生命、崇拜自然成为草原民族的自觉意识。这也是与草原民族长期生活在自然环境恶劣、生产生活条件下，爱护生态资源成为草原民族公认的美德和价值取向的缘故。这与中华国学所倡导的"阴阳和谐，天人合一"等人文风水生态理念是完全一致的，追求的都是尊崇自然、敬畏天地，珍爱生命的观念，这至今是保证中华民族可持续发展的先进理念。

如今，内蒙古自治区、新疆维吾尔自治区在经济、社会发展中高度重视保护生态环境、加强生态建设，弘扬草原生态文化，促进现代生态文明建设，全区生态环境初步实现了从"总体退化、局部控制"到"总体控制、局部好转"的历史性转变。它揭示出：以尊崇自然，爱护生态为核心理念之一的草原文化，以及草原民族在特定的草原生态环境中形成的生命智慧，是最具有全球生态文明典范意义的高级文化。

草原珠水绿，南北一家亲。同样尊崇羊吉祥文化、龙图腾精神的珠江文化健儿们，现也在党中央倡导的科学发展观指导下，转变了以往单纯高速发展经济，忽略生态保护的发展方式，正以数千里新绿道连起生态保护屏，建设幸福宜居的国际大城市圈。时代呼唤珠江草原两携手，相扶持，引领中国改革开放时代潮流，共建全球生态文明的亮点工程。

72

参考文献：

[1] "草原文化研究工程"介绍. 首届至第七届"中国内蒙古草原文化主题论坛"论文集 [C]. 参见内蒙古社会科学院网站 [DB/OL]. http：//www. nmgass. com. cn/.

[2] "草原文化研究工程"介绍 [DB/OL]. http：//nmgshkxy. nmgnews. com. cn/system/2010/05/17/010435584. shtml.

[3] 包海山. 鄂尔多斯学概论. 鄂尔多斯学研究丛书 [DB/OL]. http：//www. ordosxue. cn/a/eerduosiribaoexuezhuankan/20141201/1148. html.

[4] 陈育宁. 我与鄂尔多斯学 [M]. 银川：宁夏人民出版社，2009. 2.

[5] 柯可. 新珠江文化论 [M]. 广州：暨南大学出版社，1994.

[6] 马长寿. 北狄与匈奴 [M]. 桂林：广西师范大学出版社，2006. 6.

[7] 杜殿卿. 易学对新疆特克斯八卦城选址规划的影响. "中国首届特克斯世界周易论坛"论文集 [C]. 特克斯政府编，2012. 9.

[8] 柯可. 易经风水图鉴——从入门到行家一本通 [M]. 南宁：广西人民出版社，2009.

从珠江水系的北江流域挖掘人文精神，与清远、佛山、肇庆、广州、郴州、赣州同源互补，可让北江中心地韶关创意无限，打造品牌，为文化强省和中华文化腾飞做出伟大贡献——

第七章　珠江水系的北江文化大繁荣

一、北江文化大繁荣的重要意义

从全球文化圈与大珠江文化视野下，制定其北江文化战略，首先要注意的是，全球经济的发展，如今正呈现一种结构软化的大趋势，企业文化精神和各种文化创意、文化品牌、文化技术、文化服务的软要素，正源源不断地渗入全球经济危机以来已显得运作疲惫和机制硬化的产业结构之中，使之变得灵活生动而充满生命活力，具有令各国各地人们心向神往的增强生产力和软实力的无限可能性。

软者莫胜水。中华国学极为重视水。易经八卦水占其二，它说明无论是守信闯险的流水（坎卦），还是欢聚祥和的湖水（兑卦），都是人类命源，和生之道。崇尚阴柔的道祖老子因此大赞"上善若水"，"水善利万物而有静"（老子8章），视之为最接近"道"的。事实上，水确实是大地血脉，生命源头，文明摇篮。从自然地理文化学看，全球古代文明无不依托江河湖海而崛起，与水结下不解之缘，故有黄河文明、长江文明、珠江文明、恒河文明、两河流域文明、尼罗河文明乃至地中海文明之说。

珠江水系是与黄河水系、长江水系并列的中国三大水系之一。它一方面以南江水系串联南海沿岸以及各岛屿，一方面更以东江水系、西江水系、北江水系融汇诸江众流，冲刷出以珠江三角洲为核心，涵盖了粤、琼、桂、滇、贵、湘、赣、闽、川、港、澳十一省区的泛珠江流域，在中华江河文化版图中占有鼎足而立举足轻重的地位。尤其是近现代，已经成为中华文明吸纳海外文明，革故鼎新，引领时代潮流的文化前沿。

为孕育珠江文化做出杰出历史贡献的北江，千万年来汇聚湘赣粤北等诸多支流穿越峡谷入珠江后，缓缓流过珠江三角洲大平原，是中国南方大河珠江的三大支流之一，因位于广东省中部珠江北部而得名。它在广东韶关汇集上游的武水与浈水后合称北江,其中武水自乐昌县坪石以下,浈水自南雄县以下,北江段曲江县以下均可通航;中游到佛山市的三水同西江相通,其间峡谷多而雄奇,以英德县长9公里的盲仔峡、清远县长6公里的飞来峡最著名;中下游地势较低洼开阔,是北江天然的滞洪区,经珠江三角洲从洪奇沥入海,长582公里,流域面积47853平方公里,经济鱼类有鲥鱼、七丝鲚、银鱼、鳗鲡、青鱼、草鱼、鳡鱼、鳊鱼、赤眼鳟、大眼红鲌、条鱼、鳊鱼、黄尾密鲴、刺鲃、南方白甲鱼、小口白甲鱼、瓣结鱼、桂华鲮、鲮鱼、卷口鱼、唇鱼等,丰富多样,味道鲜美。据中国广播网报道,赣州市寻乌、安远、定南、信丰4县作为珠江一级支流东江和北江的发源地,今年正式实行禁渔制度,以保护生物多样性和粤港水源地,这将有力促进东江和北江流域的生态保护和渔业的可持续发展。

北江的重要经济意义和北江文化大发展战略,是根据文献资料、民俗民风、地下考古和水系定律,对世界罕见的阴阳对称,有东有西,有上有下,有北有南的珠江文化的系统研究成果所制定的;是由有"北江明珠、香清溢远"美称的清远的崛起,广佛同城的巨大效应,珠三角洲的世界都市圈地位决定的;尤其是由古代作为连接中原文明与百越文明的文化纽带,当今成为北江文化传播中心的韶关的重要作用所决定的;是由北江人民的伟大历史文化贡献和当代经济发展的巨大成就所决定的。它是世界创意经济的兴起和地方建设的需要,是落实党中央十七届六中全会精神以及广东文化强省建设纲要的重要举措。

因此,从事"韶文化"研究的学者,有必要放开眼界,闯关出山,扬帆出海,在珠江文化的历史画卷中,寻找北江流域文化特色,借鉴当年茂名、云浮、湛江、阳江四市共举"南江文化"大旗,跳出了粤西文化建设长期以来各自为政,没有一个明确的统一的文化定位而落后的困境,联手形成一条南江水系文化带的成功经验,竖立自己作为珠江文化北源重镇的中心地位,从水域文化的新角度去挖掘人文精神内核,寻找与清远、佛山、肇庆、广州乃至与湘赣两省的郴州、赣州结盟互动,同源互补的无穷创意,打造"大北江文化"品牌以更好地融入珠江文化大繁荣格局之中,为文化强省和中华文化腾飞做出伟大贡献。

二、北江文化茁壮生发的孕育地

北江由东西两岸的诸多河流汇成,是源远流长灿烂辉煌的北江文化的孕育地。属于西岸水系的有武江、南水、连江、滨江、绥江、潖江等。其中武江发源于湖南省临武县三峰岭，经宜章县的罗家渡流入广东省水口汇入武水，流经临武县、宜章县、乐昌市，在韶关市城区与浈江汇合，全长为260公里，集水面积为7097平方公里。南水，古称洲头水，发源于乳源县安墩头。主要支流有龙溪和龙归河，在曲江白土镇江入北江，有一个大型南水水库。连江旧称"湟川"，是北江西岸的最大支流，又称小北江，发源于广东连州市星子圩磨面石，上段称东陂水，至连州市区后称连江，流域面积为10061平方公里，全长275公里，流经连州、阳山、英德三县市，在英德市连江口镇汇入北江，是沟通连州、阳山、韶关、广州等主要水运航道，有"岭南画廊"和"岭南三峡"之誉的"湟川三峡"等亮丽景点。滨江发源于广东省清新县大雾山，流经清新县和清远市区，全长100公里，流域面积2000平方公里。绥江发源于连山县擒鸦岭，流经怀集、广宁、四会等县，在四会马房汇入北江，部分河水经青岐涌流入西江，全长226公里，流域面积达7184平方公里，流经区域多为山区，仅在怀集县染村盆地和四会县城有一片平地。潖江发源于佛冈县东面，在清远市江口镇注入北江，全长83公里，流域面积达1386平方公里。

北江东岸水系以浈江居首，此外还有翁江、墨江、锦江等。翁江古名称浈水（汉时在英德设置浈阳县），发源于翁源县船肚东侧，横贯翁源县境，在英德市东岸咀汇入北江，全长173公里，集水区域含翁源县全境及英德、新丰、佛冈、曲江、连平的部分地区，流域面积达4847平方公里，下游建有大型长湖水电站，总库容1.49达亿立方米，是英德的美丽风景区。浈江古代又称昌水，别名浈水、东河、东江，古称保水、横浦，源于江西省信丰县大庾岭石溪湾，南流至今湖口镇下陂山，与源于江西信丰爬栏寨的昌水汇合，西流至县城，又与源于百顺帽子峰的凌江汇合而成浈江，流经广东的南雄、始兴、仁化、曲江等县，在韶关市区与武江汇合成北江，长212公里。

据考证，分布在南雄大凤一带的浈水段系，曾设横浦关、阳山关和湟溪关三大关口。其中湟溪关正好处在西江和连江汇合的地方，是为了支援上游的横浦关和阳山关而设置，一旦上游的关口被突破，即可以作为第二道防线，是秦汉时赵佗扼守岭南和中原交通要道的关防之一。横浦关遗址因史料不全，而形成史学界的两种看法。一是《广东新语》、《中国历史地理概念》、《直隶南雄州志》、《通典》等，均持山关说，认为关在大庾岭上、南雄县西北、大庾岭西南或即是小梅关。二是《史记·尉佗传》、《南康记》等认为在南雄市的浈江边，《水经注》等认为在翁源县的翁江边，梁国昭认为在今始兴县境内浈江与墨江汇合处，以及认为横浦水即今南浦水，秦军从赣江溯桃江而上的一条最快入粤的要道等，均持水关说。评析众说，根据古时水路的重要性，以及史书有关汉军五路攻伐南越，设水军下横浦、洭水（连江）、离水（漓江）、牂柯江（今西江、浔江及上游）的记载和汉字词源，横浦应指河流水关为是。

可以说，自唐开元四年张九龄凿通梅关古道之后，浈江便成了维护国家统一，沟通岭南与岭北，连结长江与珠江的主要航道。宋人蒋之奇曾在《浈水》一诗中，曾以"城东浈水碧渊洄，杨仆楼船向北来"的诗句，描绘了汉武帝于元鼎五年（公元前112年），派遣主爵都尉杨仆为楼船将军，溯赣江至南安，在浈凌两江汇合处造船练兵，备战一年后率20余米高的楼船师下浈水，载兵甲5万与伏波将军会师石门，进军番禺，一举扫平南越之乱的壮观情景。清代沈竹坪更以《竹枝词》极赞浈水之美道："布帆无恙下湖湘，一路秋风送晚凉；试启蓬窗望洴水，波纹清共楚天长。"

明清时代的南雄至韶州、广州的沿江，设有五个专业码头，客货运输一直十分繁忙，有"日屯万担米，夜行百只船"之称。但此事也隐藏了运输的隐患即沿江垦荒的恶果。清《直隶南雄州志》早已记述道："一经垦辟，土性浮松，每遇大雨时行冲刷，下注河道，日形壅塞。"以至乾隆年间钱大昕作《南雄舟行》诗哀叹："水浅沙停一线滩，十夫推挽力空殚。谁知咫尺凌江路，下水翻同上水难。"建国后的开垦荒地，森林砍伐，令浈江水土流失更严重，南雄县城河床30年淤高2.66米，1970年后原境内航道112公里仅剩30公里，只能在洪水期通航小木船、竹木筏。直至1985年广东省人大常委会作出《关于整治东江、北江上游的决议》，加速造林绿化，加强封山育林后，这一情况才有所改观。

三、人文北江山美景多人杰地灵

人文北江之都，首推韶关。作为位于广东最北部与湖南和江西交界处的地级市韶关，曾经管辖一度成为抗战时期的广东省会的连州以及清远等地，是一座有汉、瑶、壮、黎、畲、满、侗等32个民族和两千多年历史的历史文化名城，其历史名人和旅游资源十分丰富，基本上可以概括为以舜帝、张九龄、慧能为代表的"名人系列"以及北江水系、丹霞山与诸名岩和梅岭为代表的"景点系列"。

属于韶关名人系列的，一是远古帝王系列，以演奏韶乐的舜帝为代表，他使得韶关留下了韶音美名，令孔子观《韶》后，"三月不知肉味"，形成"韶乐方今奏，云林徒蔽亏"，"汉醑歌圣酒，韶乐舞薰风"，它与"云髻山上风入松的幽谷之声，车八岭上鸟投林的旷野之音，必背瑶寨里的欢歌鼓舞，客家大围里的蕉窗夜雨"交织一起，令人迷醉而流连忘返，是韶文化基地坚定的主攻方向。值得重视的还有舜同父异母的弟弟象，传说他在舜的教育下改过从善，成为中国象棋的发明人，安葬于韶关一带，如地方当局寻得其墓地遗址，或择地雕像树碑而彰扬之，当可以成为中国象棋发源地的象征，轰动全国，以助力广东智力运动强省的建设，并推动当代中华乃至于全球智力运动的大发展。

二是儒家名臣系列，以凿通梅关古道并为岭南文化做出不朽贡献的岭南诗祖、唐朝宰相张九龄、名臣余靖等为代表，体现出儒家贤臣奋发有为，爱国为民、重视家庭伦理和人文教育的优点。如张九龄棋下得好，经常与唐明皇下棋，就以下棋为喻告诉他，管理国家大事，就如帅与各子不齐心，无子保护他棋就会输，下棋娱乐也应不忘国事的道理。再如珠玑古巷，就是珠江文化圈儒家所看重的主要氏族的发祥地，是海外千万华侨的祖居，名声远播于国内外。其所在的南雄市油山镇平林村，曾有一所号称"岭南第一所书院"，由唐代38名进士之一、浈昌县（今南雄市）举进士第一人——孔子第四十一代孙孔闰，于北宋建隆三年（962年）创办的"孔林书院"。院外的石圃前后刻着"务本敦伦"、"高山仰止"八个大字，院内面积约800平方米，前进为书院大门，中进为大成门，后进为大成殿，内供孔子塑像，两侧有东西两庑，四周有围墙，宋时300年间州县官员每年都要来此祭孔，十分庄重，直至孔子像迁至南雄城大成殿安放后才不再来。书院今虽荒废，但其作为中原文化南播的一个亮点，毕竟最早在岭南树起了一面办学育才的旗帜，合适时可复建为国学堂，再现辉煌。

三是佛家高僧系列，以在南华寺讲经30多年，由门徒记下《坛经》，使佛教中国化而居功甚伟，至今真身犹存寺中的禅宗六祖慧能为核心，以及禅宗"一花开五叶"中，开创云门宗的祖庭云门寺（一名大觉寺）高僧、开创沩仰宗的祖庭正觉寺高僧慧寂和南华寺高僧虚云和尚等为代表。是韶关打造大南华佛境重要基地的不可或缺的文化名人。

属于韶关著名自然景观大系列的，则有"水、山、岭"等雄奇秀美的景观。其"水"，指北江水系的江、河、溪、滩、峡、湖、水库等全部美景，包括自然风光绚丽多彩，河道蜿蜒，水清流急，银雾飞烟的虎溪九泷十八滩、有华山之险的千步云梯1386级，有张家界之秀，峰峦层叠，幽谷绝壁的乳源大峡谷、锦江水库、南水湖、湟川三峡在内的自然风景和各种鱼类美食及清远鸡等。值得一提的是，与西江有龙母传说一样，北江也有自己的女神传说，她就是英州（英德）的麻寨寨主，贤惠能干，扬善抑恶的曹主娘娘。传说她生前深得当地人拥护，死后立牌祭祀，常保佑村民老少怡乐，增埗河行船无险无难，所以至今每逢农历五月二十三日，村人必隆重祭祀曹主娘娘诞，以祈求"威灵瞻赤族，水陆保安康"。而英德市首次隆重推出北江渔耕文化的首届北江河鲜节，也颇有新意！

其"山"，特指丹霞山为首，包括位于乳源瑶族自治县与湖南交界处，有"广东屋脊"之称的南岭国家森林公园内，海拔 1902 米的广东省最高峰石坑崆，以及广东第二、第三高峰，有珍稀动植物千余种的车八岭国家级自然保护区和其他名山名岩等。特别是古称韶石山、曲红冈，"色如渥丹，灿若明霞"的丹霞山，是国家级风景名胜区、国家级自然保护区、国家 AAAA 级旅游区。2004 年经联合国教科文组织批准为全球首批世界地质公园，2010 年成功申报为世界自然遗产，独特的地貌具有典型性、代表性和多样性，是发育最典型、类型最齐全、造型最丰富、景色最优美、研究最充分的丹霞地貌区，尤以"赤壁丹崖之雄、阴阳元石之奇、巴寨之险、锦江之秀、翔龙湖之幽、韶石之韵、夏富之旷"而闻名。它与古佛岩、钟鼓岩和十几万年前的"马坝人"遗址狮子岩，六千万年前的恐龙化石藏地、古生物地带一起，构成与大北江"水文化"互补成趣的"山文化"资源。

其"岭"，特指纪念在此设关开荒的越王勾践后裔梅鋗将军而得名的梅岭，千百年来，它吸引儒释道诸家在岭上梅关内外的古道旁，先后建起了玉皇宝殿、夫人庙、将军祠、观音大士殿、云封寺等，并为东坡树、状元树等立碑，以让万千过客瞻观思古。尤其是六祖寺，更是人们追寻六祖足迹与思想发展和传法轨迹的重要寺庙，需要加以详细探求。

据我们沿梅岭古道考察，顺六尺宽鹅卵石古道蜿蜒而上，过来雁亭不久，抬眼望去，便在绿树掩映间见一新寺，其登寺台阶左下方，有庚辰年沙门本焕楷书、癸未年曹溪傳正行书的六祖寺名碑。虽时历千古，存亡兴废，参详《直隶南雄州志》（简称《州志》）与《南雄县志》（简称《县志》）后，我们当可厘清佛缘网站在《粤北载府志寺庵一览表·南雄县》里关于"云峰寺在梅关侧，唐时初名梅花院，距县七十里，有祖师塔锡杖泉，放钵石，俗呼挂角寺"的疑义：

（一）据《县志》载，佛教东汉时已传入南雄，"六祖寺"乃唐代为纪念六祖而建，在梅关南 150 米处，有 30 余平方米，1979 年后县政府曾两次重修，是 1987 年全县仅存的四庙之一。传正法师碑记也说："相传六祖得衣钵南来，慧明追至，六祖掷衣钵石上，明举之不动，后人在其放衣钵之处建庙纪念，名'六祖庙'。一九九五年由德高望重的南华寺住持佛源大和尚及佛门弟子捐资将'六祖庙'扩建为'六祖寺'。"其面积比原庙大三四倍。

（二）梅关侧并无云峰寺。考"云峰寺"之名国内至少有九座之多，但南雄境内偏无，当为"云封寺"之误。据州志，云封寺唐时名梅花院，宋大中祥符三年赐今额，距县七十里，有祖师塔、锡杖泉、放钵石，俗呼挂角寺。相传梁时飞来寺自吴中飞来，触梅岭缺去一角，遂名（另据《清远县志》载：挂角寺原是神人遵梁武帝在飞来峡建一道场之命，将安徽延祚寺拔地升起，向南飞迁时，忽闻大庾岭上鸡啼，心慌不小心被山巅挂住寺角，跌落在梅关化成）。历史上多认定此寺即六祖与惠明争衣钵处，有《州志》云封寺诗作证："岭头精舍草芳菲，六祖东还度翠微，乱石应将头共点，孤云犹似锡初飞。履归西处无消息，衣付南宗有是非。不必曹溪曾饮水，先于此地欲皈依。"

（三）梅关还有与六祖无关的古寺。如古道边"无字碑"旁的说明：宋徽宗宣和三年，沙头镇（今珠玑镇）巡检陈辛携妻过关投宿时，被山中白猿将妻子掠去洞中做苦役，直至他任官期满，旧地重返，求得紫阳真人帮助，才斩杀白猿，救出了妻子。其遇真人处就在红梅驿原址的红莲寺，事见《喻世明言》第二十卷《陈从善梅岭失浑家》篇。

（四）今人所见的"挂角寺"，位于古道旁，无祖师塔。锡杖泉、衣钵石等，则见于新修的古道边衣钵亭内外。其址虽变，甚至有梅关南北两口六祖泉之说，但都与五祖传法慧能，众僧不服来追的史实相关。此事最权威的记载，见于宗宝所编《坛经》，只有375字却尽显六祖智慧，说他自得五祖衣法真传，即照祖师"逢怀则止，遇会则藏"的密嘱，疾行南粤，两月后赶至梅关时，被一僧追上，却无法提起慧能放在石上的衣钵，后该僧在慧能开导大悟说，多年来我虽在黄梅，其实却从未看清自己的面目；今蒙指示，就如人饮水一样冷暖自知，于是拜师谢恩而去。州志有南雄知府章得象咏"放钵石"诗叙此事道："石上曾经转钵盂，石边南北路崎岖。行人不见空嗟叹，还识西来意也无？"今人新修的衣钵亭，就是为安置"放钵石"，纪念六祖与那位禅师在梅关相逢相知，逃过了衣钵劫难的往事所建立的。至今亭边还有一细流喷射而出的锡杖泉，别名衣钵井，相传是六祖过关口渴难忍时，以锡杖点地而成。《州志》有诗咏道："灵踪遗几载？卓锡在高岑，妙法归何地，清泉流至今，苔花生细细，云叶映沈沈，桂魄皎清夜，分明六祖心。"

而六祖正是用这颗心，在此点化惠明的。据释贤觉考证，后来为避师讳易名成了道明禅师的慧明，时年已逾七旬依然健步如飞，他原是陈宣帝之孙，任过四品将军，在黄梅门下修行13年仍未解悟，直到慧能在此为他开示，才悟道成为圣济寺的住持的。其实，剥去衣钵与清泉传说的神异色彩，与其说是慧明拿不动石上的六祖衣钵，倒不如说是搬不动他自己心中那块对五祖不传法给他的师傅神秀，偏传给南蛮之子慧能的疑惑巨石，以及解不开的五祖密嘱的诱惑。而六祖显示的无穷法力，正来自"佛即是心，心即是佛"的高妙禅理：凡人之心皆有佛性，"即心即佛"，每个人都可以成佛，只要自明佛性即可。因此慧明才在六祖开导下，懂得了精神的衣钵无法力取，去除了贪念，于"不思善，不思恶"中认清自己的本来面目，明白了祖师密旨不必苦寻，就在自己身边的道理，说退追兵而去，一心按照六祖"逢袁则止，遇蒙则居"的指示办事，终于成为日后在袁州蒙山创建了以超度亡灵为持寺之擅的圣济派的开山祖师。

抚古思今，细考慧能与梅岭古寺的传闻，我们当可以更好理解他有关"心地无非自性戒，心地无痴自性慧，心地无乱自性定"的弘法要旨，明白他一再强调的"法即无顿渐，迷悟有迟疾"的道理，从而将其出生地、圆寂地国恩寺、藏身地四会六祖寺、剃度地光孝寺直到弘法地东华寺、南华寺等有机串接起来，更清晰地看到六祖的思想脉络和人生轨迹，为增强北江文化乃至中华文化软实力服务。其文化深意如我在《六祖赞》诗中所记：

壮樵初闻金刚经，矢志学佛越岭行；
弘法千秋梅关月，卧石犹香衣钵亭。

概而论之，位于广东省东北部大庾岭南麓，毗邻江西省大余县和信丰县，史称"居五岭之首，为江广之冲"，"枕楚跨粤，南北咽喉"，自唐代名相张九龄奉旨开凿驿道后，就成为岭南通往中原，连接长江水系与珠江水系陆路的最短的交通要道，闻名遐迩的梅岭，在北江文化版图中具有深厚的人文意义。这不仅是因为山上有可歌可泣的红色文化故事，有可以观赏粤赣两省风光，由"长江亭"和"珠江亭"组成的"两江亭"，能让游人居高眺望，踏雪赏梅；而且因为岭下的南雄古六景中，有"凌江秋月"、"灵岩瀑布"、"温煦泉源"等胜景均与水相关：其"凌江秋月"那绕城而流，澄清莹彻的凌江，"若于秋高月明之夜，则见金波浮动，婵娟映碧，有身在广寒之感。"而"灵岩瀑布"的杨沥岩上的飞泉泻空："白昼无云晴喷雪，清宵不雨暗惊雷"，与城南城西两处的"温煦泉源"，同为南雄休闲佳境，组成有汤池，亭、庵等，可春浴温泉水，夏观灵岩瀑，秋泛凌江舟，冬赏梅岭花，尽情领略北江山川之美的画廊；并且因为梅岭自古以来，就是连接世界海上丝绸之路与内陆文化经济的陆地桥梁，方便了各国使节的入京进贡和议事，用烧香礼佛改变了唐人杀生祭拜的旧习俗，获得了千年传扬的"使节之路"和"香料之路"的优雅美称。

四、大北江文化繁荣的重点工程

江河是建城通航之命脉，水系带是江河文化的战略发展空间。研究、描绘并打造"大北江文化"品牌的现实意义，一是从珠江水系的文化结构上填补了岭南粤北文化的空白。二是从北江在古代交通、经济、文化交流中的地位和作用上，肯定古代北江流域是中原入岭南出南海的主要经济文化廊，是整个岭南地区经济与文化与海内外沟通的黄金通道。三是可开辟粤湘赣以武江浈江为纽带的北江水系文化，通过以北江为纽带的北江支流文化和汇聚东西北三江的珠江三角洲文化，与内陆文化和海外文化相互交融，共创繁荣的重要航道。从而使粤北各市都明确自己的北江文化的主体功能和恰当定位，更好地将以北江为纽带的北江水系文化，和以西江为纽带的西江文化，以东江为纽带的东江文化，以海洋为纽带的南江水系文化相结合，大张旗鼓地唱响并打造"大北江文化"品牌，进一步提升其在珠江水系诸省区的知名度，从大北江文化的角度外联沿江各市，奏响促进珠江文化大发展的凯歌。

总之，只有放眼大北江文化的格局，重新审视和定位粤北各市区县在大北江文化中的地位与作用，才能由从大北江文化战略高度出发，整合联动粤北文化建设，对泛珠江北部地区和广东文化强省建设产生重大推动作用，填补珠江文化的北部空白，化弱势为强势，开辟新珠江文化的粤北传播阵地，开通珠江文化辐射湘赣内地的文化水路。

为此，我们提出繁荣大北江文化的三大工程和对策如下：

一为推广中华国学北江工程，即以国学作为创意之源，借助张九龄的名人效应，增强中华民族文化的自觉与自信，弘扬中华美德以完善社会主义核心价值观，以韶关为龙头的北江为纽带，联手赣州（信丰、大余）、郴州（临武、宜章）、清远（英德、连山）、佛山（三水）、广州、肇庆各市，以国学水文化旅游全面推进北江经济文化大繁荣。

二为繁荣中华国艺北江工程，即以琴棋书画学艺培德明道，增强国人综合素质，借助传说舜帝韶乐的研究和再创作"复活"韶乐，以音乐教化社会，并做好象棋发明人"象"的归宿地的大文章，以棋艺打造"中国象棋发源地"的中华文化品牌，以艺术文化提升北江人的道德境界和韶关文化产业。

三为弘扬佛道文化北江工程，即以大南华佛境的建设为基地，以环绕韶关的"江、山、岭"的数百里绿道，将南华寺、东华寺、云门寺、大雄禅寺、钟鼓岩等"寺、观、塔、楼、阁、院、古村"等名胜文化景点链接起来，借助"中华百禅绿道"等景点，擦亮岭南文化名片之一的六祖禅宗文化品牌，以宗教文化净化人心，和谐社会。

参考文献：

［1］珠江水利简史［M］. 北京：水利电力出版社，1990.（该书记载："珠江支流北江源出江西信丰油山大茅坑，流经广东省南雄市及始兴县，至韶关与武水汇合，南流曲江、清远等地，流入珠江三角洲"。

［2］柯可. 老子九观正义［M］. 广州：广东经济出版社，2008.

［3］［DB/OL］. 参见韶关、清远、赣州、南雄、连州、大余、寻乌、安远、定南、信丰、临武、宜章、乐昌等地政府网站。

［4］柯可. 新珠江文化论［M］. 广州：暨南大学出版社，1994.

［5］迎三影古塔千年华诞展和谐雄州璀璨文化［DB/OL］. http：//www.gdnxwl.com/n1960c45.aspx［南雄文联网］.

［6］余保纯. 清. 直隶南雄州志［M］. 心简斋，1824（清道光4年版本. 刻本）.

［7］南雄地方志编纂委员会. 南雄县志［M］. 广州：广东人民出版社，1991.

［8］胡栋华. 韶关闻韶［DB/OL］. http：//hudonghua11.blog.163.com/blog/static/2272517520136241015 2438/.

龙川佗城，兴文之地，珠水东源。它是穗港澳的源头活水，是客家文化南下发祥地之一，拥有厚重的历史文化底蕴、众多的中华传统文化遗存，是东江实施文化崛起战略，提升综合竞争软实力的珍贵财富——

第八章 珠江水系之东江源文化发展战略

一、珠江文化东江源的人文定位

此即树立"赵佗为客家先祖"的崇高地位，施行"龙川南越王文化战略"，奠定河源市之"珠江文化东源"的中心地位。

文化有源，源远流长。东江龙川，兴文之地。河源不仅是广东境内汇聚珠江支流东江诸水的汇源地，而且是百越客家文化南下发祥地之一，拥有厚重的历史文化底蕴、深厚的中华传统文化遗存，是建设文化河源，实施文化崛起战略，提升河源综合竞争软实力的珍贵财富。

东江是珠江的主要支流和经济命脉之一，龙川县以下可通航。在其总落差高达 440 米的千里干流上，聚拢的主要支流有安远水、翁江、新丰江、秋香江、西枝江和增江等，主源为江西省寻乌县的桠髻钵流出的寻乌水和安远县三百山流出的安远水。它们在广东龙川县汇合后，纳入源于新丰县小正镇七星岭亚婆石，经河源市连平县、东源县、源城的新丰江，缓缓流至东莞市石龙镇入珠江，然后在狮子洋出虎门入南海。为保证 32200 平方公里的东江流域，包括河源、惠州、东莞、广州、深圳、香港等城市的供水，为浇灌滋润珠江三角洲最重要的国际城市群，新丰江下游还以水电站拦河筑坝，修建了广东最大的人工湖——新丰江水库，众人齐赞"万绿湖"。

东江是珠江文化的源头地之一，有着悠久的人文历史。要寻找珠江文化繁荣昌盛的足迹，探寻为其作出巨大贡献的广东四大民系文化之一——客家文化的源头，就不能不到秦朝岭南四大古邑中唯一保存最完整的古城朝圣。它就是河源市龙川县的佗城，是南越王赵佗的龙兴地和岭南最早的建制县，素有"秦朝古镇、汉唐名城、百粤首邑、兴王之地"的美称，不仅遗存着80 多处秦朝至清代的文物古迹，如秦城墙、古牌坊、百岁街、南越王庙、

83

龙川考棚、越王井、古码头、苏堤等古景点，而且也是声名远播的"世界客家古邑"，是世界客家恳亲会乡亲的寻根问祖之地，在游览各姓宗祠、中山街、百岁街时，还可观看龙川杂技等文艺节目。

可以说，肯定"赵佗为客家先祖"的地位，实行"龙川南越王文化战略"，从而奠定"河源是珠江文化龙川源"的重要地位，当为建设文化河源的要务。它不仅能极大增强河源人的历史自豪感和文化自信心，而且可以根据"广东之文始尉佗"，河源属古龙川之境，是岭南客家主要聚居地之一，是珠江文化发祥地之一的历史定位，按照《河源市文化遗产普查汇编》和进一步提升河源文化地位的历史要求，在保护修缮了龟峰塔、龙川学宫、龙川考棚、龙川福建会馆，建成了佗城古城的基础上，抓住龙川县被联合国地名专家组中国分部授予"中国地名文化遗产——千年古县"、"中央苏区县"的机遇，加紧抢救、挖掘、弘扬和延续河源的龙头文化之脉，为客家古邑重铸辉煌，使南越王龙川的丰厚文化遗存，在中华文化传承的新进程中重放异彩。

这是因为，从地理位置看，龙川佗城镇是已有 2225 年历史的岭南最早设置的古县城，也是广东省首批历史文化名城名镇之一，古迹颇多，存有古城墙遗址，赵佗故居，越王庙，越王井，考棚，正相塔，孔庙（龙川学宫），范特西百家姓祠堂，坑子里新石器时代遗址等文物遗迹。特别是佗城镇在 2010 年以喜迎第 23 届世客会为契机，通过创建宜居村镇六个一工程，以大规模的亮化、绿化、美化工程，重新砌筑了佗城仿古门楼牌坊、复建了宋代古城墙，铺装了古街水泥路、青砖人行道、仿古铜制街灯，种植了桂花路树，在主街道两侧商铺和骑楼统一使用了仿古招牌和幡旗，完善了游客服务中心等配套服务设施，获得了参加第 23 届世界客属恳亲大会乡亲嘉宾的赞誉。

同时，龙川的龙威和名气还来源于南越王国的开基太祖，原籍河北正定的百越客家文化第一名人赵佗。作为秦军重要将领的赵佗，18 岁率领秦军一支攻进南越后，23 岁即领龙川县令，驻守这一枢纽地带，通过东江和韩江控制广东的河源、惠州、梅州和潮汕地区。当时，百越被中原人认为是南蛮荒野之地，不仅交通闭塞，土民愚钝，而且瘴气满天，瘟疫蔓延，无人愿意在此安居。为此，赵佗以为军士缝补后勤等理由，奏请朝廷从内地征发了未婚女子 1 万 5 千人到岭南，婚配驻屯南越的守军，不仅安定了中国南疆边防，也把中原农耕文化带到了南方，融汇于土著南越文化之中，实为引领珠江文化大繁荣的客家文化先声。故此毛泽东曾风趣地称赞赵佗是南下干部第一人，也是开发岭南的第一人。古佗城里的越王庙，越王井，考棚，孔庙

（龙川学宫），百姓祠，古码头等，就是他大力传播先进客家文化的历史见证，是河源文化再崛起的有力支撑。

故此从推进河源文化建设的目标要求看，必须有效保护和利用龙川客家古邑文化遗存与文化设施，结合创作生产一批精彩表现南越王赵佗丰功伟绩的文化艺术精品，再现这位经营龙川，进图百越，最终统一岭南的客家先祖赵佗，当年如何在秦末乱世的危难之际，毅然接受南海郡尉任嚣的任命，率军总管辖境军政，先是向横浦关（南雄）、阳山关（阳山）、湟溪关（连州）传布檄文，防止中原强盗入侵，闭关自守，接着在秦亡后趁机兼并桂林和象郡，最后于公元前204年建立了南越王国，定都番禺（广州），33岁便自立为南越武王，为保护岭南安定，繁荣南越国，奠定五代近百年江山的壮丽历程。

同时，还应该出版更多相关的客家古邑文化学术研究成果，造就大批河源文化人才，在现有的龙川县城体育文化广场的"龙文化书法长廊"的基础上，兴建"中华恐龙园"、"中华百龙印"等一批具有南越客家古邑特色文化，突出中华龙文化与珠江水文化的旅游景区景点，使代表东江客家古邑文明的龙川文化，成为中华龙文化的展示地，成为独具客家古邑特色的河源龙文化品牌，反映岭南粤龙文化特有的包容、大气、奋发、精进的时代精神。

二、中华文化传承地的体系构建

积极实施"中华文化河源传承地体系构建工程"，以中华国学与国艺推进河源的道德建设、创意文化产业和文化繁荣。

东江文化在珠江文化的龙头地位和兴王弘文的丰富历史遗存，表现在河源现有国家级1处、省级8处，市、县级百余处共计150处的文物保护单位，全市6个博物馆馆藏文物5.1万件（套）的文化遗存，紫金花朝戏入选第一批国家级非物质文化遗产名录，花朝戏剧团被列为首批"中华文化传承基地"，忠信花灯习俗、和平县猫头狮和龙川手擎木偶戏被列入省级非物质文化遗产，和平县兴井村和东源县苏家围被列入首批广东省古村落，河源市非物质文化遗产保护中心的成立，以及河源市近年创作并获得国家、省级奖项的一大批音乐、舞蹈、戏剧、美术、摄影、影视、书籍等文化作品上。如《古邑情·客家亲》大型歌舞史诗、《客娘颂》交响史诗、《千年古邑·红色河源》革命歌舞史诗、《客家古邑文化书系》、《天下客家》电视纪录片等。它为河源成为中华文化传承地的体系构建，奠定了坚实基础。

众所周知，党的十七届六中全会做出了关于建设优秀传统文化传承体系，大力弘扬中华优秀传统文化，文化强国的重要决定，强调要使优秀传统文化成为新时代鼓舞人民前进的精神力量，并做出了抓好非物质文化遗产保护传承，深入挖掘民族传统节日文化内涵，广泛开展优秀传统文化教育普及活动，发挥国民教育在文化传承创新中的基础性作用等一系列重大战略部署。为此，我们必须努力做到弘扬国魂，遵守国法，振兴国学，传习国艺，申明国教，乐享国俗，精操国技，以文化成，强国益民。

国魂文化，是中华文化传承体系最集中体现民族价值观的核心，具有注重人格培育和道德修养的积极一面。以南越王庙、石达开纪念馆、孙中山祖籍纪念馆等为抓手，深入挖掘赵佗文化、古代名人轶事和民主革命时期的国史、党史资料，进行建党初期中共党组织在河源地区活动的史料以及"东江三杰"阮啸仙、刘尔崧、黄居仁等和东江纵队、粤赣湘边纵队的活动史料的抢救性调研，可还原革命历史事件和感人的革命史实，充实河源国魂文化教育。

国法文化，以法不阿贵的传统观念，颂扬了历史上执法如山的清官如包拯、海瑞等，是中华民本法治爱国观念的反映，对现代廉政建设有警示作用。龙川考棚是全省乃至全国保护最好的古代考场，经常在此举办古代文武考试的古装表演，不仅可以展示古代考场法规，重温重教崇学的客家文化传统，而且可以激发广大游客的观赏兴趣，传承中华古代教育文化和法制文化。

国艺文化，是塑造国魂、民魂与人格，传承国法理念，构建中华传统文化传承体系的重要形态，很早就在古代河源萌芽，浇灌良好世风。河源积极开展国艺包括音乐、歌舞、戏剧、曲艺、影视、美术、文学、摄影、书法的文化传播，结合国家和省的"五个一工程"及宣传文化精品工程，组织和扶持增强城市影响力的艺术精品创作，包括花朝戏、民间艺术汇演、客家山歌擂台赛、群众戏剧汇演、群众歌咏比赛、河源民间艺术大巡游、忠信花灯展、客家妹形象大使选拔赛、"客娘颂"交响乐晚会、《古邑风华》浮雕等，可以国艺修身，养性，学道，展现客家古邑文化魅力，扩大河源文艺影响，让世界更加全面、清晰地了解了独具魅力的河源文化。

国教文化，古代以儒教、道教、佛教为主流，长期给予国民以心灵抚慰，艺术灵感，向善导引，慈善救济和终极关怀等，贡献巨大。如源城区出现的中学生广州擦鞋救母的感人故事，就可谓现代孝亲版。此外河源还有仙塘镇南园古村柳溪书院"开笔礼"、王阳明系列纪念设施、霍龙讲学纪念碑、霍山的清代岭南三大家之一的屈大均纪念碑、南岭镇文天祥丞相祠堂

（太忠庙）、古成之纪念馆等许多儒教文化景点。尤其是江西、广西、台湾、香港乃至加拿大等地的古氏族人集资修建，旁边建有象宿亭、纪念碑、后花园等，展示宋初岭南第一进士风采的源城古成之纪念馆内，我们可以看到一幅联文："百粤首探花公真象宿，千秋存古迹我亦开怀"，它由当年原广东省省长李汉魂撰写，突显了尊亲重文的儒家文化在东江客家地区的深远影响。古成之字亚奭，人称紫虚先生，公元984年殿试登第，为岭南第一进士，是河源唯一被收进《中国名人大辞典》一书的全国知名人物。他在山东、四川勤政爱民，在岭南遍设倡南书院，兴教助弱，诗作曾获得大文豪苏东坡很高的赞誉，至今四川、广州、惠州、增城、新丰、梅县、五华、河源等地都有纪念他的遗迹。这无疑是河源客家传承"学而优则仕"和"忧国忧民"的儒家文化精神的生动范例。

国俗文化，一般与国节传承方式相配合，具有生活化、仪式化的强大生命力与感召力，历来最强烈、最集中、最鲜活的展现出地域的、民族的、时代的节庆特色。如河源市客家文化旅游节、中国首届客家文化节，就是展示中华客家文化千年传承活力的大舞台、大课堂、大祭坛，起到了民族认同、民族凝聚、民族团结，增强文化自信，保护民族文化的重要作用。

国技文化，是为中华文化传承、造福民生服务的各类技术手段，其技艺大师的专门技艺传承如忠信花灯、客家娘酒酿造等，对于保护中国非物质文化遗产，培育爱护工艺美术大师，传播中华文化成果有重要意义。

国学文化，则是中华传统文化传承体系的主体，是其理论的系统总结与方向引导，是中国学术文化总称，可作经邦济世、育人培德之用。通过专家讲学、传习、国际客家学术研讨会等活动，借助河源已初步形成的由新闻传媒业、文化娱乐业、文化旅游业、竞技体育业、印刷广告业、网络业、教育业、文博业、表演艺术业等9个系列组成的产业体系，以及河源市文昌中学率先开办并有全市扩展之势的国学进校园基地，龙川佗城保存完好，祭祀孔子的大成殿以及古代考棚等，河源可以国学为基础，以国魂为精神，以国法、国艺、国教、国俗、国技为修身、规范、教化和传播手段，成为中华文化传承体系的示范基地，为构建中国特色社会主义核心价值观，建设中华民族共同的精神家园，推进马克思主义中国化做出伟大贡献。

三、生态文明宜居地的旅游胜地

从构建中华文化传承体系和遵循"文化遗产是根源，文化设施是根基，文化人才是根本"的文化发展理念看，当依据东江源头是珠江生命源之一的定位，携手惠州、深圳、东莞、香港、广州等东江流域城市，重点实施河源生态文明建设工程，积极发展人才聚集的高附加值无污染的旅游文化服务业。而河源市获"广东省文明城市"称号，连平县城获评"全国文明县城"，源城区被省评为"南粤锦绣工程"文化先进区，全市普查出不可移动文物点2688处，全面完成第三次全国文物普查工作则是鼓舞人心的态势。在对包括赵佗故城，佗城罗氏、叶氏、邹氏、曾氏宗祠，东源县的苏家围、阮啸仙故居、新港镇客家风情街，连平县忠信花灯街、隆街镇文节书院、欧阳宗祠，源城区太平风情街和李焘故居，和平县林寨镇兴井古村落、下车镇群丰村新屋厦、俐源镇白氏宗祠，紫金县宗祠文化街、蓝塘镇通奉楼、九和镇南天禄楼、龙窝镇桂山村石楼、南岭镇德先楼等300多处古民居得到保护和修缮，和平阳明博物馆等县级重点文化设施已启用的基础上，根据《河源市创建全国文明城市工作总体方案》，把客家古邑文化遗产融入到城市规划建设、文化产业发展、旅游产品开发和思想道德教育之中，重点推进龙川佗城文化遗址、和平林寨古建筑群、紫金苏区革命遗址群、东源阮啸仙故居、连平忠信司前古寨、龙川县五兴龙苏维埃政府旧址和康禾仙坑古村落等的开发利用。

这有利于形成一批具有客家风情、岭南风格、河源特色的现代文化旅游景点、思想教育基地、文化研究场所，使客家古邑文化成为河源独具特色的文化品牌，全力实施生态经济、宜居城乡、善治河源、文化河源"四大战略"，开展"南粤文化行"、"南粤文化海外行"和华语流行音乐节、华语电影文化节、华语传媒大奖、华语文学大奖等系列文化活动，努力塑造面向东南亚、覆盖全球华人地区的"华语"文化活动品牌。扶持地方特色文化，举办"岭南华彩——广东地方戏剧推广周"等活动，加快经济、生态、文化"三大崛起"，走出一条具有山区特色的幸福河源之路，做到生态发展、绿富双赢，传承中华传统文化核心价值体系，弘扬诚实守信、尊老爱幼、扶贫济困等美德，增强文化自信，形成"胸怀理想、艰苦奋斗、务实创新、众志成城"的新时期河源人精神，是十分有利的。

河源旅游文化景点很多，重点开发龙川佗城外，还有霍山、和平温泉与林寨等。神奇霍山距龙川县城仅47公里，为广东七大名山之一，以山形奇特，岩石清幽，气势磅礴，峭石峥嵘，霍山十景等名胜古迹闻名。和平温泉被誉为"岭南养生第一温泉"，以纯天然、无污染，清澈透明、晶莹爽滑，富含60多种对人体健康有益的微量元素著称。林寨的政治、经济、文化在东江流域意义深远，专家曾对其作出"可与开平碉楼相媲美"的评价，省文联、省民协认定林寨为广东省首批27个古村落之一，具有"东江商埠、客家水乡、田园古堡"等三大特色。其严村孙屋，是国父孙中山的祖籍地，同时也是清嘉庆庚辰科状元陈继昌的故里、清光绪两广巡抚陈琼润故乡，曾孕育陈鸿鉴、陈兴堂、陈国相、陈雨翰、陈襄廷、陈子敬等历代朝议大夫和民国政要。从河源的旅游发展战略出发，可争取在国家水利部、农业部、环保部门指导下，为三地做4A级以上生态旅游景点的整体规划，分设人文、民俗、农耕等展馆，创建"国家水利风景区"（水利部）、国家森林公园（林业部）、国家地质公园（国土部）、国家生态旅游示范区（环保部）、国家A级景区（旅游局）、国家风景名胜区（住建部）、休闲观光农业示范区（农业部）等，作为河源的"环保示范景点、小流域整治示范景点、乡村旅游示范景点"，实现"旅游旺市"目标。

制定南江文化战略，重视冼太文化作用，有利于联动粤桂琼沿海各市，开辟泛珠江的海洋文化传播阵地，辐射西南内地的文化大走廊，整合本区文化价值取向——

第九章　珠江水系与大南江文化的繁荣

一、南江水系格局及文化战略定位

（一）珠江水系高举的南江文化大旗

区域文化发展战略的重要性，是由世界创意经济的兴起和地方建设的需要决定的。南江的发现以及文化定义，则是珠江文化研究专家根据文献资料、民俗民风、地下考古和水系定律，以及珠江有东、西、北江独缺南江的现象，按照阴阳对称，有东有西，有上有下，有北有南的推理作出的。其关于珠江四分，南江居一的理论，跳出了粤西一带长期以来没有一条江系能统辖文化带，导致该地带的文化建设长期以来各自为政，没有一个明确的统一的文化定位而造成粤西文化相对落后的困境，使在文化大省建设的热潮中携手的茂名、云浮、湛江、阳江四市的决策者获得很大启示，争相将高举"南江文化"大旗，把打造"南江文化"品牌视为改变自身文化经济落后面貌的重大举措。

90

广东省社科院茂名南江文化考察组已再次确认：粤西确有南江。它全长201公里，由横水河与直水河汇成干流合水河，流经茂名市信宜的长度为49.5公里，流经罗定市称罗定江或泷江，古称"南江"，由郁南县的南江口镇汇入西江，1956年以前曾与信宜平塘间有木船通航，是西江流经省内最短的一条支流，其源头就在信宜市合水镇海拔1280米的鸡笼顶。这也正是茂名市委宣传部、省社会科学院主办的"茂名特色文化理论研讨会"上，专家学者最终形成粤桂琼南江文化发展大战略基本思路的地理前提。

但是，仍然有一个问题困惑着决策者，那就是，南江究竟是珠江水系里东西南北"四江独短"的一支，还是粤西桂南海南三地乃至于是中华江河龙脉之"南龙"的"南流众江"？这是一个自然地理的概念，却决定了其文化带概念的确立。这是因为，当今江河文化的概念，首先是以水系形成的灌溉、交通、运输、景观等自然地理条件，对其流域内文化的发源、孕育、兴衰、流播的巨大影响为基础的。因此，要探讨和制定泛珠江区域的南江文化发展总战略，就必须依据古籍实地考察并明确南江的定义和地理范围，然后才能进而探明并定位该文化带，明白粤西四市的南江文化不应限于一条旧名"南江"，实为西江支流的罗定江流域的狭小范围。它应有更大的格局与宏图，才能从泛珠江流域南海之滨的南江水系带总格局中，从以海洋为纽带的南江水系文化，和以西江为纽带的南江支流文化的结合中，真正看出其重大文化战略意义。

（二）南江文化的海洋发展战略定位

诚然，罗定南江确是粤西之河。因此，将南江发源地茂名列入南江文化带，是顺理成章的。然而，这条南江毕竟只是西江干流的众多支流之一，它除了在茂名发源外，无论在流域面积、民俗特色，文化带宽、人口还是经济总量上，都无法涵盖云浮、茂名、湛江、阳江地区的水系文化带，在流域面积、人口、经济总量上更难与珠江水系自滇贵桂入粤的西江，自湘赣入粤的北江，自赣入粤的东江相提并论。因此，如果不从珠江流域宏观的大南江水系带出发，仅将南江概念局限于从南江口镇汇入西江的罗定江，是不可能正确阐明整个南江水系的自然地理特点，为南江文化正确定义的。因为把岭南西南部直流入海的南流众江排除在南江水系之外，把罗定南江夸大为珠江"四江"之一，不仅是学术价值判断的失误，还会把南江文化限制在云浮、茂名两地而引发南江文化战略失误。其因在于，根据江河对其流域内文化的孕育、兴衰、流播必然产生巨大影响的水系理论，珠江流域所有汇入西江的支流，都应归入西江水系，其中包括红水河、邕江、桂江、柳江、贺江以及罗定南江等。屈大均的《新语·水语》中关于"西江一道吞南北，南北双江总作西"的说法，非但不能作为古代学者将罗定南江列为广东之南北东西"四江"之一的例证，反而恰好证明了它只是西江的南北支流之一！

因此，如果想确立大南江文化发展战略，就不能将南江文化只限于罗定江流域的狭小范围，而应该根据泛珠区的东南西北各江水系带的总格局来确立。而根据水系理论看，珠江除东江、北江及其支流外，所有汇入西江的各条支流，理论上都应该归入其西江水系，其中包括红水河、邕江、桂江、柳江、贺江以及罗定南江等，它们的特色文化也应归入西江文化。而从广东漠阳江直至广西防城港市的北仑河之间，包括直接入海的鉴江、钦江、廉江等南流小江，以及海南的南方小江等，才是泛珠江流域里的所谓"南江"！正如笔者在国内最早出版的珠江文化专著——《新珠江文化论》里所提到的那样，它们与并不跟珠江直接连通的粤东韩江水系一样，"均是当地建城通航的命脉"，都是珠江水系里重要的一员。而把它们连接起来的水文化纽带，不是东西北三江，而是南海！这一命题的确立，有助于我们把一条条看似短小的南流众江，视为以南海为主脉的，在流域上仍然属于珠江的南江水系。这不仅符合众多小南江流域地区，在行政上、民俗、文化上都属于珠江地区的事实，而且对确立珠江文化的大海洋战略，也具有十分重要的意义。

再就广东省海上丝绸之路研究开发项目组组长黄伟宗教授所论，打造"南江文化"品牌的现实意义如果是"一、从珠江水系的文化成分和结构上看，南江文化填补了岭南文化或广南文化的一个结构性空白。二、从南江在古代交通、经济、文化交流中的地位和作用上看，古代南江流域是中原直入岭南而又连接南海的一个经济文化走廊，是具有江、山、海共体特色的交叉性、中转性文化带，具有强烈的过渡特征。三、从'泛珠三角'合作战略和地域发展的角度上看，为南江正名对于云浮、罗定、新兴、郁南及粤西地区而言，不啻架起了一条经济与文化齐头并进的黄金通道"的话，也必须要让南江和南江文化名副其实，要把以海洋为纽带的南江水系文化，和以西江为纽带的南江支流文化结合起来，使之成为整个南江地区经济与文化并进的黄金通道。这就需要重新定位南江水系与文化带，把它放宽至整个岭南南江文化流域来考量。

这就是说，"南江"以广义论，涵盖了泛珠江水系除东江、西江、北江之外所有独流入海的"南江"，还包括了粤东的韩江，以及福建的闽江、浙江的瓯江（钱塘江有运河沟通长江除外）等。从狭义论，则主要指文化内涵上与岭南文化同质同源同流的粤西桂南海南三地的南流诸江文化流域。如果我们不弄清这一"南江"概念，则极易引发粤西文化战略失策。查寻史书，《书·禹贡》虽将南江与北江、中江并列为"三江"之一，但各释经家对其所指并不一致。而当今中国版图对南江的标识，也各不相同，其中又以《辞海》所列四川渠江支流南江上游的南江县的"南江"辞条最权威。

所以我们论述珠江文化的"南江"，只有从水系带上把它视为珠江流域的一个特域才较为合适。从空间看，其水系内各江虽短，总长却很可观，在粤桂琼合成了以海洋为纽带的南江水系文化，通过汇聚东西北三江的珠江三角洲文化，与内陆文化和海外文化相互交融，共创繁荣，在中华水系龙脉的"南龙"流域上，更是由粤西、海南、桂南的南江支流文化，扩张至粤中的珠江、粤东的韩江、福建的闽江、浙江的瓯江的流域。因此，无论是广东各市或桂琼闽浙沿海各市，要强调自己在珠江水系中的南江文化的主体地位，就要结合以海洋为纽带的南江水系文化，和以西江为纽带的南江支流文化，不仅从山河文化的角度内联西江水系，大张旗鼓地唱响以打造"南江文化"品牌，进一步提升知名度，促进文化发展战略快速发展的凯歌，更要从海洋文化的角度外联南海各市，放眼大南江文化的格局，重新审视和定位自己在大南江文化中的地位与作用，这才能真正有效地打造并擦亮"南江文化"品牌。

二、南江地理优势与民系人文资源

（一）南江文化孕育地及其人文优势

江河是建城通航之命脉，水系带是江河文化的战略发展空间。由粤桂琼许多入海小江所构成的大南江水系，与并不注入珠江的粤东韩江水系一样，仍属泛珠江流域。从空间看，它东起广东漠阳江，西至广西防城港市北仑河，北达云浮，南抵三亚。从地形看，其陆地与全国最大特区海南岛隔海相望，由东北向西南，纵向斜排着云雾大山、云开大山、六万大山、十万大山等四大山脉，将粤西桂东南沿海一带分隔成四块丘陵坡地。由于这四大山脉的主峰大致居中，由此形成了各山江水分流南北，入江汇海的壮观景象。它以茂名、湛江为中轴，辐射两翼以及琼州海峡、北部湾沿海地区，形成了五大自然地理特点：

1. 云开大山间多条江流，跨省越市四面流去，形成了粤水入桂，桂水入粤，归江汇海，你中有我，我中有你的互济交融格局。

2. 从广东高要市以西，分别有云浮新兴江、罗定南江，广西北流江与黄华河等，汇入西江再东流入海所形成的西江大格局。

3. 广东阳江市以西由漠阳江、鉴江、九州江，以及广西廉江、钦江、北仑河等形成的众江南流入海的南江大格局。

4. 陆地南流众河与隔海相望的海南省南渡河、万泉河、昌江等，齐奔南海，船来舟往，遥相呼应，历史上长期同属岭南粤西文化圈，流域包括了雷府文化中心地雷州、琼府文化中心地琼州、崖州，冼太夫人称雄的高州，出了唐朝国师风水学泰斗杨筠松的窦州，以及共和国成立后才划拨广西的钦州、廉州等名城，形成了当今泛珠江水系三省区九市最具海洋性的大南江文化带。

5. 南江水系内丘陵多，水源多，港口多，出海便利，由东而西遍布了广东的北津港、阳江港、闸坡港、沙扒港、博贺港、水东港、王村港、博茂港、湛江港、外罗港、海安港、流沙港、乌石港、海康港、乐民港、安铺港；广西的铁山港、北海港、防城港以及环海南的海口港、清澜港、博鳌港、港北港、榆林港、八所港、洋浦港、龙门港等27个港口，构筑起中国海上丝绸之路的广阔平台，是大南江海洋文化发展战略的最大优势。

它突显出南江文化发展海洋山川战略的两大地理优势：

（1）山峻水美的山川优势：南江地区山高林茂，物产丰饶。尤其是粤西，处于环南海北部湾的东部中心，处于云开大山的东南麓的粤西部，是广州、珠江三角洲通过雷州半岛前往海南桂东的必经之路，自然风光与旅游资源得天独厚，如仅信宜一地就有海拔1000米以上的高山80余座。其中包括天马山，大雾岭原始生态自然保护区、鹿湖顶生态自然保护区、平塘马鞍竹海、南江源头发源地合水镇鸡笼顶和附近的特大草原，以及怀乡的虎跳峡等等。

（2）海绕为带的海洋优势：南江众流虽短，但总长可观，其以海洋为通航纽带的粤桂琼大南江水系文化——包括以西江为纽带的南江支流文化，和汇聚东西北三江的珠江三角洲文化一起，开辟了中国海上丝绸之路与岭南文化走廊。今已落成的世界最大的广东海陵岛海上丝绸之路博物馆，以丰富的收藏充分展现了这一优势的辉煌历史与伟大远景。而这也正是南江地区尤其是粤西各市抓住发展先机，根据市情强化优势，一方面从山川文化角度内联珠江水系，一方面从海洋文化角度外联南海海域的南江文化大战略。

94

就南江文化的历史人文传承，以及泛珠江文化圈的战略高度看，要想真正确立粤西在南江文化中的主体地位，还必须根据粤西自然地理、历史渊源与现实状况，将南流入海（海南岛例外）的南江水系文化与西江的南江支流文化，整合为泛珠江文化圈中的大南江文化，才能在其相应的独立完整的文化系统里，认清茂名汇流陵江、袂花江、小东江等经湛江吴川市出海的鉴江文化，与相邻的阳江的漠阳江文化，湛江的九州江文化、雷州的南渡河文化，广西的廉江文化、钦江文化，海南的万泉河文化、南渡河文化、昌江文化的精神纽带，以及与云浮罗定同以南江命名，虽属于西江文化却也与粤西桂南海南之南江文化密不可分的小南江文化的结合点，从而确立粤西各市在大南江文化系统中的主体地位，找到如何弘扬光大，推介传播南江文化优良传统与先进经验的突破口。

（二）珠江水系的南江人文特征

从珠江流域的南江水系的人文特点看，无论是粤桂琼各省的哪座沿海各市，都要以南海为海洋发展战略与文化纽带。如广东的茂名、湛江或云浮、阳江诸市，要想打造"南江文化带"，及时抓住云浮市、茂名市、湛江市联手启动的南江旅游文化工程的机遇，就必须在南江文化的源头地和岭南圣母诞生地上大做文章。这是因为，南江不仅是一个自然地理的概念，更是一个有着悠久历史传统的岭南地域文化概念，它有着自己的文化带、文化基因、民族领袖和精神纽带。可以说，众多小江南流入海的南江水系的山海文化特征，尤其是俚族、僚族聚居的古越族民俗文化特征，是界定古南江文化的地理范围，全面考察与整合现代南江文化带，确立南江文化地位的前提。

从语言特征看，南江人的沟通语言主要是雷州话等，与广州话接近，但又有客家文化、东南亚和海洋文化的渗入。因此，在罗定小南江一带，人们同唱一种民歌即连滩山歌，民居风格与生活习惯也很相近，经济交往比较密切，且大都崇拜盘古和天后，具有双重信仰，呈现出南江文化圈独特的山地文化与海洋文化汇合的特征等。而就20世纪中之前的历史传承与行政区域看，大南江地区除粤西茂名、湛江、阳江、云浮外，广西的钦州、北海、防城港和海口，也都属于广东管辖，划归广西与海南省也只是半个世纪以来的事。

因此，共同拥有的丰厚的山海文化资源，才是南江文化发展大战略的人文基础。从民族与民俗风情看，南江地区曾经是土著俚族、僚族的主要居住地和根祖文化地。他们与海南的黎族、连州的瑶族，广西的苗族、壮族等同属古百越族，彼此有密切的交往和文化的亲缘性。其南流小江以海为纽带的水系文化，具有古百越族聚居的民俗文化特征，民众沟通语言与广州话基本相同，属于广东粤语的流布地，但又有客家文化、东南亚和海洋文化的渗入，民居风格与生活习惯很相近，经济交往比较密切，且大都崇拜盘古和天后，具有双重信仰，体现了南江文化圈独特的山地文化与海洋文化汇合的特征。

从人文景观看，南江境内蕴藏着大量富有南江文化特色的历史文物文化遗产、遗址的人文景观。如古窦州今茂名信宜一地，就有广东出土数量最多且最具有南方少数民族特色的古代铜鼓，有历史悠久并保存相对比较完好的信宜古城及文化底蕴深厚的古书院群和清代考秀才的考棚——起风书院，有打响太平天国农民起义第一枪的大寮起义领袖凌十八的故居，有坚持武装抗清长达二年零八个月之久的大洪国王宫旧址，有挂满蒋介石、陈诚等著名民国历史人物的褒奖题匾的抗日著名将领谢氏的纪念楼和富于民国时期建筑风格的镇隆旧街骑楼，代表南江文化的大型古建筑锡三公祠及为数众多的"双镬耳"风火山墙建筑式样的古祠堂、古庙宇，建在河中间大石之上的石印庙，唐代的潭莪、特亮和怀德旧县城古遗址和明代的突洞、怀乡、函关巡检司及虎跳大王洞等遗址，以及大雾岭瑶佬寨、铜鼓村为代表的数量众多的瑶族和壮族村落古遗址，宋代的锡矿、铁矿冶炼遗址和摩崖石刻等。

从文化传承看，任何流传久远的优秀民族文化，都有其鲜活的艺术形式。曾经列为广东四大剧种之一的琼剧，流传雷州半岛的雷剧，粤西山歌渔歌，舞龙，舞春牛，采茶戏，单人木偶等富于南江特色的民间艺术，以及民间故事、民间传说，民间神话，民间谚语，民间工艺等各种非物质文化遗产，以及二百余年来广泛流行的泷水歌，都属此类。特别是自清代乾隆年间始创于罗定后，直承《诗经》风脉，至今以山歌节方式吸引云贵桂湘和远近乡邻自发踊跃参与的粤西泷州歌，更是南江地区展现境内历史文化遗产价值的亮点。

（三）南江民系的雷府文化中心地

从珠江文化的资源开发和利用看，广东现有国家级非遗项目88项，省级305项，市级668项，县级1046项，民间4万多个，在全国排名靠前，已成广东文化竞争力的重要品牌。如何"以非遗养非遗"，克服僵化保护和过度开发两个极端，"重申报、轻保护、乱开发"的功利主义倾向，成为珠江地区尤其是南江地区构建政府、非遗主体、文化消费群体、企业（金融）之间的良性互动机制，促进非遗从文化资源向文化资本转化，创新非遗生态传承的珠江模式的关键。

粤西地区的雷府民系，历来与粤中的广府民系、粤东的福佬民系、粤北的客家民系、海南的琼府民系，并称为岭南五大民系之一，其雷州半岛以石狗、雷州话、雷剧、雷文化为热辣迅疾的海洋特色的民俗文化，是岭南地区兼容汉越的最古老的文明之一，其发源地在古雷州，今隶属于湛江市。它与广州市比较，有如下特色：

1. 从岭南文化中心地看，广州是包括深圳、佛山、东莞、中山、江门、珠海、惠州、肇庆等市在内的广府文化核心区，现有粤剧、粤绣等一批民间艺术。湛江市是影响广及古代的高州、窦州、钦州、廉州，今天的阳江、云浮、茂名的雷府文化中心地，至今有雷剧和民间艺术120多种，湛江醒狮和东海岛人龙舞被列入国家第一批非物质文化遗产名录，雷州石狗被列入首批中国民族民间文化保护工程，与吴川飘色、雷州姑娘歌和廉江舞鹰雄等6个项目被列入广东省非物质文化遗产代表作名录。

2. 从海上丝绸之路的发源地看，其发祥地广州是有"食在广州"美称的广府粤菜之都。首创以海洋和水产学科为特色，理、工、农、文、经、

96

管、法、教等学科协调发展的广东海洋大学的湛江，同样是与广州一样的全国十大深水港之一和亿吨大港，是海上丝绸之路始发港之一，是中国大陆与非洲、中东、欧洲、东南亚、大洋洲海上运距最短的港口，还被评为"中国海鲜美食之都"。

3. 从近现代革命策源地看，湛江与广州同是辛亥革命的策源地之一，成立过广州湾同盟会，历来革命风潮卷涌，与诞生过红11军，涵盖韶关、梅州、河源、清远等市的客家文化区之"客都"梅州市，与涵盖福佬文化区，包括了海陆丰革命根据地所在的汕尾、潮州、揭阳诸市及其"特区"汕头市相比，亦毫不逊色。

4. 从改革开放前沿地看，湛江与广州都是中国14个沿海开放城市之一，并通过黎湛铁路可衔接大西南100多万平方公里，人口2亿多。近年消费结构中城镇居民文化娱乐用品支出增长22.5%，快于用于食（7.1%）住（18.7%）等基本消费的支出。成为广东凝聚文化产业集群效应，站在全球价值链高度，推行全球文化传播战略的重镇。

5. 从岭南文化名片的价值看，湛江与广州一样，与民国伟人孙中山、革命策源地、南海商都、百越国艺、粤腔戏剧（粤汉潮雷剧）、岭南建筑、岭海工艺、粤海美食等，均有密切的联系，同时还是禅宗六祖慧能的家乡，是擦亮珠江文化品牌的大文化产业链的重要一环。

6. 从岭南民系文化角度看，与珠江水系之内隔海相望的近邻，属于琼州民系，有人口867万，2011年GDP达2515.29亿元，元朝设琼州府，辖崖州、儋州、万州三州，集海南全省资源于一体的"琼府文化"比较，属于雷州民系，人口725万，同年GDP达1701.4亿元，仅为广东一隅的"雷府文化"，却是曾设遥领海南的州郡治所，有作为大陆最南端海上丝绸之路始发港的丰厚历史文化底蕴。至今为粤西唯一的"国家历史文化名城"的雷州市，自汉元鼎六年（公元前111年）至民国二年（1913年）2000多年里，一直为县、州、郡、道、军、路、府治之所在地，是雷州半岛的政治、经济、文化中心，素称"天南重地"，民间称"府城"，孕育出简称"雷州文化"，又称"雷文化"，亦称雷州文明，为便于与广府文化对应，应称"雷府文化"的雷州半岛文化。

7. 从旅游品牌的美誉度看，"雷"是易经八卦之一，声名大振，体现出自然与文化的统一。中华著名的四大绝景中，雷州换鼓的"天"，广德埋藏的"山"，钱塘江潮的"水"，海市蜃楼的"海"，都是天时地利时境绝佳组合的天下美景。只要善于将鼓城、雷祖祠、雪车、雷鼓、雨后露野可入药的雷墨，6月24日的开雷、供雷等民俗文化资源利用好，形成官民同乐，风调雨顺，国泰民安的热烈旅游气氛，就可以收到与彝族火把节、傣族泼水节、壮族山歌节等异曲同工的美妙效果，将开展休闲旅游、修学旅游、红色旅游、绿色旅游、蓝色旅游，建设旅游强省的政府规划落到实处。

总之，站在泛珠江文化战略高度，积极对境内的人文资源做全面的调查、发掘和保护，将分流入海的广西、海南、阳江、湛江、茂名南江水系文化与云浮南江文化，整合为海洋性的大南江文化，有利于将珠江地区的蓝色旅游线，即闸坡、上下川岛，小梅沙，特呈岛和海陵岛等首批国家海洋公园为主的游乐线，虎门要塞、上下横档的"金锁铜关"、长洲要塞等组成的海防线，广州十三行、南海一号、南澳一号、湛江硇洲岛磨镜灯塔、大汉三墩等组成的海贸线，南海神庙、妈祖庙、天后宫，宋史遗迹等组成的碑庙线连成黄金线；有利于唱响泷州歌，演好琼雷戏，再现民间文艺精华，创新现代文艺，以整合并推进南江旅游工程建设，是粤桂琼尤其是粤西各市符合各自地理、历史与现实状况的正确选择。只有这样，才能找到茂名鉴江文化，阳江的漠阳江文化，湛江九州江文化、雷州南渡河文化、广西廉江文化、钦江文化，海南万泉河文化、南渡河文化、昌江文化合成的大南江文化与云浮小南江文化的结合点，唱响珠江文化大繁荣的凯歌。

文化的价值体系决定文化的发展方向。南江文化的山海发展战略，更突显岭南英杰人物的重要。目前，云浮市正大力开发南江文化、云石文化与六祖文化，率先推出南江旅游文化工程，与省文联等利用400年庙会资源举办了云浮（连滩）南江文化艺术节，将南江特色歌舞表演推介于国外。茂名市则以擦亮石油文化、冼太文化、南江文化、荔枝文化、民俗文化品牌为口号，积极筹办"南江南海名鱼两广九市旅游品尝会"。阳江、湛江两市领导也表示将全力支持南江文化带研究，认为粤西4市的南江文化带整合是"历史的回归"。应该肯定，粤西、桂南、海南各市这些共创南江文化大繁荣的努力，是具有深远意义的，但要进一步提升南江文化的含金量与知名度，还必须从山海文化战略的高度，重新审视"岭南圣母"的历史定位与文化价值，找到整合南江文化的精神纽带。

三、南江文化流域降生的高洁圣母

（一）泛珠区锦伞抚民的巾帼英雄

足与救世少女化身"海神"的妈祖，与养育五龙的主妇"水神"龙母媲美，活跃于两广海南大地，锦伞抚民，通婚俚汉，惩贪除恶，能征善战，德高望重，子孙满堂，历经三朝，长寿高龄，生于横亘粤桂云开大山之间的茂名古高州一带，被尊奉为岭南圣母的冼太，似可称为足迹影响遍及珠江流域山川海洋的"山神"。这海远水长山高，出入于人间水府神界的仙阵格局，并立串联起来，就成为岭南以至泛珠江区域中，最具有中华神仙文化价值和世界华人文化影响力，最令人瞩目和最伟大历史意义和现实创意经济力的三女神。

据史所载，冼太是梁朝、陈朝至隋朝初年时的百越俚族领袖，茂名电白留有陵墓，生卒约为520—601年。她出身于首领世家，常秉公处事，规劝亲族为善，善于抚循部众，行军用师，压服诸越，从青年时代起就是一个卓越不凡的领袖人物。梁朝末年发生侯景之乱，冼太支持陈霸先起兵讨伐，建立了陈朝，被册封为中郎将，享受刺史礼遇。隋文帝进军岭南时，她又以所辖八州归附隋朝，完成了岭南统一，受封为谯国夫人。她在全国混乱群雄割据之时，不搞分裂，始终维护祖国统一，成为支持南朝梁、陈两代和隋与唐初稳定珠江流域政治局面的主要支柱，为促进岭南政治和社会经济的发展做出了重要贡献。由于冼太有融合汉越，维护统一，反对割据，保境安民，促进汉化，开发岭南，公正执法，大义灭亲，征伐叛逆，惩处贪官等功勋业绩，受到历朝历代先民的由衷爱戴，并被统治者授予了南天圣母、太极武后元君、高凉护国等神界封号，在两广海南等地建造了很多庙宇，至今祭祀不绝。据"广东历史文化名人丛书"之《巾帼英雄第一人冼夫人》一书（庄昭、高惠冰著，广东人民出版社2005年版）介绍，全国各地专门供奉或主要供奉冼夫人的冼太庙，北至辽宁丹东市，西达贵州，南至海南榆林，遍布粤桂琼三省，远及东南亚诸国，有数百座之多，仅茂名民国前就有200多座，现仍余60多座，其中以高州的冼太庙规模最巨，雕梁画栋，气宇轩昂，表现出冼夫人崇高人格的无穷魅力、广泛的影响力与巨大的精神感召力。

从《南方日报》组织的"广东历史文化行"系列报导里的著名历史人物看，被史书和南江人民尊称为"岭南圣母"的冼夫人，排名第三，在时间上仅次于秦汉南越王赵佗、晋代葛洪而早于唐宋年代的六祖惠能、贤相张九龄、清官韩愈、苏轼、包拯等，在历史功绩上则更出类拔萃，作为岭南圣母，古越首领，出色政治家，卓越军事家，她所具有的"妇女为国立德立功之第一人，妇女开幕府建牙悬肘之第一人，妇女任使者宣谕国家意志之第一人，妇女享万民祭祀之第一人"（见冼玉清《民族女英雄冼夫人》一文，转引自《巾帼英雄第一人冼夫人》第125页）的崇高历史地位，正日益为人所认识。可以毫不夸张地说，她绝非虚构神话，不食人间烟火的女仙，也非见识一般的俚民女酋，南蛮首领；她有许多流传很广的爱国护民故事，与南方沿海建庙的妈祖、沿江建庙的龙母相比，也更显真实、亲切和深入人心。

（二）和合为神的冼太精神文化价值

更具深刻的民俗（神仙）文化意义的是，冼太作为俚汉通婚的百越女首领，还与其夫冯宝一起，成为当地男女青年倾诉心曲，喜结连理的"和合神"。南江地区至今还流传着许多关于许多冼太智灭贼兵，出兵海南，镇伏豪强，巧断民案，化解纠纷，开挖甘井，义务保姆，利民益众的民间故事，世代流播，脍炙人口；许多地方冼太庙附近的人民，还每年都结合冼太的诞辰（农历11月24日）和忌辰（农历1月16日）纪念日，举办各种祭祀、更衣、迎送、巡游、文娱乃至军演活动，充分展示出冼太作为有十余万众后代冼姓人的"姑婆"、冯姓人的"祖婆"，他姓人的"冯婆"——岭南圣母和南江主神的灼灼风采！

可见，突出冼夫人在南中国圣母、妈祖、龙母三女神文化圈中和谐安民，和合为神的精神价值，突出她作为古百越女首领，出色政治家，卓越军事家，周总理盛赞的"巾帼英雄第一人"的崇高历史地位，利用粤桂琼冼太文化核心区历年不绝、丰富多彩的"祭祀""请神"传统文化活动影响，办好冼夫人粤曲大赛，冼夫人历史文物展，冼夫人小戏、小品大赛，冼夫人传奇故事报刊连载，冼夫人电视专辑展播，冼夫人生平事迹展览，冼夫人故里景区建设，以冼夫人爱国爱民精神为主题的爱国主义教育基地和文化产业基地，探讨冼太文化在南江文化带建设中的意义、目标、任务、实现途径、工作思路、战略举措等，将有利于南江地区尤其是粤西通过展现冼夫人的崇高威望，打造冼夫人的文化品牌，建立冼夫人文化产业基地，确立岭南英魂爱国护民精神在整合南江传统文化的主导地位。

总之，从南江文化大战略高度出发，重视冼太文化的和谐安民与文化交流作用，整合联动粤西文化建设，对泛珠江南部地区和广东文化大省建设具有重大的现实意义。它将填补珠江文化的南部空白，化弱势为强势，开辟珠江文化的海洋文化传播阵地，建设好珠江文化辐射西南内地的文化大走廊，整合泛珠江文化区的文化价值取向。

综上所述，重视作为历代褒奖、民众爱戴，周总理盛赞的有"巾帼英雄第一人"美称的冼太，以及妈祖、龙母、葛洪、黄大仙、何仙姑等神仙人物的精神价值，紧紧抓住时代机遇，办好并利用粤桂琼尤其是冼太、龙母、妈祖等文化核心区历年不绝、丰富多彩的"祭祀""请神"传统文化活动，继续办好以泛珠江妈祖、龙母、冼太等为优秀代表的神仙粤曲大赛，历史文物展，小戏、小品大赛，传奇故事报刊连载，电视专辑展播，生平事迹展览，故里景区建设，主题公园建设等活动，探索如何建设好以其爱国爱民精神为主题的爱国主义教育基地和文化产业基地等，将有利于我们进一步明确妈祖文化、龙母文化、冼太文化在广东文化大省建设中的意义、目标、任务、实现途径等，打造好这些岭南民俗文化的顶级品牌，为实现党的十七大提出的又好又快地建设中国特色社会主义的伟大战略目标作出新贡献。

乙 篇

珠江文化的传播美学

在珠江文化壮丽景观的感奋下，在珠江文化繁荣沃土的滋养下，在珠江文化新世纪发端的启示下，珠江文学更新观念，亮出大旗，擂响鼙鼓，呼唤改革，成为——

第十章　珠江文化大汇流的主潮

珠江文化进入开放更新期以来，随着以经济建设为中心的国策确立，珠江地区出现了"城市化"倾向的历史巨变：昔日的边陲小镇和无名小县，成为今日闻名中外的经济特区——深圳市与珠海市；率先开放的珠江三角洲经济开发区内各县，现已基本完成了"市、区"化，成为南粤大地上的都市新星：东莞市、中山市、番禺区、南海区、增城区、花都区、从化区、顺德区、三水区、新会市、台山市、开平市、鹤山市……；海南建省并经济特区化；两广的重要县城已成为附近县、镇的经济中心：如汕尾市、清远市、河源市、阳江市、揭阳市、梅州市、贵港市、防城港市……；华南重镇广州也由老四区变为新十区（即荔湾、海珠、越秀、天河、白云、黄埔、花都、萝岗、番禺、南沙诸区），在树立国际型都市形象上，缩短了与港、澳地区的差距。

怎样从珠江文化滋生繁茂的沃土上吸取无穷的精神力量？怎样看待珠江文化新纪元发端这一历史转折的深远意义？怎样看待珠江文化大汇流所掀起的城市化倾向及与之相适应的文学主潮？怎样创造珠江文学的美好未来？

由农村自然经济向城市工业文明的人类社会的历史进程证明："城市是经济、政治和人民的精神生活中心，是前进的动力。"① 珠江大地撤乡建镇、撤县立市、区，创办特区的深刻意义，就在于以工业化市场化经济潮为动力，顺应世界都市化巨潮趋势，形成以广州等大型城市为神经中枢，以中型重点城市为神经丛，以县级小城市为神经节，以乡镇村为各种神经元的全区域的经济文化发展和政治领导的有机系统，以"市带县"的体制改革和城乡关系新格局，改变过去单纯从行政区域考虑的"市管县、地管县"的旧格局，将过去单一的施政中心城市，变成附近辖区（或经贸区）的经济开

---

① 列宁. 转引自人民日报 [N]. 1987.3.17.

发、文化传播、信息交流、科技示范、商品流通、金融信贷、人才培训、运输周转、劳务市场、法律保障、人才调剂、对外开放等综合服务的中心，加速本地区社会主义市场经济的建设。

由于珠江地区这一经济形势的出现和随之而来的政治体制的变革，使当地的经济生活、文化生活、思想观念都发生了显著的变化，这是符合马克思主义关于人们的社会存在决定着人们的社会意识的历史唯物主义原理的。标志这种显著变化的，是乡村自然经济的进一步解体和城乡市场经济的日益密切关系，是"市带县"的社会区域的结构方式的重新组合和田原牧歌式的生活情调的逐步消失，是现代城市生活的日益丰富多彩和生活节奏的不断加快，是人们的市场观念、文化观念、价值观念、道德观念的不断更新……。珠江文学要适应和表现这汇聚外来文化、港澳文化、移民文化及本土文化等多股潮头于太平洋西岸的现代工业文明浪潮，就必然要在社会变革中心的漩涡——城市中找到最佳视点，表现具有城市意识的现代人的文明生活，从中折射出时代精神的光辉，形成属于时代的文学主潮。

一、珠江文学的广阔空间

珠江文学在出现"城市化"倾向主潮之前，就已有自己表现城市生活的创作优良传统和不少佳作。近代作家吴趼人的讽刺小说《二十年目睹之怪现状》，揭示了城墙环卫下的官衙深府里的黑暗内幕，文笔犀利痛快。现代作家黄谷柳的《虾球传》，通过流浪儿虾球的曲折经历，表现了在殖民地，半殖民地半封建社会制度下的香港、广州等大都市里的灯红酒绿，尔虞我诈。欧阳山的《三家巷》及《苦斗》，真实再现了二三十年代广州反帝、反封建、反官僚资本主义的血与火的斗争，是五六十年代描摹广州市井风情画卷的力作。

事实上，粉碎"四人帮"以来，以城市内容为主的珠江文学主潮已初露端倪。陈国凯的《我该怎么办?》，发出了"文革"受害者的惨痛呼叫，引起了人们对"文革"神圣光圈的永久怀疑。而他的《好人阿通》，透露了广东作家审美焦点由乡村而城市的信号。《普通女工》、《绝的》等，显示出广东青年作家审美趣味向都市人的集中。吕雷的《海风轻轻吹》和《红霞》在全国短篇小说评奖中的获奖，贺朗反映特区经济建设的《金瓯腾飞》，林经嘉反映工业改革题材的小说《急流》，以及欧伟雄、钱石昌从商战、金融角度反映城市改革大潮的《商界》的打响，都是有力的证明。

无论是从近、现代珠江文学的回顾看，还是从当代珠江文学的实绩看，要确保其"城市化"主潮的健康发展，就必须拓展其在题材领域、作家队伍、体裁选择诸方面的广阔空间。

高度重视城市建设和文学创作的伟大作用的革命文艺倡导者曾有名言，在文学事业中，"绝对必须保证有个人创造性和个人爱好的广阔天地有思想和幻想、形式和内容的广阔天地。"① 当前，"围绕着实现四个现代化的共同目标，文艺的路子要越走越宽，在正确的创作思想的指导下，文艺题材和表现手法要日益丰富多彩，敢于创新。要防止和克服单调刻板，机械划一的公式化概念倾向。"② 显然，在呼唤"城市化"文学主潮勃兴的同时，万不可划地为牢，限制它振翅翱翔的广阔天空。

城市题材和人物形象的广泛性，首先是由城市历史之悠久，名人荟萃之密集，行业分工之细密，来往人员之复杂，传统文化储量之丰富和西方文化影响之深广等因素所决定的。从珠江小说人物画廊看，从狠刹分房不正之风的厉副市长（黄虹坚），大权在握却急流勇退的丁书记（林经嘉），剧团改革的实践者曹申（张欣），自食其力的个体鱼贩（章以武等），到自强不息的业大女生肖菲（曾应枫），《你不可改变我》的孤高脱俗的女模特（刘西鸿）……从城市生活的各个侧面，展现了许许多多地位、经历、禀赋、性格、理想、追求各不相同，结局迥异的人物，奏响了城市文明的交响乐。在目光敏锐的作家眼里，生活的矿藏遍布城乡各个角落，拂去尘埃，剔除矿渣，便可提炼出真金。难以料想，如果没有众多作家从各自熟悉的生活出发，将审美触觉伸向城市生活的各个领域和各个阶层，塑造出众多既有广泛代表性又有个性的人物形象，我们会获得如此具有时代感、立体感和历史感的城市文学的全息照片！

作家队伍的分布和结构上的广泛性，是"城市化"文学主潮保持活力的要素。推动珠江文学主潮前进的主体队伍，当然是城市作家。他们对于表现城市生活有着最深切的感受，并有着文化信息库存丰富，提取便捷的优势。这并不意味着熟悉农村题材的作家（不论专业或业余）将从此无所事事。因为，城市文明的辐射力——不论是以希望工程、扶贫造血或是以粤式"社教"的形式——都将会在乡村居民心灵深处激起涟漪。描绘广大农村在城市市场经济大潮冲击下价值观念、伦理道德观念的新变化，以及农村改革与城市改革的内在联系和各项成就，正是所有熟悉和喜爱农村生活的作者大

106

① 列宁. 列宁选集. 第1卷［M］. 北京：人民出版社，1972.648.

② 邓小平. 在中国文学艺术工作者第四次代表大会上的祝辞［DB/OL］. http：//news. xinhuanet. com/ziliao/2005－02/04/content_ 2548288. htm.

有耕耘价值的领域。本省作家与定居岭南的客籍作家的紧密合作,取长补短,是打破城市文学疆域局限的有利举措。以异省审美观点来探索本地都市风情,和水乳交融细致入微的自我省视相结合,互为借鉴,有利于主潮文学多视角地反映珠江大地的当代文明。

珠江城市文学主潮的泛起,已在本土文化、移民文化、港澳文化、外来文化的交互作用下,由华侨、个体户、乡镇企业、金融题材优势的领域,拓展到商战、打工、特区、军旅、人物传记等多种题材领域。它必然要求选用各类体裁的广泛性以适应其题材的多样化。近年来,珠江文学主潮在诗歌、散文、小说、影视剧文学、报告文学诸体裁方面都涌现了一批佳作。如诗歌中的《郭光豹诗选》;散文、报告文学中的《雾失楼台》、《安珂弟弟,你……》,《深圳的斯芬克思之谜》、《中国高第街》、《南来的热风》;话剧方面的《特区人》、《情结》;影视方面的《雅马哈鱼档》、《商界》、《公关小姐》、《特区打工妹》、《情暖珠江》等等。至于小说,由于篇幅短、中、长不限,形式多样,作者众多,创作束缚小,发表园地多,更是百花齐放,佳作不断。短篇小说方面,陈国凯的《羊城一夜》、杨干华的《惊蛰雷》、吕雷的《云霞》等集子,伊始、张雄辉、丁小莉、岑之京、王文锦等人的作品,都各有特色,五彩斑斓地折射出南国都市生活的浪花。长篇小说方面,近年有长足的发展,如珠海作家陈伯坚反映转型期特区的人生心态的《滨海城的公关小组》,邹明标雅俗共赏的反映海外华人企业家在时代风云变化中艰苦创业的《商战巨人》,欧伟雄、钱石昌全景式表现南国大都市商海浮沉诸般众生相的《商界》,程贤章刻划山城官场、新闻界风云人物微妙心态的《神仙·老虎·狗》,苏云桂的通俗小说《羊城丐王》,纵震、陈国凯合撰的《都市的黄昏》,伊妮洞察文坛黑幕的《冷酷的假面》,伸张正义、呼唤负罪灵魂重生的《风化警察》,何锹关于香港富商回县城投资办厂、县长改革家中箭落马的《重负》,都以复杂的人物关系网,大量的文化信息和独特的审美信息,表现了珠江文学主潮的汪洋恣肆和生态美。

至于中篇小说,也曾在短篇小说丰收之后,长篇小说尚未成熟之前自领过一段风骚。今后,也将仍会以其体裁的特殊优势继续保持其青春活力。下面这篇对广东1985年获奖中篇小说的述评,就是对当时的题材广泛、眼光独到地反映珠江文学主潮的中篇小说佳作的一次肯定,特录于兹:

在小说艺术家族的巍峨殿堂里,中篇小说正以其容量适中,开掘度深、内涵丰富、色调纷繁等特点而显示出其审美优势,征服着日益增多的忠实读者。在某种意义上可以说,优秀的中篇小说既是长篇小说的浓缩,更是短篇小说的丰富。对于生活节奏加快和在信息社会的变化无穷中生活的一般读者来说，已不满于长篇小说的繁琐费时，不满于一般短篇小说的篇幅有限，因此，中篇小说乃得适应读者需要而受到作家们的重视。在广东省第五届新人新作获奖作品中，中篇小说以其量多质优赢得了较之诗歌、散文、报告文学以及短篇小说更为突出的可喜成就和读者好评，正是群众这种审美情趣指向的标志。

这次获奖的6部中篇小说4篇刊于《花城》杂志，两篇发表于《收获》和《特区文学》。有3大年轻而又古老的文学主题得到了细腻深刻而又独到的反映，这就是艺术与人生、政治与人生以及爱情与人生这三面能从各自审美角度折射出时代风貌和人物魂灵的大镜。

石涛的《雨雪霏霏》表现了一个淡忘了生活的专心致志的艺术家如何受到生活的苛待以及他极力挽回的顽强努力。主人工邹鲁的妻子林平不耐生活的枯寂乏味，出走另组新家，并且带走了两人爱情的结晶——纯真可爱的小女儿南南。作品满噙热泪抒写了为艺术牺牲了一切的邹鲁对妻子的依恋，对往昔情爱消逝的追悔以及对女儿刻苦镂心的疼爱，把一个淡薄清贫而执着追求艺术真谛的画家的丰富感情世界表现得细致入微，催人泪下。最后的结局是理想化的：南南的一个年轻貌美的女教师传入了邹鲁的心扉，成为他艺术的知音和终生伴侣。作品充满回肠荡气的淡淡哀愁，其审美氛围和人物性格是和谐一致的。刘西鸿的《月亮，摇晃着前进》以其标题暗示着这是一部浸染着强烈主体审美意识的作品，她用对比的方法描绘了两个比邹鲁更为年轻的女艺术家：业余的诗人高若愚和画家高若谷。如果说邹鲁作为一个家成立业了的过来人，较喜欢津津有味地咀嚼回味人生甘辛的话，那么，若愚姐妹却更乐于在清醒与迷惘、狂热与冷静、思索与冲动中坚毅地步入人生。"大智若愚"的姐姐忍痛割断了与执拗如铁而前途灿烂的林凛的感情纽带，宁可奋力独行也不当附庸，终于在工人读者中找到了自我存在的价值；"虚怀若谷"的妹妹也以风格豪放飘逸的佳作打进了美术的神圣宫殿。生活，是严肃的，对浪漫的艺术家也不偏祖。这篇作品道尽了初入艺坛者的酸甜苦辣，剪下了他们在人生长途上摇晃而沉毅的身影。作品的不足之处，在于未能将若愚的朦胧诗深受女工喜爱的真正审美意义揭示出来，使人难以信服。

改革与纠正不正之风，是80年代中国大众最关心的两个政治问题，也是作家跃跃欲试然而难度却很大的题材。张欣的《此剧哪有尾声》别出心裁地塑造了一个平时藏头缩颈、语不服众，关键时刻却一鸣惊人的剧团改革家曹申；黄虹坚的《穿过大街小巷》则把一位即将离休而虎威犹在、嫉恶如仇的老市长厉雷推上前台，从他与上下级、同事、亲友、街邻之间错综复杂的关系之间，展现不正之风对我党健康肌体的侵蚀的危害性，以及抵制这种不正之风的紧迫性和艰苦性。改革者就在和我们一样的普通人中间，纠正不正之风必须从自身做起，这大概就是这两部作品能够予人以启迪的东西。

值得注意的是，这两篇小说中各有一个在个人感情漩涡中挣扎的弱者和事业上的强者——宛玉冰和叶大穗，她们才华横溢而相貌出众，在曹申和厉雷这样的伯乐手下如龙入海，大放异彩，却长期在世俗冷嘲的尘封土埋中默默无闻，这本身就是颇耐人寻味的。曾应枫的《一个女人给三个男人的信》和黎明的《李察·黑尔》把自己的审美焦点集中在具有同一命运的女主人公肖菲和"我"的爱情经历上，为改革、开放时期的新女性传情写照。肖菲是一个"老三届"少妇，历史的重负、家庭的拖累和丈夫的遗弃，给她的求学带来难以忍受的痛苦！然而她到底婉拒了不成熟的郭林的盲目追求，也没有在罗光老师的严格要求下退缩，她从三个男人各自不同的冷酷、真诚、深沉的目光中看到了自己全部的弱点和潜藏的优点，增强了自强不息的信念。"我"则是一个与外国专家产生了复杂微妙感情的女地质队员，作者借其黑亮的瞳仁照出了国人魂灵中残存的某些污浊和虚伪，并以多种结局的方式尝试给人以新意。由于作者对异国情侣的社会文化背景还较陌生，使作品的深度和广度受到限制，而题材本身，也引起了民族审美心理的隔膜感。时代女性的风采神貌和艰难足迹，历来是作家关心的主题，它由身历其境甘苦自知的女作家群写来，具有格外迷人的艺术魅力和真实感。这次获奖中篇小说中有六分之五的作品出自女性之手的事实本身，应该是中国妇女作家艺术创作力的一个例证。

以上对这次获奖作品所作的一个掠影式的漫评，使我们从中看到处于改革前沿的广东文学后继有人及珠江文学大潮可喜的创作势头。

二、珠江文学的创新精神

正如战场的选择、兵员的扩充、武器的装备还不能保证战役的胜利一样，珠江文学主潮仅凭题材广泛，队伍结构、体裁多样的优势，还是不能确保巨浪腾空的。不论是在岭内岭外，过去现在将来，都可能会有题材重复、人物类似、互相"撞车"的时候。因此，强调"创新"就是必不可少的了。

所谓"创新"，首先是指作品的立意新，具有洋溢着时代气息的新鲜感，予人以健康清新的审美享受而非味同嚼蜡的审美疲劳。对于同样题材的处理，应有适应时代精神的"新"的立意，以满足审美水平随时代发展不断提高的人民的审美需求。当代作家高晓声的《陈奂生进城》，以不无调侃的笔调写出了小农意识的滑稽可笑；王滋润的《残桥》，剖析了青年农民李德兴在灵魂锈蚀后，伫立桥头茫然于留城或返乡的怅惘；陈冲的《超群出众之辈》，则从农民进城办企业的新鲜事入手，透视了窒息现代城市文明活力的小生产意识的保守……。总之，由于不同时代的作家的敏于思索，善于提炼，便使得乡下人进城这一古已有之的普遍题材，具有了不同的立意，满足了审美趣味不断变化的不同时代读者的要求。

其次是创作手法、审美视点、人物心态剖析面的"创新"，是从新的艺术技巧方面对主题的强化。在这方面，西方文学的各种流派确有许多可供借鉴之处。即以意识流手法来说，恰当的运用可以增强人物心理的流动感和真实性，具有相当的审美价值。但如果像一些人的滥用乱用那样，把一些毫无美感、令人作呕的"意识流"塞进作品，败坏读者胃口，是要不得的。古诗云"摒弃稍不严，美口成毒药"。盲目地一味追求技巧上的新奇怪诞，离开了社会效益的准绳，是要走弯路的。

珠江城市文学的立意之新和手法之新，又都离不开作家文学观念、审美观念、创作思想的更新。随着现代城市文明的加速发展，这种更新更显得十分迫切和需要。从了解珠江文学主潮发展中所遇到各种新问题入手，可使我们获得如何更新旧有文学观念、审美观念、创作思想的启示。

（一）从文学作品是人类丰富信息的储存器的角度看，社会信息是如何通过人脑这一黑箱的复杂作用，以作品为其排列组合方式重新输出的？应如何理解和重视读者的作品中获得的信息量可能超过作家在创作时试图输入作品中的信息量的事实并加以利用？

（二）从作家的审美创造过程看，显意识、潜意识乃至集体无意识的作用究竟有多大，表现人物到底是应该用显意识强抑潜意识和集体无意识好呢，还是任由潜意识和集体无意识自然流露并突破显意识的高压好？如果是前者，应如何强抑，如果是后者，能否避害趋利？要弄清这一问题，不仅需要理论的探讨，更需要长期的艺术实践和理论的突破。而这一切又都牵涉到如何重新分析、评价、批判弗洛依德的潜意识（含性意识）学说，荣格的"集体无意识"学说，等等。

（三）从文艺作为社会意识形态的子系统的角度看，其地位以及它与其他的子系统（包括政治意识、法律意识、宗教意识、道德意识，等等）的关系应如何认识，文艺系统内部的各艺术门类的子系统的特点和关系又该如何认识，它们是如何相互制约又相互促进的？

（四）传统的岭南文学中与中原文学、荆楚文学、吴越文学、齐鲁文学……的关系如何，其历史的发展为新珠江文学主潮提供了哪些有益的借鉴？如果珠江文学城市化潮流已在逐步取得主导地位的话，它应该同其他流向（如乡土的、历史的、科幻的、武侠的……）的文学支流保持何种关系，并保持自己的主导地位？从城市化文学主潮的内部系统看，又应该如何处理主旋律与多样化的微妙关系？

显然，我们不可能指望三言两语就讲透这些当前创作实践中遇到的新问题，更不可能一朝一夕就具备了能将上述问题迎刃而解的无往而不胜的新的文学观念、审美观念和创作思想。如果有人这样幻想，究其实质，可说是在当前社会主义市场经济刚刚在建立，一切系统的运作还缺乏合理规划的有效制约，因而显得有些紊乱动荡及其在作家心底深处引起的浮躁表现。那么，就让我们以"净化浮躁，走向审美"为题，探讨如何在提倡珠江文学的创新精神的同时，克服有害的浮躁情绪的问题吧：

浮躁，一种漫布大江南北的社会心态，一种由本地区政治、经济、文化的中心——城市积聚起来而后向市郊、市镇、乡村辐射开去的时代情绪，已被人惊呼为"当代中国的特定精神现象、人的原欲与超越。历史进程的价值尺度，面对开放世界的开放姿态和巨大受容力"等等。

然而，席卷全国的"浮躁"，何以能有如此神奇伟大的魔力，令祖祖辈辈恪守中庸平和、圆熟稳重古训的万千国民掀起心底狂澜，浮躁焦灼，急不可耐；令当代文坛——尤其是以西北文学、京津文学为代表的北方文学和以岭南文学为典型的珠江文学，相应发生各种喜忧参半的或显著或微妙的变化，出现商品化或审美化的异向流动呢？

浮躁，是社会心态的表层结构。其深层的内涵，是商品世界五花八门层出不穷、强度不一的信息对心灵刺激的反应；是开放后旧观念的更迭与新观念的确立所引起的惶惑感；是一个个改革方案制定后，人们的热切翘望、深刻反省或痛苦回忆的混合……作为改革开放前沿的一面镜子，珠江文学在反映着社会变动、社会心态的同时，改铸着自身形象：花样新、内容浅、通俗化、低层次、消遣性的"消费文学"应运而生；费时少、见效快、时代感强而文学色彩淡的报告文学热方兴未艾；为商品流通渠道畅通无阻鸣锣开道的"广告文学"以及适应群众生活水平提高后，开阔视野、增长见识的旅游需要的"旅游文学"的大行其道……都显示出珠江文学的新特征。与此同时，北方文学却在执着地寻觅西方现代派文学观念与东方文化碰撞的热点的同时，更执着地寻根，更执着地挖掘民族根性的潜质。

浮躁是快节奏高效率的现代生活激荡下，人的适应本能的外化和内潜，恰当地顺导和宣泄之，能使社会洋溢朝气，历史快程加快，个人充满活力；而超量储积和剧烈释放，则将使社会心理失却平衡，历史火车偏向脱轨，个人焦躁茫然……"浮躁"现象的趋利避害，从根本上说，需要改革政策的科学、民主、稳妥、透明和有效实施，需要一个融洽安定的政治环境和繁荣兴旺的经济环境。但对于已经进入精神领域和情感世界的"浮躁"来说，文学这一时代情绪的寒暑表和鼓风机，却可以起到经济杠杆和政治手段所难以取代的精神作用；其潜移默化之能量，是无法估量的。一方面，它可以通过心态小说、纪实小说、报告文学、广告文学、旅游文学、快餐文学等方式，对社会心态的新构成添剂加料，强化稳定；另一方面，它也可以同样方式实现更高的审美目的，通过情感交流、幽默、宣泄等"渠道"，稀释"浮躁"心态的有害能量，化废为宝，造福人类。这正是南北文学对当前社会心态所应取的共同对策。

在社会分工越来越细，人的交际越来越广，而彼此了解却越来越少的现代高速生活中，情感交流是必不可少的。文学是粘合剂，是心灵窗口，是人类在其最丰富、最深沉、最隐秘的感情世界里相互沟通和交流的最有效手段之一，有着任何学科、行为方式所不可取代的特殊功能。小说《公共汽车咏叹调》，把司机、售票员、乘客的复杂心态暴露无遗，使他们彼此了解了对方的苦衷和烦恼，消除了积怨。同样，小说《一个女人给三个男人的信》，也娓娓倾述了一个业大学员面对公婆、丈夫、师友的爱与怨、离弃与追求，在家务、学业、情感的重压下的酸甜苦辣；这对社会各成员之间的相互理解和原宥，当是有益，对一个感情枯竭、为物欲所苦的作家来说，无论居北住南，要想写出情真意切，架通人们心灵之桥的佳作，都是不可能的。

如果说"情感"属于感情范畴，那么"幽默"就是一种理性之光。幽默是心有灵犀一点通的会心一笑，是超凡入圣的彻悟，是智慧的酸果核语言的艺术。幽默是伟大政治家的必要素质，也是一流作家笔尖的墨汁，时浓时淡，流露出理性的液汁。鲁迅便是伟大的幽默家，《阿Q正传》堪称幽默精品。没有对人情世故的练达，没有对社会各方面的深层理解和人性揭发，没有对社会发展规律的直觉和预感，是很难达到文学的"幽默"境界的。在唤醒理智、寻求理解、治病救人、粘合裂痕诸方面，幽默有着特殊的审美功能。

至于"宣泄"，也是使"浮躁"得以净化的途径。劲歌劲舞、健美武术等自娱活动，固可以一泻激情；而舞文弄墨、观剧读书等审美欣赏活动，又何尝不能一舒情愫！且不谈《乔厂长上任记》的余波所及、《新星》效应的轰动，即以小说《急流》而言，也就颇有替"独裁型改革家"一泄郁愤的意味。作者自云在构思小说时足蹬钉鞋，倒背双手，在房内大蹼其步的举动，不正是要体察和宣泄出主人公那腔忧国忧民、排难解忧、急欲改革的火爆激情吗？从接受美学的角度可能，能宣泄出人民亟盼改革的焦灼期待心情，当为南北文学共建奇功的原因之一。

注重南北文学久已有之，但仍嫌不足的情感、幽默、宣泄诸功能及其可能施加于社会心态的影响，实际上是着眼于提高南北文学自身的审美品格，这似乎会使时下许多呼吁"商品文学"的有识之士们担忧。其实，提高文学的审美品格虽然不能代替提高其商品价格，但却是比单纯在作品的商品化铁锅里下佐料的方法更聪明的高着。艺术的超功利性和功利性，审美性和商业性，历来是一对令人头痛的永恒的矛盾——至少在商品社会里是如此。要想在每一部作品里都妥善解决这个矛盾是不可能的。视而不见艺术品的商业性，不顾社会需求，盲目钻入"曲高和寡"的死胡同，当然可笑；而将"商业性"作为生杀大斧，把文学之树审美属性的枝干砍伐净尽，剩下的也只能是残缺的、枯萎的、无观赏价值的植物，是卖不出好价的。相反，提高作品审美价值的努力虽然有时并不能和文学商品的价格升降挂上钩，但毕竟是文学艺术发展的康庄大道，是由人民对艺术品的合情合理的审美需要决定的。倘若以商业化的彻底与否当作南北文学创作的唯一要务，置时代呼唤于脑后，一味激化社会的浮躁情绪，而不是用审美的文学和文学的审美去净化之，窃以为将是南北文学的失策。

从电影这一现代文明的窗口里，可以看出南北文学近年的实绩、特色和差距。北疆俊杰在前述"三个执着"的不懈追求中，先以《人生》的幻灭困惑一时，继以《老井》、《红高粱》的连珠炮轰进了世界文化圈，在国内毁誉参半的沸沸扬扬的议论声中捧回了令南国英才钦羡不已的国际影奖；而南国英才则以《孙中山》的巨片意识和史诗风格，以豪爽的个体鱼档主（《雅马哈鱼档》）、苦闷的个体广告画工（《给咖啡加点糖》）、我行我素的女模特（《太阳雨》）、追求男性美的现代人（《寻找男子汉》）、改邪归正的少年犯（《少年犯》）等南国都市片令国内观众一新耳目。如果说，北方电影文学以古朴的民风、苦涩的野性和坚韧的求生意志刺激和满足了西方文明的纤弱的心灵，从而激起强烈共鸣的话，那么，南方电影文学则以其优势的地利，展示蔚蓝色海洋文明熏陶下南风窗内的可喜变化。

从长远的观点看，北方文学不会老盘坐在土炕上当憨厚的老农；而南方文学也不会老充任那些空虚孤独心烦意躁的小市民。以长江上、中、下游的重镇渝、汉、宁、沪为中介，南北文学将取融汇相吸而又扬长避短的态势，现代工业的蓝色文明将与荒瘠的高原的黄色调合为生命的绿色，为北方文学注入新的生机；而南方文学则将服下北方文学发掘的民族精神的灵丹，在感奋振作中更充实健康起来。

总之，这种南北交融又各显风流的文学态势，仍将在当前这种力图建立

113

商品经济新秩序的充满浮躁社会心态的改革洪流中持续相当长的时期。因此，也就更需要充分发挥文学的传情、幽默和宣泄功能，净化浮躁，驱散纯商品非文学意识的乌云，向审美的太阳进军。

三、珠江文学的深入掘进

如果说，珠江文学主潮广阔空间的"广"，主要指作品的人民性，它的创新精神的"新"，主要指作品的时代性的话，那么它"深入掘进"的"深"，则主要指其作品对其思想性和艺术生命永久性的不懈追求。"广""新""深"三者互相作用，缺一不可。"深"是以"广"和"新"为必要条件的。没有广采博收，百花齐放的宽广胸怀和大胆创新的魄力胆识，就难以创作出有份量有思想深度的作品。同样，离开了作家对生活深邃的洞察和精深的表现，离开了作品思想的深刻性，那么"广"只能是空泛乏味，广种薄收，"新"只能是炫技斗巧，华而不实而已。

广东作家林经嘉的小说《急流》之所以一炮打响，并被改编成话剧和广播剧，成功上演和播出，靠的就不仅是改革题材的"新"，而是审美视点"新"和主题的"深"。他不仅象一般作家那样，看到了人民群众需要蒋子龙笔下乔厂长式的改革家，而且更深一层的看到了个人崇拜及个人迷信将会给改革大业带来的潜在危险。主人公丁一在工厂改革步入正轨后的急流勇退，并非范蠡式的功成名就、忧谗畏讥的明哲保身的消极逃避，而是向旧的居功自傲、唯我独尊的保守意识的挑战，是一种积极进取的面向未来的开拓精神的闪光，这正是该作品较同类题材作品高一层胜一筹的深刻之处。

由此可见，所谓"深"，首先是指作家对现实生活的深入的体察，以及作品艺术的精湛水平和思想的深刻程度。林经嘉在创作《急流》前，曾任韶关钢铁厂的领导职务，对"丁一"的处境感同身受，对城市改革事业错综复杂的各种矛盾了解较深，其作品自然会优于一般隔岸观火、隔靴搔痒之作。因此，深入生活，选材要严，开掘要深，自然成为强调"深"的第一层含义。当然，这种旨在感受时代脉搏的深入生活，不是专用猎奇的眼光寻找生活中落后、愚昧、丑陋的渣滓，也不是以超然物外的冷漠心理去展览都市生活的个别脓疮的溃烂，而是通过逐一解剖城市的全部细胞——机关、社团、工厂、公司、学校、商店、车站、饭店……中的种种人物，在表现城市与其外围——市郊、乡镇、村庄……的横向联系和相互作用的同时，描绘出城市作为现代文明之核能产生的原子反应堆的历史真实，从而深刻揭示出中华民族在以城市为中心的现代工业革命中创造奇迹的历史进程，表现历史的主人在这一进程中的地位、作用、心态、行为及进步，达到文学鼓舞人民、激励人民、团结人民、美育人民的目的。

要达到这个目的，就必须有为数可观的益人心智的优秀作品，而优秀作品又有赖于优秀作家的培养。鲁迅说得好：从喷泉里出来的都是水，从血管里出来的都是血。没有思想更深刻、目光更深邃、感觉更敏锐、立场更进步、观念更新潮的大作家，就产生不了符合时代精神的大作品。从具体为珠江城市化文学主潮推波助澜这一目标看，就需要作家对当前的社会现实有深入的了解，并在坚持文艺的"两为"方向和时代精神的基础上达成正确认识。

毫无疑问，由于社会主义物质文明和社会主义精神文明的建设不断取得新的成就，带来了一系列新的社会现象，社会思潮和社会观念的变化。有的看似只冒出了芽尖，却可能产生难以估量的社会影响；有的看似一种物质文化想象，其实也预含着精神文化的嬗变。例如，在一本题名为《成功的诡道》① 的粤版小册子里，作者提出了这样富有新意的观点：①商人是在为人民服务的基点上做生意的，利润是他的应得报酬；②没有利润，则表示对社会的服务不够，赚钱光荣；③赚钱是每一个追求成功的人的目标，存钱跟赚钱同样重要；④经商是有才能者的用武之地，有自己的生意，有自己的事业，哪点也不比当官的差；⑤别嘲笑商人浅薄，还有什么比金钱更深刻的么？作者洛拜是一位抛弃大学生固有岗位的稳定待遇，投身商海从事医疗器械业的青年商人，也是一位继席慕容、汪国真之后的流行诗人。如果我们不是从他的论点的严谨科学，从他谈商论道的只言片语中去挑刺，而是从当前发展社会主义市场经济的大背景和珠江文化的传统去研究这位南国青年的话，当会获得丰富的启示：其一，为人民服务的观点。这是社会主义市场文化的核心，是社会主义思想教育日积月累对中国新商人潜移默化的结果，也是与"唯利是图"的歪道商术背道而驰的；其二，追求合理利润，并以此作为事业成败标志的观点，这种观点是对"君子耻于言利"旧观念的反动，把赚钱多少作为对社会贡献大小的标尺，从社会上目前对许多实业家的巨额赠款的依金额增多而增多的热烈褒扬看，难说毫无道理；其三，商本位思想。在当前，这是一种对官本位传统思想的猛烈冲击的平民思想。它在岭南地区由来已久，根深蒂固，对于热爱本职的敬业精神、民主精神的培育不无裨益。从学而优则商，商而优则仕（可兼职人大、政协，当民意代表等）的社会现实看，也确是一条人才培养之路，其四，金钱关系深刻揭露出相当

115

---

① 广州：华南理工大学出版社，1992.8.

范围内人际关系的本质的观点。实际上，无论是从人们对"口惠实不至"者的鄙薄，以及对儒家"己所不欲，勿施于人"信条的推崇看，建立在互惠互助、利国利民基础上的金钱关系都是有其现实合理性的。显然，探讨人们在市场经济中所形成的这类新观念，以及在这些新观念驱使下从事的各种活动及其后果，正是珠江文学主潮题旨所在。

物质境遇的改善和窘迫对都市人的观念形成的作用及其结果，也是应予以注意的。例如，广州目前国营、集体旅行私营的小汽车出租公司有 200 多家、车辆上万，出车营业额每天近百万，载客数万人，服务周到，积极竞争的风气开始兴起。这对广州人由"磨时间省钱"变为"花钱省时间"的观念变化无疑是一种触媒。随着消费渠道和消费方式的增多，"舞会热"、"旅游热"、"卡拉 OK 热"、提高消费档次的"享受热"和"勤劳致富热"、"炒更热"、"学习文化技术热"相继兴起，人们的观念也随之出现了诸如由自我封闭到扩大交往，由爱好单一向多元化发展，由被动接受到主动参与，由崇洋仿外到"洋为中用"、发展民族文化，由从众求同到标新立异，由"时间就是金钱"到"人才就是资本"。由"文不经商，士不理财"到"以文补文"，"以商促文"① 的新变化。在那些借改革开放之机首先富裕起来的珠江民众中，也发生着令人或感欣喜或感焦虑的变化：一方面，一些富裕户积极赞助各种社会公益活动，扶困济贫，遵纪守法，参政议政，表现了先贤志士们"穷则独善其身，达则兼济天下"的进步思想；另一方面，也有些富裕户"饱暖思淫欲"，重婚纳妾，嫖赌吸毒，违法乱纪，唯利是图，热衷于封建迷信，把剥削阶级的一套腐朽思想承继了下来。从这两种截然不同的人物类型和众多的中间类型身上，以及在上述新观念驱动下人们的新的生活方式中，作家们可以发现多少未知的人生奥秘，提取多么丰富的社会信息和审美信息！这都正是以城市文学为主潮的珠江文学的用武之地。

从文艺创作的系统整体看，珠江文学的深入掘进，不仅是时代对于其文学主潮勃兴的要求，也是时代对于其文学评论和理论升华的热情呼唤。创作离不开评论的扶持，评论离不开创作的实际。作品主题的深刻，社会意义的深远，人物形象的独特美学意义，既是作家形象思维结晶的客观存在，也有待于评论家独具慧眼的发现和理论家统观全局的指点。所以，珠江文学主潮的勃兴，渴求着文学评论和理论的深入研究及热情支持。

为珠江文学主潮推波助澜、摇旗呐喊的文学评论和理论研究的深化，首先是在马克思主义基本原理指导下的深化。马克思主义文艺理论关于社会生

---

① 深圳市文化委员会. 深圳特区文化初探［M］. 深圳：海天出版社，1990. 91－96.

活是创作的源泉，关于世界观与创作方法的辩证关系，关于文艺是作为社会意识形态的上层建筑，关于批判地继承民族文化与世界文化的遗产，关于艺术的典型化原则，关于艺术效果必须顾及社会效益，须由社会来检验，关于艺术的"两为"方向和百花齐放方针等一系列正确论述，至今仍是不可动摇的。

当然，马克思主义文艺理论并不是一成不变、包治百病的灵丹妙药，它也要随着时代的发展而发展。对于运用其原理来指导创作的作家和评论家来说，尤其应该防止将一些习以为常的然而却是错误的观点当作正确的东西来坚持，例如，把文艺机械化地理解为政治的工具的偏激观点，就是急功近利和狭隘的，它不可能全面发展文艺的诸功能。在这方面，善于以文艺评论和创作来领导广东文艺工作的深受作家尊敬的杜埃同志的认识变化和经历，是颇能说明问题的。在 60 年文艺生涯中，广东著名老作家杜埃曾先后兼任编辑家、评论家、文艺组织家，"为文艺园地灌水培土"，取得了"令人欢欣鼓舞、启发同辈及后学的成就"。[①] 从他的文艺观的特点、内核及发展中，我们可以清楚看到这一点。

任何一个作家，或迟或早，都会在自己的艺术实践中形成某种自觉或不自觉的文艺观，对于杜埃来说，他是在 1931 年发表了第一篇小说《堤岸之夜》后的两年，即 1933 年，首次在《民国日报》上载文《实际的生活体验与文艺》，提出了自己重视实际的生活体验的文艺观的。此后，由香港新民主出版社、华南人民出版社、人民文学出版社分别于 1949 年，1955 年，1982 年出版的《人民文艺浅说》（2 万多字）《论生活与创作》（约 6 万字）以及《谈生活、创作和艺术规律》（21 万字）等三本集子，如一条红线，串起了他 50 年来文艺观的珍珠。观而析之，使我们感到了一个坚持党性原则，具有亲力亲为的丰富创作实践经验，勇于坚持真理修正偏谬的文坛老将的拳拳之心。

的确，翻开这 3 本集中了杜埃基本文艺观的集子，拂去历史的尘埃，我们首先看到的，正是其始终坚持毛泽东同志《在延安文艺座谈会上的讲话》的正确精神的不懈努力。从生活是创作的源泉的观点，文艺与政治的关系的观点，文艺的普及与提高的观点，吸收优秀文艺遗产的观点到文艺为工农兵服务的观点，在 3 本集子中都得到了提纲挈领的表述。这种表述是更为结合实际和通俗化的，它面向着南方的一些远离解放区的一般作家和爱好文艺创作的青年而发，往往从具体问题、具体作品入手，循循善诱，辞婉意朗，有

---

① 茅盾. 谈生活、创作和艺术规律 [M]. 北京：人民文学出版社，1982.

如兄长促膝谈心，绝无半点披虎皮吓人，板着面孔训人，挑刺扣帽挖苦人的文艺官僚味，深受文艺界人士及文学青年的喜爱。

由于长期在华南地区担任党的文艺领导工作、报刊编辑工作的缘故，杜埃在阐述自己文艺观点时候更能注意南方文学的特点，且能从编辑的角度去看问题，提出自己的观点。他很重视南方民间文艺形成（如粤讴、木鱼书、龙舟歌、采茶歌、南音、山歌等）在文艺普及中的作用，主张在肃清"文盲"之前要多采用口头形式，先消除"文聋"。并根据华南地区比华北、华东地区解放晚的实际提出了城乡文艺工作的侧重点，这是很有见地的。在指出文坛上一些作品没有具体人物形象，只有通篇政治术语和大道理的不良倾向时，他敏锐地察觉到事情出在作者身上，根子却与编辑的指导思想有关，并严肃批评了这种择稿时"只从是否符合当前某一最具体的中心工作的需要出发"。①的错误编辑方针，从而抓住了问题的要害，不在于作者，而在于某些错误舆论及编辑方针的误导。

注重艺术辩证法，是杜埃文艺观的突出特点，他在强调作品的社会主义精神教育作用时，反对那种生硬的政策加艺术的做法，主张："思想——它是通过现实中活生生的人物及其具体环境、事件、生活中具有特征的细节和人物本身的性格，而全部融解到艺术形象的体系里去的。"同样，在涉及文艺的形式与内容，普及与提高，贯彻"双百方针"和发扬艺术民主等问题时，杜埃也是始终从事物的辩证关系去看问题，避免片面性，走极端的。在经历了"文革"浩劫后，他更清楚地意识到"一点论"、片面性给文艺事业带来的危害。他明确指出："片面性就是思想上的绝对化，就是形而上学地看问题。'四人帮'彻头彻尾地反对毛主席的两点论。两点论是毛主席用唯物辩证法观点去分析事物的及其精辟的具有重大指导意义的著名论述。"我们看到，在杜埃的文艺观中之所以很少片面性，在阐述已见时能以理解人，与他明了艺术辩证法是很有关系的。

杜埃文艺观的内核由 3 个部分组成，这就是坚持生活是创作源泉的"创作论"，强调妥善处理好文艺与政治关系的"中心论"以及重视艺术形象塑造的"人物论"。

从投身文坛到写出第一本文艺创作辅导读物，再到将近 50 年的文艺评论结集出版，杜埃始终坚持了"社会生活是文学艺术唯一的源泉"的文艺观，他在不同的历史时期始终大声疾呼作家要深入生活、了解生活、探求生活的内在本质，创作出具有生活真实和艺术真实的为人民群众所喜爱的优秀

---

① 论生活与创作［M］．广州：作家出版社，1955.69.

作品来。针对一些作家对深入生活的错误认识，他有的放矢地旗帜鲜明地阐明了自己的看法。指出他们或者是在深入生活时流入形式，或者是迷失方向，或者是旧生活方式和习惯势力的阻挠，提出了"生活，是创作者的命根子"的观点。其原因，正如他所说："一个社会主义时代的作家，如果脱离了群众，脱离了生活，那将是一事无成。因为一个作家脱离了群众、脱离了生活，就易于脱离政治，从而脱离党的领导，并使自己的创作变成苍白、缺少生命力，使创作陷入困难的境地。"从广东文坛乃至全国文坛的现实看，确是如此。

杜埃的"创作论"还包括了他对文艺创作过程的 3 个时期的看法，这是他根据苏联作家法捷耶夫的创作经验总结出来的，其贡献在于，他没有依葫芦画瓢，机械地将写作过程分为材料积蓄、构思、动笔 3 个阶段，而是根据艺术的规律和辩证法阐析了 3 个阶段互相依存，彼此渗透的内部关系，从生活积蓄、题材选择、主题确定、人物塑造、语言锤炼、修改提高诸方面给予了简明扼要的论述，把创作过程的内部运动描划了出来。

对于文艺工作与政治运动的关系问题，杜埃以一个创作者兼领导者的眼光，比较早看到了一些单纯行政工作者比较容易片面理解问题的情况。他早在 1954 年便明确地指出："迅速的反映现实，及时地配合当前的运动，这是肯定的。然而，不能由此得出结论说：凡是不能按照片面观点所要求的那种紧紧地直接地配合当前每一具体中心工作的作品便为过时的作品，不加分别的武断说这些作品已不能符合当前的政治要求了。中心工作转移了，作品已过时了。"从今天的观点看，社会主义的文艺担负着以远大理想、美好情操去熏陶和培育一代新人的神圣职责，具有以丰富的内容和各种形式去满足人民的健康精神需求的审美功能、教育功能、娱乐功能、认识功能乃至宣泄功能。杜埃能在片面强调文艺对政治的从属、依附关系的 50 年代，就敢于提出符合文艺创作规律、符合文艺与社会关系规律的正确看法，无疑是难能可贵的。

"人物是作品的灵魂"，是杜埃的"人物论"观点的最明确表述。"从具体人物的具体环境出发。去发觉人物的丰满的内在精神状态"，是他依据马克思主义美学观提出人物塑造方法。他始终深信："要写出生活中的真实，最主要的是写新的人，新的思想，新的品质；要通过人物的典型性格，来表现我们时代的真实"，从这种时代新人代表了生活真实的观点出发，他理直气壮地反对狭隘理解文艺必须配合中心工作的"过时论"，认为人物是运动的主人，具有崇高思想性格的人，因其对读者的感奋鼓舞作用，是不会过时的。杜埃还十分重视人物塑造的个性化和丰满度，反对人物描写的公式化和概念化。他认为，"承认生活中的人有其不同的个性差异，才有可能避免人物的一般化。"这对一些只强调人物的抽象的阶级性，却看不到或不承认人物丰富的社会性的人来说，确是中肯的批评。

除了以上3个内核外，杜埃的文艺观还包括了诸如文学语言，主题与题材的关系，形象思维等许多内容，从各个方面显示了他的文艺观所特有的坚持《讲话》精神、通俗化、南方味、多角度和注重艺术辩证法的特点。通观他分作于40年代、50年代及80年代的3部文艺论集，可以看到一个忠于文学党性原则的老革命文艺家的战斗足迹。

无庸赘言，杜埃的文艺观有一个发展过程，他坚定的文艺党性原则，讲究艺术辩证法的正确文艺观，并不是与生俱来，一次完成的，而是他长期文艺革命实践和理论思考的结晶，从一个侧面反映了党的文艺政策的不断调整和日益完善。例如，杜埃及关于"精神产品的创作有自己的规律，精神世界的问题不能用行政方法去解决"的艺术民主观点，关于"艺术风格应当自由发展"，反对"四人帮"破坏"双百"方针的观点，就是在总结了社会主义文艺正反两方面的经验教训后提出的，具有深刻的现实意义。再如他关于文艺与政治关系的"中心论"的提出，也有一个发展过程。在《人民文艺浅说》一书中，他便曾有过"新民主主义的文艺必须服从具体的革命任务，革命政策"① 的偏颇观点，强调把具体的减租减息、土地制度的改革当作写作的中心。这种急功近利的文艺观，自然与当时革命形势的遽变，认识的限制有关。因此，一旦他从文艺发展的实践中觉察到原观点的偏差，便毫不犹豫地扬弃了，这正是一个忠于文学党性原则的老革命作家敢于坚持真理、修正错误的生动体现。

无论是从全面评析杜埃作品的角度，还是从巡视广东当代文学批评及理论发展的需要看，研究杜埃文艺观的形成和发展，都是很有必要的，它有利于我们总结过去，开创未来，迎接珠江文学大汇流之城市文学主潮的勃兴！

---

① 杜埃. 人民文艺浅说 [M]. 广州：中南新华书店，1950.5.2.

文学史戏剧的魂魄，戏剧是民族的旗帜。新时期人民审美观念的嬗变，向传统戏剧及其旧观念提出了挑战，适者存，劣者汰！戏剧改革的严峻形势强烈企盼着——

第十一章　珠江传统戏剧文化的涅槃

　　珠江流域居住着各省南迁的汉族、全国人口最多的少数民族壮族，以及苗族、侗族、黎族、仡佬族、回族、满族等众多的少数民族。方言的多样，文化的差异，外域各剧种的传入和本土化，造就了20多种戏剧品种，形成了珠江戏剧的庞大家族。这里面，有将西北的秦腔梆子、江西的弋阳腔、江浙的二黄腔融为"广腔"的粤剧，有从粤剧派生出去的邕剧，有操壮语的壮剧，操苗语的苗戏，操侗语的侗戏，操桂林方言的桂剧，操海南话的琼剧，操潮州话的潮剧；还有源于徽班，活动于粤东、北的汉剧，使用中州话的正字戏、西秦戏（粤东一带），海陆丰一带的白字戏，使用客家方言的梅县山歌剧，源自湖南花鼓戏的广东乐昌花鼓戏，源于江西的粤北采茶戏；以及由神朝祭祀的演唱发展而成流传于广东紫金县山区的花朝戏，由雷州民歌发展而成的湛江雷剧，用粤西白话演唱的戏曲粤西白戏；由广东怀集县地方民间艺术集萃而成的贵儿戏，吸收了湖南花鼓江西采茶的广西民间歌舞艺术彩调剧，使用壮语从巫师跳神基础上发展而成的广西师公戏；隶属于木偶皮影戏家族的海南临剧，粤西白戏（木偶）、广东顺德县的大鹏戏、潮州影戏、广东木偶戏、海南枕头傀儡戏，以及话剧，现代歌舞剧等等。

　　从上述的各剧种的形成、特点和影响看，除了话剧是舶来剧种，与现代歌舞剧一起，受外国影响较大外，其他大剧种及一般剧种大都来自岭北、经珠江流域的地方艺人上百年至数百年的辛勤改创发展而来，如粤、潮、琼、汉诸大剧种。另有一部分小剧种则直接从当地的民间艺术发展而来，为本地民众所喜闻乐见，如雷剧、苗戏、侗戏、师公戏、贵儿戏、花朝戏等。可以说，没有中原文化、江浙文化、荆楚文化的滋养，没有地方艺人根据当地方言的口语音韵、欣赏习惯、对外来戏曲和本地民间艺术的消融升华，就不会有今天珠江地区庞大的戏剧家族和众多保留传统剧目的存在。

　　戏曲的审美价值与它使用的方言和积累的保留剧目直接相关。今天，国家大一统的意识正倡导人们使用纯正的普通话以减少语言障碍，促进民族文化交流和团结。现代大众传播媒介正以卫星电视传播等先进科技手段演播大量影视节目。在这种情况下，古老的传统戏曲如何接受时代的挑战，进行体制的改革、剧目的整理、艺术的创新而脱胎换骨，重换青春？一句话，如何像积薪自焚的凤凰，在烈火的飞焰中寻找自我，重获新生呢？

在这种到处可闻"戏曲消亡论"的情势下，广州市京剧团的消亡已亮起了红灯，解放后迁往自治区首府南宁的区桂剧团，也由于脱离剧种方言区而走向式微。珠江地区最大的代表性剧种——粤剧，曾有薛觉先、马师曾、廖侠怀、桂名扬、白驹荣五大粤剧流派，有深情婉转的"薛腔"（薛觉先）、新颖奇特的"马喉"（马师曾）、甜美圆润的"女腔"（红线女），很早就大胆吸收西洋乐器做配乐，富于变革精神，生命力顽强，具有世界性广泛影响。如果连粤剧这样具有革命传统（粤剧艺人李文茂曾率众起义，清朝统治者遂禁演粤剧）、开放色彩（30年代粤剧曾从外国电影中大量搜集素材作商业化演出）和善变能力的大剧种，都因改革的深化和市场经济的恢复而感到了生存的危机，那又有什么其他的剧种能安之若素，不思变革呢？进一步说，眼见连粤剧这样唱腔程式定型，设校招生授徒，老本（传统剧目）甚多，形成年代久远的老剧种都能创新求变，化解危机，又何尝不是对兄弟剧种的莫大鼓舞！

《广州日报》曾与粤剧研究中心编辑出版的《粤剧研究》一道，组织大量文章对粤剧改革进行了多方研讨，本章各节也大都是当时所思所写。现在，羊城国际粤剧节已成功举办，粤剧基金会已经建立，1－5届艺术节均涌现一批好的粤剧剧目，粤剧改革的条件更为有利和成熟了。但粤剧改革的步子还嫌太小太慢，有影响有份量能重新吸收大批年青观众的力作惜未出现，令人概叹。

希望，寄托在有至于粤剧改革的勇敢实践者和求新爱美的年青一代观众身上。

下面，先从传统戏整理的标准谈起，然后论及粤剧改革的方方面面。

一、建议：传统戏整理要注重审美标准

在中国首届艺术节上，潮剧《张春郎削发》享誉京都，以其精湛的演技、清新的审美享受深得各界人士喜爱，并荣获广东省文化厅和省剧协颁发的奖励。这一事实不能不引起戏曲编剧们的深层思索：在党的十三大所阐明的社会主义初级阶段里，传统戏应有的地位、作用及实现的途径是什么？要弄清

这一问题，就必须认定这一事实：传统戏必须满足人民日益增长的审美需要。

在社会主义初级阶段里，主要矛盾"是人民日益增长的物质文化需要同落后的社会生产之间的矛盾"。人民的物质需要，有赖于发展社会生产力去满足，而人民的文化需要，则有赖于发展文化教育和审美创造力去满足。随着基础教育和专业教育的普及，人民的文化素质和审美能力日益提高，日益渴望在审美的世界里发现和塑造自己；而音乐、美术、摄影、书法、电影、文学以至新兴的电视艺术及健美准艺术（花样滑冰、花样游泳、健美操等）的蓬勃发展和争芳斗艳，又向戏剧（尤其是演传统戏为主的戏曲）提出了严峻的挑战！我们不能沾沾自喜于目前广东全省 100 多个剧团上演的剧目 90% 均是传统戏，而要意识到在小说、电影、电视、话剧、戏曲诸种艺术品种中，传统戏曲爱好者比率最低和年龄老化的危机。要更新观念，奋起直追，强化竞争意识，充分利用自身优势（比如，优美的表演艺术，丰富的剧目文学宝库；众多的人才资源，编、导、演队伍，艺校等）稳定老观众，争取新观众，在艺苑中挤占一席生存领地。总之，传统戏只有满足人民日益增长的审美需要才能生存发展，否则将被挤出历史舞台。

人类步出原始世界，进入现实世界之后，思想认识达到了现实意识的高度，超越了原始意识；但只有在未来共产主义的审美世界里，人类才能飞跃到审美意识的最高阶段，避免由于专业分工带来的思想认识片面性。马克思说："人也按美的规律来建造。"① 只有按美的理想去实现一切，人类才能真正进入自由王国，从服饰到建筑，从行为到情感，从体魄到心灵都实现美。如果将音乐、美术馆、图书馆、影剧院等文化设施比做文学事业的硬件系统，那么传统戏整理等各类艺术的生产则是这一事业的美化人类心灵的软件系统。我们无法要求传统戏的认识作用赶上各门学科的教科书，教育作用赶上英模报告团或科教片，但却不能低估它独特的审美作用，不能忽略它在人民群众中弘扬光大民族传统美德和爱国主义精神方面的审美功能，以及它通过戏曲艺术手段所提供的在语言美、诗意美、意境美、人情美、道德美、行为美、心灵美诸方面给予观众的回味无穷的审美享受。

美学家大都反对美的功利说。美确是无价之宝，是和私利物欲无缘的珍奇。但囿于社会主义初级阶段的现实条件，艺术生产却暂时无法逃脱商品价值规律的制约。传统戏作为美的物化，不能不表现为一定的商品价值（以票房率为标志）；愈具有较高审美价值，愈能更好地提供赏心悦目的审美享受令观众趋之若鹜的传统戏，愈能够实现较高的商品价值，这已成为合理的

① 马克思恩格斯全集［M］．北京：人民出版社，1956（42 卷）：97．

事实；而一些没有审美内容和审美价值，使人倒胃无法获得审美享受的差劲的戏，则会无人问津，遭到淘汰。为了避免这种情况，传统戏的整理必须树立如下的新观念；审美标准是传统戏整理的主要依据。

坚持传统戏的整理的审美标准，是保证传统戏的审美价值和审美目的实现的关键。在具体剧目整理时，有几个方面的关系是值得注意的。

（一）政治标准与审美标准的关系。党的十三大报告指出："一切有利于生产力发展的东西，都是符合人民根本利益的，因而是社会主义所要求的，或者是社会主义所允许的。"同理，一切有利于社会主义艺术繁荣和美化人民心灵的优秀传统剧目，都是有利于社会主义精神文明建设的。正如生产力标准在当前历史条件下具有直接的决定意义一样，审美标准在传统剧整理中也具有同等意义。其主要原因是，建国 38 年来，党的"双为"、"双百"文艺方针早已深入人心，目前文艺家争论的焦点，不是文艺应该为人民，为社会主义服务还是为资本主义、封建主义服务的问题，而是怎样才能为社会主义服务得更好和应该如何去分辨和剔除剥削阶级思想糟粕的问题。在这种情况下，继续空谈政治标准第一，则很可能重复"文革"期间乱插阶级标签的错误，像写相国公子与双娇公主爱情纠葛的潮剧《张春郎削发》，又将会被扣上"为剥削阶级涂脂抹粉"的吓人帽子，打入冷宫。长此以往，又怎能发掘和整理出更多具有人民性和审美情趣的优秀传统剧目来呢？

（二）艺术标准和审美标准之关系。传统剧的审美是对剧目内容和形式完美统一的全面鉴赏。实际上，审美活动并非完全是一种非理性的无意识活动，对于像传统戏这样熔编、导、演、舞美、音响艺术于一炉的复杂审美对象，要分清善恶美丑，更不是非理性纯直觉的思维所能把握。确立传统剧目的审美标准和要求，可以有效防止剧目整理时艺术至上的唯美意义，以是否有助于剧目审美内容之表达来取舍各种艺术流派、风格、手法、追求，从而使传统剧取得最佳审美效果，使观众获得怡情益志妙不可言的审美享受。

（三）审美标准与传统戏质量之关系。确立传统戏整理以审美标准为主要依据的观点，还有助于整理传统戏的正确理解主题、批评、编剧与综合治理等问题，把提高剧目质量放在首位。传统戏的审美标准对戏的主题的复义性和单义性没有机械规定，不同观众向各自角度对同一审美对象（剧目）之主题产生或复杂或单纯的理解，正是该剧艺术成熟内涵精深的表现。从审美标准的高度看，凡是有利于提高剧目审美价值的中肯意见，包括专家独具慧眼而暂时未被一般观众所接受的建设性意见，都是应予采纳的；而一切脱离实际的有损传统戏审美价值的粗暴批评，包括个别与人民审美需要格格不入的专家意见，都是不可取的。粤剧知名编剧家陈冠卿，在《梦断香销四十年》一剧中描写陆游与唐婉缠绵悱恻的爱情故事时，被一些人指责为歪曲伟大爱国诗人的形象的事，就是一些不了解文艺作品不是历史教科书而应以审美功能为主的实例。在当前剧团改革急需综合治理的时候，抓剧目整理和抓演员培训、导演制等综合治理都是不可或缺的。从编剧的角度说，首先要意识到任何好戏都要靠好剧本才能立足和流传的道理。《西厢记》、《牡丹亭》、《桃花扇》就是如此。《雷雨》上演时困难重重，经反复搬演，早已脍炙人口，还出版了舞台演出艺术专著，成为话剧传统剧目。其实，对传统剧目的处理，不论是基本保留原貌，还是再整理或重新编撰，都是一种手段，只有树立了较高的审美标准，以"取乎其上得其中，取乎其中得其下"的勇于向艺术高峰攀登的可贵精神严格律己，才能不满足甘当"活化石"或小修小补"吃现成饭"的因循守旧、无所作为的思想，创作出有较大突破的上乘之作，提高传统戏的社会效益和经济效益，满足人民日益增长日益丰富的审美需求，为社会主义精神文明作出应有贡献。

二、刍议：粤剧振兴之路

粤剧向何处去？这是广大戏剧界人士共同关心的问题。作为回答，粤剧研究中心提出了"坚持改革，狠抓编导，扬长避短，培养观众"的建设性16字方针，尽管人们对于这一方针，还有见仁见智之处，但粤剧必"变"，已是不容置疑的了。

本节根据在"广东省整理传统剧目研讨会"上听到的各方面意见，结合分析广东省第二届艺术节上演的粤剧和今后粤剧创作的势头，对粤剧的现状和发展问题作一估计，并提出其从何"变"的看法。

据第二届广东省艺术节《看戏指南》统计，参加评比的15出汇演剧目中（不包括观摩剧目），粤剧数量最多，共5台，占了三分之一。从剧目内容和艺术水平来看，除潮剧《张春郎削发》较佳，话剧《急流》《裂变》，采茶戏《竹山路弯弯》在反映城乡改革的火热生活和人们心态变化方面较具新意外，在艺术成就和思想深度方面最引人注目的剧种，确非粤剧莫属。

此次上演的5台粤剧，大体可分为古装戏与时装戏两大类，第一类以深厚的艺术功力取胜，第二类则以其新意见长。

《猴王借扇》，是广东粤剧院青年剧团编演的神话题材古装戏。它以家喻户晓的《西游记》故事为素材，借助姊妹艺术——魔术的神力，幻化出瑰丽飘渺的神话世界。那随刀滚落又一再复生的猴头，那由耳中抽出，由细而粗的金箍棒，那在棒击下金星四溅的仙洞铜门，那降魔苦斗时的酣畅鏖战，……令人咋舌称叹。铁扇公主领舞的唐伎之舞，更有飘飘欲仙之妙。确实，荣获该届艺术节演出一等奖的《猴王借扇》，为粤剧与魔术、武术、舞蹈联姻而自我优化——增强自身的审美功能和娱乐功能，作了可贵的尝试。

老剧作家陈冠卿创造性地移植改编的《梦断香销四十年》，是一出缠绵悱恻，催人泪下的爱情戏。它在众多同类题材的影视作品中脱颖而出，以环环相扣的戏剧情节，搬演了一场流芳千古的爱情悲剧，成为此次艺术节中最有希望作为保留剧目流传下去的好戏。在"鸾凤分飞"一场中，展开了陆母逐媳，陆游痛别娇妻的悲剧冲突；在"怨笛双吹"一场中，陈冠卿巧妙发挥戏曲写意性的特长，将陆游重娶、唐婉再醮的两个喜庆场面，同时汇演台上，造成了"喜"难抑悲悲更切的强烈戏剧效果，使观众从陆游、唐婉这对恩爱夫妻被强行拆散和违心再婚时的那种恨意愁绪里，触探到他们惆怅、负疚、郁闷、伤感的无以言壮的情怀，进而架起跨越时代的情感沟通之桥，达到鞭挞封建礼教残害人性，毁灭美满婚姻的罪恶的审美目的，全剧文辞华美典雅，颇耐咀嚼。优秀演员罗家宝的出色表演，将陆游青年的潇洒、壮年的刚毅、暮年的沉雄演得恰到火候，更为全剧增色不少。

广州市粤剧团的《吴起与公主》，不仅对"杀妻求将"的战国名将吴起作了重要评价，而且在借鉴舞蹈造型艺术方面也取得了显著成效；一场由吴起指挥的浴血大战，通过他矫健身躯的优美造型而渲染了炽热的战斗气氛和人物性格；思亲的一场，更以黄河的浩渺和公主剪影般的身姿，表现出人物绵长如水的思绪和情愫……

在时装类的粤剧剧目中，珠海市粤剧团的《一代情僧》以曼殊大师的坎坷经历为题材，通过调筝女时歌时演的换场方式，将诗僧的奇行逸事串联成戏。全戏以"情"、"僧"二字出戏，在"情"的铸炼上既有苏曼殊正气凛然，挥书《讨袁檄文》的爱国豪情，亦有他跟爱国志士黄兴之间生死与共的革命友情，还有养母对他爱如亲子，关怀备至的舐犊之情，更有他与日本调筝女、女门生何震、女伶花月风之间或忠贞不渝、或亲亲仇仇、或肝胆相照的复杂感情纠葛，都具有强烈的艺术感染力。

广东粤剧院二团的《金沙梦》是最迫近现实生活的一出戏。它以区委书记彭海领导群众种蕉致富与副区长梁忠的毁蕉争权为矛盾冲突的中心，展现了三中全会以后农村的可喜变化来之不易。剧中泼辣能干的打石妹，性格棱角分明，是一个颇有时代亮色的人物。

这些剧目中美不胜收的舞美设计，以及那戏曲写意传统的着力发扬和话剧写实手法的成功借鉴，都表现了粤剧作为最具南国特色的大剧种的突出特点：

（一）**开放性**。在保留粤味乡音的同时，善于借鉴、移植、整理、改编姊妹艺术（文学、电影等）和兄弟剧种中的佳作，具有兼收并蓄，推陈出新的胆识。

（二）**独创性**。能以唯物史观和新的审美标准重新观照历史题材，开发新意、从内容到演技技巧都能大胆接受新的戏剧观念和表现手法，勇于创新。

（三）**现实性**。能迫近生活，直接、快捷、尖锐地表现现代生活及各种新旧思想和势力的矛盾，具有编演地方色彩浓郁的现代戏的深厚潜力和令粤语区人民（含广东籍海外同胞）喜闻乐见的特点。

开放性、独创性、现实性这三大基本特征，体现了粤剧"善变"的审美风格，这一风格不仅显示于粤剧的现状和创作势头上，也可在粤剧的发展史上得到印证。从粤剧的发展史看，粤剧从诞生之日起便具有善变的风格。善变，是她得以扎根岭南大地，枝繁叶茂的根本原因。截至建国前夕，粤剧带根本性的大变革至少有这几项：①唱词与道白由全部官话变为官话与方言并用，进而全部改用方言。②唱腔由假嗓改为平喉，由高线改为低线，腔调由单纯到繁多，旋律由粗到细，由疏到密；在腔调演变中既保留戈阳腔、昆腔、梆子腔、徽腔、汉调的痕迹，又吸收广东民间曲艺说唱以至中外流行歌曲的调式，丰富了表现能力，形成了剧种声腔新特点。③在创作与上演剧目方面，继承（各省传统戏曲剧目）、借鉴（外国电影、文学、名著等），创新（自编自演新戏）三者并重，使粤剧演出呈现了空前繁荣的局面。④在表演艺术上，一方面名伶辈出，各怀绝技，唱念做打俱佳，出现了薛觉先、马师曾、红线女为代表的粤剧明星和艺术流派，吸引了大批观众；另一方面产生集小生与武生两种角色于一身的"文武生"，十大行当减少，形成所谓"六柱制"。⑤大胆革新舞台艺术，伴奏上采用中西乐器合奏（有时甚至采用 100 人大乐队），音响、道具、服装、布景日趋写实化、科学化，因剧而异，争丽斗妍，展示出粤剧的"中西合璧今古奇观"的特殊审美风采，超越了当时各兄弟剧种。

建国后，粤剧除在实行导演制方面的革新外，其变革主要是在第三项中继续进行，重在传统剧目的整理、移植和现代戏的创作，并取得了一定的成就。在第四项及第五项变革中略有成就。但很不够。经过"文化大革命"的几代毁灭性的打击后，粤剧于新时期复苏，继续演出了一些传统剧目和少量现代戏。近年来，由于人民审美能力的日渐提高，审美眼界的日趋开阔和审美需要的日益丰富多彩，更由于电影、电视、轻音乐等艺术及健美性艺术的竞争，使粤剧出现上演率和上座率急剧下降的危机。戏曲（包括粤剧）

的观众人数不断下降，年龄日益老化。据广州市文艺创作研究所戏研室郑韵群副主任统计，1985年全市上演的粤剧统计剧目为783出，1986年为852出，1987年降至200余出（以后更是持续每年大幅度减少），这不能不引起粤剧同仁和广大观众的严重关注。粤剧面临如此危机，"变"已如箭在弦上，势在必发了。然而，正如粤剧研究者麦啸霞先生所言："粤剧之优点在善变，而其危机亦在多变。"善变则粤剧兴盛，滥变则粤剧消亡。那么，粤剧应从何"变"起呢？

方言之变，勿须多虑，因为使用方言，乃地方戏曲的审美属性，是应予保留而非淡化。

演技、行当之变，应予考虑。戏曲的本质是以歌舞演故事，行当的作用是以艺术夸张的表演突出人物性格、气质、职业特点和年龄特征。绝技与硬功，是一代名伶叫座的奥秘。但仅此还不够，还需补救"六柱制"的偏颇，充实行当的缺项，并学习各兄弟戏曲乃至话剧、歌剧、舞剧、电影及杂质、魔术的特殊演技，取其精华，为我所用，以不失本色的精湛演技，让观众一饱眼福。

舞台艺术的综合治理也是必不可少的。像香港粤剧艺人的化妆术就很高明，充分利用了现代化妆术的科学成果，扮相明丽清俊，没有脸谱化呆板乏味的弊端。音响效果、舞美设计方面，亦应随时代而变化，与剧情和演出协调一致。

声腔之变，是粤剧生死存亡的关键。从目前粤剧声腔中曲牌体、板腔体、自由体三者并存的相互关系看，是前两者为主后者为辅。挣脱曲牌体、板腔体的束缚，发挥自由体灵活多变，优美动听的声腔特长，是改变粤剧创作备受"九音"限制和陈词滥调之苦的唯一出路。有人怀疑这样做会失去粤剧本色，导致"粤味歌剧"的产生。实际上，曲牌体、板腔体、自由体三者在粤剧声腔中的比例本无规定。纯用曲牌体、板腔体的优秀传统戏是粤剧，既用曲牌体、板腔体，也用自由体入戏的现代戏）如《一代情僧》便套用了《万水千山总是情》的粤语流行曲）也是粤剧。那多用自由体粤剧歌曲，少用甚至不用曲牌体、板腔体的戏曲，又何尝不是粤剧！

如前所言，粤剧声腔的现状本身就是变化的结果。想当年，"梆黄"以"词语率真饶有质朴本色之趣"和"兼采秦戈昆汉各种强调无不适宜"等优点，取代了具有"华而不实渐离本色"和"过于温和优雅易流沉闷缺少紧醒热闹场面"等缺点的昆曲，成为粤剧的主调，那么在今天，像《霍元甲》、《成吉思汗》、《万水千山总是情》、《流氓与大亨》的主题歌那样或沉雄慷慨、气壮山河、炽烈如火或亲切温馨，流畅自然，明白如话的粤语歌曲，早已千人唱，万人和，为什么不能融入粤剧，逐步取代那些生涩晦暗、诘屈聱牙的陈腔旧曲呢？而一些变化多、抒情美、表现力强的曲牌腔板，又何不据剧情和时代需要作些改动呢？

剧目变化亦是如此，具有上演现代戏优良传统的粤剧，再也不能年复一年地上演那些换汤不换药、脱离现代观众审美情趣的老戏，而应该从演传统戏为主逐步过渡演现代戏为主，这正是粤剧的生机所在。任何艺术都不能漠视现代人的审美需求而存活，创演现代戏是合乎这一需求的。广东省剧协李门主席指出："粤剧搞现代戏最有条件，话剧加唱也无妨。"这确是真知灼见。倘能坚持以审美标准和社会主义初级阶段理论来指导粤剧之"变"，以优美动听、民间广为传唱的新型粤曲来改革声腔，以话剧中热情饱满的时代精神来创作现代戏，以绝妙的演技和现代舞台艺术来演出，则粤剧幸甚！广东幸甚！观众幸甚！

三、再议：粤剧改革与意识改革

粤剧改革，是在广东成为全国综合改革实验区的现实环境中进行的，没有一场内外呼应、弃旧扬新的意识改革，它就难以改善自我竞争机制而争艳于剧苑。

就广义而言，意识改革，是以现代意识优化现代人的知识结构和心理素质，促进经济改革和政治改革顺利进行的保证。质言之，"意识的改革只在于使世界认清本身的意识，使它从迷梦中惊醒过来，向它说明它的行动的意义。"从这个意义上可以说，粤剧的改革，作为意识改革在艺术领域的实施内容之一，归根结底，是用艺术的语言使现实世界的改革意识明朗化，从而说明改革行动的深远意义的尝试。

为此目的，粤剧的改革就需要从编、导、演的审美意识的确立入手，通过不断提高剧本的审美价值和演出质量，取得较为理想的审美效果。

（一）**粤剧编导审美意识的确立**。粤剧的改革，首先是编导人员思想观念的改革，无论是从目前粤剧的困境看，还是从近期举办的首届中国戏剧节和六届中南戏剧创作会所提供的经验看，都是这样。很显然，如果没有一批能立于时代精神的高峰去进行创作的编导，粤剧要摆脱厄运是难乎其难的。只有当粤剧编导在观念的改革更新上跟紧了时代步伐，确立起竞争意识与创新意识、历史意识与现代意识，以及审美意识和观众意识之后，才能掌握时代精神的精髓，鸟瞰改革时代的过去、今天与未来，攻占粤剧创作的制高点。

竞争意识和创新意识的确立，是编导们焕发精神、清醒头脑，果敢积极地投入粤剧创作的前提。须知过去那种粤剧独尊、一统岭南的美好时光已成为过眼烟云，正在崛起的影视艺术正以其新奇丰富的节目内容和强劲迅捷的传播手段征服着大批观众，其他姊妹艺术和兄弟剧种的登台献艺也日益便捷频繁，包括粤剧在内的所有艺术作品均不可避免地打上了"精神商品"的烙印，成为参与社会主义文化产业市场商品竞争的"消费品"，悲叹今不如昔、或干脆否认这一现实，都是于事无补的。而那种抱残守旧，靠翻家底，演老戏度日，惨淡经营的创作态度，也不可能救粤剧出低谷。只有审时度势，大智大勇，自觉地以创作之作投入"艺术商品"的激烈竞争的有为编导，有望另辟蹊径，重整旗鼓。

历史意识与现代意识的确立，是粤剧编导拿出具有强大竞争力的创新之作的基础。在首届中国艺术节献演的湘剧《山鬼》、评剧《契丹魂》、昆曲《南唐遗事》诸剧，分别从现代意识高度，考察了原始文化与封建文化、民族文化与中华文化、文学追求与政治追求之间错综复杂的矛盾冲突中的人生价值问题，达到了以现代意识的灯塔透射古代题材的海洋，籍艺术轻舟之航沟通起古今人类心灵的目的。无庸质疑，缺少了贯串时代精神的现代意识和历史意识，粤剧编导就难以洞幽烛微、抉稗剔莠，化腐朽为神奇，从浩瀚无垠的古籍佚典、野史别传、逸事传闻中找到点燃现代人生命智慧之光的火星，敲打生焰，燃起经久不灭熠熠生辉的艺术之火。

审美意识和观众意识的确立，是粤剧编导立足剧坛的根本。悉心研究观众的审美意向，尊重观众的审美意愿，尽可能满足观众的审美需求，是粤剧编导使作品尽可能获得观众认可从而保持起码的上座率的诀窍。漠视时代审美定势的变化，离开现代观众的支持，任何炫奇斗巧，竞争图存的强烈欲望，任何高视阔步自命不凡的宏篇巨作，都会枯萎凋谢，一蹶不振的。

（二）粤剧剧作审美价值的提高。粤剧编剧观众的更新和意识改革是粤剧质量提高的必备条件，它的完成需要一个过程，而粤剧剧作审美价值的提高却刻不容缓。在解决这个矛盾时，是重移植题材还是重创作题材，是重古代题材还是重现代题材，是重农村题材还是重城市题材，是重通俗性题材还是重哲理性题材，这是目前粤剧改革所面临的困惑之一。

值此粤剧佳作难产之际，重视兄弟剧种佳作的横向移植是必然的（目前做得还不够）。这样做的好处至少有三点：1. 移植剧目大部分经过舞台实践，积累了丰富的演出经验，有利于粤剧在改编中借鉴运用；2. 移植剧目大都有广泛的群众基础，耳闻目睹，容易切中观众的审美热点，引起观赏兴趣；3. 移植剧目的艺术样式与粤剧源近根连，易于嫁接成活，改编上演，于短时间内可取得显著效果。像深圳粤剧团来穗演出的移植自川剧的《潘金莲》，就是这类横向移植的实例。轻率讥评粤剧对兄弟剧种的移植是有害的，因为它抹煞了这种努力可能为粤剧改革注入的新的生机。当然，再成功的移植也不可能代替本剧种的创新，任何剧种的拿手好戏和保留剧目都只能是那些最大限度集中了本剧种艺术特色的创新之作（包括同名剧目），粤剧亦不例外。有出息的粤剧编剧，是永远不会满足于哪怕是最成功的移植的。

从古代题材与现代题材的粤剧上演情况看，前者无论在质与量方面都远胜于后者，仅在第二届广东省艺术节上演的五出粤剧中，古装戏便占了三部半。这与粤剧百余载传统剧目的积累，与中老年戏剧家对粤剧传统编剧题材及手法的厚爱和熟谙，与老一辈观众的审美兴趣是密不可分的。问题是，目前仅仅靠这些古代题材剧目的上演已经无法再吸收年轻一代的观众，尤其是城市的年轻观众了，这不能不引起粤剧界有识之士的严重关注。如果说，看戏时"为古人下泪"在元、明、清是司空见惯的事，在今天是具有现代意识的戏剧家精心炮制的结果的话，那么，"为今人动情"，则更符合戏剧创作规律和观众的审美心理，这正是现代题材粤剧更易出新打响并具有潜在的广阔市场的原因。

接踵而来的问题是，以现代意识改铸了的古代题材粤剧，以及未来的以城市生活为主调的现代题材粤剧，究竟应该向通俗化的康庄大道迈进呢，还是向哲理化的巅峰攀登？笔者认为，粤剧改革的审美价值的取得，固然离不开哲理化的思考和拔高，那种平淡乏味、低级俗气、一览无余的"低档粤剧"，是难以长久吸引文化水平和审美情趣不断提高的广大农村观众的，更不用说具有更多审美对象的选择机会的城市观众了。然而，当前迫在眉睫的问题却是，粤剧的唱词过于文言化，过于典雅化，过于舞台腔，使得一般在文革中荒废了学业的观众如听天书，莫知所云，丧失了欣赏的勇气和乐趣，这是令所有想使粤剧哲理化而忽视了通俗化的编导痛心的悲剧。

其实，通俗化并非是与哲理化水火不容的东西，通俗的大众化粤剧未必缺少哲理性极强的人生奥秘，而缺少艺术血肉的抽象哲理，则只宜在高等学府里宣讲，而不宜涌进剧场舞台去赶走观众。

四、补议：粤剧改革的矛盾与出路

近年来对粤剧改革的议论时见报刊，各位作者的立论的起点、视野的广度、叙评的层次、观点的取舍虽有不同，但对目前粤剧的谈风都有痛切的感受，对粤剧的改革与振兴都有殷切的希望，对强化粤剧的现代审美意识，创作出具有较高审美价值且为观众热烈欢迎的佳作，都有着共同的意愿；这正是在全国改革开放的大气候影响下，粤剧理论从循规守矩、四平八稳走向求变革新、自我突破的前兆。它给粤剧艺术实践所带来的深远影响，必将在粤剧改革的有为之士的百倍努力过程中逐渐显示出来。下面，我仅就有关的专栏讨论中涉及到的粤剧改革的根本矛盾、根本出路这两大问题谈些抛砖引玉的看法，就教于热心关注粤剧改革的有识之士。

（一）粤剧改革的根本矛盾。粤剧改革的根本矛盾有两个：即古老的戏剧传统艺术表现形式与审美地反映现代生活的矛盾和过时的传统题材与生动的表现具有现代审美意识的戏剧主题的矛盾。

粤剧改革的前一矛盾是难以调合的矛盾，而后一种矛盾则是相对的可以调合的矛盾。我们不可能奢望，粤剧数百年间才形成的那一套现成的表演程式，能真实地、细腻地、审美地表现现代人生活方式和理想追求。众所周知，粤剧现存的各种表演程式，都是传统粤剧在数百年艺术实践中积累而成的传家宝，有其独特的审美功能和留存的审美价值，盲目地全盘否定它们，只能走向艺术传统的虚无主义，何况，我们还可以从中提炼出许多为表现现代人生活所需要的审美因素呢。当然，既然是"提炼"，就不等于是囫囵吞枣式的照搬，一成不变地用古代的服饰、习俗、等级制影响下所产生的一整套舞台程式来表现现代人的工作和生活，硬要如此，只会贻笑大方。

粤剧改革的第二矛盾，与第一矛盾一样，亦表现为"旧"与"新"的矛盾，但它不是旧形式与新内容的矛盾，而是同一戏剧审美内容之中的题材与主题的矛盾，因此不具有新内容必然要求新形式那样的尖锐冲突。也正因为如此，这一矛盾也往往易于被人们所忽视，让那些所谓原汤原汁、原色原味的传统粤剧，继续在社会主义的舞台上年复一年的为封建主义幽灵扬幡招魂，这是很可悲的。

（二）粤剧改革的根本出路。粤剧改革两大矛盾的存在，是不以人们的意志为转移的客观存在。粤剧改革的根本出路，在于妥善解决这两大矛盾。而只有创作出以现代审美意识熔铸古代题材的传统粤剧，和以新的审美形式表现现实题材的现代粤剧，才可能解决粤剧改革的两大根本矛盾。

以现代审美意识去熔铸古代题材，从而整理、改编、移植、创作出一大批为人民（包括海外粤籍华人）、尤其是珠江大三角洲以至珠江流域粤语地区广大农民所喜爱的传统粤剧，是历史的必然。保留和发展"传统粤剧"，决不是把旧箱底里的发霉货色晾出来就行了的简单事情，而是一个以现代审美标准去弃旧扬新、脱胎换骨的伟大艺术创造的艰苦过程。只有经过这一过程，民族的地方的传统艺术精华才能得以发扬光大，更好地为时代和人民服务。

"现代粤剧"的含义与传统粤剧有根本的不同。它不是以往的传统题材粤剧在现代舞台上的复活，而是具有现代审美意识的剧作家从现实生活中直接取材，并运用吸取了传统粤剧的合理审美因素和现代艺术的精华而创立的崭新表演形式而搬演于舞台的新潮粤剧。在创立现代粤剧的实践中，任何大胆的艺术想象，任何出格的艺术创造，任何审美的唱腔设计、表演手法、舞美造型都是允许的和受到鼓励的——只要它确实受到亚太粤语地区人民的欢迎和喜爱。承认并允许"现代粤剧"的存在和试验，是近年来粤剧改革讨论的重大理论突破和最可喜收获。

戏剧理论界的睿智、宽容和扶持，是现代粤剧的艺术萌芽得以扎根、发芽、开花、结果的前提之一。具备了这一前提，才可冀望收获。倘若放弃发展以现代审美形式来表现现代人生活的现代粤剧的尝试，永远让以帝王将相、才子佳人为主角的古代题材一统粤剧舞台天地，那么，粤剧就只能永远是"臣民戏剧"而不可能是"公民戏剧"，就永远不能引发早已从封建皇权统治下解放出来近八十年了的、具有民主意识的新中国主人公们的审美兴趣而长葆艺术青春。

在呼唤现代粤剧的宁馨儿及早诞生的时候，有两种错误的理论倾向应予警惕的，一种是：津津乐道于传统粤剧的优美表演程式，寄希望于农村观众对旧戏的偏好，满足于以技艺性的表演取悦观众；另一种是：以高扬戏曲精神，表现人的生命意识为旗帜，却轻视粤剧以往的所有技艺性改革。前一种倾向的错误在于忽略了粤剧是一门综合艺术，忽略了它的内容改革的必然性和紧迫性，只注意解脱眼前经济困境，而忽略了现代粤剧建设的根本大计。后一种倾向的错误在于抹煞了过去粤剧艺术家在选择传统创作题材或现实题材时，在"旧壳"内部所作的各种艺术革新尝试的积极意义，否认了艺术实践也有一个从量变到质变的过程，只会使真心实意的粤剧改革家茫然失措，一腔心血付诸东流，变理想中的"现代粤剧"为空中楼阁。

早在近一个半世纪之前，恩格斯就针对当时的话剧不景气现象开出了医治的良方。他指出："尽管人们多么抱怨歌剧的优势使得话剧无人问津，尽管上演席勒和歌德的剧本时，剧院里空空荡荡，而大家都争着去听唐尼采蒂和梅尔卡丹特的乐曲；但是，一旦话剧能通过自己的当之无愧的代表人物取得同样的胜利，到那时我们的舞台昏睡病是可以治好的。"① 今索诸粤海岭南，能治好眼下粤剧舞台昏睡病的，不正是那些能以自己的创作胜利，把广大观众吸引回剧院的伟大艺术家吗？

① 马克思恩格斯全集［M］. 北京：人民出版社，1956（41卷）：134.

以话剧为艺术先锋的珠江戏剧，踏着《特区人》式的雄健步伐，迈进中南海，吹开改革开放之分，奏响三部曲，竭力将珠江文化大汇流的主潮推上时代舞台，展现了——

第十二章　珠江现代戏剧文化的风姿

珠江现代戏剧的主力军首推话剧。在中国，话剧是舶来品，起初被称为新剧、文明戏，最早是香港、广州、上海、天津等沿海口岸城市由外引进的。至迟在鸦片战争以后，门户大开的珠江口地区人民便见识了"话剧"。据考证，早在 1844 年，英军业余剧团便在香港岛上演过话剧。① 此后，通过教会学校、留学生这两条渠道引进，商家利用，特别是知识界用作攻击旧剧、倡导新文化的利器，话剧便渐渐大行其道起来。在广州和香港，相继建立了自己的话剧团。如于 1908 年成立的广州振天声百话剧社（陈铁军组织，后全社加入孙中山组织的同盟会），1911 年成立的香港清平乐剧社等。

正如《中国话剧通史》所论："中国话剧是上世纪末叶在时代的变革潮流中产生的。"② 扎根现实，紧跟潮流，服务大众，抗敌救国，追求理想，是中国话剧的优良传统和战斗作风，也是珠江现代戏剧引以自豪的光荣历史。中国早期农运著名领袖澎湃，在其革命宣传工作中十分重视话剧，于 1919 年夏主持建立了海丰县第一个白话剧剧社，以话剧鼓动民众反帝反封的革命热情。

1928 年，应广东当时较开朗的行政当局李济深等人的邀请，著名戏剧家欧阳予倩南来广州，创办了广东戏剧研究所，设立了戏剧学校，演出进步话剧，培养了大批话剧人才。

20 世纪 30 年代左翼戏剧运动兴起，广州继"剧联"总盟（设上海）之后相继成立了两家"广州分盟"，一家以抗日剧社为骨干，一家以光明剧社为前卫，演出抗日名剧，反响强烈。香港方面，也有七·七剧社、丁丑剧

---

①　广东话剧运动史料集［C］. 中国戏剧家协会广东分会. 广东话剧研究会编，1984（3）：205.

②　中国话剧通史［M］北京：文化艺术出版社，1990.3.

社、中国艺术团、时代剧团等 200 多家剧团遥相呼应，并将筹款汇寄国内支援抗战。

1938 年，广州沦陷，广州剧人多到香港，曾联合演出颂扬革命先烈斗争精神的大型话剧《黄花岗》。1939 年在香港、桂林举行了抗战话剧《一年间》的公演，其中在桂林的演出分为普通话、广东话、桂林话三组，观众逾万，盛况空前。随着战局变化，桂系集团因与蒋介石统治集团的矛盾加深，而采取开明政治措施，实行地方自治，招贤纳士。田汉、洪深、夏衍、欧阳予倩、熊佛西、焦菊隐、章泯等著名戏剧家先后云集桂林，于 1944 年举行了为期 3 个月的西南第一届戏剧展览会，集中两广、湘、赣、滇诸省文艺团体 33 个，演出话剧剧目 22 个。一批抗战历史剧和现代剧在桂林问世，其中有《忠王李秀成》、《再会吧，香港》、《怒吼吧，桂林！》等，为动员民众抗战起到了推波助澜的作用。文化城桂林，成为西南 8 省的抗战文化中心和抗战话剧大本营。在敌后坚持抗战的东江、珠江、琼崖 3 支纵队，亦先后成立过以剧宣为主要任务的政工队、工作团，以及东江流动剧团、铁流剧团、两广纵队文工团等，以文艺的武器配合了战场上的反攻。

解放以后，由于各种政治运动的"左"的影响，珠江地区创作的传世话剧不多，但亦有像赵寰创作的《南海长城》那样的全国获奖剧。1962 年在广州召开的话剧、歌剧、儿童剧创作会议是一次重要会议，周总理专程来穗所作的《关于知识分子问题》的报告，拨乱反正，调动了戏剧工作者的创作积极性。1965 年在广州举办的中南戏剧观摩演出大会，历时一个多月，中南地区所有大剧种全部参演，演出剧目 50 多个。陶铸在闭幕会上的讲话，驳斥了写一点劳动人民的缺点就是"丑化""暴露人民"的极左观点，纠正了认为像湖南花鼓戏《补锅》那样写了点爱情就是新的"才子佳人"戏的错误看法，深刻指出"要成功地塑造英雄形象，在创作过程中一定要解放思想。要大胆地揭露矛盾、展开矛盾和解决矛盾。没有矛盾，就没有戏"。① 比起早开一年的华东话剧观摩演出大会的主办者极力宣扬极左思潮的做法和言论来，陶铸讲话的正确性和对珠江地区现代戏创作的健康发展的保障作用以及指导意义是不言自明的。

党的十一届三中全会开过后，珠江文艺久盼的春天终于来临。话剧在肩负时代使命、反映时代呼声方面的伟大潜能得以释放，一大批反映南国改革大潮的现代话剧纷纷问世，从题材选择到主题开拓都不断深化。本章第一至第四节，就重点叙述了广东改革题材话剧发展的轨迹和实绩。

---

① 光明日报［N］．1983.11.30.

香港方面的话剧演出自战后以来得到恢复发展，且与祖国优秀文化保持血肉联系，演出过曹禺、郭沫若的名剧。1975 年举办过"曹禺戏剧节"、专上学联戏剧节、业余剧社汇演等。自 1977 年香港市政局的香港话剧团成立，以及 1984 年香港演艺学院戏剧系招生以来，香港话剧实现了职业化和正规教育化。

改革开放时期的珠江戏剧在利用传统戏曲、改造传统戏曲、活用现代戏剧形式来表演古今中外人物故事，表现新的戏剧观念和强烈的时代精神等三方面都取得了长足进展。惠阳培植的曲苑新花——东江戏，融歌曲、话剧、舞蹈、魔术、杂耍为一体，以多元化的表演风格演出了莎士比亚名剧《蕴莎的风流娘儿们》（1984 年），获得观众的喜爱和专家的好评。两广以现代的舞剧的形式创作的《南越王》和《骆越神韵》，具有丰厚的审美意蕴，在中国艺术节上演出成功，综合展示了 80 年代中期珠江地区现代舞剧的最高水平。

一、时代舞剧三部曲

如果说，珠江流域改革开放的火热生活，是鼓涨剧作家创作激情风帆的劲风，那广东省第一、二届艺术节的举办，便成为改革题材话剧一展风采的良机、客观分期的界碑和步入成熟期的起点。

创作于省首届艺术节举办前的 5 出话剧，具有改革题材话剧开拓期的虎虎生气、明快风格和稚嫩色彩。《玩具交响曲》是广东第一出具有喜剧情趣的正面反映改革的话剧。它的出现，是新一代具有科技知识和经济头脑的改革家必将取代保守落后的旧企业管理人的耀眼信号。全剧以奥地利作曲家海顿的《玩具交响曲》为主旋律，具有幽默风趣的喜剧情调和明朗欢快的开放色彩。由工程师提为副厂长的李修文，临危受命，团结工人，几经周折，终于试制成功电子玩具孙悟空，打开了国际市场销路，救活了"死火厂"。在订单纷至之际，坚持盲目生产过时玩具的老厂长何广，终于认输让贤；而一些营私舞弊之辈，也受到应有惩戒。该剧在根据人物性格挖掘喜剧因素方面颇有成效，像何广推销旧玩具的闹剧，李修文追踪电子狗的误会，就是既见人又出戏，渲染喜剧气氛，揭示喜剧性格的好场段。但该剧有时对"笑"的喜剧审美功能理解有误，把车工霍自强贬得几近"花痴"就是油滑过甚之处。

由欧伟雄、杨苗青、姚柱林合力创作的《南方的风》，从多维空间透视了一个扭亏为盈、产值逾亿的药厂的改革事业。两位省委书记——肖紫云和罗挺对企业扩权的思想分歧和交锋，厂长刘立勋和医药局长史灏之间在人才使用及放手改革方面的暗地较量，构成了全剧的副线和主线，它们起伏交织，形成了一个个戏剧波澜。然而，改革信息的层出不穷，似乎使剧作家们眼花缭乱，应接不暇：举凡企业扩权、利润提成、产品推销、任贤用能、竞争合作、奖金股票、甚至农村雇工……都一一搬演剧中，让新闻报导剧式的"散"和"浅"，成为其"新"与"奇"的审美时效的致命伤。对此，剧作家亦有着痛切的体会。

二进中南海的《特区人》，是这一时期同类话剧的力作。毛遂自荐、闯入特区的女翻译罗丹，具有80年代新女性的价值观念和追求幸福的主动精神，恰与身先士卒却越俎代庖，用人唯贤却在个人感情天地里踟蹰不前的总经理武鸣，形成鲜明的对照。而观众对她的垂青以及对那些"特区人"——甘当食堂负责人的处级干部方淑芬、年轻气盛的引进部经理肖树刚、自学成才的炊事员林巧珍，以及带着有色眼镜看特区的孙维谷，弄权捣鬼的副总经理赵伟初等人的命运去留的关心，远超对"希望工业大厦"由哪个公司承包这一全剧中心事件的兴趣，这确是耐人寻味的。《特区人》在写人叙事的天平上首次倾于前者，在敞开特区建设者的心扉，让观众感受到他们视时间和效率如生命，为赶超世界文明潮流而日夜兼程的开荒牛精神方面，略胜同期话剧一筹，是剧作家林骧深入特区挂职体验生活的心血结晶。

《风从南国来》从一个新侧面反映了特区建设的艰辛。剧中主角原工兵营长雷凯，由于缺乏现代建筑和科学管理的知识，一味图快蛮干，酿成了重大施工事故。在血的教训面前，他从鲁莽汉变成了好学上进，具有科学管理才能的行家里手。招聘雷凯的"伯乐"——公司经理周英，既有女强人的刚强，亦有感情深藏不露，为使雷凯事业成功家庭和美而克制对其爱慕之情的女性细腻。该剧是部队作家陆永昌、张晓然力图通过舞台表现特区建设队伍光辉业绩的创作成果，尽管剧中人物性格和转变较为生硬，但毕竟为改革者描摹了一幅面目虽不甚清晰而轮廓却鲜明生动的剪影。

这一时期最后发表的剧作是陈天泽的《总经理的日子》，该剧为珠江三角洲"无烟工业"的经营者刻碑记功，填补了这一题材领域的空白。全剧矛盾围绕着宾馆扩建和人事任免，在总经理陈省清的人际关系中展开。由于资历和亲缘关系，他有望荣升，处理起小姨的降职和女儿的考卷来，也颇为顺手；他与副职林吉祥搭配默契，无掣肘之虑；后生可畏的梁百森诚服了，心怀不满的冯秘书则不堪一击，就连港商刘贤的如意算盘，也被爱国巨商王少愉拆破。全剧在宾馆与港商签约合作的喜庆时刻闭幕，显示了改革的美好未来和主人公强烈的事业心和拼搏精神。但陈省清承受的改革阻力实质上是过多的爱意，在温情脉脉的"爱河"中浮游，似乎模糊了人们对改革艰巨性的认识。

广东改革题材话剧的开拓期剧作数量多，成活率高，开全国风气之先，引起了从中央到兄弟省内的领导的重视和观众、评论家的热烈评议，这不仅是其他剧目上演时罕见的，而且提供了当代现实题材话剧创作的宝贵经验。首先，这些戏是怀着强烈历史责任感和具有敏锐的时代意识的剧作家们，深入沸腾火热的改革前沿体验生活，追踪开拓者的前进步伐所创作出来的飘散着"开荒牛"的汗香，洋溢着创业者的激情的应时之作。它们发扬了中国话剧追导时代，为历史潮流呐喊的优良传统，应和了时代脉搏，反映了人民呼吁改革的心声，提出了社会迫切期待回答的问题。作为具有纪实性审美特征的时事剧，它们也有一些缺陷，即由于剧作家深入改革生活的时间较短，对改革中所遇到的各种纷至沓来的问题还缺少理性认识，只能仓促搬上舞台，艺术概括不够，以至被人称为"社会新闻报告剧"。

其次，这批剧作家塑造了一群活跃于中国话剧舞台上的改革者形象，激发了人民献身改革事业的巨大热情。当然，这一时期剧作对改革者的透视还限于表层，只注意到了他们坚持正确方案、坚持改革、任人唯贤的表面，忽略了他们心理结构及感情世界的内层，即使稍加触探，也较粗疏生硬。对武鸣辞职的描写，就没揭示这条硬汉彼时彼刻的复杂心态；陈省清对周雨的拒绝也不近情理，她毕竟是一位温柔体贴、倾心爱慕他多年的好心女人，怎会因一句错话就被贬入"冷宫"呢！

再者，剧作家们的戏剧观虽正在更新，也用了些象征手法，如电子孙悟空、希望工业大厦等，但对世界现代话剧的各种表现手段还较陌生，运用不灵，对传统戏剧表现手法又注意不够，造成了情节安排松散，旁枝侧蔓过多，中心线索不明，虽有个别精采场面却未能珠联璧合的弊病；有的戏的冲突和矛盾的解决依赖于外部力量，彼此间也未能有机统一起来，削弱了戏剧艺术的感人力量。

广东省第二届艺术节的召开，标志着本省改革题材话剧开拓期耕耘的结束和发展期沉思的开始……。改革不仅将产生伟大的宁馨儿，也将带来新生命诞生所必不可免的抽搐、阵痛和污血。而当这种阵痛发生在人们现代观念与传统观念撞击决裂的时候，就尤其令人难耐。并非每个特区人都自省到这一点。它需要一段痛苦而艰难的心灵历程，乃至一场由历史审判官执掌的严酷的灵魂的拷问。中年女剧作家许雁敏感地直觉到这一历史向改革者提出的挑战，即他们的知识结构、思维方式、伦理观念的精神现代化嬗变速度，能否与时代的物质现代化建设同步?! 在反映特区改革民主化进程和人们心灵蜕变的力作《裂变》中，许雁以哲理性的戏剧手法提示了这一问题，并通过主人公易北林之口，宣告了成为封建关系网点的"家"的解体——"这座用权力和封建伦理道德支撑的大厦，早该让它……倒塌了！"

然而，易北林的妻子鲁是洁却不这么看。做为一位竭尽心力维持一个上层体面家庭的主妇，她振振有词地教训儿子道："改革这改革那，总不能把家庭也改革掉吧！"可是，曾几何时，她便陷入了家庭四分五裂的怨怼声中，扭曲了苍白的脸。儿子易非把被外籍老板革职的怨愤倾泄在她身上，令她暗吞苦泪；女儿易桑与女婿高维之婚姻不合，离家出走，导致高维之狗急跳墙，用窃听隐私来要挟岳父；小女儿易燃大登其批判父亲政绩的文章，保姆苦姐要在临别前挑开隐藏20年的真相，令她心悸胆颤；最伤心的是丈夫对她维系家庭和谐宁静的一切努力都视若无睹，与心心相印的情人夏雨藕断丝连……"那没有感情的，就是第三者。"夏雨的致命一击，更叫她嘴硬心怯。遗憾的是，剧作者让这个可悲可悯的女性啜饮了过量的酸辛苦酒，却没有将酶化苦酒的各种社会酵素化解出来，没有让易北林在妻子的受难中反思自己的谬误：没有他这根"栋梁"，"大厦"能够撑持至今吗？让一个与他同乡的姑娘在易家耗尽青春，是难以置信的，即使成立，他也难逃其咎，而他就此对妻子的怪罪，也难免空泛乏力了。

《裂变》的核辐射波，并不因此而失却穿射力，它在展示新老改革者们叱咤风云、义无反顾的光明面的同时，大胆探究了在他们违心戴上的"假面"下的真实感情世界，较为完整地托出一个活人的灵魂，从而引起人们对于改革进程中素质现代化和心理健全化疗救的注意。易北林可以内举不避亲，外举不避仇，可以当场拍板百万元贷款和"大逆不道"地与金发女郎跳舞，何等潇洒，何等有男子汉气概！然而，他却甘愿与文革中离心离德的妻子同床异梦，畏首缩尾，不敢接受夏雨坦诚、明净、纯情的爱。其实，这又何止是他一人的悲剧；伟大如鲁迅，当年不也屈从于母亲的意旨，娶了并不相爱的朱安"厮守"终身吗？揭示出中国千百年传统思想的因袭重担对国民精神的压抑，以至连为四化改革大业献身的先驱也难幸免，正是《裂变》的深刻之处。

许宏盛根据林经嘉同名小说改编的话剧《急流》，从改革者如何认识并突破自身的局限的新剖面，揭示了改革实践中人的观念现代化的必要性和迫切性。

丁一——急流勇退的进攻型改革家！由"独裁专断"的"明主"到还政于民的"民主"，他似乎铸造了一副自相抵牾的性格，从他身上，可以看出作家从新的审美视角上对当代英雄——改革家的是非功过的历史反思和评价。做为一个空军转业干部，丁一具有在纷纭多变的"战况"面前迅速部署应战的本领和自信，且善于施展其不达目的不罢休的强硬政治手腕。"用民主的方法搞改革，将会被无休止的清淡和无原则和牵扯迁延时日，在时间上我们已经没有本钱了，而用那种所谓的'独裁'方式推行改革，则有如顺水推舟，急流勇进，一泻千里。"由于他这一套压乱求治的改革理论和措施合乎厂情，顺乎人意，确实屡见成效。但如果作家的笔力仅此而已，那么丁一的形象就难以跳出"乔厂长""武鸣"式的模式而只能是扁平、灰色的偶像，这个连名带姓只有 3 划，办事果敢爽快的改革骁将，充其量也不过是得"天时、地利、人和"之便而侥幸成功的莽张飞而已。

对此，剧作家有着清醒的估计，他根据原著精神深化了主人公的自省意识，跳出了同类话剧的窠臼：丁一，这个善于向旧弊陋习挑战，对改革绊脚石毫不留情的"独裁改革家"，他举起的第三板斧，不只是辟向那几个昏庸保守的同级领导人，而且还劈向自己——他急流勇退——辞职了。对于一个以改革为己任，功绩卓著，声势日炽的企业家来说，这一举动是多么令人费解、惊讶和惋惜。其实，《急流》对他作出这一果断抉择的思想脉络已有所展示。颂扬丁书记的配乐诗朗诵的滑稽表演和马师傅的下跪挽留，使他眼见领导被群众涂上深化色彩是多么可怕；而"联营"碰壁的心劳神伤和柳暗花明，更使他认识到民主型人才的可贵。"一代人有一代人的责任，像我这个'独裁'型的，一旦完成了自己的历史使命，就应该当机立断把位子让出来，让给那些更有文化，更有民主精神的人来接班，这样，我们的改革事业才会一代一代的传下去。"这正是他急流勇退的思想基础和《急流》的点睛之笔及深刻题旨之所在。而殷秋菊的拔高，则不仅坠入了"女强人"的俗套，且有直奔主题之嫌。

综析本时期的创作实绩，可以见出其与开拓期创作的明显差异，其审美特征已由纪实性转换为哲理性，加强了剧作的思辨力和艺术性，基本弥补了面窄量少的不足。

《裂变》和《急流》，都是以刻划改革者自身的思想局限和表现其由反传统陈腐观念的自省意识引发的"惊人之举"为共同特点的，易北林竟冒道学家之大忌，决心带着与情人畅谈心曲的录音带登上选举台，以不戴假面的自我形象争取选民的信赖和谅解；丁一在达到了威望和权力的巅峰之际让贤退位，与头脑中的"独裁"彻底决裂，都是这种震世骇俗的"惊人之举"的戏剧化。

不论是剧作家独立意识到这一点，还是借助小说家的探索窥视到这一点，都使广东改革题材话剧进入一个新的艺术境地并涂上了浓厚的思辨色彩，从前期纪实性新闻报道剧的粗坯中脱胎而出，成为富于哲理性、启示性的问题剧，使人们由外在的认识改革进程的长期性、曲折性和艰巨性，到内在的认识改革进程里人自身意识中由新旧思想质子撞击到发生核变的微妙、急剧变化的复杂性，从而更清醒、更自觉地投入伟大的改革事业之中，这无疑是一次质的飞跃！

广东改革题材的话剧能否更上一层楼，再领风骚，顺利步入成熟期？这不仅是个艺术实践问题，也是一个饶有兴趣的艺术理论问题；从对开拓期、发展期剧作的人物形象系列、剧作主题类属及其相互关系所作的总体审美评估中，将使我们对成熟期的憧憬融入较为清晰的画面之中。

从人物形象的系列看，剧作家们心目中的英雄好汉，都是些背负着因袭重担的年富力强的改革家。他们大都经历过坎坷的人生历程，有丰富的阅历，有虽嫌不足但尚可将就的专业知识和显赫的社会地位，是目前改革大业挑大梁的人物（如李修文、刘立勋、武鸣、雷凯、陈省清、易北林、丁一等人）。在他们身上，历史的责任感，强烈的事业心，豁达大度的坦荡胸怀，高尚的品质和刚正不阿的品性和渗透于血液中的历史局限、违心的委曲求全、不得已而为之的退缩，乃至心力交瘁的末日感（易北林语）交织在一起，形成了时起时伏，若明若暗，似静似荡的复杂心理变化，从而打破了戏剧主人公务必高大完美的"左"的框架，向生动再现具有审美意蕴的肩负历史重担的开拓者的真实形象迈进了一步。

第二组最集中寄托了剧作家审美理想，且有浪漫色彩的人物，是巾帼不让须眉，英气逼人，秀外慧中的女强人形象（如何桂香、肖肖、罗丹、周英、夏雨、易然、殷秋菊诸人）和具有民主开放、独立不羁、助人为乐、是非分明等优点的新时代女性形象（如林巧珍、邝阿妹、苏涓涓、何雪菲等）。她们是新中国妇女充分认识自我价值并掌握了自身命运的一代，剧作家在她们身上凸现了改革开放后优化了人们意识结构的现代观念，赋予她们与传统观念决裂的最大勇气和超世脱俗的言行。美的容貌、美的服饰、美的心灵、美的举止……寄托了剧作家们对人类美好未来的憧憬；但审美激情的过于偏重女角，则使男主角更显渺小，招来了"何其不灵"的普通责难，削弱了剧作的现实主义力量。

第三组人物形象是一群奋发向上，风华正茂、敢为敢当的青年改革家，具有与第二组的阴柔美女角不同的刚性美的审美特征；像肖树刚、梁百森、司徒翰、宇文刚、李想等都是其佼佼者。他们是建国后在红旗下长大的青年，正以接班人的雄姿登上历史舞台。经过"文革"的惨痛教训，他们不无迷惘、消沉和彷徨，在改革洪流的冲击下，他们萌发了重铸自身和选择最

141

佳社会位置的强烈意愿并付诸行动。可喜的是，共同的目标和奋斗，沟通了他们与前辈改革家的心灵，梁百森称他们"是为后代打下坚实基础的一代"，就颇有代表性。自觉或不自觉地成为前三组人物对立面的第四组人物，有的是由于私欲膨胀（如廖钻、赵伟初、李克），有的是因为暂时对改革不甚理解（如何广、罗挺、史灏、罗涛、周祖健、包连义、苏定海、鲁是洁），还有的是感情和性格的原因（如罗玲玲、周平、宫淑玉等）。这庞大的"反"改革阵营并非铁板一块，然而其存在本身确也说明了中国改革的阻力之大。剧作家未能深入这些"对立面"的内心世界，探寻其历史积淀物与时代发酵物"酵化"过程的奥秘，是这一时期相当一部分改革题材话剧浮于生活表层的原因之一。

人才使用、方案选择、权利争夺与爱情纠葛，是广东改革题材话剧常见的四大主题。它们在各剧的表现形式各有侧重，各有特色。在前述中年改革家、女强人、青年改革家、反改革者这四种人物中，前三类矛盾——即人才使用、方案选择、权利之争等往往在第一种人与第四种人中间进行，结果是优胜劣败，第一种人战胜（说服）第四种人。这种单调的大团圆式格局，实为艺术大忌，它虽能迎合群众盼望改革奏效的心理，却因过滥而落入俗套。于是，剧作家们试图在第一种人与第二种人的第四类矛盾——爱情纠葛上做戏，而结果又往往是战友情谊虽存，有情人终难成眷属。肖肖与刘立勋、易北林与夏雨、丁一与何雪菲、武鸣与罗丹、周英与雷凯，就都是如此。这种惊人"巧合"造成的新模式，还有另外一种形式：即作为改革事业的生力军，第二种人和第三种人似乎是天生是第一种人的同盟者和第四种人的反对者，而且本身又注定一成不变地扮演着"人才"（或伯乐）——第一种人的信赖对象和第四种人的排斥对象的角色，这也使生动复杂的社会现象变得虚幻乏味起来。主题的雷同、人物的模式、矛盾的俗套，是剧作家对大时代瞬息万变的改革时局缺乏洞幽烛微的真知灼见，满足于作浮光掠影式扫描的必然结果。

恩格斯曾语重心长地劝告"青年德意志"文学流派中"头脑最清晰最聪明"的骨干作家谷兹科夫说，"如果他想继续从事戏剧创作活动，他总该研究一下如何选择比过去更好更丰富的思想材料，并且不要从'现代事物'出发，而要从当代的真正精神出发。"① 这对广东的改革题材话剧乃至中国的改革文学，都具有深刻的现实意义。

从历史的高度鸟瞰，浸漫神州的开放改革，是不可逆转排山倒海的历史

---

① 马克思恩格斯全集［M］. 北京：人民出版社，1956（1卷）：528.

潮流。当改革题材话剧睁大惊奇的眼睛，面对并跃入这浩浩荡荡、挟沙激石、鱼龙混杂的改革大潮时，是难免呛几口水，甚至不知所措的；这正是剧作家大都缺少"更好更丰富的思想材料"，对"改革"这一众说纷纭的"现代事物"的理解过于肤浅浮泛和概念化，因而无从把握人心所系的"当代的真正精神"所致。而要突破这一历史的局限，把广东改革题材话剧（文学）推向成熟阶段，就必须全力向历史、先进的哲学、优良的艺术传统和现实世界索取更多更好的思想材料，从中提炼出生命充盈、震撼人心的时代精神，把作品写深写活。具体而言，可注意这几个方面：①由注重表现改革家的外在活动线到注重探寻其内在心理线，由注重表现改革者的理智思考到注重表现其感情的波澜；由刻划四种人物的用力度按次序排列到自由式无序排列，充实改革题材话剧人物画廊的涵盖面。②话剧主题由原来的四种必备到随机取样，即由固定的模式、标签式的图解改革生活到审美地表现它的某一断面或多层面。③戏剧创作方法和表现方法由现实主义为主，到坚持现实主义与巧妙运用现代各戏剧流派的各种创作方法、表现手段相结合，以满足新一代观众日益增长和不断变化的合理审美需求。倘能如此，广东改革题材话剧将稳步进入成熟期，其中心人物将逐渐由青年改革家的形象所充任，其艺术视野将逐渐拓展而涵覆各地区沸腾的或静谧的改革生活的各个领域，以至随着改革日益深入人心日益普及各行业而淡化其题材疆界，达到与同时代同题材姊妹艺术品种浑然一体、各逞风流的妙境，从而实现第二次飞跃，使观众从认识和理解改革者，变为化身其间，认同效仿，产生感情共鸣，获得隽永愉悦的丰富审美享受。

143

二、在裂变中生发的

《裂变》是登载于全国性戏剧刊物《剧本》上为数不多的广东戏剧作品之一，在它公演取得成功后不久，引起了一片争议和称誉声。

诚如《裂变》的剧目单扉页上所宣示："20世纪是裂变的世纪！80年代是裂变的年代！中国大地是裂变的大地！……旧的，在裂变中衰败、毁灭。新的，在裂变中萌发、升华。"在为这一时代大变革留下了多侧面、多色调剪影的众多剧作家中，中年女作家许雁是别出心裁的一位，她的《裂变》所生发的，是改革者对爱情、伦理观念的理智思考，是感情的砝码在政治天平上所占份量的重新权衡，是剧本改革题材向新的审美层次的纵深开拓……

有人说，《裂变》其实就是"一个男人和三个女人的故事"。换言之，就是一个身居要职的改革者和他的妻子、情人以及名义上的妻子的恩恩怨怨。然而，它并非等而下之的风流韵事的大展览，而是将改革者头脑中民族传统观念的积淀予以澄清的尝试。尽管《裂变》至今带着某些雕琢痕迹和稚嫩色彩，但它毕竟还是大胆闯入了改革者心灵王国的隐秘一角——一个在现代意识和传统观念的搏战中充满了希冀、迷惘、探求、惶惑、欢欣、痛苦的丰富的感情世界。

某特区工业区党委书记易北林，由于其社会地位的显赫和家庭地位的重要，被设置为全剧矛盾的纠集点。在特区这块实现开放改革政策的前沿阵地上，他是个大刀阔斧的改革家：他外举不避"仇"，内举不避亲，知人善任，大胆起用坚持原则、桀骜不驯的李想和敢讲真话、不为尊者讳的女儿易然。他颇有民主精神、现代意识、工作魄力和自信心，大胆地将自己的政治命运交付群众来决定，不愧大将风度，显得运筹帷幄、胸有成竹。但是，他在感情生活方面却非常的怯懦、畏缩、脆弱。他与妻子长期感情不合、分室而居，但却不敢认可夏雨坦诚、热烈的爱情，情愿受小人要挟而退出竞选，为了自己的体面而置广大选民和改革大局而不顾。

平心而论，易北林之所以不可能像乔厂长那样当众宣布婚姻大事，粉碎流言蜚语的进攻，是因为他身边还有貌合神离的妻子鲁是洁。也许是对"有情人难成眷属"的深切遗憾，也许是出于纠正不正之风的良好意愿，剧作者用尖刻的笔尖将她刺得体无完肤：鲁是洁早年在文革中写过易北林的揭发材料，离过婚；她对大女儿易桑婚事的撮合，对儿子工作的包办，对丈夫公务的干预，对保姆苦姐态度的冷漠，无不散发出一种"马列主义老太太"式的腐臭气。然而，对于一个竭力维护家庭安定团结和丈夫的权势的女人来说，她与丈夫感情破裂的原因应该是极复杂的。比起对女儿之事一概不问，对夫妻感情淡然处之，对苦姐衷情毫无所察的易北林来说，她这个操办丈夫生日庆典、以德报怨的贤妻良母，毕竟略胜一筹。剧作者将她写得过于冷酷、偏执、而又未能深入开展她与易北林的思想交锋，因而有些漫画化了。比起易家夫妇来，美乐影视公司总经理夏雨是个更富人情味的难以把握的舞台形象，著名演员祝希娟的出色表演，更深化了人们对夏雨的认识。在某种意义上可以说她跟周繁漪一样，其最可爱之处恰在于其最可恨之处。对于这个开放型的热情、爽朗、才华横溢的女经理来说，传统观念的因袭重担已在10年的反思中不复存在，只有改革的伟业和志同道合的伴侣才是她孜孜追求的理想。她在易北林濒于绝境时从肉体到灵魂拯救了他，又为了成全他和他的家庭而忍痛远离。只是到了亲睹鲁易二人格格不入之后，她才在咄咄逼人的鲁是洁面前发出了震世骇俗的宣言："那没有感情的，才是第三者！"

这番话恰如石击沉塘，顿激涟漪，引起了社会各界的强烈反响。贬之者认为这是为第三者张目，深恐离婚率随之上长，把夏雨视为个人至上的纯情主义怪胎；赞之者却认为这一崭新观念冲击了封建主义的精神堡垒，好得很。其实，作为舞台人物此情此景的一句台词，既不必夸大其社会效果而大张挞伐，也不可轻视其社会意义而淡然视之。恩格斯说没有爱情的婚姻是不道德的，应成为未来婚姻缔结的准则，而目前人们都还无法超越历史的局限而任凭感情之鸟自由地高翔，夏雨其人以至《裂变》全剧都是可以争议的，但这种争议显然都应以鼓励剧作家的艺术创新和大胆探索从而繁荣健康的中国话剧事业为圭臬，而不是相反。

在和易北林命运相联的3个女人中，苦姐是最令人怜悯然而却是虚拟性最大的人物。她在易家苦守名义上的丈夫易北林几十年，最后孤身凄然离去，其令人色变动容的惨遇无疑是对从一而终的封建妇道的最有力控诉。作者利用她开拓剧本的历史深度和加强轰毁封建主义幽灵的力量，用心可谓良苦。但是，在生活中岂有一个领导干部家庭竟为了自家舒适而任凭一个农村姑娘苦做苦熬，由壮而老，耗尽青春而不闻不问？这一生活逻辑上的忽略大大减低了这一人物的真实性和感染力。

一般来说，戏剧给予观众的审美感受是很不相同的。有的戏大家觉得形象大于思想，有的戏却使人感到思想大于形象。在前一类戏里，作家往往把功夫下在人物的"形似"上，看时觉得逼真生动，看后却没有多少值得回味的东西，甚至有似曾相识的感觉。后一类戏则相反，作家急于通过人物奔向自己的意念，人物的刻划比较粗糙，看的时候不甚满意，但看后却留有许多耐人寻味的东西。《裂变》大概就是这后一类戏。目前，我国改革的洪流滚滚向前，一方面促进着社会生产力、社会关系的现代化，另一方面也促进着人的知识结构、思维方式和伦理道德观念的现代化。这两种异质同步的现代化绝非易事，在某种意义上甚至可以说，它们都是在痛苦的"裂变"中实现的，并且后一种现代化比起前一种现代化来说，意义尤其深远，进程尤其复杂。作者许雁对我国改革开放的历史趋势有直观的感受和深切的体会，她的可贵之处就在于她没有沿袭一般写改革题材的熟路，去写生产计划、人事任免方面的斗争，而是大胆地剥下结在现代人心灵外的层层硬核，把他们在道德伦理观念现代化的这一最微妙、复杂、缓慢、隐蔽的过程中所必不可免的与旧传统观念所发生的种种冲突尽力地描摹出来。这是一项多么艰难的心灵探索工程，而它亦正是《裂变》的开拓性意义之所在。

著名戏剧理论家阿契尔说过："大多数剧本显示出性格描写，只有伟大作品才显示出心理描写。"《裂变》的优势本来应该在心理描写，但正好是在心理描写方面《裂变》还有加工的很大余地。《裂变》的结局是易家表面上的四分五裂，但剧中每个主要人物的思想却没发生质的变异，（如同在易卜生名剧《玩偶之家》的结局发生了家庭破裂后，娜拉在出走时产生的思想巨变那样）剧中也有像第五场那样表现鲁、夏、易三者心灵撞击，妙语连珠的精彩场面，但毕竟少了点。特别是对中心人物易北林的内心深处的东西挖掘太少，他在夫妻、翁婿等许多家庭矛盾面前都处于被动地位，恰与他在工作岗位上的果敢决绝形成鲜明对照。这种以封闭型主角充当全方位审视人物内心世界的心理戏的核心人物的做法，显然限制了全剧人物之间的内心交流和展露，予人以面目不清的缺憾。

有人说《裂变》有些像《雷雨》，但《裂变》到底是 80 年代的产物，其人物的思想境界、处世方式是与《雷雨》时期的人物截然不同的。就说夏雨吧，她比起繁漪来，就要坦诚、明净得多，10 年的感情积郁并没有使她成为乖戾阴鸷的女性，反而强化了她率真、热烈、奔放的爱情。这位颇有现代人意识和禀赋的女强人，虽然被加上"第三者"的恶谥，但她对易北林的追求并不是对所谓美满家庭的盲目介入和破坏，她是在易北林说了她的头发会很美，"如雪似浪，如果能在其间玩赏、游憩、睡去、醒来……"那样动情的话之后才掀起自己的感情的风暴。而她在这种追求碰壁之后，则是以事业为重，明智地离去，而不像繁漪那样作轰毁一切的困兽之斗。

在大时代急剧变革的浪潮中表现人的真情至性的好戏，在中国话剧史上早有先例。著名剧作家夏衍的名剧《芳草天涯》即为一例。此剧在当时颇受非议，在今天却以其意味隽永的台词，栩栩如生的人物，欲说还休、韵味无穷的审美意境而深受评论家之好评，该剧具有的历史价值和审美价值，就在于真实记录了抗战时期人们的感情生活，以及在表现这种感情与理智的抉择、责任与义务的承担时所给予后人的启迪。这对我们公正评价从新角度处理改革题材的《裂变》的艺术价值，也不无启发吧？

三、惨烈而灿烂的追求

许雁，由一名演员而成为广东知名度最高的女剧作家，她崭露头角后为羊城剧坛献演的三台话剧，又一直是争议纷扬，毁誉参半；这伴随着珠江文化新潮而生发的"许雁现象"真的能为人们提供些发人深省的启示吗？

从 3 年前反映特区人精神风貌的《裂变》，到《我是太阳》的呼唤，再到在第二届中国艺术节（中南）上演的《哦，女人们……》，许雁殚精竭虑地为 80 年代投身于改革开放的大潮的知识女性描绘了一副又一副的特写画面：蘸着她们的泪花，露着她们的甜笑，披着她们的迷惘，带着她们的骄傲……你可以责备她们的粗率，却无法否认她们的挚诚；你可以嘲谑她们的稚嫩，却无法回避她们的苦恼；你可以嗤笑她们的偏激，却无法漠然于她们的创痛……这一切，便是许雁剧作扑面而来让人感受强烈的大容量、高密度的审美信息。

"几乎每一个女强人都有一部辛酸史"。许雁通过《裂变》剧中人李想之口说出的这番话，是在暗示些什么？是在说明女中豪杰在开放改革的时代大潮里，成才之难、道路之艰、生活之苦吗？是的，无论是离了婚到特区开拓未来的美乐影视公司总经理夏雨，还是孑然一身，浪迹天涯，却不忘弘扬民族文化的中华国际文化艺术咨询中心的高级职员慕容雪儿，或是遭到丈夫离弃的副市长沙柳以及女记者杨风，部长夫人黄绮霞，女影星绿原，女建筑师司徒晓月等等，都在酸涩地品尝着自酿的人生苦酒而茫然若失，陷入事业与爱情、角色与人性的悖论之中。独特的改革开放时代背景下的失重爱情题材，是许雁女性系列三部曲的第一特色。其中心人物夏雨、雪儿与沙柳，都是身居要职、身负重任、身怀特技的中年知识女性，而她们在个人情感的天地里又无一面临着同样剧烈的裂变和痛苦的抉择。

这种以成熟的女性为主要审美对象，以坦露女性敏感而细腻，丰富而负责的内心世界为主旨的独特审美视角，构成了许雁话剧系列的又一特色。在作者最后完稿的剧作《我是太阳》里（公演则排第二），她通过女主人公雪儿之口喊出了这样振聋发聩的声音："最可悲的是人性的毁灭！……俄底休斯在压抑中毁灭，灰暗而平庸！美狄亚在追求中毁灭，惨烈而灿烂！"这对夏雨当年在《裂变》中受到诸多非议的"那没有感情的才是第三者！"的著名台词，是一种哲理深化、同时为我们提供了一把解开许雁话剧主旨之谜的钥匙。诚然，作为把自己捆死在诡杆以抵御女妖们充满情欲骚动和灵魂燃烧的迷人歌喉的俄底休斯的现代翻版的，是不敢分别接受夏雨、雪儿坦诚爱恋的特区的工业区主任易北林及市里的周泯副部长。他们或者违心地戴上假面具拒绝真挚的爱情，或者甘于做一个靠隐忍支撑生命的懦夫。至于身为工程师的柳沙丈夫尚大川，虽无情恋的骚动，却也同样过得灰暗而平庸——他那终于无法压抑而炸毁家庭的怒火，竟由他那固执的男尊女卑的夫权信念所烧起！正是在这样的肩负着传统观念的因袭重担，社会地位显赫而不乏才气，具备男性魅力偏又患有软骨症的三位男人面前，三女性为着人性美的"惨烈而灿烂的追求"，冒着毁灭的危险，经受了残酷的灵魂搏战和拷问：夏雨在向情人披肝沥胆之后，得到的却是"我怕……"的颤抖回答，以至她不得不在无数次原谅过他的怯懦后，再度感到震惊与深深的怀疑！

雪儿对周泯的失望也是痛入骨髓的，她那"再一次向他扑去，让积郁已久的眼泪流在他的肩膀、胸膛、浸湿他的灵魂……"的美梦成了泡影，以至不得不为他那明哲保身的行为和麻木不仁的隐忍而激愤！至于沙柳，更是于内外交困、心力交瘁之际扑倒在裸女雕像脚前，发出了"你在奉献，我也在奉献。你的奉献，得到的是赞美的诗，赞美的歌，赞美的画；而我的奉献，换来的却是丈夫的气恼，女儿的埋怨，同事的嫉恨，上司的不满，市民的指责！"这样的自怨自艾。"女人是一种奇妙的创造物，甚至那些才智卓绝的也是这样"（马克思语）。从作者为我们所披露的并由夏雨、雪儿、沙柳这些人物在感情海洋的飓风恶浪里所展示的人性的美与复杂性里，你可以充分体验到这一点。

尽管各阶层观众从各自地位出发，可能对《裂》、《我》、《女》三剧的人物和寓意褒贬不一，但却莫不为夏雨那宁可死去也要发出生命之歌的荆鸟之愿，为雪儿那情愿在惨烈而灿烂的追求中毁灭也不愿去过那平庸而灰暗的生活的誓言，为沙柳那情辞恳切的关于命运之谜的质问而怦然心动，默然深思，为三剧体现审美主题而采用的表达方式所强烈吸引。而这种独特的戏剧表现手法，正是许雁剧作的第三特色。这一特色的显现，既得之于剧本的创作，亦得之于许雁在广州市话剧团的支持下，对于像王小鹰这样具有强烈创新意识的青年导演的大胆聘用。其舞台艺术最突出的地方，便是理想与现实的交叉，不同时代背景的时空交叉，不同门类的艺术交叉。

像神秘男子无名氏的出现，便是搭架现实至理想之境的桥梁，他与沙柳关于"充满生命活力的女人，才是真正的女人，才能激起异性的冲动和欲念，才能产生心灵的撞击，迸发感情的火花，才能创造生命"，以及关于"残缺的人生，才是真实的人生"的对话，既是对沙柳怨艾和困惑的回答，又何尝不是一首女性美与生命美的赞歌！像慕容雪儿与周泯的回忆场景的迭现，便把现实生活引向了过去，加剧了全剧的历史纵深感和震撼力。像《我》剧将当代摇滚乐化入话剧，则是不同门类艺术嫁接产生杂交优势的创新。更可贵的是，这种嫁接不是生硬的拼凑，而是与剧情及氛围的有机融合，甚至连作者的原始创作意念，也是于观看著名摇滚乐歌星崔健的野性而狂躁的表演后生发的，这便为话剧的表现天地拓展了又一新领地。《女》剧中雕塑艺术的妙用，也是同样的尝试。

要而言之，许雁反映当代女性的系列剧的思想意义与艺术魅力，正是从其独特的题材、独特的视角、独特的表演手法中体现出来的。它表现了改革开放时代人的现代化的艰难足迹与必然性，真实表现了当代拔尖女性们的所思，所恋，所忧，所恼，所痛，所喜。它把向往人性美的"惨烈而灿烂的追求"由古远的历史和遥远的将来拉到了现实的幕前，逼迫每个观众都经受灵魂的拷问。它的表现手法新颖，与传统话剧的审美追求迥异其趣而艺术魅力不减。

马克思说过："没有妇女的酵素就不可能有伟大的社会变革。社会的进步可以用女性（丑的也包括在内）的社会地位来精确的衡量。"可见，妇女题材长期受到艺术家们的高度重视决不是偶然的，更不是无关紧要的。在世界话剧史上，曾出色地表现特定时代背景下知识女性的迷惑、醒悟的名剧作家中，易卜生与曹禺是特别值得称道的。前者的《玩偶之家》把一个曾是丈夫手中小鸟的女子，如何破笼而飞的心态变化过程刻画得细致入微；后者在《雷雨》、《日出》、《北京人》中，将受着剥削社会大家庭（这里将白露寄居的旅馆也视为一种无血缘关系的大家庭）精神绳索束缚的三位经历不同，性格迥异的知识女性的痛楚、挣扎、毁灭、新生描摹得真切感人。广东的许雁则在创作中接受了大师们的艺术影响，虽说在艺术功力上仍稍逊一筹，但她毕竟是带着当代女性的敏锐、热情、爱恋乃至于执着及带点偏激而全力投入创作的，因此塑造出来的知识女性必然带着历史上姐妹形象所不曾有过的开放进取，浪漫爽朗，葱俊可喜的青春气息，因而也更契合同时代人们的审美心理。

当然，正如一些才华横溢，艺术想象力丰富而情感充沛的剧作家们所无法避免的那样，许雁在领有自己艺术天赋的同时，也有着自己艺术理论的困惑乃至盲点。她对女性形象偏爱至深，对其佼佼者更是情笃意钟，格外青睐。她也许过于同情她们所具有的超前意识太强的理想追求，过于怜爱她们处处碰壁的困顿处境，过于苛责不敢大胆回报她们火热情焰的男性公民，以至于似乎是和严酷冷峻的现实开了一个个不大不小的玩笑。是的，易北林在剧终前是发出了"跃上新的人生高度"的呐喊，周泯在儿子的谴责下也沉痛而"义无反顾地迈出了一生中最果决的步子"。然后，这些人物的意外之举并没有在其性格中找到变化的根据，因而也就难免显得空泛而乏力。男人是撑持世界的栋梁。由于对优秀男性的隔膜（以至于有时不得不将他幻化为超现实的无名氏）和把握失当，便也无形中削弱了与之相吸相斥的女性中心形象，这大概是苦心孤诣精心刻画女性角色的作者所始料不及的吧？

总之，太多的思考，太多的哲理，太多的愤懑，重压在几个出类拔萃的女性形象和几个相形见绌的男性形象身上的结果，便形成了许雁那不能简单以妇女题材规划的系列剧的鲜明美学特色。一方面，它引发了广泛的社会注意与思考，其能量甚至超过了某些一般意义的社论，超过了单纯的妇女社会问题研讨会，具有形象思维艺术结晶所特有的大容量社会信息和审美信息的优点；另一方面，又因其主观色彩过浓的偏激而倾斜了人物关系构架，削弱了剧作的现实力量。

创作之路是艰辛的，失败往往与成功并至，泪珠往往与汗水交流，而最难能可贵的，不正是艺术家们那锲而不舍、坚韧不拔的沿着人类理想之路而前行的美学追求吗？

四、雄放豪健逞风流

当一个剧作家以其系列的创作自成一格，以其精心塑造的戏剧人物为人称道，以其各类剧作所含的特殊文化价值为社会瞩目时，他便形成了自己的创作风格。林骥，便是这样的一位广东知名剧作家。

回首纵览，林骥创作的硕果，是由于广东改革开放时势的催生。这也是他的戏剧创作风貌予人的总体印象。

取材方面，林骥以其胆魄胸襟把握了岭南现代题材的优势，着力于展现雄奇秀丽的岭南风貌。大气磅礴的《东征》，凝聚了大革命策源地的斗争风云，强攻惠州的黄埔军校英勇将士的雄姿健影，像一座巍巍丰碑永立人间；黑云翻滚，明霞初照的《羊城曙光》，以岭南饭店为焦点，透视了广州解放前夕那场历史大转折关头的惊心动魄的阶级搏战。与这两出表现革命斗争的历史风貌的话剧双峰并秀的，是着力表现南中国时代风貌的几部剧作：《特区人》、《深深的海》、《十字街三重奏》、《香江红绿灯》和《中英街传奇》。它们或者追踪特区艰难创业的进程，或者从中箭落马的改革者的独特视角去辨析历史的是非，或者从省港市民的对话、心态、追求去触探时代的脉搏，捕捉不同文化背景下的思想碰撞的星星火花……

在创作思想上，林骥不断自我调整，自我充实，大步追随时代的潮流，站在俯察时代的制高点，揭示时代的精神，努力提高剧作的社会效益和文化价值。

无可否认，林骥剧作具有很高的宣传价值，它们以强烈的政治敏感和严正的政策观念切入时代思潮的热点，对诡谲多变的社会现象作出各种合乎意识形态规范要求的艺术回答，博得满堂的喝彩和掌声。二进中南海的《特区人》，正是以不能见容于僵化观念的艺术突破，为党中央高瞻远瞩的经济特区政策鸣锣开道的力作，其对在中国话剧史上独树一帜的广东改革题材话剧创作的开拓期的启迪意义，是略胜同期同类剧作一筹的。相对于这类更注重于宣传价值的剧作（包括《山村医生》、《钢铁战士麦贤德》、《穿山甲传奇》、《深深的海》、《香江红绿灯》等）而言，林骥在《东征》和《羊城曙光》中，更致力于开掘其历史价值；在真实表现特定的时代的文化氛围、文化观念、价值观念、生活方式的《十字街三重奏》诸剧里，则突出其民俗价值。纵观那些在黄埔江畔、惠州城头斗智斗勇，浴血奋战的革命领袖及将士，以及那些在霓虹灯下活跃非凡，品貌各异的烧鹅仔、肠粉妹、小司机、新歌星、工程师、干部、待业青年、港商、职员等角色，正是以其文化反差明显，民俗色彩浓郁的一言一行，一颦一笑，从不同的文化层面实现了林剧的文化价值和社会效益的。

在对艺术的追求上，林骥形成了雄放豪健，直露浅白的戏剧风格。

他酷爱塑造性格命运发生戏剧性变化的舞台人物以征服观众：礼聘"突患"癌症的会计师黄松成了一场虚惊，处级干部方淑芳不以当食堂管理员为耻而后荣升党委书记，羞羞答答的食堂女工林巧珍竟发奋考上了名牌大学物理研究生，应试失败的待业青年立志报考外语研究生，同心会的骨干孙丽丽是个善于伪装的潜伏特务，《东征》中那个野心勃勃，骄横跋扈的蒋介石竟对部下周恩来言听计从……，人物的品格，德行，心计，情操，正由这些大起大落的令人咋舌的戏剧变化而得到夸张而不失其真实的凸现，这种出奇制胜的险招，与哗众取宠的"做戏"的区别在于：前者抓住了哪怕只有1/10的生活真实，而后者则只是玩弄虚妄荒诞的噱头！

林骥对戏剧冲突的化解常取一种理想主义的态度，往往将不可调和的戏剧冲突交给某种更高权威作出正确裁决，从而摆脱构戏的困境。如《特区人》便是如此。在另一种场合，林骥则宁可把戏剧冲突由意志冲突简化为一种人事矛盾，方案争执。甚至不惜将主要人物的意志冲突的障碍也一一铲除而推进剧情。在《深深的海》里，石涛的重归城市，就由局长的忏悔、恋人的哭求、渔女的退出、山女的拥戴而合成了一股美妙惬意的推力，主人公只要舒舒服服的顺势迈步即可。这种为了创作主体的意愿实现而勉强幻化的"桃花源里好耕田"的妙境，不仅牺牲了人物，折射了实景，而且是一种与处处为主人公设障以迸发其性格火花的传统编剧方法大相径庭的做法，其效堪虑。

话剧是语言的艺术，作为表现岭南风貌的一个方面，地方语言的融入是不可避免的。林骥在运用粤语方面作了可贵的尝试。

林骥追随时代和深入生活的热忱，为他的创作注入了活力之泉，其以雄直为主要特色创作风貌的形成，不仅是他心血的结晶，是他全部剧作民俗价值、历史价值、宣传价值的文化组合，也是改革开放时代的产物。认真总结林骥可贵的创作经验，是很有现实意义的。我们祝愿他能在今后的创作中，解决剧中宣传价值与美学价值失衡的某些偏颇，为时代和人民贡献出更好的佳作！

151

五、情天恨海思悠悠

思亲之情，人皆有之。古往今来，正不知有多少文人墨客、游子乡民，以书面或口头，创作出汗牛充栋的伤离哭别、思亲恋土的感伤文字：孟姜女哭长城、赵五娘寻亲夫、《庐山恋》、《彩云归》、《两岸同根》……从剧坛、银幕到荧屏，古今题材各异，心声则一。我国实行改革开放以来，海峡两岸亲朋故旧，更是思乡情切，忧心如焚。从这历史思潮汪洋里的温差流向迥异的相互冲激融汇的声浪中，我们感受到了中华民族按同一脉搏狂跳的心声，一种虽数遭异族蹂躏和人为历史分割而始终不泯的民族向心力，一种由共同的悠久而古老的灿烂文化和血缘关系维系的民族归属感……而这所有体现了民族愿望、时代精神和历史要求的一切，便是梅县多场次山歌剧《思》所力欲表现和可能提供的。

《思》剧奇峰陡转、悬念丛生地叙述了一个在千百个受海峡相阻之苦的家庭里显得平凡而又出"奇"的市井故事：一个被抓了丁的足球队员，思亲心切，泅海返回大陆，却被逆风恶浪卷至台湾，而成了他新婚妻子的，竟是救了他命的义士之妻，一奇；他以鞋为证，以歌为媒，重会结发之妻而又返台，二奇；遇文革厄运而"拒"夫，抚儿敬婆苦守空房30载，夫归家而复纵之，三奇。然而推敲起来，这些"奇"事又都平平常常，没有逆常理、悖人情之处。刘思嘉娶海娣，是在其夫身亡，生活无着，急需救援，而惠英又被迫违心"绝交"，天隔一方，真相难明之时，情有可原。而在山歌盛行的足球之乡，以球会子，以歌传情喜相逢是可能的；而互谅互爱，孝敬父母公婆，忍辱负重，推己及人，又是炎黄子孙传统的美德，使人信服。所以，《思》剧又于"奇"中见"平"，不显荒诞奇诡，反从"平凡"之中见出人间的不平，从无可奈何的悲剧之中见到美好希望——中华民族历久弥坚的凝聚力和久分必合的光明未来。

以人物心理位审美焦点的《思》剧，运用了各种戏剧手法，强化并展现了主人公刘思嘉的思亲怀乡之情。在审美时空的变化方面，剧作者大胆切割，重新组合，将发生于大陆、金门、台湾三个地点的过去时与现在时的不同事件进行精心安排，让现实与回忆，梦境与幻觉，交相出现，让歌队与"画外音"，串线人物与主要角色各诉衷情，演出了一场"隔海卅载苦相望，情天恨海思悠悠"的悲欢离合的人生戏。全剧以台办公室干部曾淡光的心理发展轨迹（实质又可视为现代观众审美心理变化的舞台形象化）为丝线，串联起主角刘思嘉各个感情发展阶段的心灵之珠，使之珠连线牵，浑然一体，避免了支离破碎之感。在剧情发展史上，《思》剧还多次采用"闪回"、"跳出"的结构方法，使现实和往昔穿插进行，使剧情和思考碰撞生辉，间隔有致，"述"评相映，表现了作者的艺术苦心和"迫近现实"的艺术功利观。

也许是《思》剧的作者戏剧观念较新、思路较活吧，举凡像时空交错、悬念穿插、歌队伴舞、山歌吉它、闪回追光、面具武打、梦境幻影、间隔效果……等许多古今"土""洋"的戏剧表演手段，都被拿来，为我所用，取得了一定戏剧效果。但最能体现《思》剧艺术特色和地方情调的，还是作者将足球之乡的民歌风和足球热糅进曲折复杂的剧情之中，使之在表现人物性格、抒发人物感情、密切人物联系的同时，突出了山歌剧所具有的载歌载舞的表演特点和浓郁的地方色调的尝试：

> "米筛筛谷谷在心，千里难隔思亲心。
> 灯草拿来两头点，虽然各向共条心。"
> "蜘蛛结网在竹筒，隔节难通思绪长。"

前一节歌词以农村常见的筛箩灯具为喻，后一节歌词以蜘蛛吐丝来谐音"相思"，表现了恩爱夫妻之间情浓意长、异地同心和思绪绵绵。

> "游子千言归一句，山亲水甜故土香。"
> "倦鸟终有归巢日，游子无时不思乡。"
> "月清清，影单单，谁人知我泪暗弹？
> 月晕晕，心忧忧，再好琼浆也是酸。
> 月圆圆，思悠悠，醉梦中秋桂家园。"

这几行歌词将离乡游子强烈乡情所系引起的香甜酸楚等复杂的主观感受诗意化，达到了纯情如水，沁人肺腑的境地。刘思嘉球场失妻，球场得妻，球场父子巧逢，病床上闻球讯而气绝，以及中秋佳节的一再叠印，都刻划出绿茵英豪彼此彼境、此时此境的复杂心态和"球迷"的个性，给人予较鲜活的印象。

总而言之，"思"是《思》剧之魂，是《思》剧情节发展的核动力。惠英每年中秋为丈夫纳一双穿不上的鞋，思嘉每年中秋将给妻子赡养费打成一只戒指保存起来，都强化了"思"之切，情之深。然而，思妻若不同思母有机融合起来，则有损思嘉的赤子之心，如何变人物的"单相思"为更丰富更有层次的"多相思",是塑造立体型人物的关键。刘母强留儿子在大陆定居,丝毫不顾及新儿媳在台湾的处境,后来只能由惠英偷偷"放人",也颇不近情理,反而减少了观众的同情心。若能表现母亲左右为难,惜子疼媳(惠英与海娣)的矛盾心理,似乎更富于人情味和戏剧性。减少了外在压力,思嘉的内心冲突也将更为自然,尖锐化。

好戏多磨。从现有的剧本看,粗疏之处商待琢磨的甚多;但它毕竟是一个起点,而其难能可贵处就在于,它不像一般"寻亲戏"那样,一味在"寻"字上凑戏做文章,而是腾出大半舞台时空尽情渲染了台湾海峡两岸人民那犹如火山滚滚熔岩般不可遏止的亲情乡思,表现了两岸人民渴望祖国统一,民族强盛的共同愿望和爱国主义精神。这正是表现出《思》剧艺术功力的地方。

六、古越英魂耀舞坛

有幸观看广东歌舞剧院献演的大型舞剧《南越王》和广西歌舞团献演的歌舞乐《骆越神韵》的人们,无不惊诧于它们在赞美古越英魂和岭南风范上的新奇创意,争妍斗丽和一脉相通;无不回味于它们所流露出的那种既古拙粗朴、刚焊雄健而又清丽洒脱、温馨醇美的岭南神韵……。也许,这正是我们难以把握它们而又禁不住要去思考它们的审美意蕴的诱惑及理由之所在吧?

从两剧人物的形象构成看,赵佗是历史上的真实人物,满月是虚构人物;而郎正、布洛陀、金色勇士则是壮民族神话传说中的英雄。这便决定了两剧的审美题材范围和创作倾向;《南》剧——以现实主义为主导而又融合了浪漫主义精神的历史题材舞剧;《骆》剧——以浪漫主义为主导而又扎根于现实土壤的神话题材舞剧。明乎此,我们就可看出《南》和《骆》二者的同中之异与异中之同了。

这种:"同""异"相别之处,首先可以从两剧的总体构思和美学倾向上看出来。作为舞剧,《南》剧除幕间介绍词外,没有一句唱词和台词,严格遵循了传统舞剧的美学规范。《骆》剧名曰"歌舞乐",以独唱、领唱、对唱的大量歌词丰富了全剧的审美语汇,加强了其艺术表现力,不仅显示出壮乡歌墟的地方特色和民族风情,而且表现出一种勇于兼收并蓄,冲突传统舞剧框框的创造力。

《南》剧的总编导梁伦在其创作体会中说:"历史舞剧和神话舞剧不一样。创作神话舞剧的作者可以充分地发挥他的主观想象力,有更多的随意性。历史舞剧的创作要以历史为根据，要尊重历史客观真实，作者要用历史唯物主义的观点考察历史，解释历史，表现出历史的发展倾向与精神。"显然，这是一位以清醒的现实主义态度和历史唯物主义观点去审视岭南历史和古越先民，去构思编舞的艺术家的心得和志趣。而集《骆》剧台本、歌词、导演、灯光、服装设计于一身的梁文江，却似乎无暇去思索得这么深透，他感受甚深的是那在贫瘠土地上汹涌奔腾的红水河所蕴藏的无穷力量——壮民族顽韧刚毅的象征！他激情难抑地与同伴们投入了创作——画一幅"注定画不完"的《骆越神韵》图，以至于到了完稿后，还茫然自问：《骆越神韵》"到底是民族史还是民俗史？是风情录还是散文诗？是古老的神话还是当代的心声？是生命的原色还是哲理的象征？……"

这种理论的困惑，对艺术家而言可能是一种幸事，因为它能使艺术家暂时摆脱某些狭隘的功利要求或某些清规戒律的束缚，全身心地探寻民族的神韵和心律，忘我的与古越先民的狂躁脉搏同拍起跳，敷演出一台蓄满了民族的血与汗、歌与泪的神话舞剧来。当然，《骆》剧编导者的"困惑"不无自谦之词，他们终究不是回到了现实之中，在剧末的点睛处添上了光彩夺目的"七彩未来"的一笔吗？这与《南》剧运用现实加神话的浪漫主义手法，设计在越王归汉，万民同贺之际，于赵佗眼前飞过一群簇拥着满月的鹭鸟的情节，正有异曲同工之妙。

这种"同""异"相别之处，还可进一步从两剧既相吻合又不雷同的审美词汇中看出来。所谓"审美词汇"，是指创作主体通过艺术品向审美欣赏者传递审美信息的基本元素的总合。对于一部舞剧来说，构成审美语汇的最基本元素首推舞蹈。有没有富于生命力、创造力和优美韵律的，以及浓郁民族色彩的，令人经久难忘的舞蹈词汇，是衡量一部舞剧成功与否的首要标志。《南》、《骆》的创作者不约而同地将审美焦点对准了刻划古越先民生活形态的花山岩画。曾因自己掌握的岭南舞蹈语汇的贫乏以至担心影响了舞剧质量而食不甘味的编导们，惊喜地从花山岩画上发现了一个旷远神奇的艺术天地，感悟了古越先民生活意态的粗犷美、韵律美和线条美，萌动了把"花山羽舞"的神韵贯注《南》剧始终的匠心。这一发现是关键性的，它明示着古今艺术家的审美心灵由隔膜到沟通的飞跃，它与南粤王墓的发现相契合，使《南》剧的审美创造又升高了一格。

看过《南》剧神秘莫测的《祭祀舞》、野艳清雅的《梳头舞》、娇柔热烈的《火蛇舞》的观众，无不为其异彩纷呈的南越舞蹈的风韵妙姿所折服，为舞蹈家熟练运用了古老越族的舞蹈语汇而叫好。至于《骆》剧，对"花山羽舞"造型的理喻和摹仿，就更为独到而成功了。9个金身赤体，定位起舞的"太阳女神舞",纯美高洁,辉煌壮丽;在布洛陀指挥下的"钻木取火舞",慷慨而激昂;在蛙仙簇拥下的"蚂拐稻仙舞",充满了田园的欢娱与憧憬;剧末的"担山舞"更是不同凡响,山呼海啸,刚健挺拔,将壮民族历史磨难而斗志弥坚,坚韧顽强的精神风貌表现得淋漓尽致,催人奋起!如果说,《骆》剧在感悟花山岩画的壮民神韵并化为舞姿方面技高一筹的话,那么,《南》剧在吸收现代舞、芭蕾舞的丰富语汇方面则可谓先着一鞭。尤其显见的是赵佗与满月的四段双人舞。它由青年舞蹈家叶建平、温明珠分饰男女主角,以现代舞、芭蕾舞的托举与表意动作,将两人由"巧遇获救"、"情爱初萌"、"定情抒怀"到"临终别情"的复杂心态和矛盾心理表现得丝丝入扣,如诉如泣,体现出身处对外开放前沿的岭南艺术家的敢于借鉴和恢宏气度。

音乐词汇,是舞剧审美语汇的又一元素。优美的舞剧是善以声色娱人的精品。《南》剧运用的是与剧情相配的富于史诗色彩的雄浑瑰丽的交响乐。把交响乐这一西洋音乐的最完美形式用来为民族历史舞剧服务,这本身就是一种具有气势恢宏的民族自信心的表现。《南》剧的全部乐章浑然一体。它以秦腔音乐作为赵佗主题,凝重浑厚而高亢;以黎、苗、瑶、壮等民间音乐素材综合为满月主题,明丽轻柔而刚健;以南方音乐元素为鳄鱼巫师主题,阴森神秘而诡谲。这种阳刚美与阴柔美的对比,正面音乐形象与反面音乐形象的对比,使舞蹈的音乐语汇更显词丰藻丽,悦耳动听,有力烘托出舞台形象。相形之下,《骆》剧的音乐成就则主要表现在民族乐曲的糅合与民族器乐的运用上。整出歌舞乐的壮族舞曲全部使用马骨胡、蜂鼓、唢呐、铜鼓等壮族乐器,在乐队的配制上刻意突出民族乐器的音量和音色,在鼓点的运用上疾徐有致,变化多端,显示了壮族音乐多姿多采,激越雄浑的地方特色。

舞美设计,是凝固的诗,抒情的画,是构成和丰富舞剧审美语汇又一不可或缺的重要元素。《南》剧的舞美设计以静态美为主,第一幕的钟乳溶洞,天然镜湖,干栏村落,第二幕的南越王金殿,第三幕的宫廷设宴,朝汉台等,都以实景衬托出岭南的地理风貌,时代氛围和特定场景,为舞剧提供了再现历史进程的特殊空间。序幕的舞美设计静中有动,在秦军选将已定,持戈待发之际,将后幕升高,使幕上原来只见麾尖矛头的秦军阵容顿时变成叱咤风云的秦军将士相互呼应,有力渲染出"秦王扫六合,虎视何雄哉"的民族统一的历史氛围,具有强烈的动感和震慑力。

《骆》剧的舞美设计以动态美为主,运用了被专家称之为"以人化景"的布景法,它从展示"骆越神韵"的意境出发,刻意追求一种属于表现主义意态的布景;它几乎不考虑再现现实形态的场面,而只运用舞台性质的结构空间、符号标志、光色氛围及音响效果，制造出各种艺术信息、意态信息，参与剧情去启导和震慑观众。也许与舞美设计者身兼编导不无关系吧，这一奇特的舞美构想在《骆》剧的艺术实践中竟得到了大写意、大挥洒的充分体现。全剧别出心裁地以各种色调来表现壮民族的生命原色，如"白"的神秘，"黑"的悠远，"绿"的蓬勃，"蓝"的宁静，"金"的璀璨，"七彩"的富丽等等。应该承认，这种浓墨泼洒，不拘一格，营构意境，不求形视，追求神似的舞美设计，是深得中国画的神韵的。它与《骆越神韵》的美学追求血脉贯通，独具特色地散发出东方艺术的韵味。

服装设计在舞剧的总体结构中虽不属主干，却能使舞剧的审美内容叙述得更流利、婉转而动人。《南》剧的服装设计，光彩照人，显示了广东的设计特色，堪称国内一流水平。秦军的军装甲胄与越人的树叶裹身的对比，拉开了中原与岭南的文明差距，色彩反差强烈而不失美感。当赵佗登基之后，随历史的推移而出现的越服变化，又巧妙点染出文明进步的足痕，暗示着"归汉"的必然。《骆》剧服装设计更崇尚朴素大方，总体上以壮锦图案为服饰基调，独具浓郁的壮族审美风格，清新可喜。

当我们分析完《南》、《骆》两剧审美语汇的各个元素之后，就可进入把握其审美激情与审美追求的更高层次了。艺术创造离不开审美激情的喷发。如果要问《骆》剧审美激情的来源，那就诚如编导所言，它来自对那峥嵘神秘的十万红土地的困恋，来自那绚丽的壮锦，古远的传说，神异的图腾所开启的艺术思维；来自目睹那播下了玉米籽也播下了世世代代生存希望的石头缝的贫瘠，那激发出昼夜歌舞的一碗碗水酒的淡薄而引起的通感！正是这种与壮族始祖——骆越先民息息相通的心灵交感，与改变山区贫困面貌的热切期望相融合，才激发起编导者的审美冲动，悠悠然进入了浑然天成追求民族神韵的"形而上"境界。它的审美追求，就是从民族自治的基点出发，着眼于壮民族的自立品格，歌颂壮民族的开拓精神和英魂胆气，并以之鼓舞现代壮民。《南》剧的审美追求则放眼于汉越民族的统一事业，强调中华文明的融汇化合，歌颂顺应历史潮流的英明政治家和勇踏文明之路的岭南巾帼豪杰。正因为如此，《南》剧更注重道德评价与历史评价，其审美激情显得更为从容不迫，更为豁达明智。

历史上，安居岭外的两广人共属百越族系，同饮珠江之水，习沿性近，唇齿相依。而如今，弘扬珠江文化，振兴中华的历史重任，又将两广艺坛精英结合了起来。通过此次艺术节的联袂献演和相互切磋，可以料想，岭南根深叶茂的歌舞艺术之花，一定能够在珠江两岸盛开不衰，为两广乃至全国人民的审美享受带来更多更好的甜果佳酿。

七、东方之珠喜逢春

在参加国家"八五"科研项目"港澳文化综合考察"的活动中，我们到香港进行了为期半个月的实地考察，受到了香港文化人的热情款待，耳闻目睹了"东方之珠"的文坛艺苑的趣闻盛事。感触之一，就是在香港这一商业气息极为浓厚的华洋杂居地，竟可在饱览各国文艺精品的同时，观赏到艺术品位不低的港产原汁原味的话剧演出——由成立仅16年便演出剧目120余出的香港话剧团自行编导的话剧——《我和春天有个约会》，其剧场效果之佳，观众掌声笑语之多，令我这个对观剧习以为常的看客也不禁动容。

其实，该剧述说的似乎是一个普通寻常的爱情故事，一个出道不久的女歌手爱上了一位助人为乐的乐师，他为免日后地位悬殊遭人冷嘲而赴英深造，直至两人都年逾不惑才在友人的巧计安排下重逢港岛……。女主人公姚小蝶在重会音讯隔绝多年的情人之前偶然探知了女友好心导演的戏剧，受骗被耍的感觉和对情人薄情寡义的爱恨交织，骤涌心头，难以自制，终又在一场声情并茂的怀旧演唱会的歌语倾述中尽泻激情！

说它是一场现代舞台上的《罗密欧与朱丽叶》的重演吗？却没有一见钟情坚贞不渝万古流芳的爱情悲剧；说它是一出阴差阳错平淡无奇的情侣喜剧吗？又分明有一股在金钱世界里笑傲世俗颓风向往人类真情的狂热。啊！奇妙的姚小蝶（刘雅丽饰），她把剥蚀港人的心灵的铜臭涤净，她在女友的坎坷命运反照下更具光彩：一个是追随滥赌丈夫漂泊南洋客死异乡的懦弱歌女莲茜（冯蔚衡饰），一个是醉观浊世借酒浇愁终患绝症的烈性女子凤萍（苏玉华饰），一个是移情别恋喜嫁阔少却百无聊赖的太太金露露（罗冠兰饰），一个是冒充台湾歌女外表光鲜内心惶惑的风骚女郎婉碧（王云云饰）。五歌女或执着，或痴情，或泼辣，或鲁钝，或风骚；宫、商、角、徵、羽，奏出了一首大香港从1967年动荡骚乱到1993年祥和繁华的圆舞曲。

由搞校园戏剧获奖而入行的杜国威先生编剧，古天农导演的《我和春天有个约会》，一举获得了第二届（1992/1993）香港舞台剧奖之最佳导演、最佳女主角、最佳灯光布景设计及整体演出等五项奖项。体现了由杨世彭博士任艺术总监的香港话剧团注重本土戏剧文化原创性的奋斗目标和精品意识，表现出香港话剧团这支年轻化的演艺队伍（其中不少是由穗迁港的演员如刘红豆、欧阳奋仁、吴业光、许芬等）在中西戏剧文化滋养下英姿勃发的生命力。反观80年代高潮迭起，90年代初却略显清冷的南国剧团，该引起我们哪些思索呢？

《约会》一剧的故事并不复杂，似乎不过是一位昔日红极一时的歌后返港再踏当年初登歌坛的台板时，勾起的一段酸甜苦辣如诗如梦却又凡俗无奇的回忆：那渡海跑台的艰辛，互助共勉的友情，各奔东西的迷惘，难消难解的情愁……全剧的时间跨度虽大，恋旧情绪虽浓，人物除衣饰发型外从面型到性格均无大的变化，多属饱满度不够的类型人物（男角尤甚）；事件的发生地更是严格依照"三一定律"的原则，由始至终发生在歌舞厅内，其剧场效应从何而来呢？我看有下述几点足供国内话剧同行借鉴。

（一）精妙的布景和灯光设计。整个舞台由一整块彩绘"透明"胶质幕布隔开，配合灯光变化，本是歌舞厅化妆间的前台，忽而由三面大立镜轮番透出并显现昔日歌伴的活生生面影，忽而幕布上升，舞台延伸为整座歌舞厅，狂歌劲舞的热浪逼人而来，场面换景快捷而随女主人公的心境意念流动，一气呵成犹如电影，而又独具戏剧艺术那真人献演的无穷魅力，极大满足了适应快节奏生活的现代观众的审美需求。

（二）演出的整体美和演员素质的全面提高。该剧表现的是歌女生涯，不能只说不唱。女演员们扮谁似谁，歌喉婉转，舞姿翩翩，亲力亲为，绝不用录音配唱哄人，令观众倍感亲切，尤置身于豪华歌舞听歌赏舞，又享受到别处无有此地独香的话剧艺术，何乐而不为？其次，演员们个性鲜明，语言风趣，亦庄亦谐，妍媸并立，顾盼生辉，糅合幻化成一个鲜活灵动的舞台小世界，予人以浑然天成而非呆板划一的艺术感受。即使是一些颇不起眼的小角色，如象征着香港"全盘西化"的活力歌迷一代的——Bobby（谭伟权饰）与 Amy（陈慧莲饰）这对活宝，就以其惟妙惟肖的表演令全剧增色不少。

（三）尽可能地吸取当代科技成果和市场流行文化。吸取歌厅艺术、流行曲、交谊舞、电影、美容术、时装文化等的精华，尽力把狭小凝固的舞台扩展为时空自由的艺术天地；把西来的话剧艺术变为本地的明镜，以华丽的外表包装地道的"港货"，在人欲横流的花花世界里高扬起中华民族"梁祝"式真情挚爱的彩旗，无疑是《约会》一剧大获成功的原因。

香港话剧团曾于 1985 年和 1987 年两度来穗演出，促进了穗港戏剧文化交流。在《约会》于港重演，备受好评的今天，有关部门能否为该团赴穗献演再造良机呢？就以此文作为"我和春天有个约会"吧，她将是一个寄望于穗港文化交流携手共创珠江文化春之歌的美好约会。

八、民族神韵谱华章

只有表现民族神韵的艺术，才是真正的民族艺术，只有雄立于世界民族之林而毫无愧色的伟大民族，才会不惮于在民族文化的创立与传播中展现民族神韵的灼目光彩！

中华民族是对人类历史作出杰出贡献的伟大民族，她在维护民族团结和民族尊严，振奋民族精神和民族正气的艰难曲折的漫长历程中，创造了灿烂的民族文化，形成了自己特殊的民族气质，民族心理，民族风采，民族格调和民族审美情趣，而这一切，正是那深潜于民族血脉之中并形诸于民族形象之外的魅力无穷的民族神韵。

我们欣喜地看到：在中国艺术节（中南）及广东省第三届艺术节上演的许多剧团，都在弘扬民族文化，都在表现民族神韵方面奋发开掘，给羊城观众以莫大的艺术享受和精神感奋，这确是非常值得赞赏的，广东大型历史舞剧《南越王》，以古南越国史为依据，艺术地表现了岭南先民义胆豪情，积极吸纳中原先进文化，毅然归汉，维护祖国统一的壮举。广西歌舞乐《骆越神韵》以花山岩画为史镜，尽现弯弓射日，开天辟地的古骆越人蓬勃的生命力，把红水河峥嵘神秘的河流，化成了鸣奏壮民族神韵之歌的永恒仙乐。潮剧《丁日昌》真实再现了在列强压境，鲸吞虎咽的民族危难关头，上至堂堂道台，下至一介寒士，孤孀弱女，不畏强暴，前仆后继，机智果敢，夺回巨款，开办了中国历史上第一家大型机器厂，奠定了民族工业基础的可歌可泣的斗争史实。

如果说，以爱国主义、民族团结，天地正气来表现民族神韵，是反映了民族文化的主旋律和积极面的话，那么，以国民性解剖、灵魂曝光，性格展露来表现民族神韵，则是一种表现民族文化的复杂性和疲软面从而引起疗救注意的尝试。粤剧《南唐李后主》及《顺治与董鄂妃》，分别表现了一个词人皇帝与和尚皇帝，于二者的有所为和有所不为之中，检讨了受儒、道、佛影响的民族文化的精华与糟粕。编导演俱佳，神韵独具的京剧《膏药章》，在舞台上树起了一个不似阿Q，却颇具阿Q丰富性格内涵的江湖医生形象，使观众于悲喜之余品味出人生的甘苦。

对于所有具备了现代意识和丰富的民族文化修养的戏剧艺术家来说，在剧作中成功地表现出民族神韵的某些特质都不会是食古不化，盲人摸象的侥幸，而只能是勤奋研习，辛勤笔耕，大胆实践的结果。对他们来说，表现民族神韵的艺术之路是艰辛而又宽广的，其艺术手段也是变化无穷的，王昭君是历史上文人题咏最多的四大美人之一。在各剧种的传统剧目中，她一直是个悲剧形象，而在曹禺笔下，她却成为了胆识过人的巾帼英雄。广东汉剧的《王昭君》在导演、表演、服饰方面均堪称上乘，它力图从以往艺术家的大悲大喜的模式中跳出来，塑造一个真切自然，亦悲亦喜的新昭君，其成就虽未尽人意，其尝试却能启示人们：借古人以展示民族神韵的路子是可以独辟蹊径的，并非只有一种模式可循。

如前所述，民族神韵是民族文化的结晶，是民族审美情趣的总体显现，因而只有调动多种艺术手段多方位开掘才可能充分展示。在这方面，富于优良艺术传统且兼具综合艺术之长的戏剧是得天独厚的。从这两次艺术节的优秀剧目的演出看，仅仅靠题材的优势，剧本的成绩，演技的精湛，唱腔的优美，导演的新意，舞美设计的奇巧，韵设计的多样化，都是难以独立支撑起戏剧审美的巍峨大厦的。《南越王》的文学结构不甚合理，便限制了男女主角的感情交流和全剧的艺术震撼力；《昭君行》的女主人公的性格跳跃摆幅过大，难免使悦耳的唱腔流于空泛，便都是令人遗憾的例子。反之，《膏药章》在综合各种艺术手段方面比较协调，艺术效果便要好一些。

怎样真实地、深层地、立体地表现民族神韵，不仅仅是戏剧艺术的独家难题，也是所有艺术的共同难题；它不仅仅是一个深奥复杂的理论问题，更是一个永无止境的艺术实践问题。中国艺术节（中南）与广东省艺术节的剧目演出，为我们注重和思考这个重要的问题提供了宝贵的借鉴，这是深值庆幸的。一切有抱负，有追求，有理想的艺术家们，都应在响彻时代主旋律高亢音调的交响乐里，奏出自己风格独特的再现民族神韵的华彩乐章！

九、戏剧审美与意识改革

文艺事业是社会主义精神文明建设的重要组成部分，而现实题材创作在社会主义初级阶段的文艺事业中尤其重要；这是因为它始终与人民同声相应、同气相求，追踪着时代的民主、科学、改革、开放的潮流，喊出了他们的呼声、倾述出他们的渴望、描绘出他们的憧憬，搅动这他们的神经之缘故。

为戏剧这一大众化的古老艺术的复苏而呕心沥血的广东剧作家们，对此深有体会。在传统戏演出至今仍占领着省内各市、县的大部分舞台的艰难处境中，他们对现代戏的创作激情却依然炽热如火，笔耕不辍、硕果累累。那么，广东省现代戏创作的主导倾向的潮流到底是什么？它经历了哪几个阶段，其深化趋势又如何呢？这是关心珠江戏剧事业发展的人们所最想了解的，也正是本节所试图展开阐释和探讨的问题。

（一）广东现代戏近年的实绩、主流和发展阶段

广东现代戏近年创作的主流，是立体化反应南国城乡深入改革的现实和巨变，这已是不争的事实。

从 1983 年至 1984 年间，广东剧作家的审美触角，竞相伸入僻远的渔乡山村，农庄土寨，从那里给观众报告了一个个喜讯，生动反映了在党的十一届三中全会的春风吹拂下，农村实行承包制后所发生的喜人变化和由此激起的心底巨澜。这时期的剧作中有写乡民消除积怨，科学养鱼的《一墙之隔》（李明铿、梁建忠）、写联产承包，共同富裕的《风雨故人情》（周庆业）、写退伍兵办鸡场，助人为乐的《金鸣啼晓》（黄銮深）、写寡妇改掉恶习，成家致富的《荔枝湾》（陈梅熙）、写恋人和好，治穷求富的《银河》（张富文）（以上为粤剧）、写农村知青曲折经历的《人生路》（陈中秋、张云青）、写兄弟致富分家、离弃老人的《满福之家》（龚政宇）、写侨眷悲欢和侨务政策的正确的《金龙银凤》（陈竞飞）、《海角情天》（唐山大）等。这些土生土长，血肉充盈的农村题材剧作的大量涌现，形成了广东戏剧史上罕见的农村现代戏的创作高潮，从一个侧面表现农民对创造美好新生活的信心百倍，也表现出南粤地方剧种潮剧、采茶、尤其是粤剧在捕捉农村生活情趣方面的剧种优势。

与此相呼应，以话剧为主的多侧面表现工矿企业在改革后的各种人际关系、精神面貌、生产面貌变化的现代戏也大量产生，为现代戏剧创作尤其是改革题材戏剧创作造足了声势，积累了丰富经验。在这批剧作中，有写敢顶歪风的女会计的《在权势面前》（卢瑞标、沙业雅）、写不畏谗言，大胆改革的女厂长的《未婚的妈妈》（许绍钦）、写女服务员之母游特区感受的《春满杜鹃湖》（关汉、潘邦榛、何笃忠）、写因受精神污染而影响正常生产的《高跟鞋》（黄銮深）、写特区大企业、大公司经理家庭矛盾的《把所有窗户照亮》（杨一德）、《风中鸟》（周游）、写夫妻、恋人、同事间复杂纠葛的《工程师和他的妻子》（王光辉）、《仙人红》（黄心武）、《爱情迪斯科》（葛耘生）、《婚礼前的追踪》（胡波）、《两个妈妈》（郭华、陈玉渊）、《紧急通知》（许俊辉、江晓）、《食蟹记》（郭应新）、《秋月娟娟》（吴建邦、许宏盛）、《蛇与花》（李毅），等等。这些戏或长或短、或悲或喜、或深或浅的从不同层次不同侧面表现了改革时期人们在处理亲情、友情、爱情诸方面，在抵制招工、分房、宴请的不正之风方面的微妙心态变化；虽然有的戏过多纠缠于破译血缘之谜上，有的戏多属急就章，即兴篇，比较粗浅，但总体上仍形成了对正面切入和反映企业改革的大型话剧的有力烘托。而创

演于省首届艺术节前后的《特区人》（林骥）、《玩具交响曲》（陆探芳、任流）、《南方的风》（欧伟雄、杨苗青、姚柱林）、《风从南国来》（陆永昌、张晓然）、《总经理的日子》（陈天泽）、《偏僻的街巷》（李萍）等剧，正是在这一背景下脱颖而出，以其纪实的风格、火爆的激情、迅捷的扫描，为南国改革大潮的腾起和奔流、留下珍贵的历史剪影，代表着现代戏创作的主流，成为本省改革题材戏剧开拓期的压轴戏的。

1986年底省第二届艺术节的召开，把全省以改革题材为主流的现代戏创作推向了更高的新阶段——发展期阶段。

这一时期现代戏创作的基调是沉思和冷静，它恰与前一时期的新闻报道式的扫描和激情满怀的热烈形成鲜明对比。在第二届艺术节期间上演的粤剧《金沙梦》、话剧《水乡情歌》、潮剧《千金女》、采茶戏《竹路弯弯》等剧，都表现了农村改革家的困境和奋斗，以及旧习惯势力的强大和乡民致富后观念更新紧迫性，城市戏方面，许雁的《裂变》和许宏盛的《急流》，已把审美镜头从改革的舞台推到了它的幕后，把一个个在台前慷慨激昂、大刀阔斧的改革家深藏不露的、蠕动不安的、痛苦的灵魂曝光剖析于观众之前，引起了人们对自我意识改革的必要性的觉醒和对保守意识的可怕恶果的警惕。在这方面一显身手的还有林骥。他的《深深的海》就像狂啸翻腾的巨浪，将一个中箭落马的改革家卷挟到一个几无人烟的孤岛，与渔公海女为伴，经历了一场文明与蛮荒、进取与退缩、复出与隐遁的心灵搏战。剧作家以三擒三放的手法，让主人公石涛和一个个对手进行心灵激战，以对白的利刃将其厚厚的心灵茧壳层层剥落；在淋漓尽致地任其抒发了对世外桃源与世无争的隐者生活的向往之情后，把他对渔姑与才女的抉择，对过文明富裕的竞争生活还是愚昧贫困的温馨生活的难题的解答，通通留给观众回味，突出表现了这一时期广东剧作家普遍热衷于作哲理性沉思的戏剧美学风貌。可以看出，哲理性戏剧的所谓"沉思"，以其心理冲突的不断激化而溢发"戏味"，确也在一定程度上弥补了其现实背景虚拟化过甚、人物单薄的偏颇。

（二）广东现代戏的反思及其新潮和深化趋势

在"第一节"里，笔者对代表广东现代戏创作主流的改革题材话剧创作的开拓期的耕耘和发展期的沉思作了初步总结，对广东现代戏尤其是改革题材话剧如何打破，将人才使用、方案选择、权力争夺、爱情纠葛的四大主题定型化于四种人物（年富力强的改革家、秀外慧中的女强人、敢作敢当的青年改革家、反改革者）之间的矛盾中展示的僵化模式的桎梏，步入更高审美层次的成熟期的途径，作了初步阐述，结论是乐观的。但从近年的创作时间和创作态势看，对改革题材戏剧创作成熟期的到来还只是一种憧憬而已。仅据广东省委宣传部文艺处搜集到的省内各市报来的迎接建国 40 周年的重点题材创作计划来看，戏剧作品有 60 多出，数量最多；其中现代题材占了 2/3，居绝对优势，继续坚持正面反映改革的有《李秀森》、《轨迹》、《惊涛骇浪》、《力的释放》、《奔向大海》、《囚》诸剧。作为现代戏的一部分，这些改革题材戏剧的主流地位已不很突出，在质量上也难以比前期的佼佼之作有更大突破。其症结就在于，它们可能只是沿着前期改革题材戏剧创作的辙迹轻车熟路地走下去，充当前期改革题材剧作的余生和回响，而没有认识到：须从意识改革的高度和努力提高戏剧审美的品格上开拓新境界。

另一方面，近年来又确实有一股值得注意的现代戏创作新潮在冒头，有某种随着现代戏审美焦点的转移而使内容深化的发展趋势，这与当前意识改革的紧迫性日益严重是密切相关的。

意识改革的含义是极为广泛的，像公仆意识、廉政意识、民主意识、文明意识、法制意识，乃至计划生育、优生、男女平等意识，等等，都可包括在内。马克思很早就强调过意识改革的重要性。在他看来，意识是世界应该具备的东西，"意识的改革只在于使世界认清本身的意识，使它从迷梦中惊醒过来，向它说明它的行动的意义。"① 用哲学、法学、道德、艺术的语言去说明人的意识的发生、变化及其与人的实践，与世界的进步的必然联系，从而促成历史的进化，是意识改革的最终目的。长期以来，旧的传统观念就像梦魇一样纠缠着活人的头脑，阻挠着人类的意识改革从而延缓着社会改革的步伐；要摆脱这种纠缠，进行广泛而深刻的意识改革，才能使政治改革、经济改革深入下去，才能解放人的思想，焕发人的才智、实现人的自由。马克思说得很明白："意识改革不是靠教条，而是靠分析那神秘的连自己都不清楚的意识。"从这个意义上可以说，包括戏剧在内的以人为审美对象的文学艺术，正是人类用以解析自身的神秘的难以言喻的意识现象，从而实现自我意识的改革和优化的最好法宝和途径之一。

根据党的十三大所确定的社会主义初级阶段的理论，站在党中央给予广东的成为全国综合改革试验区的有利地位，面对翻腾不息、汹涌而来的太平洋文明浪潮，如何从历史的、审美的高度，担负起戏剧对现代人意识的改革的历史重任，创作出人民喜闻乐见，身心获益的现代戏，塑造出具有审美价值的舞台人物，推动时代，造福神州，确是广东以至全国剧作家责无旁贷的光荣使命。

---

① 马克思恩格斯全集 [M]. 北京：人民出版社，1956（1 卷）：418.

省第二届艺术节降下帷幕以来，已有一些审美层次较高的剧作、探索性剧作，针砭时弊的剧作在广东出现。前者如集中了昆曲名角、剧坛精英，由广州话剧团上演的《游园惊梦》，后者如伊妮的《美哉·人间》、许雁的《哎，这些女人》，陆永昌的《石头狮子的故事》等。这些剧大都力图进入人复杂多变的内心世界，把灵魂的叹息和严酷拷问当作激发观众审美快感的手段。像钱夫人对人生如梦的生命悲叹，像诗人对灵感枯竭的恐惧，像沙柳对女人价值的追求，像罗大姐对亲情与国法的选择，便都如此。《游园惊梦》在中国戏曲与话剧舶来品的完美统一，在海峡两岸的文化合流方面迈进了一步，予人以美的享受。《美哉·人间》在借鉴西方荒诞派戏剧表现手法时有所化用，令剧坛同仁刮目相看；《哎，这些女人》在剖析现代各阶层女性的自我意识乃至性心理方面有大胆的开拓，举凡雍容华贵的首长夫人，大权在握的女市长、女权主义的女记者、影迷拥戴的女影星、慕者如云的公关小姐，破除偏见追求迟暮爱情的中年女设计师等等，在剧中都有精采的亮相。这些剧不追求曲折的情节，离奇的故事，却看重心灵的扭曲、世情的荒诞、意识的觉醒，具有寓意化、荒诞化、审美化的戏剧新潮的某些鲜明特征。

然而，能否断言，这些具有某些现代戏新潮特点的话剧，就是广东以改革题材为主流的戏剧创作的必然发展趋势呢？看来很难一概而论。

从严格的意义上说，这些剧本塑造的人物中，除了钱夫人还算形神毕肖，颇有生人气息和审美价值外，其余的大都是剧作家的某种意念，对人物的片面认识和浅层理解通过类型化人物的反映，而《游园惊梦》并非纯然广东戏剧家的精品，更不幸的是，它的审美情趣与传统戏中的文人失意、公子落难、红颜薄命的凄怆心境相当吻合，而与当今意气风发、踌躇满志地投入商品大潮的南粤健儿很少有共鸣之处。《美哉·人间》立意不俗，直面人生；有人责其"太实"，其实弊在偏激——将人生的荒诞面看得过重，对积极面却暗示不足。它缺少《游园惊梦》情真艺妙的审美因素，却有因内涵隐晦、曲高和寡，脱离一般民众的审美情趣和审美能力的实际的超前戏剧表现，这正是此类剧目难以立体化的原因吧。《哎》剧和《石》剧通过无名氏和脏石狮的象征寓意，传达出剧作家的审美意念和人生思考，但却没有把人的感情嬗变和心灵轨迹清晰的叠印出来，以致于在某种程度上与《美哉·人间》一样，使人物成了作家某腔激愤的渲泻、某种意念的象征、某段情感的外化，某些思考的传声筒……。而这种只见理念，不见真人的所谓西方现代派时髦手法，是很难强烈吸引具有民族审美心理定势的广大中国观众的。

明乎此，我们对当前广东现代戏创作的期冀和热望，就不会再过多执着于那些只传达一些和民族改革意识不甚合拍的审美意绪的"阳春白雪"式的情绪戏，也不会再过分宣扬那些只用戏剧符号去阐述作家的哲理思考却缺少触感的鲜活人物和时代进取精神的荒诞戏，而是更多地发现和扶植那些具有改革时代的青春气息的、有健康的审美情趣的、敢于针砭时弊倡导新风尚的、有真情流露的、有活人魂灵之美的大众化戏剧，只有这样，现代戏创作的主流才不致偏狭和断源，戏剧艺术的生命之树才会繁茂长青。

意识的改革从戏剧的审美中来，越是审美化的百看不厌的戏，就越能对意识改革产生潜移默化的推动作用，而这是那些令观众蹙眉疾首、急欲出走的蹩脚戏所无法奏效的。为此，我们应更好地总结前段现代戏创作的有益经验，更好地借鉴外省剧作家的成功之处乃至全国精英文化所提供的一切宝贵思想成果，继续保持当年的创作热情，以舞台为时代荧屏，更生动、更圆满、更审美化地表现珠江地区全面开放、综合改革的大好形势，塑造出各种方式去促使人们实施彻底的或部分的，痛畅的或艰难的、表层的或深刻的意识改革的舞台形象，为民族的意识改革服务、为人民的审美需求服务，为国家的进步昌盛服务。

十、拓宽戏剧批评新视野

当戏剧创作的翅膀扇动得格外艰难而困惑的时候，戏剧批评的翅膀如何才能拨去眼前的翳云障雾？它怎样才能成为视野开阔、充满活力的批评，而不是僵化的、脱离实际、小圈子的、墨守成规的批评？

笔者以为，在马克思主义文艺观指导下，以多学科渗透优化戏剧批评理论建设的新格局，拓宽戏剧批评新视野，是鼓起建设性、大众化、高水准的现代戏剧批评劲翅的关键所在。

文艺社会学和传播学，似应引起处理商品经济浪潮冲击下的现代戏剧批评的高度重视。只有深刻阐明了现代戏剧成果的社会价值并使之为社会所承认，只有全面了解了社会对戏剧艺术消费的需求量和审美兴趣，才有可能对戏剧艺术生产的投资方向及规模提出真知灼见。像粤剧、潮剧这样尤具广东地方特色的剧种，长期以来，已形成了独特的社区文化特色，有自己的剧团、艺校和基本观众，从文艺社会组织及文艺社会消费方式上去深入研究，有可能为其振兴注入新鲜的血液。

戏剧文学评论是珠江地区戏剧批评较有实绩的领域。其原因在于，戏剧文学属于艺术内容范畴，它不仅仅是一剧之本，奠定着导演、演员、二度创作的基础，而且是眼界开阔，勤于思索，具有一定文学修养的现代戏剧观众所最乐于探究的对象。凡是从创作意图、戏剧主题、时代意义、人物形象、题材选择、情节内容去分析剧作及演出实效的剧评，大都属于戏剧文学批评范围。笔者认为，戏剧评论，哪怕是只限于对文学剧本的评论，也是戏剧批评所必不可少的方面，大可不必因"文学中心主义"之虑而作茧自缚，划地为牢。戏剧是有多种艺术成分的综合艺术。人有所长，术有专攻，不可能要求人人在剧评中都包罗万象，面面俱到。实际上，从戏剧文学角度去分析戏剧现象利多弊少，而且有举一反三，推动戏剧艺术家对全剧作整体艺术思考之效果。首先，戏剧演出受时空限制而高度凝练集中，剧作家要回味、发掘剧目的深层意义，有必要从文学剧本与演出效果的比较中去生发联想，发现二者的同一性和差异性，作出切中肯綮的批评；其次，戏剧文学批评是剧评社会化、大众化的必经途径，要吸引更多的缺少戏剧专业知识，但却热爱戏剧艺术的普通观众都来关心戏剧命运，听取他们的意见，从戏剧文学角度展开批评显然是必要的，同时，从某种意义上说，观众参与剧评的热烈程度，正是戏剧取得经济效益和社会效益的天然尺度，开展戏剧文学批评，也是戏剧批评横向联合文学、影视艺术批评力量的契合点；其三，开展戏剧文学批评，对于因条件所限而暂时未能将剧本"立"于舞台之上的剧作家来说，还能引起社会对其辛勤劳作的重视，戏剧主管部门开展剧本评奖，其意义亦在于此。鉴于以上原因，戏剧文学批评不但不应该削弱，反而应该更加予以大力扶持和积极鼓励。

在深入进行文艺社会学、传播学研究、广泛开展戏剧文学批评的基础上，进行戏剧美学的研究，是戏剧批评综合戏剧专业研究成果（包括导演学、表演学、舞美设计、音响灯光等方面），进入戏剧本体研究，达到审美境界的高水准所必不可少的。诚然，戏剧美学历来是世界美学研究的弱项，而中国传统戏曲美学思想及美学经验也尚未系统化，可直接借鉴的专著甚少。理论的薄弱，更需要剧评家们从大量的戏剧现象中捕捉审美信息，条分缕析，日积月累，逐步形成美学系统，更自觉更精当地评析各种戏剧现象，繁荣广东的戏剧创作。目前，珠江地区在诸如喜剧美学、文艺审美心理、戏剧人物美学研究诸方面，已有一些评著和专著问世，倘能注意更切近国内尤其是本地区的戏剧创作实际，在条件成熟时展开对现代戏剧创作的美学倾向、南北戏剧美学风格、现代戏剧观众审美兴趣的变化及其对戏剧创作的影响等方面的研讨，对于高水准的现代戏剧批评建设，可能不无裨益。

形成良好的戏剧批评氛围，创作有影响的戏剧批评成果，是繁荣现代戏剧创作的必备条件，它不是依靠三五个剧评家在批评理论建设上作出努力就能奏效的，而有赖于文艺界的通力合作以及文艺主管部门的重视和扶持。要拓宽戏剧批评的新视野，还需要对戏剧生态环境作周密细致的调查和定量分析，这无疑是一项社会的工程。

影视剧一体。区别在于：对于戏剧来说，影视是新兴的大众文化；对于影视来说，戏剧是传统的大众文化。南国都市化，动态传播化，港味南粤化，是——

第十三章　珠江大众文化的新倾向

戏剧、流行歌曲、通俗文艺读物、电影、电视，是大众文化的五大方面军。近年来，大众文化活跃非凡，而在中国大众文化阵地上称雄显威的，又首推珠江大众文化。其因何在？深堪玩味，追本溯源，这正是市场经济作怪！它以无形的巨手，操纵着艺术的魔棒，将浮游于珠江文化大潮上的船歌吟唱，将岭南作家的艺术构思搬上银幕荧屏，录成音带影碟、制成唱片盒带、印在书报刊物，换成金币钞票，在文艺生产和大众消费的循环过程中，把珠江文化精魂播向世人心灵，召唤着新世纪的春天！

一、南国都市化倾向

南国都市化倾向，是一种以都市为窗口，表现当代珠江人在商品市场经济大潮里心态心曲微妙变化的文艺创作倾向。它以陈小奇、李海鹰、解承强等为代表的南国都市流行歌曲，许雁、林骥、许宏盛等为代表的话剧创作，金庸、梁羽生、伊妮、戊戟等为代表的通俗小说、报告文学、武侠小说和徐克、张良、成浩等为代表的影视创作为醒目标志。

与北方电视剧《新星》对农村改革的现状和步履维艰的改革家命运的强烈关注不同，"南国都市化倾向"的代表作——电视剧《商界》却注目于城市这一现代文明建设中心的改革生活和商家竞争。其意义在于引起正在从事深化改革、治理整顿的人们对于 80 年代全民经商热潮的深刻反思，唤起人们对于当前社会主义市场经济条件下人的灵魂重铸问题的艺术深虑。这正是所有具有同一倾向的珠江大众文化作品的美学追求。

随着荧屏画面的流转，一幅立体化多色调空前活跃惊心动魄的南国大都市的商品经济生活画面呈现在观众的面前。诚然，这是一场牵涉百万巨款，真刀真枪，勾心斗角，铁面无情，诡谲多变的地地道道的商界混战。然而，它却既不同于左拉笔下大银行家萨加尔与金融巨头甘德曼之间在波拿巴第二帝国时期展开的一场殊死恶斗（《金钱》），亦不同于茅盾笔下民族资本家吴荪甫与买办资产阶级代表赵伯韬之间在 30 年代中国革命星火燎原的情势下的倾轧并吞（电影《子夜》）；既不同于曹禺笔下那带有强烈半封建半殖民地社会色彩的潘月亭与金八之间大鱼吃小鱼的喜剧斗争（电影《日出》），亦不同于《妇女杂志》女老板海伦与法西斯恶棍之间在当代资本主义商场里展开的生死较量（美国电视剧《罪恶》）。其原因很简单，这场乍看各为其主、各得其利的"商战"，不是发生在资产者的天堂，而是发生在实行社会主义制度的中国，混战各方的主人实质上是从同一个老板——国家的手中争利，这正是"商战"各方心照不宣的秘密。

80 年代中期，一股"工农商学兵，一齐来经商"的浪潮席卷了全国，在产品经济的庭院里荒废已久的脱贫欲望和致富活力，被商品经济利润丰厚的刺激和充血而变得活跃非凡。一大批像拥有 5000 万股金颇具"官商"色彩的国营穗光公司，集资创业经营有方的集体企业东喜工商企业联合公司，以及个体户承包经营灵活大小利厚的银河公司那样的大大小小遍及城乡的经济实体，正是借着这股经商热潮的泛起而登上了中国商品经济最活跃地区的商战舞台的。《商界》一剧，通过中国人民银行越秀分行行长唐凤翔的中介作用，把穗光公司总经理张汉池与东喜公司总经理廖祖泉的矛盾主线，以及银河公司曾广荣与银行信贷部副主任罗泰康、女职员秦月双的纠葛副线串联了起来，构成了一张上挂下联、纵横交织、牵扯不清、复杂神秘的商战关系网。而这张体现了社会主义初级阶段国情特点的各种现实关系（经济关系、伦理关系、行政关系）交织而成的关系网，正是那些或自觉或犹豫或狂热地投入到这场激烈商战之中的人们所栖身立命的现实环境。不言而喻，"我们每一个人都是更多地受环境的支配，而不是受自己的意志的支配"。① 领悟这一哲理性名言，能使我们不致于一味苛责个人的品格之优劣，以致于对商战所造成的人物命运变化和灵魂的蜕变大惑不解，茫然失措，陷入对改革前途的怀疑论与悲观论。

明乎此，我们就不会怀疑，注重实业、稳扎稳打的张汉池，何以会以心血来潮，铤而走险，拼一条好汉身躯，去孤注一掷，撕破脸皮揭廖祖泉的"老底"。明乎此，我们就不会诧异，精明能干、知恩图报的廖祖泉，何以会去买批文，说谎话，与张汉池对质法庭。他何以会与香港掮客魏仲良交往而又将其甩掉，他何以会婉拒得力助手女秘书梁依云的追求而维系与魏可仪

169

---

① 　马克思恩格斯全集［M］. 北京：人民出版社，1956（32 卷）：599.

的婚姻，他何以会非要剜却张汉池的心头肉——兼并岭南家俱厂。明乎此，我们就不会奇怪，大发横财，志得意满的曾广荣，何以会在"收山"之前，又疯狂地卷入了冒牌"838"电子计算器的炒买炒卖。他的娇妻陶丽佳，何以会陷入卖淫的泥淖。他的老搭档马俊发，何以会反目成仇，出卖好友。而贷款给他，工于心计的罗泰康，又何以会收受馈赂，自寻死路。这所有的一切，难道不都是在某种程度上违背了人物的本来意志而在客观上是由商战环境所支配，所导演的吗？

认识并承认这种历史造成的客观存在的商战环境，并不是要丑化或诋毁我们所处的现实环境，更不是为这些商界人物的某些不光彩行为开脱责任，而是为了帮助我们更深入地探究这些人物活动的背后所潜藏的更内在的动因，探究归根结底是由特定历史进程所造成的人们由传统的重义轻利到现实的重利轻义的灵魂蜕变的思想底蕴，以及这种蜕变对改革开放时期中国人灵魂重铸所提示的认识价值和审美价值；当温馨而无原则的"义"成为公众所要求的市场经济发展的精神枷锁时，打碎它并不是会更好吗？

是的，张汉池、廖祖泉、曾广荣、罗泰康诸人都不是任人摆布、随波逐流的木偶，他们也是重友情、善谋虑、意志坚、有头脑的堂堂男子汉。张汉池何尝不愿意及早归还拖欠东喜公司的电脑巨款？只是由于他不谙商品经济规律，错估市场形势，心慈手软。退回订金，造成积压，以及现行商品经济秩序的漏洞未补被皮包公司骗走百万巨款，才一筹莫展，赖账欠债的。廖祖泉又何尝愿意将危机转嫁恩人，落井下石？他出让电脑时，一再宽限交款时日可谓仁至义尽，本意也是让张赚一笔钱。只是在经济形势突变，银行银根紧缩，林场退货，堵死退路，放"人情债"的责难迭起之后，他才不得不求助于法律的。曾广荣、罗泰康的沦落也非情愿。唯独如此，人物的心底巨澜和意志冲突才更为急剧严酷，其乖戾常情的行为和灵魂深处对传统观念的某些美好东西的痛苦扬弃，才更引起了观众的心灵震撼和惶惑。

不仅在开掘原著这一深刻主题方面，而且在运用电视艺术手段突现南国都市化风格方面，《商界》都取得了可喜的成功，像张汉池的退位和廖祖泉的钓鱼这两个镜头就都拍得相当写意。前者若明若暗的光影流动，唤起了观众对人物此举的社会内涵的思索，后者的倒鱼入湖以及与梁依云关于"生存空间"的精采对白，也把"商战"与环境的关系点化出来，发人深省。此外，像廖张家庭关系的调整，人物纠葛的起因、发生地和结果，电视剧也参照原著小说作了有利于揭示主题的适度变动，这都是应予肯定的。

《商界》是年青的广州电视台第一部独立创作的拳头产品，其对电视艺术的把握自然难免稚嫩之处，综观全剧，优美迷人能体现和深化主题的精采

170

画面毕竟不足，停留在浮面表现商界活动的画面稍嫌过多，能激发大众欣赏趣味的文化基因还较欠缺，这都是今后大众化电视剧创作所要注意改进的。

从以上对南国都市化倾向代表作的个例分析可以看出，珠江大众文化的南国都市化倾向，是与珠江经济大潮的涌涨相呼共应的，其佳作（《公关小姐》、《外来妹》、《商界》等都曾荣获全国电视飞天奖）直面人生，洞察世相，拥护改革，基调健康，不为显贵讳，不为尘世迷。表现出历史使命感和文明撞击力。

二、动态传播化倾向

所谓动态传播化倾向，从狭义上说，就是一种将静态的语言艺术变为动态的视觉艺术从而使之更加大众化的创作倾向。一般来说，这需要表演艺术及导演艺术的加盟和再创作，通过影视剧的大众传播媒介进行。

提起影视艺术，就不能不涉及到所谓作家"触电意识"问题。

究竟什么是作家的"触电意识"呢？

写能为电影、电视等大众传播媒介所用的作品，即"触电意识"。

在文人圈子里，"触电意识"似乎较淡薄，这大概是因为影视界好象属于别一种艺术天地，加上铁的经济规律和浓厚的商品气息，弄不好就会染上一身腥膻，吃力不讨好……

这实在是对别一种艺术的茫然。

面向文学性所包含主题的深刻性、人物的典型性、情节的曲折性、语言的生动性等方面的追求，实际上是自觉或不自觉地"触电意识"。近年来，一部部古典名著如《红楼梦》、《水浒》、《西游记》、《聊斋志异》等；一部部现代名著如《阿Q正传》、《子夜》、《围城》、《雷雨》、《家》、《四世同堂》等；一部部当代佳作如《新屋》、《苍生》、《商界》等，纷纷在银幕荧屏亮相，使原著的艺术光辉得以曝光闪耀，大大增加了作品与作家的知名度，触电意识——增强作品文学性和改编为影视作品的可能性的创作意识——对文学创作的优化作用，已被越来越多的作家承认并运用。

为了使"触电意识"更好地为创作服务，有必要对之作些简要的说明。笔者认为，注意作品的社会性、形象性、情节性、地方性，正是作家"触电意识"强的表现，具备上述特色的作品才更可能引起影视界的重视，增强改编的可能性。表现农村改革的《新星》、《苍生》和城市商战的《商界》，正是首先在文坛上引起好评、产生轰动效应和获奖，才迅速被改编为电影、电视与广大观众见面，又反过来促进更大层面的阅读兴趣。

人物刻画的形象化和作品的情节化也很重要。受西方现代派文学的影响，有些作品充满了心理描写和意识流，很少看到人物形象的描写，包括动作细节、语言细节、肖像细节的描写等等，也没有基本的故事情节。这种心象意态层出不穷而情节淡化的作品，当然是注重人物形象和情节结构的影视作品所难以表现的。《羊城暗哨》、《雅马哈鱼档》等作品之所以能吸引广大观众，显然是与其生动的人物形象和紧张曲折的情节安排有关。

注重地方性色彩也是作家具有"触电意识"的标志。吴有恒的小说《香港地生死恩仇》和《滨海传》，先后被广东电视台看中和改编为长篇电视连续剧，就是一证。

愿广大作家更多一点自觉的"触电意识"。

实际上，不论作家"触电意识"的强与弱，有与无，就其作品的"动态传播化"倾向本身而言，历来有两类情况，一种是被动的，一种是主动的。前者写作时并没想到将来要把作品拍成影视片，只是待小说脱稿、付印、成名之后，才能应邀改编或授权他人改编；后者则熟悉影视作品结构，有意为之，或干脆命名其作为影视文学，写作时及完稿后都以能拍片为荣为目的。属于前一种情况的岭南名作家，有吴有恒、黄谷柳、欧阳山等人，属于后一种情况的，有陈残云、李英敏、周民震等人。两种创作方式并无优劣之分，其审美价值视具体作品而定，但均可借助现代大众传播的再创作而不断增值和普及。下面，且以被动型的吴有恒和主动型的陈残云为例，试析珠江大众文化的动态传播化倾向及实绩，并为传播美学的理论探讨作铺垫。

（一）吴有恒的电视小说。 吴有恒的作品是珠江大众文化"动态传播化"的成功范例，除了应邀参与电影《山乡风云》的剧本改编外，吴有恒一般不亲手写影视剧本，属于"被动型"的上镜率较高的岭南名家。

《滨海传》，是吴有恒继《山乡风云录》、《北山记》之后，于1979年完成的一部反映华南濒海地区人民在党的领导下打击国民党反动派和帝国主义势力的长篇小说。12年后，广东电视台为纪念建党70周年的光辉节日而将它搬上了荧屏。细审这部由戴沛林编剧，刘淑勤、陈友南导演的电视连续剧的再创作，对理解和把握原著是很有启迪意义的。

喜爱吴有恒长篇小说的读者最着迷的，莫过于它的以"淡、奇、曲、秀、侨"为特色的美学风格了，它如盐化水，如影随形，是作家独特的生活经历、创作心态和艺术手法与作品浑然天成的产物，具有吴有恒所推崇的岭南文学的"开放、新潮、新奇、古朴"的神韵风采。

历任粤中纵队司令员、广州市副市长的吴有恒，忧国忧民，经历坎坷，洞察世态，淡泊名利，在处世为人，明志抒怀乃至赠诗撰文时，都极推崇一个"淡"字。淡雅高远的审美心态影响到创作，便产生了一种娓娓而谈，平心静气，夹叙夹议，淡如烟云的述事风格。然而，这种"淡定平易"的美学追求并未妨碍吴有恒保有其小说特有的"奇"、"曲"、"秀"、"侨"诸味。相反，他的作品充满了传奇色彩，侨乡风情，曲折跌宕，秀丽澄明，凝重热烈，时代气息浓，岭南风味淳而审美感受丰。

显然，正是这种真挚的情怀和高尚的情操，正是这种体现于作品的传奇色彩、地方色彩浓厚而独具神韵的美学风格，强烈吸引了《滨海传》的电视编导们，激起了他们进行再创作的浓烈兴趣。

也许是限于客观条件，《滨》剧编导把镜头对准了海湾市，把城外轰轰烈烈的抗战斗争情景移出了镜头画面，自始至终把穷画家唐庚、教师司徒彬与罗丽娜，校长岑无忌作为主角，表现了他们在党的正确方针和知识分子政策的引导下，从亲身的经历体会到革命的真理，加入到革命洪流中的曲折经历。从10集的艺术容量看（约占原著的1/2），这种移植裁剪是必不可免的，它有利于编导减头绪、立主脑的电视戏剧化处理。

据此，《滨》剧的编导在人物设置和关系上作了重大调整：独当一面、智勇双全的女区委书记柳三春由乡入城，成了秘密组织"解放军之友"的某基层小组负责人，她与阿仲的母子关系变为姐弟关系，并与唐庚热恋；孙月娥与司徒彬成为失散姐弟（易名为司徒月娥），两人通过日本潜伏特务倪非凡的书店而相逢；司徒彬从寻访恋人的无业大学生变为岑校长所在侨办中学的进步教师；滨海特区负责人梁中退隐幕后，由以运输商身份作掩护的马宏指挥战斗；下山虎由探长变为保镖，钟情唐庚的歌女杨桃死于非命；删去了大量主要与武装斗争相关的人物，如造炸弹的谢宝树，破粮仓的余自立，等等。从"忠实于"原著不得越雷池一步的角度看，这种行动确是大胆而出格的（有些改动是值得商榷的），但却无可否认的大大增强了全剧的观赏性、戏剧性和紧凑感，激化了戏剧冲突，这对提高电视剧的收视率是至关重要的。

《滨》剧的人物矛盾在第一集中就作了清楚交代并埋下伏笔，这是符合一般多集电视剧的惯例的，我们看到，流浪儿丁当入城、寻友、被捕、获释、入院；司徒月娥寻夫、受辱、入店、遇弟；杨桃传书、献艺、订情、受害；包氏父子大施淫威，几乎是环环紧扣，一气呵成的。这当然不如运用了倒叙、插叙、铺垫、伏笔等手法的原小说来得自然、真实，但从迅速使观众入戏，交代剧情、时代背景的角度看，却又无可非议。中间数集，《滨》剧紧紧抓住了包家逼婚，唐庚、柳三春，丁当，岑无忌等人主持正义，口诛笔伐，巧妙周旋，勇敢救护罗丽娜、司徒彬这条主线，以月娥夫妇重逢，挖出假卖禁书，陷害进步人士的日本特务倪非凡为副线，展示了海湾市人民在党组织的策动下，与汉奸警察局长包得奎及洋阿飞包占元和爪牙之间展开的激烈斗争。全剧末集，《滨》剧将原著智擒倪非凡、活捉包占元、炸死包占奎的结局改为伏击截车，当场击毙倪、包两人，让唐庚等人在胜利的凯歌声中登上了往解放区的坦途。

《滨》剧的主题立意，正是在这一番人物关系的重新调整，情节线索和重新安排，高潮结局的重新设计下完成的：新婚前夕被包占元横刀夺爱的唐庚，在柳三春的关怀开导下明白了革命人生的价值并重获爱情，司徒彬与罗丽娜的抗婚成功，罗以育父女与月娥夫妇的摆脱魔掌，都全靠党所组织起来的民众力量。尽管他们每个人的身份、起点和经历不同，却百川归海，在中国革命和人民解放的旗帜下汇入了时代潮流，这正是《滨》剧给予观众的启迪和原著者所希望看到的。

《香港地生死恩仇》显示了吴有恒历史小说的基本艺术特征：①精警的主题——国恨大于私仇。②岭南的题材——叙述香港村民、南海大盗、封建统治者与外来侵略者之间的恩怨纠葛。③精炼的语言和独特的叙述方式。④主次分明的情节线索和精彩的场景描写。⑤鲜明的人物性格和典型细节。⑥历史真实、传奇色彩和时代精神的统一。该小说分13次在1986年的《羊城晚报》上连载后，立即引起各界轰动，纷纷提议将其尽早搬上荧屏。编剧钱石昌、王苹、杨白钊、郝光与导演黄加良、刘淑勤等不负众望，几易其稿，添枝加叶，终于在两年后改编成功，播映后收视率高达60%以上，获得了各种层次的观众好评。可以说，这次成功的改编以另一种艺术方式，为民众提供了一种了解香港变迁的岭南风情的形象传奇，拓展了原著的艺术思维空间，为我们深入了解研究原著提供了一个较好的审美参照系。

18集电视连续剧《香港地恩仇记》（以下简称《香》剧）改变了原著的叙述方式。原著的叙述方式是文学语言式的，它从渔女阿香向海盗首领郭婆带告状写起，一下子便将19世纪初南海沿岸爆发的尖锐激烈的民族矛盾推向读者面前，引起强烈的悬念和审美兴趣。接着，在姑娘悲泣难言，羞于启齿之处，又由澳门名医周飞熊追述，将驻岛官兵头领烂柴张非礼阿群，杀害林父，激起民怨，骆克趁虚而入，夺占香港的过程一一说明。最后，以海盗众头领深明民族大义，定计偷袭，收复香港结束。构思慎密，文字简练，在2万余字的有限篇幅中浓缩了硝烟弥漫诡谲多变的时代风云。《香》剧则以集集分立、步步演进、一气贯成的编剧手法和电视语言叙述故事，它不仅将叙述者阿香、周飞熊等完全还原为剧中人，还增添人物，旁枝侧蔓，一波三折，在不削弱阿群、阿香姐妹之间以及与官府、夷人之间的矛盾的情况下，增加了苏成复仇、曾家受害、郑张联姻、官匪斗法等副线，以及骆克发迹，参将巡防，王三发疯，守备受贿，周飞熊施医等情节，较大地丰富了原著的审美内涵和艺术表现力。

《香》剧原著行文简洁流畅，但在核心矛盾尖锐冲突的场景上却舍得浓墨重彩，绘声绘色，传神写意。这不啻是《香》剧改编的良好基础。事实上，除郭婆带与周飞熊舱中对饮，横槊吟诗，感概人生的场景，在《香》剧中由于剧情的需要，改为周飞熊在大屿山聚义厅里，向郭婆带、张保仔、郑一嫂慷慨陈词，晓以大义，终使他们团结一致，定计奇袭香港岛外；其余的6个精彩场面，包括阿群拒辱、叉飞烂柴张，林德与烂柴张比武雪耻，林德痛斥阿群，阿香扬幡阻嫁，红旗帮黑旗帮奇袭香港岛，郑一嫂剑败骆克等，均一一展现剧中，保存了原著的精华和艺术魅力，满足了广大原著读者的审美期望。即以7个主要场景的唯一改动看，也是在原著的人物思想基调的框架内进行的。论辩四方（郭、张、郑、周）直抒胸臆的争辩，思想火花的碰撞，则更具有戏剧性，更能同时集中展现众多人物的典型性格。

人物刻画是所有叙事艺术的灵魂。《香》著人物虽少，却性格鲜明，栩栩如生，为《香》剧的再创作提供了广阔的艺术想像空间。从长篇电视联系剧需增大审美信息容量的实际出发，《香》剧将原著见利忘义的海盗阿占、阿积合并为外貌酷肖张保仔的"麦有金"，为阿群、阿香各增设了一个恋人：苏成与二通，并由此派生出他们的父亲：苏父与曾康。由苏父被杀，苏成误认张保仔便是凶手（实为麦有金），生出了苏成混入海盗之中，伺机复仇，最后真相大白，在与烂柴张的较量中被杀的副线；又由曾康父子偷运、吸食鸦片，引出他们最终害人害己的另一副线。苏成一线有利于观众了解海盗内幕，对主要人物郑一嫂、张保仔及郭婆带的人物塑造均大有帮助，对阿群的刚烈，烂柴张的狡恶，也是有力烘托。曾康的贪小利忘大义（私运鸦片）以及后来的为大义而舍厚礼（报警御侮），和儿子二通的吸鸦片成瘾，戒赌丧生；不仅形象地揭示了鸦片毒害国民的罪恶，而且以其大节无亏同阿群的大节有亏相对比，歌颂了根植于中华民众心底的爱国之心。

阿群的悲剧是时代的悲剧，也是民族的悲剧，她的悲剧，既是封建统治所造成，也是帝国主义侵略所造成，她的愚昧与短视，在于她只顾向前者复仇而不惜引狼入室与虎谋皮，它与封建统治者所推行的愚民政策有关，与保守腐旧的传统道德有关；如此善良、刚烈的美貌女子追求真挚爱情而不可得，正是《香》剧主题深刻的表现。《香》剧在保持原著阿群基本性格的同时，将她与骆克的最后关系作了较大改动，骆克这个英人与葡人的混血儿——有西方爱情观与价值观的政治流氓的发迹史和惨败史得到了形象展示，他利用烂柴张鱼肉百姓，民怨天怒的时机把侵略魔爪伸进香港，以甜言蜜语把阿群拉入怀抱，充当其占我领土，贩运鸦片，害我国民的帮凶。当他的骄横气焰被郑一嫂打下之后，竟不顾阿群的苦求落荒而逃，任其羞愤自戕。这一改动与原著的不同之处在于：骆克由斗败被杀到狼狈逃窜，阿群由执迷不悟殉情自杀到悔悟自惩，后一种处理是更为理想化的，与前一种处理难分轩轾，异曲同工。

电视剧《围城》原著，著名学者钱钟书将电视改编称之为从"诗情"到"画意"的再创作过程，"导演是新作者"，原著相对来说只是素材，电视剧才是新成品，"媒介物决定内容"，① 编导有权根据艺术需要作加工。因而他鼓励编导放手创作。事实上，《滨》剧与《香》剧在改编吴有恒原著时正是这样做的：两剧一为缩写一为扩充，难易有别，水平不一，却都在保留原著的历史真实感和美学风格方面下了功夫，以"新作者"的艺术想象力和感悟力把原著的诗情"画意化"。比较起来，《滨》剧在删去城外武装斗争的同时，没有在剧中加以必要渲染，时代气氛较原著为弱；全剧欲改为以唐庚为主要视点，合理增加了南音歌女遇害的情节，但对唐扬爱情的基础缺少刻画，婢女玉婵又直到最后一集才说出杀人真凶，使唐庚与包氏父子的矛盾掩盖过久，一直不如罗丽娜、司徒彬与包氏父子的矛盾冲突那样来得直接和激烈，这是重要的遗憾。《香》剧的人物增设、关系调整、叙事结构、场景安排的改变，则较好突出了特定历史背景下爱国人物群像的整体美。"眼中人物轻豪杰，天下兴亡重匹夫"这是原著者尊人民群众为历史主人的创作指导思想，应该说，《香》剧的成功，是其编导演人员较好领会了原著创作思想，把文学美变为电视美的结果。

《香》剧与《滨》剧在改编原著时取得的审美效果的某些差距，与缩编或扩充这两种基本电视编剧手法并无直接联系。根据电视艺术的规律对原著加以戏剧化的改造，编导是决定者。一般来说，优秀的电视小说就像富于生命弹力的海绵，不会因外界的挤压或扩充而变质失色。篇幅短小而内容精练的作品，就像含水较少的精华浓缩的海绵可以因需要而随时充水——扩大其审美信息量；而篇幅长内容丰富的作品就像含水丰盈香味四溢的海绵，可以因需要排出水分而不失原有艺术风味。吴有恒的小说完全具有这种特点。他的历史小说有如桂圆，加水后便成滋补佳品，而他的长篇小说则像甜汁充盈的新鲜龙眼，一晒干就变成香味浓郁的桂圆，这，正是有艺术见地的电视编导的理想境界，以电视媒介再现文学美。

---

① 广州：暨南大学出版社，1992（5）：193 – 247.

（二）陈残云的电影创作。陈残云的电影创作在岭南电影史上占有重要的地位，中国影协已将他列入《中国电影家列传》之中，可谓珠江大众文化"动态传播化"创作较早较有名气的"主动型"作家，"触电意识"极强，认真总结他的编剧艺术经验，是全面了解其创作道路、艺术成就的重要方面，也是珠江地区电影史研究不可忽略的内容。

陈残云，是在诗歌、小说、散文诸领域均有建树的粤籍著名文学家，与运用其他文学体裁不同，当他于1949年拿起电影这一新兴的最具群众性的文学武器时，已是一个见多识广，经历坎坷，游遍马、泰、越诸国的颇有名气的作家了。亲睹3次国内革命战争和抗日战争的硝烟烽火、封建主义、官僚资本主义压榨下的深重苦难，使他自创作首部电影《珠江泪》始，便明确了创作指导思想：深刻揭露并猛烈抨击那些阻碍历史进步，妄图永远鱼肉人民，维持或复辟剥削制度的社会渣滓，表现饱受苦难的中国人民在党的领导下的觉悟抗争和不断取得的胜利。

正是在这一进步的创作思想指导下，由他编剧，由南国影业公司著名导演蔡楚生监制，王为一导演的粤语片《珠江泪》于1949年摄成上映了。它以细腻流畅的电影语言，描叙了"大只牛"夫妇在抗战胜利之后，受反动官绅和黑势力的压迫，挣扎求生，悲欢离合的故事。影片没有说教，却形象化地揭示出人民的苦难根源和出路，它是当时国内南下电影工作者与香港电影工作者的一次成功合作，有力拨正了香港影界那条专事凶杀、神怪、色情描写的商业路线，给影坛带来了一股清新空气。30年后，香港举办"五十年代粤语电影回顾展"时，影评家从50年代近1800部粤语片中，精选了18部代表作展映，并公推《珠江泪》为南来进步电影对粤片产生划时代深刻影响的佳片。可以说，无论是在岭南电影史还是中国电影史上，《珠江泪》都是上乘之作。

《珠江泪》上映两年后，陈残云又与李英敏同赴海南岛，全力投入了毛主席所希望的反映当地革命斗争的电影创作。在陈残云的启示下，李英敏从亲身革命经历中挖掘出《椰林曲》和《南岛风云》的创作素材。由于天马电影厂成片在后，两人先写的《椰林曲》比英敏自写的《南岛风云》晚两年上映，但毕竟是中国电影史上最早写成的反映海南岛革命斗争的电影剧本，有填补空白的开拓意义。该片以抗战中期为背景，表现了困局海南的抗日军民团结一心，与日寇汉奸巧妙周旋，秘密出海，偷运电台，终于与延安党中央接上关系，更主动地配合革命形势发展的动人事迹。

1957年，陈残云创作由上海电影厂拍摄的《羊城暗哨》与《椰林曲》同年上映，这是在当时巩固新生革命政权的形势下，自1949年全国上映首

177

部反特惊险片《无形的战线》以来，第一部正面反映毗临港澳的南国大都市公安干警勇战敌特的惊险故事片。它的素材直接源自作家 1954—1955 年期间担任边防宝安县委副书记和广州市公安局办公室副主任的亲身经历。经过艺术裁剪和导演卢珏的加工，更为惊险曲折，扣人心弦。

《南海潮》，这部由珠影拍摄的岭南电影史上的经典之作，是陈残云与著名导演蔡楚生、王为一又一次成功合作的产物。它再次生动证实了：电影这门综合艺术是多么需要尽可能完美的文学模型。可以说，没有著名电影艺术家蔡楚生对电影场景、布局的熟悉和逐场说戏与王为一的艺术记录，就没有陈残云重构电影剧本的创作基础；同样，没有岭南作家陈残云比较深厚的文学修养对蔡老抗战期间写成的《南海风云》旧作的细加工，该片也难以成为锦上添花的传世之作。

除了上述深受海内外观众欢迎的 4 部影片外，陈残云还发表了 3 部电影剧本，即分别反映南国水乡公社化和合作社化的《香飘四季》（与方荧合作，发表于 1963 年）、《故乡情》（发表于 1964 年），以及完成于 1979 年的以陶铸一家跟四人帮及其爪牙的激烈斗争为主要情节的《雪夜》。综而观之，陈残云历时卅载的电影创作囊括了南中国 1927 年—1977 年半个世纪以来的风风雨雨：大革命失败后广州巷战的激烈枪声，抗战时期椰林港湾的愁云惨雾，渔舟帆影；共和国诞生后南方大都市的沉渣泛起，铁帚劲扫；珠江水乡的禾稻飘香、乡情如水；"文革"中小丑的猖獗，"松柏"的坚挺，无不以银幕的造型化为艺术的画面，呈现于观众眼前。

淡秀写意的南国风景，是陈残云电影化写景的美学追求和艺术特色。从他所创作的 7 部影片看，有两部是写都市街景的（《羊城暗哨》与《雪夜》），两部是写海湾风光的（《椰林曲》与《南海潮》），3 部是写水乡丽景的（《珠江泪》、《故乡情》、《香飘四季》），尤以后两类影片最具南国情韵，摇曳生姿。

粤味清醇的电影语言，是陈残云电影创作突出的艺术特色。他长居岭南，浸风濡俗，且从粤语片开始创作，对粤语特殊的结构和丰富表现力可谓情有独钟。《珠江泪》剧本一问世，便令香港演员耳目一新，使他们感到了一种不同于他们所熟悉的那种充满小市民庸俗情趣的粤语所散发着的别样的乡土气息和独特魅力。电影语言除了地域色彩外，还要求具有个性化和可视性的特点，这在陈残云的剧中也是具备的。

电影是讲究结构的艺术。只有影片的内容通过合理的结构组织起来，才能有效传达出编导者的创作意图。陈残云的电影剧作结构适应了民族欣赏习惯，以严谨流畅为艺术特色。他很少用时空交错的电影结构，快节奏的切换和闪回，音画对立等电影手法，在使用必要电影技巧时也不故弄虚玄，如张陵出海后枪声大作造成生死未卜的悬念，刘根理发时镜中思妻的幻觉，赵晓莲草原遇故知引起的回忆等等，都一点不让人感觉突兀费解。在全片结构上，他基本上是以主要人物、主要事件为全片的贯串动作，点明题旨。看完影片，人们就会流畅自然地追忆起牛嫂的命运。椰林的电台与战士，羊城的卫士与破案，南海的渔民和遭遇。陈残云说得好，我的剧本追求的是顺畅自然，是首尾连贯的故事，是民族的风格和欣赏习惯。这正是他的电影能深深植根于岭南大地，获得广大观众喜爱的原因。

三、港味南粤化倾向

"港味南粤化"，即南粤文化与香港文化在互相撞击各取对方合理内核时，所形成的珠江本土文化内部的双向交融的进步历史现象。

正如论及珠江文化不能不提到香港文化，确定广东 20 年追赶亚洲四小龙的宏伟目标不能不提到香港的作用与地位一样，研讨珠江大众文化蓬勃发展的新倾向，也不可回避实际存在的"港味南粤化"倾向。

某些爱以传统思维方式看问题的人，以"港味"或"港化"来非难现代的大众文化，尤其是珠江大众文化，且以"港味十足"的《公关小姐》、《商界》、《家庭》作靶子，在某张有一定权威的报纸上公开撰文讨伐。而另一些出于好心想维护珠江文化作品的人们，又以"并无港味"来反击驳难，这实际上都是对所谓"港味""港化"不甚了了的表现。

说穿了，所谓"港味""港化"，其实指的就是香港文化对内地文化的一种渗透和潜移默化后留下的痕迹——从物质文化到精神文化的烙印。这是否很可怕呢？还是看看事实如何吧。

从物质文化看，所谓"港化"，无非就是借鉴香港的经济管理、生产管理、金融管理、房地产管理、交通管理、第三产业管理以及所有市场管理的经验，还有在服饰文化、建筑文化等方面的长处，为特区建设和内地建设服务，实行科学的管理和适应世界市场需要的产品设计，发展外向型经济，建设有中国特色的社会主义。这早已由邓小平同志的"三个有利于"的理论所肯定，是无可非议的了。

至于在精神文化方面的"港化"问题，一方面它是物质文化"港化"后的必然表现，不可逆转；另一方面，对它所产生的各种影响和具体表现，也不可以一刀切的态度全盘否定，需作具体的分析。但有一点是可以先肯定的，那就是仅凭隔帘观景，道听途说的一些模糊印象，就断定香港大众文化一团糟，庸俗腐朽，肮脏不堪，"取乎上者得其中，取其中者得其下，取其下者得其下下"，效法香港大众文化的珠江大众文化只能是等而下之的劣品的说法，完全是武断而荒谬的。且不说《公关小姐》、《商界》这些粤产电视剧已获得了国家"飞天奖"，是珠江大众文化的优秀之作，已实现了"南粤化"对"港味"的超越，就是对香港大众文化本身，也不能一棍子打死，全盘抹煞，拒之千里。

从香港发达兴旺的大众文化的内涵看，大致有流行歌曲、通俗文艺读物、电影和电视四大类，各有其特点和社会功能，是一个高度商业化社会保持繁荣的需要的产物。下面逐一论之：

先看流行歌曲。香港有所谓"四大天王"流行歌手，每年灌制大量的唱片影碟，销量惊人，大举入境，广为传唱，在营销策略、商品包装、经济效益方面都颇为成功。究其内容，大都是两情依依、男欢女爱的都市青年人心曲，有迷惘、有奋争、有失恋、有悔悟、有祝福、有哀怨。寻觅的是久受隔膜孤寂之苦的都市青年的相互理解、情感交流、心灵抚慰和激情宣泄。无可讳言，也有些黄色、灰暗、颓废的东西夹杂其间，但大都已被内地音像出版社的明眼人所摒除，不足深虑，反观粤穗，虽受其影响，举行过流行歌曲歌手大赛、金曲评选、词曲创作评选等活动，却并未被"港化"得面目全非。在粤港合办的流行歌曲歌手大赛中，广东歌手屡屡夺冠，显示出较强的艺术素质和健康台风。由广东歌坛推出的毛宁、杨钰莹、李春波和甘萍等歌手边走边唱，红遍全国。在电台十大金曲的每年、每季评选中，入选的也大都是珠江地区词曲家自己创作的流行歌曲，涌现出陈小奇、李海鹰等一批有较高艺术品位的词曲家，树立了社会主义珠江大众文化在内地流行歌坛曲苑"三分天下有其一"的主流地位，与以崔健为代表的都市摇滚歌曲，以徐沛东为代表的乡村味歌曲相媲美。

再看文艺通俗读物。在香港，这类内容包罗广泛的文章亦称"八卦文章"，繁芜不菁，色彩纷呈，产量惊人；再就是武侠小说、商战言情小说之类，如梁羽生、金庸、梁凤仪等人的作品。一般情况，香港各类报刊卖价偏高，入境有限，难懂的繁体字，很少本地新闻，因而读者不多。现在一些有不良倾向的"地摊文学"和文化读物，其实是一些不法书商从旧中国的文化垃圾中翻拣出来的破烂，如算命看相，风水驱邪之类，全部归之于"港化"则有些牵强，至于通俗小说、武侠小说，只要趣味健康，引导得法，同样可以成为大众文化消遣的精神食粮，香港作家梁羽生、金庸的武侠小说已被评论界公认为较有中国优质文化色彩的文艺读物，梁凤仪小说也在京开了研讨会并由内地公开出版发行。广东省内确也出现了自己的武侠小说家如戈戟，通俗小说家苏方桂、程贤章、杨干华、章以武等人。其作品通俗易懂，明白晓畅、有华侨归国抗敌故事（《梅娘曲》，苏方桂著），有表现山区城市改革生活的画卷（《神仙·老虎·狗》，程贤章），有南国都市个体户的命运描写（《雅马哈鱼档》，章以武），有引人入胜，非一气读毕不可的武侠逸事（戈戟《武林传奇》、《神州传奇》等）。要说这就是应予净化和清除的"港味"，其实恰斩断了人民大众古已有之的与文艺通俗读物的历史联系，堕入文化虚无主义泥潭。

然后考察电影。香港是盛产电影的地区，总产量仅次于美国、印度而居世界第三，通过正常与非正常的途径涌进两广的影片为数确实不少。要全面评析香港电影的优劣成败不是本书所能完成的科研任务，但仅据笔者三年来为撰写《岭南影视艺术史》所搜集到的有关香港电影资料、实地考察和观片记录看，其作为商业片主流的不外是喜剧片、武侠功夫片、英雄片、警匪片、鬼怪片这几类。诚然，那些被列入三级片的黄色影片、恐怖片单纯追求感官刺激，应予坚决摒弃。鬼怪片导人迷信，"英雄片"颂扬黑道中人，不足为训，但其他港片大都在一定程度上反映了香港的社会现实，具有一定的认识意义和较强的娱乐性，可供一看。有的影片如李小龙所主演的功夫片，身手不凡、张扬正气，很受欢迎，还打开了国际市场。对于本属于"大中华电影圈"，植根于中华文化之根生长起来，又汲取了西方电影的某些技巧与形式，善于包装，因而具有较高娱乐消费价值和文化产业市场竞争力的香港电影，"堵"是不现实也不必要的，而有语言之便和亲缘联系的珠江民众对她表现的某种热情，也是自然的。内地影厂包括珠影、深影、广影与香港电影机构合拍影片，表现出一点合乎两地大众审美趣味的色彩，即使被称之为"港味"，也无须大惊失色，深恶痛绝（关于合拍片的利弊和电影文化产业市场的升级，下一章还要细论）。目前值得注意的应该是疏通渠道，即多选择一些利于珠江民众相互了解到，健康有益的港片进来放映，同时堵死那些为牟取暴利，不顾社会效益，损害香港片商和国内按章纳税正常经营的电影发行部门的利益的走私片（其中不乏海淫海盗的坏影片），以利珠江大众文化繁荣。

最后看看电视。香港电视属民营性质，竞争激烈，但控制较严，三级片一类的影视节目是不能登上屏幕的，这些都符合香港民众对电视这一现代大众传媒的期待。从电视剧集的内容看，基本上可分为古代题材和近、现代都市题材两大类。笔者曾在《香港荧屏艺谭》①一书中予以评价，指出其色彩

斑斓的美学特征，意味隽永的主题曲，波澜曲折的戏剧情节，三教九流的传神画卷所构成的东方明珠的文化奇观。要而言之，这类剧集是最能代表香港电视文化本质的一部分，也是最能使人全方位了解香港文化的艺术形式之一。它们虽没有流水帐似的编年纪要，却予人一种形象化香港创业史话的总体印象；它没有一部言之凿凿，真名实姓的香港名人录，却以艺术的典型化手法为香港殖民地社会的三教九流造型画像，展示了一幅独具岭南神韵和现代大都市风情的失态图。诚实而睿智的观众，自可从中体味出其徐徐道出的人生甘苦，了解香港社会繁荣的主体——港人。自改革开放以来，粤穗引播的这两类香港电视剧集已在 50 余部 1000 余集以上，总体效果基本上是好的，问题是要加强评论和引导。

仅仅从理论上论证和设想"港味南粤化"的正面价值，当然是难以服人的，还是让我们在下一章里，去具体见识一下被一些人称之为有"港味"实质是充分"南粤化"的影视作品吧！

182

为珠江文化外引换质期的历史伟人立传存照，为珠江文化开放
更新的俊杰佳丽抒怀传情，在历史的反思中奏响时代的主旋律，这
就是声遏行云的——

第十四章　珠江影视文化的交响乐

　　珠江影视艺术具有趋新、求美、善变的潜质，是本地区大众文化的主
体。她将地域色彩鲜明和时代精神浓烈的珠江文化化为骨血，以现代大众传
媒形象展现了南疆人民开拓奋进和丰富多彩的生活，表现了革命先驱的牺牲
精神以及中华儿女的昂扬斗志和美好心灵，展示了中国式社会主义和"一
国两制"的光明前景。她在改革开放时代更是光芒耀眼，魅力独具，深得
珠江民众、全国乃至世界人民的喜爱。

　　珠江地区是中国电影的发源地之一，据专家考证，早在 1901 年 1 月 16
日，就在香港设立了中国第一家电影院"喜来园"。1909 年梁少坡在香港导
演了中国最早的故事片《偷烧鸭》。① 1958 年，社会主义的珠江电影诞生。
1979 年广西、深圳相继建厂拍片。80 年代以来，粤、桂、琼等省（区）以
及广州、深圳、珠海、桂林、南京、湛江等大、中城市的电视剧创作十分活
跃，产量丰饶。

　　从影视片类型和题材内容看，珠江影视艺术的成就是有目共睹的。这里
面，有以蔡楚生等人执导的《南海潮》、《百色起义》、《一代风流》为代表
的、形象反映了风起云涌、艰苦卓绝的中国革命斗争的革命历史题材片；有
以丁荫楠等人执导的《孙中山》、《周恩来》、《康梁变法》、《洪秀全》等为
代表的，再现中国名人英姿壮举，弘扬中华民族优秀传统的传记片；有以胡
柄榴、王进等人执导的《乡音》、《出嫁女》、《黄土地》等为代表的，表现
农村改革、批判封建陋俗，呼唤人性觉醒的农村片；有以张良的《雅马哈
鱼档》为先声，以《商界》、《公关小姐》等获奖片为代表写城市当代生活
的岭南都市片；有各个时期歌颂社会主义各条战线上默默奉献的英雄儿女的
各行业先进人物题材片，如《共和国不会忘记》、《一个叫许淑娴的人》；有

183

---

① 余慕云. 香港电影掌故［M］. 香港：广角镜出版社，1985.11.

深入探讨爱情的价值，以及社会伦理道德的意义的爱情伦理片，如《逆光》、《弧光》、《家庭》；有包括不下 15 个剧种，琳琅满目、技精曲美、风味浓郁的戏曲片，如粤剧《关汉卿》、潮剧《荔镜记》、汉剧《齐王求将》、歌剧《刘三姐》、《牡丹亭》等；有童趣盎然，重视自我教育、甚至自编自演的少儿青春片，如《眼镜里的海》、《少年犯》；有色调明快、视角新颖的民族题材片，表现了岭南壮、侗族、瑶、黎等少数民族的剽悍善良性格。如《喜鹊岭南歌》、《雪鼓》等；有打出国威，刚柔相济、惩恶扬善，注重民族审美情趣的武侠片，如《黄飞鸿》、《巴陵窃贼》、《飞天神鼠》等；有丰富多彩，寓教于乐，兼顾思想性、娱乐性和探索性，发挥文体题材优势的文艺体育题材片，如《天星巨星》、《双星恨》等；有表现正义与邪恶，贪欲与真情的搏战，具有警醒世人的社会教育功能的警世片，如《阿罗汉神兽》、《大喘气》、《廉政风暴》等；有以《梅花巾》、《似水流年》等片为代表，表现港台澳大陆人民生活及内外交往的台湾澳侨及涉外题材片；有以战争为背景，表现生死考验和军人生活的《血战台儿庄》、《虎穴轻骑》等为代表的军事题材片；有以惊险离奇的剧情，表现公安执法人员的大智大勇和破案过程的公安法制题材片，如《跟踪追击》、《大围捕》、《羊城卫士》等；有上座率高、花式多样，以喜剧形式表现人生的酸甜苦辣，使人于笑后受到启迪与教育的喜剧片，如《阿混新传》、《大惊小怪》、《逢凶化解》等；还有不拘一格，包罗万象的电视艺术风格片，如系列短剧《万花筒》、电视风光片《珠江情》、电视音乐片、艺术欣赏片《艺术长廊》等。

总而言之，珠江影视艺术的成就是多方面的，是值得写史著书、详论细述的，限于篇幅，这里先只就近年来珠江地区影响最为深远，艺术特色较鲜明的几部影视片加以评析。

一、女高音：公关世界花正红

在全国范围的"公关热"方兴未艾之际，广东电视台摄制的《公关小姐》播出了。《公》剧编导者在这东西方文化思潮波涌浪激，清浊莫辨之际，以惊人的胆识和艺术的创造，演绎了一出以改革开放综合试验区前哨阵地为背景，以"中华大酒店"为舞台，以 7 个文化背景、习性志趣不同的公关小姐为主角的 22 集系列长剧，使荧屏艺苑盛开了一簇七彩缤纷的公关之花。

把这 7 位风姿绰丽的公关小姐团结到一起的凝聚力，当然来自她们共同的事业。这一事业，大处而言，是为了振兴中华，具体而言，是要搞好新建中华大酒店的公关工作，树立良好的企业形象，诚招天下客，拓展旅游业。为了这一共同的事业，7位姑娘带着各自的梦幻和追求，走到一起来了。以这一"事业线"串起人物，推进剧情，展观世风，正是《公》剧编导者深谙大众审美口味的表现。随着镜头的转换，电视观众看到了众姑娘在公关部经理周颖小姐率领下的种种行动，如春节借"虎"为店增光，拯救熊猫举行义卖，花市夜游皆大欢喜，先斩后奏果断罚款，选美风波不改初衷，推广名菜备尝艰辛，民族风情篝火舞会，中字合影妙想实现……。正是通过这一系列活动，羊城改革开放的面貌才得以真实再现，公关事业的价值才得以准确体现。

如果说，在"事业线"上留下的，是公关小姐们的拼搏汗水和努力开拓的艰难足迹的话，那么，在"爱情线"上晾挂的，就是摄自她们感情生活最隐秘角落的多彩照片。这里面，既有刘冬冬式的对于花圃秀才和童年挚友的两难选择，又有莫少珍式的对于追求享乐与爱情价值的人生思索，既有林晶晶式的对于男友上进的支持与困惑，也有咪咪式的对于"爱情"不择手段的攫取。咪咪的"横刀夺爱"出于她利欲熏心的考虑，虽然暂时得逞，以"迷魂酒"灌倒了李志鹏，却终难获得心心相印的真正幸福。在她身上，暴露更多的，是香港殖民地文化的负值。与此相反，在全剧女主角——公关部经理周颖的圣洁奉献和理想追求里所体现出来的，是中华民族乳汁哺育出来的炎黄子孙的赤子之情和香港文化的正值。她并非那种见异思迁，水性杨花的女人，在与未婚夫李志鹏，密友高翔的感情纠葛中，她热恋，她婉拒，她回避，她痛楚，她狂躁，她懊悔……经历了一场又一场感情的风暴和苦恋的折磨。而她的这种感情浪潮的此起彼伏，大涨大落，又是跟她全力以赴所从事的事业，跟她似梦似真，逐步明朗化的理想憧憬紧紧交织在一起的。可以说，在中心人物的"事业线"、"爱情线"之外，巧妙铺设一条若隐若现，似幻似真的"理想线"作为全剧艺术升华的精神支柱，正是《公》剧的艺术匠心之所在。

我们看到，周颖毅然抛弃升迁机会，推迟婚期和移民加拿大计划之日，正是她的"理想线"冒头之时。它先于她的大陆"事业线"而延展，为她承受事业的挑战和情场的惨败蓄积了应变力量。像周颖这样本可以任意抉择在两种社会制度下过异样生活的香港才女，能树立起我们都有一个姓，都姓"中"这样的民族意识和人生理想，能把其个人的命运与祖国的命运紧紧系在一起，确是十分难能可贵的。它充分说明了党的改革开放政策顺乎历史潮流深得民心的英明伟大，说明了中华民族经久不衰的强大凝聚力和广大港人永不泯灭的民族感情。

"都说相爱情似火暖，但我的爱似寒烟，情和爱没有坚固的模型，是天天常在变。置身光辉的天地里，我的青春经受挑战，无论历尽苦和甜，唯愿尽将真诚奉献。"这一十分优美动听、抒情传神的《公》剧主题歌，与导演精心剪辑的镜头画面水乳交融，传情写意，把女主人公魂系梦牵，执着坚定的理想追求，波澜曲折的事业追求，以及剪不断，理还乱，哀愁万种，迷朦似雾的爱情追求，融合在一起，展现了一个在古老东方文化的乳汁和现代西方文化的咖啡的混合哺养下成长起来的现代女性，在珠江文化新潮激荡下所产生的那种既敏感又脆弱，既倔强又迷茫，既坦荡又含蓄的特有的复杂心态。

纵观全剧，《公关小姐》在健康的思想内容与现代电视传播形式的较好结合上，形成了自己绮丽而清新的艺术风格。它以公关小姐们的事业线贯串全剧，联结人物，开展剧情，引人入胜，它以公关小姐们的爱情线作为开启现代南国都市青年心灵之窗的钥匙，把他们的丰富而微妙的感情生活和价值观念的变化坦露无遗，激起了大众的感情共鸣；它以公关小姐佼佼者的理想线作为人生价值的砝码，让两种制度，两种文化背景交织影响下形成的不同人生观在人格、人的尊严的天平上衡量出各自的分量，既照顾了一般观众的审美情趣，又满足了具有较高审美追求的观众的需要，使该剧成为雅俗共赏，老少咸宜的多色调大众化的电视连续剧。

她的诞生，标志着欣欣向荣的社会主义的岭南都市文化已借助着当代最先进的传播媒介走进了千家万户，标志着体现了"一国两制"精神的香港文化的精华对珠江文化新潮的催动。

二、青春赞：情结尽释从头越

广州电视台 8 集电视连续剧《中国知青部落》编导的首卷语——"没有一个时代，有如此众多的青年，如此集中地经受这么多的困顿磨难，惆怅和迷惘；这么多的人生变幻，以及最后的理想主义的覆灭与重建。"这可否视作"文革"非常时期千百万知青的情结？

将摄像机在"历史"和"现实"，"荒野"和"都市"之间来扫描，拉长现实景况的景深，重温旧日豪情；将知青生活锲入现代生活，将知青理想注入现代理想，将知青道德融入现代道德，这正是《中》剧的编导们所努力追求的。编导者让昔日的知青，今日的创业者们，一吐苦水，一诉衷肠，从而揭示全剧"努力弘扬作为理想的人和作为现实的人的冲突而最终导向一种高远的和谐，显示人的矛盾性同时激活人在逆境中的尊严和价值"的深刻主题。

　　该剧原著郭小东，在书中以滴泪带血的笔墨刻划出那5万知青回城大请愿，3000对知青夫妇集体大离婚，火车站弃婴大逃亡，自卫反击战场和山林火场上知青大拼命等往事，以人类历史和典型风景的描画揭示人们警惕悲剧的重演以及对文明的珍爱。同名电视剧的编剧吴启泰、杨苗青及导演袁军则在尽量不失原著精髓的前提下，将当年跪求文明的沪籍云南知青接进了现代南国大都市，多线并进和多侧面地刻划了一群现代广州知青的世态图。这里面，有事业成功当上海天工贸集团总经理而个人感情生活却一败涂地的女强人饶一苇；有沉毅苦干保持着老知青高洁心境的文学报编辑林大川；有仗义救女施恩不图报的残疾青年侯过；有在爱河里浮沉廿载，鸳梦将圆旋遭破灭仍不忘成人之美的个体户何亚义；以及那些或越境谋生、钻营发财，或留城任教，甘耐贫寒，或出家入山、削发为尼的知青一族。你不可能不感受到，他们当年狂热一时又复归冷静，在艰难逆境中所培养起来的坚韧意志和人性尊严。

　　正因为他们即使在今日富丽繁华的都市生活里，也始终保持自己的美好追求和人性良知，才能10余年如一日地缅怀着那滴着知青们青春血汗的峥嵘岁月、真诚追索、亲情友谊、荒野梯田、山溪茂林……以至于能在商品大潮的物欲诱惑面前忙而不乱，迷而不惑。阿义的失钱不愠、垫钱买股、轻财重义；侯过的散财救难；大川的书生意气，都以不同的形式体现出知青一族在国难家愁的非常时期所铸就的历史责任感。

　　《中》剧在表现中国知青的这种背负历史责任感的勇敢精神时可谓不遗余力：回城前夕的扑灭山火和白布裹尸；边陲参军别友的离愁和坦克铁流；回城后的自强自立和雨悼亡友……无不闪跃着一团团催人泪下的"知青精魂"。这就是那最难让一般年幼者理解的万人下跪大请愿，又何尝不是一种对国家危亡、民族兴衰、民心向背的忧思郁愤的无言迸发?!《中》剧以此情此景作为全剧序幕，用心可谓良苦！如果说该剧还有什么不足，那就是过多删削了原著表现昔日知青困顿颠沛生活的日常生活场面和心理描写，以至于"大离婚"、"大弃婴"这些非人伦反人性的极端现象缺少了生活依托、社会内涵和世间真情的剖露，浮于表面而难与今人沟通。

　　有幸的是，《中》剧在表现现代成熟知青的理想追求时比较娴熟自知。饶一苇的形象已大不同于原著的同名人。她已从一个温柔娴淑的女性变为一个在生意场上决策果断、识人重才的企业家。力排众议，不贪小利，特聘香港专家售楼成功，即为明证。商场得意而情场失意。《中》剧在看似老套却不无深意地以她的再婚失败告诫人们：金笼难养同心鸟。大胆与司机结合固

187

然显示出现代成功女子我行我素的潇洒豪放，但缺乏了爱情的滋润，企望用身价地位、华屋美宅、高档家私来拴住小情人，填补彼此社会地位的悬殊、感情纽带的脆弱、年龄的差距、兴趣、情操有别等"裂痕"是极其可悲的。

如果说饶一苇感情寄托的失落还令人同情使人警醒的话，肖湘的临终表现则令人费解存疑。作为一个被人施暴而留下孽根的不幸女人，绝无为"他"苦守苦熬20年的义务和感情基础，既然多年来狠心婉拒了穷追不舍的同伴阿义，何以又要在明知身患绝症的时刻投入了他的怀抱？是死神降临解脱了她自以为应尽的义务吗？那岂不是让阿义痛快一时而痛苦一世？是以身相许聊报君恩并为儿子前途着想而出此下策吗？那又为何拒见"欠账"的儿子生父而不托孤于他？夫妻临终隔帐相会的一场本该具有的极度激情和感染力，竟因人物情感逻辑的矛盾而有所损害。

尽管有所不足，《中》剧却仍不失为广州电视台的一部精品。所有的普通观众——尤其是千千万万当过知青的人（如吾辈），都将会真诚地感谢编导们为知青生活与现代生活、知青理想与现代理想、知青道德与现代道德之间铺设一条相互沟通的心灵天桥的美好愿望。在现代都市中美满地生活着的人们，不应该忘记昔日老知青们在农村辛勤劳作的情景；人们在以现代理想构思事业的美妙蓝图时，不应嘲笑老知青们"扎根边疆"理想的朴实无邪，人们在遵循现代道德去公平竞争的时候，也不要轻弃老知青们过去那清心寡欲，淡泊名利，甘做螺丝钉的精神道德……须知，凡珍惜人类以往美好的一切者才会有更美好的未来，而自视高明无情亵渎人类神圣感情的人，将迟早会遭人们的唾弃。这也正是《中国知青部落》所倡导珍惜的知青情结。

三、英雄颂：元勋立国著史诗

孙中山是近代珠江文化培育的一代伟人、革命元勋。电影《孙中山》显示了影片导演丁荫楠在建造这座巨人雕像的万古丰碑时的精湛的技艺和非凡的功力，显示了艺术辩证法的绝妙。①

（一）**领袖品格与公仆美德的统一。**孙中山是世界公认的有历史定价的伟人，要塑造这类领袖人物，很容易出现伟大而不平凡，可敬而不可亲，可望而不可及的遗憾。为了避免这一缺陷，影片《孙中山》坚持从生活真实出发，认定孙中山是人而不是神，运用矛盾同一性的规律，着力塑造了一个集领袖与公仆之美德于一身的平凡而伟大的孙中山形象。

《孙中山》的编导者对生活做了纵、横、点、面的精心选择，运用"典型性"的美学观点作指导，删繁就简，从中国民主主义革命的历史长河的

"纵线"上，择取了从檀香山举事到北上执政等一生十几个重大历史事件，形象化为波澜壮阔的巨大场面。用大江奔腾、此起彼伏的心理情绪线，把这些"点"串起来，让观众对孙中山的革命业绩和内心世界有强烈的感受。与此同时，影片又从孙中山与周围众多人物的关系上，截取了一些具有典型意义的"横断面"进行艺术再现，既丰富了孙中山的人物性格，又再现了革命先烈的群体，造成了"绿叶托红花"的美学效果。孙中山拯民众于水深火热之中的始终不渝的革命使命感，正是在革命先烈陆皓东、郑士良、朱执信等人气壮山河的精神激励下日益坚定的，而他顾全大局忍辱负重的广阔胸怀和妥协忍让，求同存异的宽宏气质，又是在同亲密战友黄兴、宋教仁、汪精卫等人的不同政见的分歧争辩中磨练出来的。正是由于有壮志凌云的陆皓东、身先士卒的黄兴、视死如归的朱执信、忠贞不渝的廖仲恺、贤淑聪慧的宋庆龄等仁人志士、战友情侣的患难与共、忠肝胆照，才折射出孙中山博大精深的内心世界的熠熠光辉，把他临危不惧、愈挫愈奋、可亲可近、平凡而伟大的崇高品质衬托得真实可信、感人肺腑。

在表现许多重大历史事件及描写人物内心世界时，影片编导尽可能不让大事件大原则把孙中山的伟人个性淹没。比如他和胡汉民下棋时悔棋、"赖"棋的镜头，紧接着在镇南关山上打败仗不肯走开而被人架下山的镜头，就生动地表现了他"好强"的个性。而他在惠州起义第一次次失败后的痛苦、自省、纷争中的沉着态度，又折射出他"这一个"东方人特有的克己忍让的品性。这些都有助于增强人物的真实感。

（二）**历史复原与艺术再现的统一**。导演丁萌楠向观众敬献了这样两句话：如果你熟悉这段历史，请不要按照历史去看这部影片，因为这是艺术，如果你不熟悉这段历史，那就请你当作历史去看，因为这是历史。这是他对自己的艺术思想、创作方法相当主动明了的阐释。这段话和整个影片的艺术创造表明，他既做复原历史的历史家，又做再现历史的艺术家。追求历史真实与艺术真实的融合，历史感与时代感的有机化合，无疑这是一种以先进哲学思想为基石的艺术辩证法，也是《孙》片的一大特色。

"因为这是历史"，编导首先要在史实基架上还历史的本来面目，给人予强烈的历史感。影片用纪实性的手法，准确地交代了孙中山历次组建会党，发动武装起义的重大事件的时间、地点，录用了孙中山的一些讲演词，如就位临时大总统时的誓词，拍摄了某些当年事件发生地的建筑物，如孙中山的上海故居、国民党"一大"的旧址等等，为历史真实打下一批铁"桩"。同时，导演又从"行"、"神"两似和表演自然的要求去挑选饰孙中山等人物的演员，并进行精心的化妆和艺术的表演，以求形神酷肖。影片很注重景色、光线的运用，把外景设计成凌晨、黄昏、夜间和阴雨、迷雾、风雪的天气，以求同当年血雨腥风的残酷斗争相协调，衬托人物的悲剧故事，制造逼真的历史氛围。

"因为这是艺术"，所以导演还要做历史事件的艺术加工和诗化再现。影片不能停留在历史感强的基础上，要追求艺术的真实，追求影片的时代感，并把历史感与时代感、生活真实与艺术真实有机地结合起来。这是难度很大的艺术创作，编导既要对历史人物、事件达到"烂熟"的程度，又要把握时代的脉搏，了解社会的心理；既要有相当的思想素质，又要有很深的艺术修养，才能对人物、事件、情节等作最佳的选择和创造，才能在真人真事的基础上进行合乎情理的艺术加工。犹如一棵树，树干树枝是真的，花叶是真的，但存在些不尽人意的缺陷，为了按新时期多数观众的审美要求去美化它，就要有高超的技艺精湛的园丁去移花接木、添枝加叶。影片的可贵处，一是以艺术辩证法作指导，从新的、最佳的角度对浩瀚的真人真事进行选择。二是艺术加工适度，不失分寸，不曲解捏造历史事实，使历史意蕴与当代意识、生活逻辑、性格逻辑、历史流向作自然的结合。让当代意识在历史人物和事件中自然地、含蓄地流露出来。比如在轮船上华工被迫剥光衣服当"猪仔"消毒的场景，就是在大量历史事实的基础上的概括反映，典型地表现了清朝末年生灵涂炭的中国人民的命运，强烈呼唤着社会变革，呼唤着人的自由、人的尊严，呼唤着国家的富强。

（三）抒情史诗与纪实传记的统一。《孙中山》作为历史片，一个突破性的艺术创新就是运用辩证法对诗情与史实作逆向交织。一般历史传记片的艺术模式，是以史（史实）为"经"线，以诗（抒情）为"纬"线交织的。侧重追求政治价值和认识价值。《孙》片的导演为了追求"史""诗"并茂，提高影片的艺术性，一反传统做法，总体上以诗为"经"线，以史为"纬"线，纵横交织成片，在画面上把感情提前，史实推后。如影片开头，伴随着心声，首先映入观众眼幕的是孙中山悲痛的面容、哭红了的双眼，紧接着才出现木乃伊似的民众、"卖猪仔"的华工、竹篓裹着的饿殍……这是影片艺术手法的大胆创新，大大强化了人物的感情，增强了艺术感染力，把影片向史诗的高度推进。

这种以情带史的电影叙事形式之所以产生了良好效果，在于它不是任意的选择，而是根据影片的题材、内容决定的，是形式与内容的合理结合。第一，影片长度所限不可能按起、承、转、合的情节结构法，把孙中山31年数以千计的重大革命斗争史迹连接起来，只能用"感情累积"的心理线，把历史事件大体按顺序展现出来。第二，孙中山和他周围许多精英，是取得伟大胜利的悲剧人物，眼泪连着眼泪，鲜血连着鲜血，死亡连着死亡，慷慨就义，从容赴死，惊天地、泣鬼神、悲愤忧伤之情像滔滔大江，终生在孙中山身上奔腾，这就为强化"心理线"、"抒情性"比作上文所述的"发掘悲剧的力量"，寻求悲剧效果。影片通过以情带史，两相结合，演奏了一曲悲壮的交响曲。令人同情、惋惜、赞叹、敬仰，使人的灵魂为之震撼，得到净化。第三，由于不同情节连接法，追求"典型性"、"残缺性"的美学效果，发挥电影造型语言的优势，一般不作介绍、说明，给观众留下思维空间，引发审美主体产生悬念、联想和理性的悟知等内心活动，从而增强了新奇感和艺术魅力。

《孙中山》影片的成功，是珠江影视文化对艺术辩证法的一次正确理解和运用，对艺术展现珠江文化的辉煌历史有经典的意义。

四、男低音：悲歌一曲狂飙落

1889 年 6 月 11 日，在光绪皇帝支持下，由广东籍维新派首领康有为、梁启超等人发起了"戊戌变法"，历经 103 天，终在顽固派首领慈禧太后的血腥屠刀下痛遭惨败。时隔 92 年整，广东电视台隆重推出了荣获省优秀作品一等奖的历史长篇剧《康梁变法》，以恢宏的气魄生动再现了这一段风卷云飞，可歌可泣的历史。

胸襟博大的巨片意识，是《康梁变法》历史剧集的第一特征。从电视艺术美学要素考虑，《康》剧以电视艺术擅长历史连轴画的特殊优势，横跨南北，大刀阔斧而又细腻逼真地展现了"百日维新"前后，列强虎视鲸吞，民族危亡，志士悲愤难却，官僚昏庸倾轧，帝、后两党对峙，维新、洋务、顽固三派之间初则呼风唤雨，纵横捭阖，继而志"同"道异，矛盾重重，终至兵戎相见，血洒京都的复杂历史斗争场面，揭示出"变法"的历史必然性和它在顽固而强大的封建势力面前只能失败的历史悲剧，表现了广东电视台敢于驾驭重大历史题材的巨片意识。

这种巨片意识，以宏扬民族文化为己任，旨在表现近代岭南先哲的爱国主义精神，变法图强精神，除旧布新精神，以大胆量解开历史帷幕，以大气魄描绘历史风云，以大投资保障艺术质量，从百日维新的惨痛史实里，引发亿万群众以时代精神去探究历史的底蕴，更好地思考历史，思考现状，思考未来，树立起振兴中华的雄图大志。

清晰自觉的珠江文化意识，是《康梁变法》历史剧集的第二特征。诚如广东史实所表明，珠江文化在历程绵绵两千年的"内纳成型"期之后，以中国近代史开始为标志，进入了"外引换质"期，涌现了对中国近代社会发展做出了杰出贡献的三大伟人——洪秀全、康有为与孙中山。继珠影厂率先拍成历史巨片《孙中山》之后，广东电视台又将摄像机先后瞄准了康有为和洪秀全，这确是目光如炬非同凡响的。它不仅能够将珠江文化对中华文化发展作出了伟大贡献的辉煌一面再现荧屏，重温历史，而且可以更好地激励珠江民众学习和发扬岭南先哲先天下之忧而忧、后天下之乐而乐的精神，跃马扬鞭，振兴中华。

《康》剧的珠江文化意识还体现在对南北文化交融荟萃的积极促进上。一方面，在总体构思、场景安排、人物布局、矛盾设置和资金投入上均体现了南方文化的精神；另一个方面，在创作队伍的组建上，充分发挥了北方文化的优势，请北京著名演员郑榕为编剧，以长春电影城的设备、服装、导演、演员、摄制组为创作的雄厚艺术力量，敷演出一场地接南北，气贯长虹，流芳百世的历史话剧来。

寓教于乐的大众意识，是《康》剧的第三特征。它以开启民智，演义历史，实施爱国主义教育，激励人民的爱国豪情为主旨，创作态度严肃认真，气势磅礴，大别于一般的小家小事、小声小气的家庭伦理剧。其成功处之一，就是塑造了一个才思敏捷，愤世嫉俗，报国无门，哭笑无常，奇形异状的"康三癫"形象。他的"癫"，在西樵飞瀑的月夜冲刷下更显酷烈，在幽岩黑窟的烛光中愈显怪诞；他的"癫"，是当时社会的沉沉黑暗所扭曲而成，他的"癫"，竟掀起了千余举人"公车上书"的风波和"百日维新"的巨澜……这种夸张而不失实的人物性格描写，把19世纪末南粤士子较早研习西学，得时代风气之先，躁动狂放，意气风发，率先倡导变法图强的历史风貌尽现无遗。

更难得的是，《康》剧开启民智的历史教育，不仅写活了"人"，而且从枯燥的史料教材中跳了出来；它根据大众的文化水准和审美口味来精心调制，不拘泥于真人真事的照抄照搬，而是以艺术的方式去把握历史，虚构人物，刻划性格，敷衍剧情，安排矛盾，以一波未平、一波又起的引人入胜的戏剧性冲突去吸引广大观众。

为了使全剧从一般化的著书立说，演讲集合，上书言事等维新变法活动的表象，深入到晚清半封建半殖民地社会的深层中去，《康》剧根据民间传奇或剧情需要大胆设置了四个奇女子入戏。她们中一个是名满京都，毁誉参半的状元小妾赛金花；一个是生于外邦，思维新潮的洋务派首领张之洞的侄女张丽仙；一个是抗法英雄刘永福的黑旗军女兵林双喜；一个是无亲无靠好打抱不平的流浪少女小扑虎。她们不是点缀剧中，可有可无的闲花野草，而是巧言善变，色艺俱佳，风情万种，周旋于官场要人之间，为维新派通风报信，为洋务派传言送话，为变法成功深入虎穴，猛刺顽固派走狗的风云人物，确为全剧增色不少。《康》编剧导者从人物身世坎坷，知名度高，史实不详，可塑性大的特点出发，在既不影响维新派形象，又适应大众审美需要的前提下，大胆虚构情节，突出人物性格，是基本符合历史长篇电视剧虚实结合的艺术创作规律的。

遗憾的是，《康》剧中，表现南方文人吸纳新知，北上变法的人文环境还笔墨稍淡，正面展现维新运动巨大声势的公车上书被隐于幕后，六君子的戏太少，一些细节略显粗疏。而贯串全剧的丽仙、双喜、小扑虎三女，虽然或着洋服入宫，或唱悲歌悼友，或刺奸贼殉难，对历史氛围的渲染不无作用，但其形象却不够丰盈灵动，其命运亦常游离于主线之外，对爱国志士的烘托作用不大。对康、梁的爱情生活，也有厚此薄彼之感。

观毕《康梁变法》长剧，令人倍感人世沧桑巨变，时代潮流滚滚向前。南国志士仁人的未酬壮志，必将警醒后人，以勇毅进取的精神，为珠江文化的发扬光大，为改革开放的伟业宏图而奋力开拓。

五、梦幻曲：天国梦断温新意

把太平天国人物搬上舞台、荧屏，不自陈仕元、于得水编导的历史电视连续剧《洪秀全》始，著名剧作家陈白尘、阳翰笙早就分别创作过称誉一时的《金田村》、《石达开的末路》、《李秀成之死》、《天国春秋》等剧。这自然是《洪秀全》最好的艺术借鉴。但以洪秀全为核心的农民领袖集团成员为主角，如此全面地在荧屏上展示太平天国悲壮惨烈的革命史，不能不说是具有开拓性意义的第一次。它的演播，与大型电影《孙中山》和长篇历史电视连续剧《康梁变法》一起，标志着广东影视界完成了在珠江文化上，为中华文化发展做出了巨大贡献的3大伟人的艺术扫描，为弘扬岭南英杰的爱国精神作出了贡献。

从艺术地再现这场中国历史上最大规模的农民起义的全过程的需要出发，从全景式审美观照太平军将士的战斗、生活、心态的需要着想，《洪》剧编导者从浩繁的史料中抽取素材，以摄像镜头的流动，精心编织了3条色调各异的形象彩绘，炽就了一幅题旨深远气势雄伟色彩明丽的太平天国的长卷。

红色，是革命之色，是贯穿全剧的一条"红线"。《洪》剧展示出同仇敌忾的太平军将士与勾结洋兵、凶焰万丈的清军官兵的浴血奋战。其核心是善与恶、忠与奸的冲突。它始于洪秀全为信徒"洗礼"，图谋造访之时，跨越了金田起义，永安封土，智夺全州，会师道州，攻克武昌，建都金陵，扫平敌军南北大营等辉煌阶段，结束了天京陷落，历时 14 年。它的发展，如火如荼；它的结局，辉煌壮烈。

黄色，历史上是帝王之色，象征着权力与尊贵。它与红线平行，反映了天国诸王的内讧，其冲突的核心是权与理。东王杨秀清居功自傲，恃理夺权，逼封"万岁"；天王洪秀全以权压理，密诏诛杨；北王韦昌辉无理篡权，滥杀无辜，心中都在渴求着黄袍加身。高人一着的是，《洪》剧编导并没有俗套化地在所有争夺皇权者的鼻上都涂上白粉，弄成千人一面的小丑，而是努力还原历史人物的真面目。杨秀清，这个烧炭工出身的天国帅才、开国元勋，被某些史论简单化地泼上了"千古罪人"的污水，《洪》剧却形象地展示出：无论是从他借天父之言以责人、责己、除奸的动机看，还是从他破敌营、救刑场、拦战船、慰军民的行为看，均有益于天国。即以其杖责天王，逼其退位的"逆臣"之举看，也不无挺身而出、反对天王迷恋声色、昏庸误国的合理成份。编导者将他的"皇帝梦"与韦昌辉借"清君侧"以排除异己的虎狼心相比，更是意味深远；而黑白颠倒、任人唯亲、嫉贤妒能的天王与宽厚谦让、顾全大局、明理让权的南王，和掌权执理、大义灭亲、献身沙场的西王，以及智勇双全、拒权争理、有儒将风范的翼王的对比，也剥笋壳般地表现了他们的品德高下，表现了他们在权利诱惑面前的矛盾纠葛，把缺少先进阶级思想指导的农民革命领袖的思想历史局限刻划得淋漓尽致。在某种意义上可以说，围绕天国领导权而展开的"黄线"的矛盾，是一条诸王性格心态和军心向背的展示线，又是一条决定天国盛衰存亡的生命线。

红花黄卉绿叶扶。为《洪》剧点缀了鲜亮的生命之绿的，是一群被天国从封建枷锁下半解放的女将、女官、王娘、后妃。她们中有择婿而嫁、刚烈爽直、嫉恶如仇的西王娘洪宣娇；有忠于天王、反对篡权、感情丰富的东王娘肖三娘；有冲营拔寨、战功不凡、却因唱歌被问斩的刘四姐……在红线的发展上，她们是一支饶勇善战，不让须眉的生力军；在黄线纠葛中，她们是穿针引线，生死相依、荣辱与共的贤妻良伴。她们的生动表现，形成了一条与剧情密不可分的焕发青春光彩和时代精神的生命"绿线"，而这条线的冲突核心，就是情与义。肖三娘新婚分居，是为义舍情；洪宣娇怒捆东王，是迷情忘义；杨水娇同谋篡位，是重情轻义；刘四姐歌谏天王，是有情有义；方妃邀宠杀士，是薄情寡义；林七姐的弃暗投明，是大义断情……正是通过这群有血有肉的天国女性的描写，《洪》剧才由历史而演进为生活。这群敢于造反的农村妇女的可赞可悲的意欲，是既未超越历史而又充满了人类美好的天性的。

如何发挥电视艺术的优势，将3条彩线合而为一又各显风流，这是摆在编导者面前的难题。只突出红线，一味追求战争场面的雄伟壮阔，可能导演出一部史实确凿然而乏味的历史教科书；专注黄线，只写内讧流血，则难以揭示农民革命的正义性质和伟大意义；只写绿线，又难免儿女情长，混同于猎艳寻趣的野史传奇，透视不到历史真谛。面对这些问题，《洪》剧编导者采取了扬长避短、虚实相生的手法，既忠实于红线所包含的历史真实，又深刻剖析了黄线所揭示的严酷纷争，同时还以情真义重的绿线丰富了审美内涵。三线缠绕，张弛有致，于苍凉悲壮、摧肝裂肺的剧情演进中铺开了天国兴亡的历史长卷。

《洪》剧为我们提供的启示是丰富而深刻的：曾经并肩奋战的革命战友，何以会自相残杀？一个雄韬伟略，统帅有方的起义首领，何以会任人唯亲，枉杀忠良，拒听逆耳谏言？一场惊天动地的农民革命，何以会被野心家、官倒家（洪仁发）利用，浸染了封建毒汁而功败垂成？一项救国为民的壮丽事业，何以会成为一姓私产，以偏执昏庸的人治取代了铁面无情的法治，以离心离德腐化侵蚀了同心同德的廉政？深究其中的历史底蕴，无疑是很有意义的。

很明显，现代意识的穿透力，历史思考的深广度，构筑起《洪》剧成功的理性框架。但它也存在文戏强武戏弱、演员演技反差明显、制作略显粗疏，以及洪秀全刚豪之气不足等缺陷，还可以在岭南味、农村味、古朴味、人情味等美学追求上多下功夫。而这也正是整个南方电视剧审美品位存在的一个问题。

六、咏叹调：欲海横流仇焰高

《赵氏孤儿》700年传唱不衰，是最早传入欧洲，具有国际影响的著名元杂剧。这块稀世璞玉，经电视编导的妙手雕琢，竟成了南国荧屏璀璨夺目的"和氏璧"。

是何种魔力，竟使旨在弘扬侠肝义胆，舍己救人，知恩图报，复仇光宗的传统道德的古剧，焕发出不可逼视的人性的青春光彩，使原剧那为血淋淋家族灭绝性屠杀而目眦尽裂的滔滔怨愤，化成了探询人欲何以横流的长长问卷？

《古国悲风》的编剧云亮、谢日新、周小兵与导演沈亿秋诸君，不满足于复述一个尽人皆知的复仇传奇故事，而是以现代化传媒将历史是非的价值判断引向了灵魂拷问的人性深度，升华了原剧主题并开阔了今人胸襟——对他们而言，表现复仇的结局，只不过是追求结仇的起因和报仇的得失罢了。从电视艺术的眼光看，这一目的的完成，是通过电视的造型和人物的刻画来实现的。

段飞宇在《古》剧中饰演的晋公，不是历史上与赵盾爷孙同朝的晋灵公、成公、景公、历公或悼公的替身，也不是元杂剧、京剧（《搜孤救孤》、《八义图》、《闹朝击犬》等）中的同名人物，而是集狮心狐脑于一身的历代帝王的化身，通晓将国家作为一己私产加以精心维护的各种权术：他懂得如何在骄横的臣下面前隐忍不发，懂得如何利用一个野心家的刀去砍另一个权势狂的头，同时警惕着替补者（魏大夫）的剑；他懂得如何用良史董狐的口去揭权臣的丑，再用他的血去浇野心家的蜂巢。他以仁慈公允的假面遮掩了悲剧幕后策划者的凶相，竟博得了愚忠者和屠夫的双重称赞。从他那出尔反尔，喜怒无常，虐人取乐的乖戾举动看，《古》剧对他的揭露是剔肤见骨的。

对于刚直不阿、体贴民情的赵盾（夏宗佑饰）来说，他是至死不悟（不愿也不敢）晋公的阴谋的。《古》剧写他徇情枉法，袒护儿子，后又让人冒名替死，深刻揭示了这个在原剧中通体金光的人物的历史局限性。

辛明饰演的屠岸贾，形神毕肖，阴沉雄蛮，凶悍狡恶，爱妻惜子，是对同类角色的重大突破。第16集中他与养子赵武的大段心灵对白，淋漓尽致地披示了这位手段狠辣权倾朝野的大奸雄的内心世界：百姓，不过是只服从鞭子的蠢驴！在这人欲横流的世界，你刚想放下剑就已被剑架上了脖子！这正是他杀人如麻，穷兵黩武，以人血来让上苍另眼相看的缘故，多么严酷无情的权利竞争法则！

对人性最复杂最精致变化的出色描写，首推程婴（许松源饰）。他本是个医术精湛的草泽医生，置身事外，自可免祸保身。《古》剧从他目睹赵府满门抄斩而义愤填膺写起，让郡主临危托孤，韩厥舍命救孤的悲潮把他冲向救难保孤的漩涡；屠岸贾欲诛尽全国一岁小儿以斩草除根的危急情势，窃取农夫小孩以瞒天过海的道义谴责，逼着他一步步走上舍子救孤的荆途。子丧妻疯，家毁友故，邻人唾骂，赵朔怨恨，茅六羞辱，更是雪上加霜；好容易捱到复仇成功却笑颜难展：病妻撒手尘寰，赵武怨天尤人，空对荒丘孤坟，呼天唤地奈何！屠岸贾对他的无欲无畏形同槁木产生怀疑，认定他若真能舍子救孤必是天下第一大勇之人。然而，正是这个大勇大义的程婴成了赵屠两族血海深仇的最大牺牲品——让怨毒的蝮蛇噬咬心灵失魂落魄的过了后半生！培根说得好："报复是一种野蛮的司法。人的天性愈是趋于它，法律和文明就愈是应当剪除它。……念念不忘宿怨而积心图谋报复的人，所度过的将是一种妖巫般的阴暗生活。他们为此而活着时有害于人，为此而死也是不利己的。"程婴是这样，赵朔、鉏麑、灵辄等又何尝不是这样？！当赵朔避难时野人般地捶地咒天，得志后肆无忌惮的杀人取乐，以图重振家威时，确是把自己降至一个复仇工具的可悲境地了，其精神分裂、自戕而亡的归宿当属必然。这个纨绔公子的喜剧式复仇与程婴的悲剧式复仇相映益彰，以狂想衬清醒，以荒诞衬酷烈，深化了《古》剧反剥削制度下的人欲横流和疯狂复仇的主题。

作为一种文化动物，人不可能超越他与生俱来的文化背景而独往独行。屠岸贾改变祖先姓氏的卑贱（周穆王的马车夫）和声名狼藉（谋反逆臣）的孤注一掷失败了，而他"有着显赫姓氏"的养子赵武也被历史积仇的重负压折了脊梁，这位在元杂剧中由屠氏养大却誓言"剐那厮身躯，烂剁了他娇儿幼女"，"把那厮剜了眼睛，豁开肚皮，摘了心肝，卸了手足"的复仇狂，在《古》剧中还原为有情有义，痴恋屠女媛妹，钢刀难举的青年。他在剧末揪心炸肺的控诉，至仁至情，盖住了"世仇至上"的哭嚎。

对人物塑造，主题立意的刮垢磨光，去腐生新，使《古》剧原有的人物性格更加丰富饱满，意态更为鲜活灵动，审美内涵也超越了传统剧目的忠臣义士，忍辱雪恨，光宗耀祖的历史局限，以今人更高的时代审美目光重估了这一震颤人心炳耀青史的《古》剧，予人以含辛茹苦痛彻骨髓的回味。

在《古》剧的人物塑造、主题构思和表演艺术，摄影风格的统一上，沈亿秋继续发扬了她被人誉为"诗化电视剧"的导演艺术风格。昔日在获奖片《雾失楼台》、《我的太阳》中已众口赞妙的诗画意境——那融人物、旁白、画面、音响、音乐为一体，予人以醇美品味和丰富联想的镜头表现力，又一次在《古》剧中得到更佳表现：乌云蓝夜，黄河大荒，枯苇金塘，夕照晚霞；黑甲紫袍，风铃檐角，红烛人影等天然景观和人间色彩，与精心设计的黄、红、黑、蓝为主的摄影基调浑然一体，分化糅合为红黑、红黄、蓝黑、黄绿相间的悲剧色调，融入燕巢兆凶、阴宅闹鬼、鹿羊生变、巫师卜卦的怪异场面，配以悲咽浑厚，古朴苍劲的主题曲和配乐，烘托出一种燕赵悲歌式的雄浑苍凉，旷远幽邃的审美氛围，把北国古剧独有的高远神韵和情调意境点化出来。为突出电视剧特点，《古》剧除多用中、近景镜头以细腻多变的表现人物的面目表情，心理活动和复杂关系外，还不惜花大工本展示声势浩大的全景和远景镜头。如第6集表现赵府316人押付刑场斩决的场面就拍得惨烈悲壮：随着镜头推、拉、移、摇，那壁立的山崖，列队横戈的士卒，散发重枷的囚徒，刚毅无畏的眼神，号角呜咽，旌旗翻卷，愁云惨雾，夕阳金血，拍得一丝不苟，惊心动魄，为后半部的复仇蓄积了足够的感情力量。晋师凯旋的画面，虽仅有晋公群臣数十人出场，却以音响特技暗示出万民同庆，夹道相迎，鼓角震天，欢声雷动的场面，配以人物演技，达到了洗练节制却气势磅礴的审美效果。

总之，无论是在主题掘进、人物塑造上，还是在独特艺术风格的追求和南部电视审美品格的升级上，《古国悲风》都有令人惊讶的丰硕收获，闯出了一条以令人审美觉悟重申古典名剧，以清丽秀婉风格见长的南部电视驾驭雄沉阔大的北国历史题材的新路。

七、奏鸣曲：悲剧研磨人性美

悲剧是一种力量，悲剧是一种风格。

做为一种力量，悲剧表现了人性的觉醒，表现了人性的力量，它以美的受挫，美的凋零展示人的向善，展示人对光明、对幸福、对美好事物的渴求和追寻。

作为一种风格，悲剧体现一种韵致，一种神韵，一种思索的结晶，一种艺术的独特把握方式。

从这个意义上说，沈亿秋的导演艺术风格，是通过人性美的悲剧研磨后而熠熠生辉的。

从她创作生涯中所执导的几部代表作中，不难看出她在这一艺术自觉追求下所留的印痕。无论是在雄浑悲壮的古人世界，还是在愁云惨雾的非人世界，也不论是在阴霾尽扫的今人世界，还是在晚境悲凉的老人世界，沈亿秋都坚执着悲剧之神的利斧，劈砍非人道、反人性、扼生机的荆刺丛林，点燃熊熊的生命之火，垦出人性美的净土。

在《古国悲风》一剧里，沈亿秋调动了造型、语言、色彩等多种艺术手段，把一个人欲横流的古人世界展现荧屏，并通过晋国权臣们对权力、生命、尊严、法制、爱情、复仇等权力观念、信仰观念、伦理观念的不同态度，描述了人性觉醒的酷烈过程，从而赋予古典悲剧以新的意义。

在《雾失楼台》里，沈亿秋又精细制造了马嘶、蛙鸣、狗吠、琴语、人声的音响效果，典型再现了文革时期横扫一地的非人世界，把一颗在人为的"阶级斗争"摧残下破碎的心的萎缩、萌动、重温、失落、寻觅的全过程拍得如泣如诉、珠圆玉滑，展现了一种在外部社会力量重压下坚韧生发的人性美力量。

在《静静的白鹅湾》的今人爱情世界里，沈忆秋细致铺叙了一个经济车轮险些碾碎一对农村情侣鸳鸯梦的感人故事。她没有以钱划线，把重钱者一概简单地丑化，而予缺钱者以廉价的同情。她承认爱情要附丽于经济、尊重人们的合理愿望，歌颂为实现美好爱情的忘我劳动，唯其如此，林母至死不愿住医院。细妹一违初衷自愿出嫁的悲凉场景，才更能撕扯破裂观众的柔肠，激发更具冲击波的审美力量！

在《我的太阳》这个夕阳余晖的老人世界里，沈忆秋以女性的细腻轻轻揭开了老人苍凉浑茫的心灵帷幕，从他们近似乖戾、童稚、怪异的行为中，透视出人类返老还童的生命奥秘，为老人寻找新的社会位置重燃生命之火高唱了一曲赞歌。

要而言之，刻意在剧中营造一种悲剧场景，渲染一种悲剧氛围，激发一种悲剧冲突，拧结一股悲剧力量，以深刻揭示电视剧作内蕴的社会意义和美学意义，是沈忆秋导演风格的主要特征。如果说，在古人世界，在非人世界里营造一种悲剧意境，还比较自然和易受认可的话，那么，在今人世界里舞弄悲剧魔杖，却是更需艺术勇气和极为艰难的事。难得的是，沈忆秋并没有因取巧而淡写，更没有因畏难而回避。她毫不容情地挑开世俗偏见的遮羞布，大胆直露赤裸的人性。色盲和老画家的尊严，艺术和关系的交易；收财礼和退婚的两难选择，嫁女与娶媳的尖锐矛盾，无不揭示得淋漓尽致而又不冲堤决坝，予人以感情的激荡和理智的启迪。

对于一个在艺术殿堂里执着追求的女导演来说，没有什么比把"遗憾的艺术"变得差强人意更繁难，也更欣慰的事了。用悲剧磨盘研磨人生，研磨历史，本意却在积累人性美的甜浆，在滋养现实的血肉丰盈的人生。这正是沈忆秋导演艺术的迷人魅力的青春活力之所在。

八、圆舞曲：痴情深恋暖珠江

自北方《新星》问世，南方遥向呼应，相继出现了《公关小姐》、《商界》、《特区人》、《外来人》等一批反映改革开放题材佳作。近日开播的广东36集电视剧《情暖珠江》，既不限于表现农村改革经历的激烈政治斗争，也不限于某一具体行业、某一类型城市的改革巨变扫描，它以一种更为雄浑的气势，更为开阔的视野，更为深刻的镜语，从知青情结、珠江文化意识、观念更新、党群关系等四个方面入手，绘制了一幅南国改革开放为历史长袖，为其大潮起伏，涛声浪影留下了艺术写真。

（一）城乡提携与知青情结。《情暖珠江》从广东沿海渔村知青大逃港写起，至梁淑贞、林必成这对知青恋人故地重逢作结。委婉细腻地表现了林必成与梁淑贞、张越美、谭蓉这3位女知青战友的感情纠葛、心灵历程和不同归宿，塑造出他们风格各异的独特个性。

梁淑贞，是位外表柔弱秀美，内心刚强豁达的理想女性。她从被父出卖，不幸失身的绝望中，从婚姻的连遭不幸、事业的多番受挫中挺身而立，闪耀出东方女性与时俱进的魅力光彩。

张越美，是位看似新潮实则传统的港商千金。事业上的精明与成功没有磨灭她女人的天性，对心目中白马王子的痴恋是其拼搏的动力和幻灭的原因。

谭蓉，是为恪守"人生的交易原则"的教授遗孤。她的钻营、攫取、瞒哄是那样的不择手段而又振振有词，以为有所付出就必有应得，是她青云直上而终于锒铛入狱的人生哲学。

在这样3位女性的环绕追求中付出了爱与恨、血与泪、情与怨的林必成，是一位有胆有识，并非绝情寡义的柔情硬汉。他自强而又自负，自信而又自卑，既想充当驾驭女性的生活强者，又时时离不开女人的慰藉与扶持。

200

从这4位当年的已遂或未遂的逃港知识青年、今日的香港老板、广州经理、乡镇企业家的人生经历和命运变化中，人们分明感受到了一种南国改革开放大潮的不可遏止的奔突伟力，一种人民所要求的过上更文明更富足更美满生活的原始冲动。从强硬的由城下乡的知青插队的偏激政策，到纠偏的由乡返程的知青回城的安置政策，再到互惠的城乡提携的知青返乡办厂举措，一代青年的悲喜剧命运浓缩了共和国40年来的艰难足迹。知识青年，这苦难的被时代愚弄和嘲谑的一代，这迷惘的、反思的一代，这开拓、奋起的一代，有什么能比他们的戏剧性命运变化，更能说明今日改革开放大潮的社会基础，历史必然和来之不易呢?!

（二）粤港合作与家族亲情。情暖珠江，核心在"情"。它已不是在"以阶级斗争为纲"的年代里所狭隘理解的"阶级情"，而是今天"以生产建设为中心"的改革开放时代所需要的爱国豪情、思乡热情、爱侣恋情、家族亲情、城乡友情、知青真情，以及所有健康温馨的人际交情。

从珠江文化意识的历史高度和审美角度出发，《情暖珠江》的编导者始终将"东方之珠"香港，作为在"一国两制"条件下建设社会主义的珠江文化的积极因素来看待，并以家族亲缘关系来艺术诠释粤港关系，把广州、香港、珠江三角洲这三大块不同文化色彩的地理空间，统一于情牵意连的家族关系中。这既符合于粤港文化渊源的历史实际，又符合"在家庭成员中发生的矛盾最具震撼力"的戏剧美学原则，达到了同类题材影视片难得一见的艺术高度。

在这张编导精心炽就的家族关系网中，居于枢纽地位的自然非必成莫属。处于广州一极的，有他的父母妹子和妻子一家；处于香港一极的，有他的后妻一家；处于珠江三角洲一极的，有他的挚交麦坚一家。父父子子、夫夫妻妻、兄兄妹妹、亲亲友友，敷演出多少动情催泪的戏剧场面！淑贞为得到真爱在婚前所默默承受的巨大痛苦；越美回城无望与心上人厮守终老的幻梦相继破灭后的破罐烂摔；谭蓉卖身回城夺人名额遭到围攻时的悲泣发泄；必成求成心切误踏陷阱百口莫辩时的心如死灰，洗清冤屈后与淑贞黯然相对时的目光交流，无不将情意的暖流流注于人物生命及交往之中，实现了通俗剧的以情感人、寓教于乐和以家庭亲情伦理关系抓牢电视观众的审美功能。

（三）人际关系与观念嬗变。《情暖珠江》，情深意长，却并不是一部浅白直露的煽情之作，它以人物的情感移换和迸发作为观众与人物心灵沟通的桥梁，表现了在南国改革大潮中的观念嬗变及人际关系的重构。

如果说，林必成对失贞的梁淑贞的宽宥和接纳，只是一种目前早已逐渐被世人认可的观念更新的话；那么，梁淑贞在下乡还是赴港、弥补夫妻裂痕还是分道扬镳时所作的人生抉择，就是一种非同寻常的超前意识了。诚然，对于她这位甘愿与必成幸福结合真诚相爱的少妇来说，让出国营单位的铁饭碗，宁受世人冷嘲诽议也要让情侣有选择自由，已属非易。更何况现在面临的是鸳梦重温、全家团圆的美景和乡下办厂、家庭破裂、前途难卜的命运选择呢！如果武断臆测说这位贤淑少妇在此时便有未卜先知的恐惧，断定丈夫必成赴港后会在激烈的商场竞斗中丧失自我的良善本性，投入情敌张越美的怀抱，未免有些天方夜谭。但肯定她有更相信自己眼力和实力、更尊重自己独立的人格和丈夫移情别恋的自由、宁可在承受牺牲的磨难中经受时间老人的考验，以实现自我人生价值的崭新观念，还是大致符实的。这亦使她成为一个代表了新时代新生产力的艺术形象。

何欢与麦坚的悲欢离合，从另一个侧面表现了珠江三角洲这一在全国率先全面实行乡镇企业化的富庶地区的新的人际关系和观念变化。当这位纯情少女被经济的绳索捆绑到麦坚的婚床上时，她是怀着拼死的信念向命运抗争的。而后来，当她如愿以偿在麦坚的帮助下与同村恋人结合，却发现他在世俗的泥塘里借胎传种形同猪狗时，又毅然再度冲决了婚姻的束缚，在开办乡村幼儿园的事业追求中赢得了新生，重获了爱情。

无论是林必成——梁淑贞——张越美——谭蓉这些主要人物间关系的组合——破裂——再组合——再破裂——直至更新的组合的人际复杂纠葛中，还是在阿娇、阿昌、阿蒙这样的次要人物的混世、自强生活中，都隐隐约约透露出大量鲜活信息：一场由沿袭已久的传统计划经济型社会，向与国际社会接轨的新型市场经济社会转换的历史巨变，正在珠江流域的广阔空间进行。它不仅在宏观和表层刷新了尘世风貌，更在微观和深层重铸了世人心灵，造就了由南及北的观念更迭。

（四）党群关系与真诚理解。归根结底，珠江大地上演的这场威武雄壮的人间正剧，离不开察民情、顺人心的执政党的精心导演。要如实地深刻地反映这场南国改革开放巨潮的磅礴气势，必然不可回避党群关系这一棘手的敏感问题。

《情暖珠江》的高明，在于它既不文过饰非，为过去的决策错误开拓，也不失职卸责，让今天的成功辉煌障眼，剧中也出现了像罗副书记那样嘴唱高调、心怀不轨的丑类、但只是忝居末位，权当陪衬。而站在时代前列，与人民同呼吸、共命运、情同手足、唇齿相依、肝胆相照的，是全哥这样深得人心的共产党的基层领导。《情》剧没有赋予他一贯正确，只会训人的超凡魔力，而只是刻意描写了他通情达理、真诚豁朗、善察人意、扶困救危的一面。不论是替必成开脱，将"叛国投敌"的罪行淡化为"非法探亲"的盲动，还是顶住压力，让淑贞长期回城撑持贫困之家；也不论是设身处地，化解因必成蛮干造成的一触即发的劳资纠纷，还是因势利导，鼓励淑贞在婚变和落选的打击下振作精神，充当生活的强者，都显示了全哥他作为党的优秀干部的人格魅力和极高威信。

就是在他亲自出山，到香港请富商李汉平回乡省亲的这一看似全剧的"闲笔"里，也显出他识见超群，胸有成竹的丰采。袒肚纳凉，谈笑风生，释母仇旧怨，撩思乡浓情，展现了共产党人以民族大义民众福祉为念的宽广胸怀。

上述四点，仅为《情暖珠江》一剧超越前期同题材作品所取得的艺术成就的粗略把握，但已能初见它独具只眼的艺术卓识和集思广益的艺术实绩：它不是平淡乏味的小市民悲欢录，也不是慷慨激昂的政论篇，分明是一部高品位世俗化的闪耀改革时代精神的南国风情通俗剧。当然，它也有着自己的局有缺陷，也许是现实的躁动的沸腾生活的热力所致，使她的"荣贵里"镜画乐曲中奏出了过多刺耳浮躁音符。这未必很能体现珠江文化中那不尚空谈争辩、更愿实干的和谐温馨的气韵。从女主角梁淑贞那不善唇枪舌战，却能认准真理、坚持企业科学管理，招才进宝，提携共荣，默默实干，勇于奉献，终成正果的境遇里，不正蕴含着新珠江文化那豁朗大度、高远明达的神韵吗？

多元文化的冲撞搏击，形成了珠江地区百年难遇的"文化浪尖"现象，永葆作品的民族神韵和珠江文化意识，在"三性"优化组合和艺术消费中实现其审美价值，是岭南文艺家所要高奏的——

第十五章　珠江艺术文化的狂想曲

珠江艺术文化，属于珠江大众文化的精华部分。换言之，并非所有的大众文化都能进入艺术的层次，只有那些既能满足大众的艺术消费需要，又能实现其审美价值，处理好艺术作品的思想性、艺术性及商品性关系，保持其民族神韵的优秀作品，才能无愧于时代，无愧于珠江文化艺术的神圣使命，将大众文化的水平提高到理想美的高度。

要做到这一点，除了要掌握社会主义文艺的一般规律和认明其伟大目标外，作为一个岭南艺术家，还必须确立鲜明的珠江文化意识，对广东这一全国综合改革开放实验区和广州这座国家综合配套改革试点城市的历史重任和民族重托有足够的认识，抓住当前已形成的百年难遇的"文化浪尖"机遇，把广东的以至整个珠江流域的艺术文化、精神文化水平提高到应有的历史高度。

鉴于当代电视传媒影响最广，以下论述主要结合电视艺术创作展开。

一、艺术生产说

——谈艺术消费与审美价值

艺术创作，是一种为满足艺术消费需要而对思想材料与物质材料进行精加工的成本昂贵、工艺复杂的生产。而艺术消费，则是艺术生产的重要环节，是艺术生产的目的，是艺术生产对人民精神生活需要的满足，其对社会的贡献是不容低估的。诚如马克思所言："钢琴演奏家刺激生产，部分地是由于他使我们的个性更加精力充沛，更加生气勃勃，或者在通常的意义上说，他唤起了新的需要……"① 这种需要，就是人们在认识了艺术品的审美

---

① 马克思恩格斯全集 ［M］. 北京：人民出版社，1956（46卷）：246.

价值并完善了个性之后，所产生的新的审美需要，而这种需要正是刺激生产，刺激人们建设社会主义物质文明和精神文明，从而过上美好生活的巨大动力。

艺术家为满足这一具有重大意义的社会的艺术消费需要、唤起新的审美需要而奉献的高负荷高消耗的创造性劳动，是一种独具慧眼、个性张扬、充满了审美幻想和澎湃激情的自由劳动，而"真正自由的劳动，例如作曲，同时也是非常严肃，极其紧张的事情。"①

是一种创造出无法用一般商品价值来衡量的审美价值的艰苦劳动。

然而，时下一些在艺术生产、流通、消费管理领域从事活动的经营者，却在主张"一切向钱看"、"艺术商品化"的错误思潮影响下，忽视了艺术消费品必须具有一定审美价值这一区别于普通商品的根本属性，把艺术品的消费性庸俗性，把艺术品的审美性商业化，使本应具有审美欣赏意义的高尚的艺术消费，变成了纯然展示声色暴力，卖弄噱头，毫无人生启迪意味的低级的感官刺激。这确是艺坛的末路。

也许有人认为，审美价值的存在，虽然是一种客观现象，但审美价值的衡量，却不过是一种因人而异、难以判定、主观随意性很强的争执，无须认真对待。的确，与用精确的货币单位来标价的普通商品的一般价值来比较，审美价值的高低确实有见仁见智、把握不准的情况，但这绝不意味着对不同品味的艺术品之间的审美价值就毫无比较的可能，更不意味着对艺术品审美价值的追求是一种不切实际的奢望。恩格斯在赞扬英国伟大现实主义剧作家莎士比亚时有一句名言："单是《风流娘儿们》的第一幕就比全部德国文学包含着更多的生活气息和现实性。单是那个兰斯和他的狗克莱勃就比全部德国喜剧加在一起更具有价值。"② 这里的"价值"便是艺术品的审美价值，它在不同档次的艺术品之中的比值是有天渊之别的。更奇特的是，真正的审美价值不但不会因为多次的艺术消费而日益减少，反而会因多种媒介的传播和岁月的磨蚀而日益显露，更增加其寓身的艺术品的文献（文物）价值。维纳斯雕像、故宫建筑、莎翁剧作、毕加索名画，便是如此。

唯其如此，真正的艺术家才从来都把追求艺术品的永久审美价值放在它的一时一地的消费价值之上。诚然，艺术品的生产消耗了大量的人力、财力、物力，社会理应合理补偿，那种主张艺术生产可以不计成本的盲目"投入"和无偿输出，是难以维持艺术再生产的，其经济效益和社会效益的

① 马克思恩格斯全集 [M]. 北京：人民出版社，1956（2）：113.
② 马克思恩格斯全集 [M]. 北京：人民出版社，1956（33 卷）：108.

取得便终归是一句空话（如广东省一些耗资甚巨，演出甚少，且不作改进的剧目便是如此）。但是，那种以利论艺，舍义趋利，美丑不分，一味仿制、炮制、滥制粗劣廉价的商品化的所谓"艺术品"倾销艺术消费市场以牟取暴利，却毫不顾及其审美价值有无的作法，则是根本违背艺术生产规律，漠视人们审美需求的合理愿望，必将受到法律约束和社会惩罚的蠢举。马克思在分析精神生活的艺术消费与物质生活的商品消费之间的层次差别时，说得很清楚："如果音乐很好，听者也懂音乐，那末消费音乐就比消费香槟酒高尚。"① 可见，对娱耳目的艺术与饱口腹的食物的"消费"是有质的不同的；创造具有较高审美价值的艺术（如很好的音乐），可以提高人们的审美能力（培养出懂音乐的听者），满足人们的审美需求（如欣赏音乐），丰富人们的精神生活，使人们的个性更加充沛，品格更加完美。这也正是恩格斯所说的："因为构成生活享受的最内在核心的正是艺术享受。"② 这一伟大名言的深刻美学意义之所在。

所有鼓吹"艺术商品化"而根本违背了马克思主义这一关于艺术消费的根本原理的作法，都是与艺术生产的根本规律和社会主义的伟大目标格格不入的。一段时期以来，戏曲界有的人只顾搬陈货，却不重视用现代意识去开掘传统戏内在的审美价值；电影界有的人只讲娱乐化，抢拍反面人物题材，却很少去展现改革开放时期人们的精神美；电视界有的人热衷于拉广告，大拼盘，却不肯踏踏实实拍几部好片；美术界、摄影界有的人不注重艺术的上达，一味以"人体热"来发财；文学界有的人以大量抛出毫无艺术价值的"广告文学"去赚钱为乐事，就都是这种错误的唯利是图的艺术商品化思潮影响下的表现。不言而喻，抹煞了艺术品的审美价值，那就是抽空了艺术品的灵魂与生气，剩下的只是艺术赝品、废品甚至毒品。这样的货色，能满足在改革开放综合试验区辛勤劳作的社会主义建设者们的精神需要吗？

提倡在艺术消费中坚持审美标准，注重艺术品的审美价值，有利于更好地坚持政治标准。实际上，经得起审美标准检验的优秀艺术品远比只经得起政治标准检验的作品高明，何况那种武断采用一时一地的具体政策作为判定艺术品优劣的政治标准的作法，早已由实践证明是有害的。恩格斯曾从审美角度细致分析并高度赞扬了德国画家许布纳尔的一幅反映织工生活的画作。他说："从宣传社会主义这个角度来看，这幅画所起的作用要比一百本小册

---

① 马克思恩格斯全集［M］. 北京：人民出版社，1956（26卷）：312.
② 马克思恩格斯全集［M］. 北京：人民出版社，1956（41卷）：305－306.

子大得多。"① 马克思主义的创始人是对艺术审美规律有精辟见解的伟大思想家，他们喜爱的是那些具有较高审美价值和隐蔽政治倾向的杰作，而不是那些粗陋直露，毫无美感可言的"时代传声筒"。这对我们坚持艺术品的审美价值的标准是有深刻启迪意义的。

确立艺术品审美标准的重要意义已如上述。至于如何才能提高艺术品的审美价值，既是一个复杂的艺术理论问题，更是一个有待艺术家们根据各个艺术门类的特殊规律去加以发现的异常艰苦的艺术实践问题，此不赘述。不过有一点是可以肯定的，那就是任何艺术品审美价值创造、传播和认识，都不是一种简单机械的重复劳动，这正是作为精神消费品的艺术与作为物质消费品的商品的根本不同之处。我们可以年复一年地使用同一种型号的白纸，享用同一烹调方法制作的美味佳肴，却难耐天天聆听一个老掉牙的故事。任何老调重弹毫无新意，企望以侥幸获利的一次性"艺术消费品"。都是不可能给人们留下隽永的艺术回味和丰富审美享受的，因此也是不可能在艺术的领域里扎根驻足的。只有那些不倦地以艺术之火去点燃人们心中审美激情火焰的真正艺术家，才能获得社会的尊重和人类永久的怀念。

二、"三性"组合说

——谈珠江文艺"万花筒"现象

在近年召开的广东电视剧创作研讨会上，电视剧创作中思想性、艺术性与商业性三者关系的优化组合，受到与会者的格外关注和热烈争论，这是启人深思的。

一提起电视剧的思想性，有人便可能误以为又在重复过去那种"政治标准第一"及把文艺当作政治工具的偏激作法。其实并非如此。将文艺家变成跪在政治野心家脚下的侏儒是卑鄙可笑的，但在党派林立、政见互异的当今世界，进步的文艺家却不可能没有自己鲜明的思想观点和坚定的政治立场。繁荣电视剧创作，为提高劳动者文化素质，为全国的综合改革开放实验区人民的物质文明和精神文明建设作出贡献，正是广东电视剧编导演人员义不容辞的光荣义务。坚持电视剧的思想性原则，是时代使然、民众所望，无庸质疑的。

坚持电视剧创作的艺术性原则，正是使电视文艺的思想教育功能得以实施，并使观众获得赏心悦目的审美享受和正当的娱乐消遣，进而提高道德水

① 马克思恩格斯全集 [M]. 北京：人民出版社，1956（2卷）：589.

准和文化修养的正确道路。无论是"雅俗共赏"或是"雅俗分赏"的电视剧，都必须遵循其固有的艺术规律和必备的艺术标准。那些毫无艺术性可言、油滑粗俗拙劣的闹剧，既难立足于大雅之堂，也难引起观众健康的审美娱乐兴趣，是不可能有艺术生命力的。

由目前我国社会主义初级阶段的性质所决定，电视剧的创作和成型不可避免地渗透了商业性特点，在实行了社会主义市场经济的今天尤其如此。那种编剧拍片无视社会需求和市场需要，摄制不计成本出品不想回收的做法，是寸步难行的。把电视剧创作纳入商品机制的轨道，视为一种商品来制作、流通从而实现其社会价值和经济效益，是一种承续了马克思关于"艺术生产论"的新观念。这对于借鉴商品经济竞争的经验，促进艺术生产的自我优化，自然是一种进步。

问题在于，在电视文艺创作的过程中，应该怎样处理好思想性、艺术性、商业性三者关系呢？显然，无视电视文艺起码的思想准则，满足于将其蘸点艺术味精和裹上商品包装便任其充销文化产业市场，是难免受到行政干预的。反之，用枯燥无味的政治概念图解生活，黯淡了文艺作品独具的炫目怡人的艺术光辉，剥夺了广大观众审美享受的合法利益，哪怕政治色彩再红，其作品也会乏人问津。至于唯利是图、空虚无聊、庸俗低级、与文艺创作的思想性及艺术性风马牛不相及的所谓"商业化文艺作品"，更只能是过眼烟云，有商品价格而无审美价值的劣质文化消费品，迟早成为文化垃圾。

207

广东电视台用 104 集系列短剧《万花筒》的创作成果，为我们提供了如何解决好"三性"优化组合问题的钥匙。在有 10 家电视台激烈角逐的珠江三角洲地区取得位居第三的高收视率的这部系列短剧，是由省电视台《万花筒》剧组和佛山市话剧团横向联合、齐心浇灌的精神文明之花。其盒带远销香港、东南亚，为省台赚取的广告费已达百万元之巨，数倍于制作成本。与其称该系列剧为"商业性电视剧"，倒不如称其为"通俗化电视剧"更贴切。一者，它为广大专业、业余剧作者建立了广泛的业务联系，通过约稿、改稿、评议等活动，提高了作者的思想艺术素质，使《万花筒》成为集体智慧的结晶。二者，它以凡人小事入戏，将审美触角遍伸通衢小巷，于邻里纠纷、家庭笑谈之间，鞭挞不正之风，扭转世俗偏见，赢得成千上万的电视观众的由衷喜爱，成为他们倾吐自身喜怒哀乐，常葆身心愉快的良师益友。从思想性的准则看，这确实收到针砭时弊、倡导时尚、移风易俗的社会效益。它为精神文明所作的积沙成塔的特殊贡献，以及剧作人员栉风淋雨、呕心沥血的工作精神，都是不可以纯商品价值来估量的。从艺术性的标准看，《万花筒》也成功地消化了香港电视台《城市故事》系列剧的某些可取经验，创造了为广大市民喜闻乐见、清爽明丽、欢快流畅、诙谐幽默、夸张不俗的审美风格。从该剧的开放性人物系列的性格塑造看，急公好义、伶牙利嘴、滑稽笨拙的"阿昌"，肥头大肚、贪小失大的胡科长，都可以产生类似古典名著中孙悟空、猪八戒形象的审美效应，既具典型性格又可随时代发展而"故事新编"不绝于世。像个体户阿昌见报后的种种苦恼（《阿昌见报》，获奖作品），胡科长存私房钱的尴尬狼狈（《你的我的》），不都反映出改革开放之后人们的心态和人际关系的"新危机"吗？有人喻称《万花筒》为改革大潮上的几朵浪花，虽不如宏篇巨制的伟大，可正是从这些五光十色的浪花飞沫上折射出大潮那汪洋恣肆，铺天盖地的壮观，有其不可替代的审美价值。

《万花筒》经验自然不是万能的，不能适用于所有的艺术生产过程和作品创作，但"万花筒现象"所予人的丰富启示却是深刻的。当我们企图补救在艺术生产中忽视经济效益的弊端，用商品杠杆来运转文艺创作的机器，用等价交换原则来协调艺术生产系统中编剧、摄制、排演、播放等各方面利益，从而努力调动方方面面的积极性，使文艺的经济效益和社会效益充分实现的时候，切不可矫枉过正，以"商业性"需要为口实来降低文艺作品的艺术水准和思想高度，迎合社会上的 些不良风气和颓废心理，贪小利而忘大义。作者应有博大深沉的胸怀，有既为今日观众服务也着眼于明日观众提高的高瞻远瞩。一方面，从清新健康的大众化剧目起步，向非社会主义的文艺争取观众；另一方面，不排斥拍一些耗资虽大却能代表国家一流艺术水准的精品名作，"双轨制"同步进展，逐步提高观众的审美能力并升华其审美情趣，使之深刻理解改革开放的历史必然及现实情境，促进人本质的进化。

三、民族神韵说

——谈近期国内电视艺术的美学追求

中华民族，睥睨千古，雄立东亚。其流光溢彩、风流雄豪的民族神韵，彪炳于记载着民族丰功伟绩的史册，附丽于流芳千古的民族精英，流露于大千世界的艺术长廊……。而多方位多色调地展示炎黄子孙精血英魂化而成之的民族神韵，正是视通万里、撷英集粹的电视艺术所心驰神往的美学追求。

这种不分艺术品类的美学追求，因神州大地的辽阔而抹染东西南北的地域色调，因中华民族的历史久远和急剧的现实变革而刻上清晰可辨的时代印痕，因共同繁荣着中华文化同时又顽强保持着本民族个性的兄弟民族的存在和发展，而显示出各民族的风采。而以电视剧为主体的电视艺术的诞生，更加拓展了前所未有的艺术创作的寥廓空间。北部电视，以中央电视剧制作中心为主帅，云集东北、华北的人才，组成兵精将猛的创作方阵，接连推出了像《红楼梦》、《李大钊》、《铁人》这样的弘扬民族文化、褒扬民族正气，振奋民族精神的力作。它们应和着祖国心脏的脉搏而跳起，表现了中华文化根基的坚实和民族神韵的厚重丰美的一面。

西部电视，以高度的艺术自觉在莽莽高原上追寻着人与大自然的浑然契合之美。由陕西、甘肃、四川、宁夏、青海、新疆、西藏、贵州、云南诸省（区）结盟的西部电视创作大军，阵容鼎盛，雄峙西陲。近期荣获"飞天奖"的《艾黎与何克》、《悬崖百合》、《无人知晓的世界纪录》等剧，展示出西部电视的实力和前景；而以《西藏的诱惑》荣获"星光奖"，在电视艺术片领域里异军突起的优秀导演刘郎所潜心追求的西部电视的"蛮荒悲壮之美"，似乎正以其蓄积的无穷魅力诱导着西部电视的美学走向，一种表现中华民族在困顿厄难中豁朗达观，百折不挠的神韵之美的艺术境界的营造。

由濒临东海的江、浙、鲁、皖、沪诸省、市创作力量集结而成的"东部电视"，以《水浒》、《三国演义》人物系列电视剧，《聊斋志异》故事系列电视剧著称，展示了祖国这一富庶繁华地区的发达文化。近期喜获"飞天奖"的《上海的早晨》，《大酒店》（上海电视剧制作中心与该市企业联合摄制）等剧，从又一个重要侧面勾勒出东部电视美学追求的大致轮廓——文学丰富遗产的承继和大工业振兴基地的文明导向，并据此丰富了民族神韵的审美内涵。

南部电视的美学追求，能否在北部电视、东部电视、西部电视所形成的异彩缤纷的美学氛围中自领风骚，高掌远蹠于南海之滨呢？这并不仅是个纯电视艺术理论的探讨问题，更是一个主要应由岭南电视艺术家们用创作实践来回答的问题。诚如近年广东电视艺术成果所显示，植根于珠江流域，视野广阔而不偏狭，观念新潮而不偏激，手法多样而不显怪诞，气韵雄浑而不失内秀的南部电视，正以《海瑞传奇》、《康梁变法》、《过埠新娘》、《公关小姐》、《一代风流》、《丹姨》、《商界》、《小船》、《万花筒》、《珠江情》等具有浓郁诗意美、俗文化美、风情美的佳构杰作，确立了南部电视在中国乃至在世界上所占的一席之地。

这种地位的取得，不应单纯从《小船》获得两项国际大奖以及《商界》等剧获得"飞天奖"的外部标志去认可，更要从南部电视对民族神韵的独特把握去辨识。我们看到，正是从《海瑞传奇》、《康梁变法》、《过埠新娘》、《虾球传》、《一代风流》等题材各异的电视连续剧的连播中，人们感受到了岭南先哲英烈、志士仁人、平民百姓为了民族尊严，为了国强民富，为了追求真理，为了安身立命而敢于犯颜谏上，维新变法，跨洋过海，漂泊流离，英勇奋战的代代相传的高风亮节和民族豪气！我们看到，正是从《公关小姐》、《商界》、《万花筒》等南国城乡风情和改革开放题材的电视连续剧及系列短剧的连播中，粤地市民乡人在改革开放时代浪潮的激荡下的开拓奋进、飒爽英姿的精神风貌得到了形象体现，营造了一种独具岭南风韵的"清丽雄放之美"，一种以南部电视对民族神韵的独特把握来催开中华电视艺术之花的瑰丽美学风采！

民族神韵，归根结底，只能是民族的精神内核与特殊气韵的艺术体现。它被每一个为中国社会主义文化的大繁荣而殚精竭虑，具有民族文化修养、民族骨气和民族情感的真诚弘扬民族文化优良传统的艺术家所重视，所追求，所表现，是理所当然的。最近，广东省、市电视剧制作部门的负责人均表示，要调整题材决策、艺术形式与制作方法，以建立岭南电视剧艺术流派为长远目标，以长篇通俗连续剧、系列短剧为主要形式（兼顾探索式单本剧），生动反映广东历史上重大事件和著名人物，反映在商品热浪笼罩下的南国都市生活及其对乡镇的影响，这无疑是很有战略眼光的。

各个地区的电视正在以各种艺术风格和各类题材表现民族神韵的美学追求中各显千秋，"南部电视"的美学意识的顿悟和自觉的美学追求，是具有积极和深远意义的。

这是因为，从根本上说，这种顿悟和追求，就是要以得改革开放时代风气之先的岭南人的眼光、情趣和方式，去审美观照民族的历史，民族的奋争，民族的向往，民族的希冀，民族的探索，民族的思考，民族的心态；去表现民族脊梁的勇毅和智慧，去表现民族为理想实现而顽强拼搏的崇高精神和火热生活，培植出质优艺美的"南部电视"之花，丰富南方人民的精神生活，进而与北部电视、东部电视、西部电视形成良性循环的艺术交流，共同谱写壮国威，立民德，美人伦的"民族神韵"的精采乐章。从广东荣获全国省级电视台节目交流大会授予的"繁荣荧屏特等奖"的事实看，这大概不算过高的奢望吧？

四、珠江文化意识说
——简评广东近年获奖电视剧

广东电视，是英姿挺拔于珠江文化沃土上的一株红棉。近年来获奖的一部部电视剧，恰如它枝头上一朵朵怒放的花蕾。它们沐浴着南海岸边时代的风雨，应合着神州脉搏的律动，给观众带来了改革开放综合试验区春讯。

无论是从这些获奖电视（包括飞天奖、金帆奖、广东省庆祝建国40周年优秀作品奖）的题材选择看，或是从它们的创作实绩看，其所弘扬的珠江文化和执著的多元美学追求都是富有现实意义的，体现了珠江文化的博采兼容、胸襟开阔的雄豪气度和雅俗共赏、瑰丽秀美的旖旎风采。

　　广东电视台的24集电视连续剧《公关小姐》和广州电视台12集电视连续剧《商界》，是全方位展现南国大都市改革开放时代风貌的两部力作。前者以一个香港爱国女士周颖为主角，以6位禀赋、心态、性格各异的公关小姐为对比，多视点地观照了改革开放时代广州青年的心灵轨迹和理想追求，有力地扭转了人们对公关这一类改革开放的新事物的偏见和疑虑，展示了粤港经济合作共同振兴中华的美好远景。后者则给我们展现出经济发展规律与道德价值观念的冲突。张汉池、廖祖泉和曾广荣在商界金融领域的开拓、拼搏的成功或失败，深刻地昭示出改革开放对人的价值观念的冲击。它们的认识价值和审美取向都是各有千秋的。当然，它们有一个共同之处，就是表现了编导者对党的十一届三中全会以来，已进入开放和更新时期的珠江文化的强烈关注，以及近距离地诠释生活的审美兴趣。这是社会主义文艺高奏的时代主旋律的动人乐章。

　　广东是中国近代历史的先行者。自150多年前的鸦片战争至1979年，可以说是珠江文化发展的"外引换质"期，这其中包括引进西方资产阶级民主思想和引进马克思主义这两个阶段。这一时期的珠江文化，孕育了洪秀全、康有为、孙中山等伟人。广东电视以宏大的气魄将"百日维新"和"太平天国"推上荧屏，与珠影拍摄的历史巨片《孙中山》鼎足而立。这是具有战略眼光和艺术眼光的，是对珠江文化吸纳外来的思想文化的一次艺术扫描。18集的连续剧《康梁变法》，表现了粤籍维新志士感时忧国，变法图强，慷慨赴难的光辉业绩，塑造了被讥称为"康三癫"、美称为"新会神童"的维新领袖康有为以及梁启超的荧屏形象，生动地展现了作为近代革命领袖摇篮的南国的历史风云，展现了在强大的封建统治势力镇压下必然出现的历史悲剧结局。

　　广东电视在表现近代史前期的悲壮史实时凝练厚重，而在表现近代史后期和新民主主义、社会主义革命的坎坷进程时，变得潇洒雄放，风格多样。这里面，既有表现红军时期在陈毅等领导下的南雄革命斗争的《血沃油山》，歌颂高雷人民抗日军军长张炎的英勇不屈的《铁血风尘》，描写智救身陷魔窟的友军高参的《紧急营救》，也有表现流落省港街头的不幸儿童觉醒的《虾球传》，描绘善良平凡的白衣天使的《丹姨》，以及表现"文革"中患难知音的《雾失楼台》，都以其壮怀之烈，意境之美，人情之浓，给观众以感染。

广东荣获电视的成就，离不开国内同行的支持。加强珠江文化与域外文化的交流，使广东电视在题材、编导、演员各方面都能择优精选，这无疑促进了广东电视艺术的繁荣，获国际大奖的《小船》，题材来自江苏，景地却在白藤湖；《过埠新娘》的姑娘们生于南粤，颠沛流离却在南洋；《公关小姐》、《康梁变法》的主要演员分别来自塞北关外，而全剧的美学风格却是南方的。这种兼容并蓄，豪放雄阔的文化交融意识，还体现在对中原文化、香港文化以及海外文化的借鉴上，由此形成了广东获奖电视特有的南北文化（如《康梁变法》）、穗港文化（如《公关小姐》、《家庭》、《虾球传》），以及粤文化与南洋文化（如《过埠新娘》、《紧急营救》）的荟萃。

珠江文化意识的确立，使广东电视呈现出富有岭南风味和豪放的开放气派的美学风貌，这都可从一些获奖剧目的审美追求中看到。

淡雅飘逸的诗意美追求，是广东获奖电视为观众所爱的一个奥秘，在国外多次获奖的优秀短剧《小船》，享有诗剧之称。它以烟波迷濛的湖水寓意村童对年青女教师不幸殉职的无尽思念，以蛮荒草野上的熊熊烈火象征新文化对愚昧贫瘠的开战。这都给人以深隽的回味和激越的感奋。立意好、意境美的散文诗剧《雾失楼台》，则以催人泪下的交响乐般的电视语言，叙述了"文革"时期一段感人至深的往事。那清雅甘醇、含蓄深沉的表现手法，那蛙鸣、蹄痕、脚印、犬吠、琴鸣、雨声、雾岚的无言倾诉，无不流淌着一种情感和诗美。

夸张而不失实，清浅而不庸俗，丰富而不繁杂的俗文化美的开掘，则展示了广东获奖电视的一种新的创作潮流，体现出编导热情地贴近生活，倡导时尚，针砭时弊的赤心。超过200集的《万花筒》系列短剧中的一些人物已成为珠江流域尽人皆知的荧屏典型。他们的琐事趣闻，合成了一幅南国浮世图。

另外，广东电视在多功能综合美的表现手段上，也获得了卓然独立的成果。许多剧目在音响、剪辑、摄影、照明、美工诸方面都获得了单项奖。同时，在追求画面的岭南风情美和都市美等方面，也有鲜明特色。

广东获奖电视的成就是喜人的。然后，从满足珠江民众较高的文化需求和建设有中国特色的社会主义电视文化视野的时代要求来看，它还需要进一步前进，而且还要迎接文化体内部的香港电视文化的挑战。它必须进一步顺应改革开放的时代潮流，进一步加强与外地电视文化的交流，择优纳善。在创作上要处理好不同时期的题材比例，既要高奏历史新时期新人新风新事的"主旋律"，更多地拿出敏锐感触现实的优秀作品，又要继续开掘近代爱国志士的题材。同时，深化电视艺术理论的研究，也必须提到广东电视的议事日程上来。

五、文化浪尖说

——评电视剧《外来妹》

观潮季节莅浙，于喇叭形的钱塘江口，便可看见东灌南涌北掩的多股海潮，奔突冲撞，汹涌澎湃，汇聚起潮头壁立，声炸若雷，势掩千军的钱塘怒潮！它，每每令观者变色动容，心雄胆豪。

无独有偶，在人类社会发展上，也幸而可见这般多种文化潮流激波冲浪，涌聚"文化浪尖"，结成丰硕文明果实的壮观景致。古代的，诸如消溶了西域文化、异邦文化、中原文化精华的泱泱盛唐；近代的，诸如吸纳了央格鲁—撒克逊文化、阿拉伯文化、犹太文化、汉文化、乃至印第安文化之长而称雄于世的美国；当代的，诸如汇聚了西方文化、岭南文化、北方文化的优势而奋追亚洲"四小龙"的珠江三角洲，都可例证。

集多种文化之长以除单一文化贫弱的积弊而使文化程度更高，这并非深不可解的玄奥道理。任何从改革开放的时代浪潮中看到民族希望的人，大概都不会怀疑这是什么异端邪说。真正的马克思主义者绝不会排斥对人类文化的所有积极成果的消化吸收，是否正视并承认在特定的历史条件下或地域内的多种文化的相吸相斥，所可能形成的"文化浪尖"现象——归根结底是一种以民族文化为主潮的文化进化现象，实际上是检验一个现代人是否正视并承认改革开放在中华民族振兴中所起的巨大历史作用的试金石。

正是在这一意义上，电视剧《外来妹》奠定了自己较高的文化品位。通览全剧，从那些有着不同理想追求，受着情欲煎熬，背着因袭的重担，做着致富的美梦的男女主角身上，人们隐隐可见那流淌于其血液中的异质而同构的文化因子，从合作伙伴到竞争对手的江生和林老板，代表着受西方文化影响的香港文化，一种生意场上铁石心肠而对雇员又不吝感情投资的资本文化，以其先进的管理科学、雄厚的资本实力成为激发珠江三角洲经济活力的要素；而百万北方农村南下的"打工妹"，秀英、阿芳、风珍等，则属于那些在历史机遇的把握中挣扎于"依附型"传统女性规定角色模式中的一群：她们中有的从依附一个阔佬到依附所有愿出高价的嫖客而终致银铛入狱（秀英），有的从牺牲色相以羁縻男人到义无反顾的直奔特区（阿芳），有的从对田园美景的眷恋中惊悟过来，进而带着更年轻的姐妹踏上南国的热土（风珍）。精仔和福生，是岭南文化的另外两种类型，前者浮躁、善变、势

213

利、寡信而失去了外来妹的爱情，自尝苦果；后者则以稳重、忠厚、实干而喜结良缘。乡长作为地方政权的代表，其决断，显示了地方主流文化的强盛和蓬勃生命力。康乐厂的收购和重新开张，是珠江三角洲乡镇企业从无到有，从小到达，在社会主义商品经济舞台上扮演着日益重要角色的一个缩影。

全剧中最富有戏剧性命运的角色大概要数女主角赵小云了。她从香港江老板处学会了管理现代化工厂的经验，获得了高薪和优厚待遇，却没有和并肩南下的外来妹——女工们分道扬镳；她不惜为维护女工们正当合法的权益而砸掉饭碗，也不信江老板那套"老板永远是老板，雇员永远是雇员"的训示。因此，当她作为乡办的新康乐厂的厂长、法人代表出国洽谈业务，与江生巧遇于广州国际航班候机厅时，便构成了戏剧性的一幕；可以说，她是凭借"文化浪尖"之力青云直上的主流文化之代表。

当我们无情地剖析着《外来妹》剧中人所具有的文化背景时，并非是要竭力证明他们只是一些苍白扁平的文化符号，而只是想使人们更清晰地观照这场在当代"文化浪尖"情势下展开的龙虎斗——一幅在多元文化背景下蒸腾着珠江地区本地的和外来的创业者的血汗气息，滴落着悔恨者辛酸眼泪的世相图！

也许，《外来妹》的导演手法还不那么娴熟，在画面叙事明晰清新的优势下，还缺少那么一点儿感人的力度和慑人魂魄的魅力，若从美学角度来琢磨更有些缺憾；但它毕竟是一部时代的力作。一种敏感到珠江三角洲、全省、乃至全国的"文化浪尖"现象而力欲加以艺术表现的责任感和胆魄，使年轻的导演成浩继《商界》的飞跃后，又迈进了一大新台阶。

在改革开放的春风和市场经济的产婆催生下，带着全球华语电视文化人的祝福，怀着珠江文化大放光芒的希望，一个充满生机的伟岸身影出现在地平线上，这就是——

第十六章　珠江电视文化圈的崛起

电视，这一大众文化传播媒介的发明，把艰难曲折的人际文化传播的"丝绸之路"，变成了兼有"千里眼""顺风耳"奇效的洲际文化传播的"空中天桥"，为文化信息的巨量集中、迅速扩散创造了物质条件。人类近几十年创造的文化信息量已超过了前十几个世纪的文化信息量的总和。勇敢地面对世界文化发展所引起的信息革命，认真探讨珠江电视文化圈的全面建设问题，对于弘扬民族优良文化传统，迎接珠江文化新潮的兴起，搞好广东改革开放综合试验区的社会主义建设，意义深远。

一、珠江电视文化圈的外延和基础设施

珠江电视文化圈，有其历史的、经济的、文化的成因以及文化传播的基础设施；它以广州为核心，以南粤为腹地，以港澳为门户，以深圳等经济特区为窗口，以琼桂为两翼，以赣、湘、闽、粤交界地带为外围，形成了一个拥有一亿多人口，以珠江电视文化覆盖面为圆周的区域文化圈。

广州是广东省会、华南经济文化中心，历史文化名城，是中国的诗界革命、小说界革命和大革命的策源地之一；传播珠江电视文化的核心台——岭南台、珠江台、广州台均建于此。自 1981 年以来，广东奋战六载，投资6000 多万元，建成了以广州为中心的 3 条广播电视微波干线（其中粤东线583 公里，东达汕头；粤西线 607 公里，西接茂名、湛江、远达海南省三亚市；粤北线北通韶关。并具有向广州回传港澳信息及省内各市、县各类信息的双向传输能力），加上散布全省的 29 各市、县电视台和近千个电视差转台，使全省电视人口覆盖率达到了 85%，这无疑是 6000 万广东人民对珠江电视文化的渴求和努力奉献的生动表现！

粤、桂、琼古时同属古南越国版图。解放后，钦、廉地区及海南岛相继

从粤划出，归属桂、琼，但三省（区）人民性近习通，关系仍密。海南至今仍每日转播自穗传来的三套彩色电视节目，南宁至今仍每日向全区播放广东电视节目。粤桂合拍的长篇纪实性电视剧集《珠江情》，以及1988年粤桂在梧州合办的中秋电视演唱会，把两广人民源远流长的深情厚谊表现得淋漓尽致。让珠江电视文化为粤桂琼友谊架桥，正是岭南人民的共同心愿。

湘省是京广铁路必经之地，先秦时便经灵渠沟通了长江水运与珠江水运网。赣、粤交界的梅岭关，曾是中原先进文化输入岭南腹地的唯一通道。闽、粤陆接海连，交通便捷，经港省亲的闽籍台胞络绎不绝。1988年，地处万山丛中的平远县中行乡电视差转台由乡民集资建成并开播，使毗邻乡镇及江西一些村庄都看到了广东电视。最近，汕头市高层电视塔启用，福建诏安县电视台转播成功，使两地居民看到了满意的广东电视。如今，在湘、赣、闽、桂、粤交界处，像汕头、诏安、中行乡这样的大、中、小型电视转播点星罗棋布。据报载，1989年由省港电视台在天河体育馆合办的"羊城贺岁万家欢"节目，在香港、广东及邻省的电视观众约达一亿人；珠江电视文化的印刷媒介——《广东电视周报》发行量居全国同类报刊之首，这些都充分说明了珠江电视文化的强大吸引力和辽阔外延。

香港是世界金融中心、信息中心、旅游中心之一，其电视文化也相当发达，它对珠江电视文化的影响不可忽视。深圳、珠海、汕头等经济特区，与港澳经济联系密切，是发展外向型工业，促进中国"四化"建设的重要基地。以港澳为门户，以特区为窗口，是珠江电视文化吸纳海外文化信息，去芜存菁，为改革开放服务，不断自我优化的需要。

总而言之，珠江电视文化圈集天时（中央定广东为全国改革开放综合试验区）、地利（毗邻港澳，结邻五省）、人和（深受圈内外受众喜爱）之优势，基础设施也初具规模，已是不争之事实。

二、珠江电视文化圈的性质和传播内容

珠江电视文化属于社会主义文化。这一性质决定了它不搞以邻为壑，闭关自守，妄自尊大的狭隘的区域文化主义，而是以开放的姿态，宽广的胸怀，正确的方向去建设和弘扬具有民族传统和社会主义性质的珠江文化，广泛及时地传播国内外文化信息，为本省和华南的物质文化建设、丰富圈内受众的文化生活服务。

这种服务质量的好坏，相当程度上要由它的传播中心——广州的"双

文明"建设的好坏来决定。广州人精神——"稻穗鲜花献人民",广州市风——"团结、友爱、求实、进取"的形成,确立了"广州人"的价值观念和现代现象。《百年广州》、《羊城十年变迁》、《广州改革开放十年成就系列报道》等电视艺术纪录片、专辑片的播出,南华西街等街区文明建设典型的专题报道,"住房改革千家谈""菜篮子工程千家谈"的讨论,反响热烈,形象化地宣传了党的改革开放伟大政策和在广东取得的重大成就。显而易见,在高质量的转播好中央电视台各类节目的同时,广泛深入地报道以广州为中心的全省的社会主义建设成就,反映存在问题,提出改进措施和建议,加强法制和民主建设,发挥电视大众传媒的下向传播的宣传作用和上向传播的民主监督作用,为社会主义精神文明建设服务,是珠江电视文化圈重要的传播内容和光荣任务。

在经济生活领域,珠江电视文化在办好"经济九○"、"港澳动态"、"市场漫步"、"金融信息"、"摇钱树"、"家庭百事通"等栏目以及广告服务方面,均有出色的表现。中法广告美学研讨会在穗举行,"强力"荔枝饮料广告及其他广告获得全国电视广告一二等奖的事实,都可以证实。传播新知,繁荣经济,引导消费,促进广东市场商品经济的发展,是珠江电视文化基本的传播内容和重要任务。

丰富圈内上亿受众的文化生活,满足其文艺消费要求,是珠江电视文化日常的传播内容和主要任务。近年来,中央电视台节目日益丰富多彩,珠江、岭南、广州等电视台更是锦上添花,栏目繁多,播出时间也由创办初期的每天 130 分钟,增至每天 52 小时以上。《国际纵横》、《世界博览》、《环球瞭望》、《游旅航班》等栏目纵论国际时事,传播国际文化、旅游文化的新信息;《体坛内外》、《体育之窗》、《球坛风云》等栏目吸引了众多体育爱好者;《欣赏中外艺术奇苑的《环球剧场》、《红棉剧场》、《一曲难忘》、《艺术长廊》、《万紫千红》、《娱乐升平》等栏目,五彩缤纷,目不暇接;《不减当年》、《金色年华》、《六一快车》、《动画王国》等栏目,大得不同年龄受众的青睐;知识性、趣味性、教育性的栏目如《开眼界》、《公民与法制》、《岭南教育》、《时装荟萃》、《听歌学英文》、《口语三合一》、《动物世界》等,广受欢迎;传播军旅文化的《南疆子弟兵》、《公关》等栏目反映了军、警、民的精神风貌。珠江电视文化圈这种百花争艳,异彩纷呈的繁荣局面和丰富内涵,是正确遵循了社会主义文艺"两为"方向和"双百"方针的结果。

珠江电视文化的传播内容,也包含了香港电视文化的健康成分。大胆借鉴,科学辨析,合理利用香港电视文化为珠江电视文化的繁荣服务,如选播一些思想健康的香港电视剧，举行省港杯歌唱大赛，开展联欢活动等，已由实践证明是可行的。

三、珠江电视文化圈的建设和进步意义

珠江电视文化圈的全面建设，是为了确保其社会主义文化的性质、丰富健康的内容和采用先进的传播手段，其意义体现在它对广东这一全国改革开放综合试验区的物质文化建设的推进和对以广州人精神为标志的广东省社会主义精神文明建设的促进，体现在它对华南经济合作与腾飞的贡献，体现在它对圈内上亿受众日益增长的文艺消费需求的满足等方面。

抚今忆昔，珠江文化的发展，已从上千年的内纳成型期，上百年的外引换质期，发展到了近十年来的开放更新期。它曾经和正在为中华文化的建设作出应有贡献。以现代最先进的电子传媒媒介推进珠江文化新繁荣，是时代的召唤，历史的重托，体现了珠江电视文化圈的进步。

目前，经济建设是一切工作的中心。珠江电视广播，不仅能以商品广告、经济金融、市场物价、气象预报、致富门路等各种信息的传播直接为商品经济发展，为山区经济开发，为全地区物质文化建设服务，而且能从企业文化、街区文化、乡镇文化的角度，以生动形象的电视画面，迅速而大面积地推广圈内外的"双文明"建设的典型，让基层经济建设的楼宇，矗立在社会主义的稳固基石上。

良好的省际关系，是华南经济繁荣和广州成为本地区经济文化中心的重要保证。珠江电视文化圈的全面建设，能增进邻省对广东经济发展，市场需求，文化生活的了解，对增强省际商业、旅游业、文化事业的横向联系和密切合作，有着一定的影响。

政通人和，稳定安乐的政治局面，是发展市场经济的根本保证。珠江电视系统的双向传播功能，既能及时而有力的宣传党的方针政策，调动圈内人民的社会主义建设积极性，又能反映民情，发挥舆论导向、民主监督的作用，增强人民的参政议政意识和能力，同心同德干四化。

一个繁荣稳定的香港，对中国社会主义建设有利。《香港基本法》的公布，稳定了香港民心，也为省港文化交流确立了"互不隶属、互不干涉和互相尊重"的基本原则。珠江电视文化圈的全面建设（包括吸纳香港电视文化精华），不但可增强港人对中华文化的向心力以及对"一国两制"方针和《香港基本法》的信心，有利于香港、广东乃至全国的稳定繁荣，还有助于我们从人类创造的所有文化成果中吸取精华，建设祖国。从在特定历史

条件下被迫全盘西化而顽强保持了中华文化的某些基因的香港文化的形象的百科全书——香港电视连续剧——的选播、评析里，珠江人民将更好地了解香港同胞的过去和现状，反思以往，展望未来；珠江电视文化圈也将获得一定的社会效益。

珠江电视文化圈的全面建设，将能顺应电视传播综合化、多样化的审美潮流，在弘扬民族文化，展现异域文化，传播体育文化、时装文化、饮食文化、家具文化的同时，开设一个珠江文化艺术的精美橱窗，举凡独树一帜的岭南画派，屡获殊荣的摄影艺术，初露头角的南国都市电影，别开生面的商战文学、军旅文学，韵味醇厚的戏剧、小品，雅俗共赏的电视剧，倾述心曲的通俗歌曲……都可以一现芳彩，尽显风流，为珠江文化的新繁荣创造温暖如春、鸟语花香的优美环境，丰富中华文化艺术的宝库。

众所周知，文化是人类的内在精神及其外化，文明是人类体现自己的内在精神的进步程度和开化状态。如果说，让一部分人先富起来，是实行改革开放政策不可逾越的阶段的话，那么，让更多的人先文明起来，团结友爱，求实进取，走共同富裕的社会主义道路，就是改革开放走向深化的必然要求，这正是珠江电视文化圈全面建设的目标和深远的进步意义。

四、珠江电视文化圈的管理和理论探讨

一定文化圈的作用和成效，除受时代、环境、大文化氛围等因素制约外，还受圈内文化信息流的流量、流向、流速、渠道以及疏导管理等因素的影响。在人类文化昌盛，信息灵通，科技发展的今天，封闭僵化、自在自为的文化圈实际上已不可能存在。更自觉地以多种学科的科研成果来深化理论探讨，实现科学管理，是珠江电视文学圈实现其进步意义的基础前提之一。

在电视文化管理所需的诸多社会学科中，新闻学、传播学、教育学、美学、社会学是珠江电视文学圈软件建设必不可少的基础学科，对办好新闻节目、社教节目、广告节目和文艺节目关系尤大。然而，如果孤立地、偏科地、囫囵吞枣式地去学习，是难获实效的，只有对上述诸门学科进行综合研究、融汇贯通，才能收到最佳实效。这主要见于如下几个方面：

①从社会学、传播学的角度去研究电视新闻线索，探讨电视新闻如何能以最快传播方式产生最佳社会效果的问题，总结何以采、编、导、播的最佳组合，及时搜集、编辑、播放各类有社会价值的电视新闻的经验，发挥电视信息库的作用。②从美学的角度去观察分析电视传播现象，深入探讨美学的原理和规律，从电视广告美学、电视新闻美学、电视教育美学，尤其是电视

文艺美学的各个侧面，去总结电视传播的美学经验，并指导实践，使电视文化的传播成为一种美的享受。③从社会学、民俗学的角度去了解和分析圈内受众——岭南民众的生活方式，文化层次，社区组织，知识结构，文化需求，审美心态和欣赏习惯，探讨社会主义民族文化的建设问题，创造丰富多彩的为岭南受众所喜闻乐见的电视新文化。④从系统论、信息论、控制论和传播学的角度，去探讨珠江电视文化圈的科学管理问题，总结如何在中央和省的有关部门领导下，协调中央、省、市、县四级电视台的文化传播作用以取得最佳社会效益的经验，更好发挥省、市、县电视台的积极性，变无序管理为有序管理，既分工合作又良性竞争，激发珠江电视文化圈内部机制的活力。⑤从社会主义文化建设和"一国两制"方针的宏观角度，分析香港电视文化的利弊，探讨如何趋利避害，按照《香港基本法》的精神密切省港澳的经济联系和文化联系，造成香港文化对祖国文化的认同感和向心力，使香港电视文化成为有助于珠江电视文化的全面建设和丰富健康的积极因素。

不言而喻，这5个方面的理论探讨，都离不开马克思主义的指导，离不开人类智慧之灯的指引，否则就会遭到损害。

红棉吐蕊，电塔扬波。珠江电视文化圈的倩影，已玉立于祖国南疆广袤大地上，其潜移默化的巨大作用实难估量。让我们因势利导，为它的全面建设和日益完善而努力吧！

五、珠江电视文化圈的世界意义

1993年8月25日至30日在广州举办的具有全球意义的首届华语电视周及其学术研讨会上，众多与会专家学者、电视事业家达成了共识，把发展华语电视当做全球华人的共同事业。这一事业关系到建立汉语电视传播网，树立占世界人口1/4的华人国际形象，进行东西方文化全面交流。在这一伟大的事业中，以珠江流域为腹地，东邻福建、台湾，北接江西、湖南，西连云南、贵州诸省，南望太平洋印尼、泰国、新加坡、马来西亚、越南诸国的珠江电视文化圈，无疑扮演着极为重要的历史角色。

珠江电视文化圈是世界上华语电视节目制作能力最强的基地之一。除了广州、深圳、南宁、海口、香港这些有影视制作机构的国际大都市及大中型城市外，有电视剧制作能力的中等城市还有珠海、湛江、汕头、桂林等。至于能制作地方新闻节目和综艺节目的一般市县级电视台，仅广东便有39座。就可收看的台数而言，在珠江三角洲和广州市内，借助卫星收视，普通居民能同时选看中央1、2、4台及教育台，广东珠江、岭南台、广州1台和2

台、香港明珠、翡翠、本港、国际台，卫视英文、中文、音乐、体育台，贵州、云南台等十几个电视频道，加上各市县的自办节目，其所能提供的节目内容之丰富，信息量之大，是世界罕见的。就节目产量而言，目前仅广东台每天便可自办节目达 32 小时 30 分，连续剧及系列短剧年产量均超百集，居全国先进行列，曾多次获繁荣荧屏特等奖。香港亦拥有世界一流的电视广播系统，内中包括香港电视广播有限公司（"无线"）、亚洲电视广播公司（"亚视"）、1990 年建立的卫星电视有限公司（"卫视"）和九仓有限电视等 4 家华语电视传播机构。其中"无线"与"亚视"两家电视台竞争最烈，产量惊人。特别是"无线"，是世界五大电视节目制作公司之一，每年制作的 5000 多个小时节目，大都配以 7 国语言，发行海内外，是全球华语电视节目最大供销商。

从珠江电视文化圈的节目内容和质量看，上乘之作也颇可观。其中有在第 16 届金匣子国际电视节和第 5 届东京国际电视节分获大奖和第一名奖的电视诗剧《小船》，在"中法电视广告研讨会"上获中外优秀广告节目奖最佳设计奖的《神皇酒》及最佳摄影奖的《强力荔枝树》，获全国对外文化交流优秀节目奖的《吃蛇在广州》、《广州好》、《广州的三家合资酒店》、《灵武阿訇》、《悠悠书香沁嘉应》、《阳光、海水、土地——海南岛纪事》，以及荣获全国电视剧飞天奖的《燃烧的心》、《雾失楼台》、《我们起誓》、《公关小姐》、《商界》、《外来妹》等。香港方面，亚视、香港电台电视部均曾获几十项国际奖项，"无线"历年获国际奖项逾百项，其中包括娱乐、新闻、社会教育及公共事务节目等。

"庸俗低档"，曾经是一些对珠江华语（尤其是粤语）电视节目、特别是电视连续剧节目缺乏深入全面了解的人的偏见。其中至少有两点是应予澄清的。

首先，这种偏见看不到珠江华语电视剧的积极面和高层次作品。如《康梁变法》、《古国悲风》、《洪秀全》、《商界》、《外来妹》等电视连续剧和争论片《世纪行》、《沧桑》等。它们有的生动展示了岭南近代民主革命的壮丽景观，颂扬了诞生于珠江流域而为中华文化振兴作出重大贡献的历史伟人洪秀全、康有为、梁启超；有的深刻反思了民族文化和历史悲剧，给予时代的和人道的回答；有的热烈拥抱珠江地区火热的现实生活，为改革开放和观念更新呐喊，探索中国社会市场经济过程中人际关系重构的奥秘；有的力欲从中国革命的历史追索中寻找今天奋斗的精神支柱和新的启示（如广西的《远征》、广东《一代风流》），坚持走人类共同富裕的康庄大道；有的从华人飘洋过海，艰难谋生的故事背景中，"寻根问祖"，架起中华文化与

221

各国文化交流的友谊金桥（如《过埠新娘》）；有的表现了近、现代大都市的港人漂泊，拼搏竞争，世情心态，日常生活及警匪恶战，娱乐了生活，开阔了视野，加强了省港联系。无视这些作品的存在和价值，显然会低估珠江电视文化中应和时代主旋律作品的历史作用。

其次，这种偏见对于珠江电视文化中确实存在的大量的"俗"文化色彩节目，缺少辩证分析。须知"俗"并不等于"俗不可耐"，相反，"俗"中有大量健康向上，导人向善，可视可赏的成分。"俗"文化历来是中国民间文艺的营养和特色，其具有人民性的作品更堪称优良传统。著名学者郑振铎很早就著有《中国俗文化学史》一书，积极肯定了中国俗文学和俗文化的艺术价值。珠江电视的通俗作品，包括反映市民世俗生活题材的南国都市片，反映农村生活的伦理片，反映古代、近代宫闱故事或市井生活的历史片、武侠片以及喜剧片等，大都是承继着中国俗文化优良艺术传统，以电视艺术手段表现平民生活、平民意识的作品。其主流是导人向善，肯定和赞颂中华民族的传统美德，揭露为富不仁、作奸犯科者的卑鄙和丑恶，予人以生活的勇气和向上的力量的。

222

改革开放以来，广东通俗电视剧产量剧增，质量渐佳，不少受到好评，出现了《万花筒》系列剧、《顺意访》系列剧、《公关小姐》、《家庭》、《过埠新娘》、《双星恨》、《海瑞传奇》、《香港地恩仇记》、《乱世香港》等有一定收视率，社会效益尚好的通俗电视剧，有的还远销海外。通过这类节目（包括通俗歌手大赛、综艺晚会连播等）的交流和接收深圳、珠海、粤穗的俗文化电视节目和中央台节目，香港观众加深了对祖国历史文化和改革进程的了解，增强了向心力，而广东引进的香港电视剧节目，15年来累计也达80余部数千集之多。除了在积极引导观众正确观赏方面尚待经营外，总的来说还是利大于弊，丰富了珠江人民的文化生活，增进了省港澳人民的相互了解和信任，搞活了大中华市场经济。

珠江电视文化圈的世界意义，首先表现在经济方面。

目前，世界经济中心东移亚太地区。中国已成为世界经济发展最快的国家，世界市场经济大潮在国内沿海地区向内地奔涌：广西作为全国唯一拥有海岸线的民族自治区，其经济发展对西南开发意义弥深；海南作为全国最大的经济特区岛和新建省，渴盼全国的支持，飞速地发展和建立更广泛的世界经济合作关系；而广东，作为全国的改革开放综合实验区，则肩负着20年内在国内率先达到"小康"水平的历史重任。当前，从广州到各市均已结合本地实际制定了切实可行的20年或15年经济发展纲要，保证全省20年达到亚洲"四小龙"目前发展水平的历史目标的实现。按照中英协议，香港将于 1997 年回归祖国，如何保持其世界金融中心，购物天堂，信息中心，交通旅游中心及内地经济发展的"引擎"地位和持久繁荣，以及扩大珠江流域各省、区与世界（首先是亚太地区）的经济交往等问题，已日显紧迫和重要。就此而论，珠江华语电视台（尤其是粤港中心台）在加强合作，传播世界和本地金融信息，经济信息方面大有可为。广东电视台的《市场漫步》、《外汇牌价》、《港澳动态》、《特区经济信息》、《广州近期主要物资价》等经济节目广受重视，而一些精明的珠江三角洲大企业家也早已瞄准了香港电视在本地覆盖率高的特点，竞相在香港电视台播放产品广告，达到了既影响国内市场又扩大了香港市场乃至世界市场的广告效果。同样，香港的产品广告通过广东电视的微波干线向内地纵深传播，也可收到香港市内电视台难以企及的扩大收视范围的显著效果。

在加强省港澳经济文化交往方面，经济特区的电视节目正扮演着重要角色。据珠海台介绍，该台的电视节目不仅可以为澳门所接收，而且能为隔海相望的香港新界一带所接收，且清晰度甚佳。深圳电视台也大致如此。可以预言，随着珠江口广播电视覆盖工程的竣工和开播，珠江文化与其子系统的港澳文化的双向交流将大为加强，从而更好促进广东腾飞、香港繁荣和整个珠江流域的经济发展，进而优化全国、亚洲乃至世界经济格局。

珠江电视文化圈的存在和发展对早日实现国家统一、民族团结的重大意义，也是显而易见的。根据《香港基本法》的精神，香港作为祖国的特别行政区，将长期保持其资本主义制度。这对于香港的持续繁荣和中国改革开放的成功，有重大战略意义，对强化台湾与内地的友好合作关系，实现祖国统一大业，也有直接影响。在一国两制条件下，通过珠江华语电视节目的交流，尤其是为一亿多珠江流域人民和两千多万海外粤籍华人喜闻乐见的粤语电视节目的创制播放，将使生活在不同国度不同社会制度下的炎黄子孙全面观照彼此的生活状况，所作所为，所思所爱，消除芥蒂，减少隔阂。在政治开明、百业兴旺的时期。这种电视文化的交流维系着社会祥和安康的局面。在两岸三地出现政见分歧、关系紧张的时期，这种平凡世俗、衣食住行、古今中外无所不包的电视文化交流，则将起到消弥成见，共识互谅，血浓于水的华夏文化的亲缘作用，有利于最终促成中华民族统一强盛独立的千秋大业。

从珠江华语电视获奖节目的简要回顾和圈内电视中心台之一已成为世界华语电视节目最大供应商的事实里，我们看到了拥有亿余圈内受众和千百万海外观众，设施先进，外延辽阔的珠江电视文化圈的实力和实绩，以及她已产生和可能产生的在市场经济、民族团结、祖国统一、世界和平和中华文化建设上的重要影响和世界意义。为了确保其光荣历史使命的完成和宏远目标的实现，从新世纪展望的壮丽前景看，至少有如下几个方面是值得重视和探索的。

1. 在民族利益的基础上，根据"一国两制"的伟大构想，确立发展和繁荣新珠江电视文化的正确方针。变重禁闭轻疏导为重建设善疏导，筹集基金，设奖项，举办圈内评奖，调动珠江流域内所有华语影视音像制作机构关注改革大潮，弘扬民族优秀文化传统的创作积极性。加强圈内电视文化交流，创造和提供丰富多彩主题健康的为圈内外受宠和海外华人所喜闻乐见的电视节目，增强植根于华夏文化沃土上的珠江电视文化的艺术价值和幅射力，推进当地经济的发展和促成祖国统一大业。

2. 加强电视文化立法，活跃珠江电视文化产业市场。这方面可进一步根据市场经济运作惯例放宽政策，吸取香港民营电视在艺术竞争中走向世界的成功经验，试办地方及民营电视节目。在注重社会效益的前提下，尝试由省、市、县各级艺术团体（国营或民办不限）、广告公司等承办部分电视新闻节目、广告节目和文艺节目。按既定合同在特定栏目特定时段有偿租用各市地方台、圈内中心台乃至卫星台的发射频道，播出经过权威机构审定的各种节目，开展公平、合理、良性的竞争和竞赛，走出一条社会办电视的道路，繁荣荧屏，服务社会，丰富人民精神文化生活。

3. 密切圈内影视音像出版业的合作，走电影、电视、音像制作及出版一体化、一条龙的道路。按艺术产品生产规律优化创作环境，完善人才机制和竞争机制，加快创作队伍建设和第三产业建设，为有中国特色的社会主义文化建设服务。

4. 创造条件尽可能化解圈内制作基地因社会制度差别造成的矛盾和负面影响，加强粤语电视节目的制作、转译、优化工作。使粤语电视节目为世界华语电视网的建全和传播工作服务并作出更大贡献，成为粤籍华人爱国爱乡的精神纽带，成为珠江文化提高国际知名度的阶梯。

5. 深入开展华语电视节目的多元化内容、制作、传播的理论研究，系统探讨在中华文化的树干上绽开珠江电视艺术之花的途径和方法，增强华语电视节目的世界市场竞争力和影响力，使珠江电视文化圈生产的艺术精品，真正受到圈内受众、海外粤人、炎黄子孙乃至世界人民的青睐与赞评。

人类文化传播史，是一部传播媒介日益现代化的历史。珠江文化传播空间广阔，手段先进，内涵丰美，综合了各门类艺术美学的精华。她呼唤着理论的扶持和突破，这就是——

第十七章　珠江文化传播的理论——传播美学

传播美学，是一门以美学和传播学为基础，广泛吸收各门类艺术美学的成果，着重研究各门类艺术传播时的美学现象，并上升为理论的综合性新兴学科。它把艺术的生产、消费视为一种文化传播行为并加以美学思考，从中发现传播美学规律。

要阐明传播美学的基本原理、一般规律以及与珠江文化传播的关系，首先必须对人类传播媒介的发展史有所了解。

一、人类传播媒介史与电传时代

在人类由必然王国向着自由王国飞跃的漫漫征途上，传播媒介的运用和发展，起着不可低估的日益重要的伟大作用。

20世纪以来，电子传播媒介已由本世纪初的无线电广播，演变为立体化多功能的电视广播。它使信息工业的建立成为可能，它使信息革命的步伐大大加快，它为信息经济的大繁荣拉开了序幕。

回顾历史上人类文化传播媒介的运用和发展，将使我们对"传播媒介电视化，电视传播综合化"这一文化现象作出科学的评估，从而在应用美学的广阔天地里构筑起传播美学的雄伟大厦。

早在人类由类人猿进化为猿人的远古时代，就有着表达呼救、命令、求爱等最起码的信息"传播行为"的存在了。为了横向借鉴各部落所创造的文化成果，为了纵向传递祖先和同辈人所存留的文化财富，人类离不开文化传播。为了协同围猎、渔耕、娱乐、祭祀，为了人身安全、情感沟通和繁衍生息，人类离不开人际传播。口讷讷而欲言，步摇摇而起舞，正是人类在与自然界的搏斗和情感交流中所产生的这种生命冲动和表达需要，催生了人类的信息传播行为。

手，这是人类进行信息交流的最早传播媒介。各种约定俗成的以及随机应变的手势，配合着眼神和面部喜、怒、哀、乐等表情的变化，人们叙述着"手语"。它可以表达人类的基本需求，强烈愿望和各种心情。

身，是人类用来传播各类信息的又一部位，其最主要的方式是纹身、化妆、服饰、动作和舞蹈。纹身的图形，化妆的隐显，服装的变化，动作的幅度，是人们用身体各部位传递特殊信息的表现。它反映出纹身者、打扮者、着服者或行动者的文化意识、性意识、兴趣爱好、艺术修养、年龄心理、民族心态、身份地位等。至于舞蹈，更是一门利用形体动作传情表意达到了出神入化程度的伟大艺术，令人们百看不厌，既能娱人又可自娱，且无国界限制。

然而，尽管人的双手、身体在传播手语、身语（如纹身、化妆、服饰、动作、舞蹈等）方面起着重要的信息传播媒介的作用，但人类传播信息最重要的器官，还应首推喉咙（眼睛虽可传情示意，但它和耳朵主要用于接收信息）。正是由于人类在生产实践和人际交往过程中促成的发音器官的进化，使从前只能发出含糊不清的单音词的原始人，终于演变成为能发出清晰的多音词的古代人和现代人。有声语言的产生和发展为文化信息的传播和延续提供了极大的便利，使诸如中国诗经中的民歌，希腊荷马史诗那样伟大的口头文学得以传世，开启了"口传时代"。

226

由祭祀目的而产生，逐步向教化目的、娱乐目的转化的戏剧，是人类以自身为媒介传播审美信息而达到了艺术境界的伟大创造。戏剧艺术是当时所拥有的各类艺术的集大成者。在舞台这一特定时空里，以人体为传播媒介的戏剧演员运动全身各部位，用手势、姿态、表情、语言敷演故事，使观剧者欣赏到形诸其外、情动于中的艺术表演，获得剧作家寓藏剧中的丰富文化信息（含审美信息）。这是口传身语时代的艺术高峰。

由宋朝庆历年间活字印刷术的发明宣告正式开始的"文传时代"，是人类从依靠身体及各器官为主要传播媒介（手语、身语、口语、戏剧等），到充分利用印刷传播媒介来弘扬文化的历史性转变。"文传时代"，是以文字的书写刻印为基本特征的传播时代。它滥觞于"口传时代"的造字时期（各民族发明和使用文字的时间有先有后，中国古代传说的"仓颉造字"时期，是在确切年代尚不可考的黄帝时代），但其真正的鼎盛期却是在18世纪欧美报纸的大量发行（英国第一份日报《每日报》1702年在伦敦出版，美国第一份连续发行的报纸《波士顿新闻报》1704年出版）和19世纪铁制印刷机的发明之后。在不足1000余年历史的"文传时代"（其鼎盛期仅200余年），人类却借社会的发展，文化信息的交流、积累的便捷，创造出了比以数十万年计的"口传时代"更为辉煌的文化成就。在某种意义上，这不能不归功于由造纸术、印刷术的发明而诞生的新型大众传播媒介——书刊报纸。正是由于量多价廉的书刊报纸的竞相出版发行，才使世界各民族的文化大交流、大发展成为可能。

在近代科学昌明的背景下，电磁理论的建立，为"电传时代"的到来奠定了基础。1844年，塞缪尔·莫尔斯发明了电报，首先把电报讯号从华盛顿传送到巴尔的摩。1876年，贝尔发明了电话。1878年，爱迪生发明了第一台留声机。电报、电唱机、电话之类的现代电子传媒的出现，标志着"电传时代"的起步，开辟了电信传播的广阔无垠的新领域。

1894年，俄国波波夫首次应用天线，实现了300码无线电传播，同年爱迪生的电影放映机在纽约放电影。1895年法国埃米尔兄弟发明了电影摄影机，并在巴黎放映了第一场电影，活动的人影，逼真的形象，把观众带入了神奇的梦幻世界——电影时代开创了！20世纪20年代初，英、法、美、苏等国相继创办了世界上第一批无线电广播电台。中国第一座广播电台——哈尔滨广播无线电台，在奉系军阀当局的支持下，也由台长刘瀚建立了。无线电广播这种"不要纸张，'没有距离'的报纸"的出现，使得目不识丁的文盲或半文盲的劳苦大众享受到了用"耳"读报的乐趣，及时了解了国际国内重大时事，为增长知识和积极投身于各种政治活动、经济建设活动中去创造了有利条件。

更可喜的是，长上了"广播"这双"顺风耳"的人类，不久又增添了"电视"这只遍观全球的"千里眼"，使几十亿大众都成为朝夕相见的"地球村"中的一员。1923年，被称为"电视之父"的美国人沃兹·利金发明了摄像管和电子显像管。同年，英国电视发明家约翰·洛吉·贝尔德申请了专利，他造出了世界上第一台圆盘机械电视；1925年，他在伦敦赛尔弗里奇百货大楼第一次公开试验了他发明的电视机；1928年，他第一次进行了向大西洋彼岸转播电视节目的尝试。1936年，英国广播公司最早播出了黑白电视节目。从此以后，美国（1939）、苏联（1939）、日本（1953）、中国（1958）、法国（1959）等以及世界各国都相继开办了本国的电视台。进入80年代以后，一个借助现代电脑的管理、储存的以电视信息节目为最新、最快、最大覆盖面（借助卫星传播而超越了国界洲界）的大众传播网终于初步建立起来了。它以日新月异、五花八门的技术革新和令人瞠目结舌的巨大变化，树立了电子传播媒介的健美形象，为"文传时代"向"电传时代"的第二次飞跃，为人类文化传播的新纪元开启了新篇章。

仅据目前的不完全统计，全世界至少有5亿台电视机，每天至少有十几亿人在收看各类电视节目（仅中国就有上亿台电视机，5亿多观众），而那些日夜开工的数百条流水作业线还在每时每刻成千上万地大量生产着各种型号的电视机！环视寰宇，知识的爆炸！信息的爆炸！人口的爆炸！电脑、互联网、云计算的勃兴！都正以百倍的压力，百倍的需求，百倍的激情，呼唤着大众传播媒介的更新换代，电视——这个电传时代的宁馨儿，现代各艺术门类的集大成者，就这样适时而又倍受青睐地降生了！

二、大众传播媒介与传播美学

传播美学，是从历史与美学的高度来研究传播媒介与传播现象的新兴学科。从传播美学的角度，去研究各类传播媒介（尤其是电视这一综合了视听艺术功能的大众传播媒介）的特点和发展趋势，对于发挥其重要作用，实现其具体职能，都是十分重要的。

那么，应该如何评估传播媒介的作用呢？传播媒介在人类历史发展中所具有的重大作用至少可以从3个方面得到证明。

首先，人类迄今所创造的伟大的物质文化成果和精神文化成果，都是与各种传播媒介的综合作用分不开的，正是通过传媒千万年来的不停运动，人类才摆脱了愚昧、野蛮和贫苦。各民族、各国所创造的优秀文化、先进技术，才源源不断地传入其他民族、其他国度之中，推进了世界文化的进步。

228

其次，从美学角度看，传播媒介的发展，又总是与人类的艺术实践和审美活动紧紧相关，从而激发了人类的审美创造灵感和审美创造能力，推动了相应的艺术门类的诞生。这点完全可以从下列的简表中看出来：

艺术媒介表

传播媒介	艺术种类	成果举例
宫殿、寺庙、教堂……	建筑艺术	苏州园林、故宫、罗浮宫
语言、喉舌、会场、话筒……	演讲艺术	名人演讲录
剧场、舞台、布景、演员……	戏剧艺术	话剧、歌剧、戏曲
笛、笙、钢琴、黑管……	音乐艺术	音乐会、演唱会、交响乐
文字、纸张、印刷机……	语言艺术	小说、诗歌、散文
笔、墨、纸、砚、碑……	书法艺术	书法杰作、历代碑林
影院、摄影机、胶卷……	电影艺术	故事片、娱乐片、记录片
电台、播音室、录音机……	广播艺术	广播剧、立体声文艺节目
电视台、摄像机、通讯卫星……	电视艺术	电视剧
墙、大理石、画布、木板……	造型艺术	壁画、雕塑、油画、版画
舞台、乐器、灯光、人体……	舞蹈艺术	民族舞、现代舞、芭蕾舞
海报、霓虹灯、电视、报纸……	广告艺术	商品流通
书籍、报刊……	装帧艺术	精美书刊

可以想见，失去了左栏里所列的各种传播媒介，艺术家们即使是巧妇（有创作技巧），有米（指创作素材），也将陷入无锅（指传播媒介）的窘境：审美意图得不到实现，审美感触得不到强化，审美能力得不到磨练，审美眼界得不到开阔，审美成果得不到物化，审美经验得不到交流，又何来当今审美对象多不胜数、五彩缤纷、令人目不暇接的艺术大千世界呢?!

最后，从时代发展趋势和紧迫要求看，传播媒介的重要作用也是日益增强的。众所周知，目前世界已经进入了运用电脑的信息时代，一场悄然而至的信息革命已经开始；在决定生产水平的物质资源、劳力资源与信息资源这三大要素中，代表高科技水平的信息资源已日益成为最重要的因素；依靠知识信息生产更多的、质量更好的、成本更低的商品的物质生产活动——信息经济已正在建立，信息流通已成为商品流通、物资流通的指挥系统；以储存、贷放"信息"为客户服务的信息银行已在先进的工业国家中建成；与第一产业（农业）、第二产业（工业）、第三产业（劳务和商业）并列，成为主导性的第四产业的，是"智力工业"——信息工业。而信息（这里特指具有实用价值或能满足人们某种需要的知识）又是依靠电脑及各种现代传播媒介来储存、流通和发挥其政治效益、经济效益和文化效益的。

传播媒介（尤指大众传播媒介）由其在人类社会中所起的重大作用所决定，至少有五大职能：

（一）**文化传播职能**。将各种有益于社会物质文明与精神文明建设的文化信息（包括各类广告信息）迅速而有效地传给广大受众，以老少咸宜、雅俗共赏、潜移默化的方式提高全人类的文化水平、道德水平并引导其消费方向。

（二）**宣传教育与舆论监督职能**。大众传播媒介担负着替政府部门发布政令、宣传法律、指导舆论与反映社情民意，批评政府失职现象的双重任务。通过传播媒介宣传、贯彻人民政府的方针政策，树立先进典型，褒扬正气，以舆论的力量将一切有碍于社会进步与人民身心健康的腐败现象暴露公众面前，鞭挞之，克服之。

（三）**社会教育职能**。利用大传播媒介在具有不同需要的广大受众中展开公民义务教育、国情教育、法制教育、道德教育、文化教育、艺术教育、保安教育乃至专业教育，是优化民族文化机构，实现终身教育，弥补学校教育的局限性的有效途径。

（四）**文艺娱乐职能**。电视文化被人们称之为填补"闲暇时间"的文化。像"影、视、剧"这些具有多种娱乐功能的传播媒介，正可大显身手，为广大受众提供多层次、多方面、多趣味的审美享受，以满足人们正当的娱乐要求和合理的审美需求。

（五）**社会交际职能**。现代社会，尤其是现代都市社会，是一个生活节奏高度紧张的社会，囿于环境，人们见面的机会多，而相互了解的机会少，难免产生隔膜感、寂寞感甚至孤独感，而各种传播媒介正可以充分发挥作用，提供机会，让人们通过它们来互相增进了解、充实心灵、交流感情，以维系人际关系的和谐和社会的安定团结。

必须看到，只有调动广大受传者参与传播过程的积极性，传播才能取得理想效果。双向传播，即下向传播与上向传播的结合，是增强传播效果的最佳选择。

所谓下向传播，是指在一个社会系统或组织机构之上，自上而下的下达指令，发布新闻，布置任务，确定规范，提供信息的单项传播过程。它的任务是上情下达，使管理人员的意图为公众所理解并化为实际行动。它的基本原则是：①要顾及受众的特点和需要。②要使意图为受众所理解。③要尽可能得到受众的赞同与支持。而要实现这三项原则，仅有下向传播是不够的，还必须有一个反馈关于传播效果的信息的过程。这就是上向传播的过程。上向传播是指在一个社会系统或组织机构之内，自下而上的反映民意，提出建议，申述要求的单向传播过程；它的任务是下情上达，使广大人民或下级职员有充分发表意愿和合理化建议的机会，其基本原则是：①全面、深刻地反映下向传播的真实效果。②及时反馈广大受众的各种建议和意愿。③培养民主空气，调动受众参与传播的积极性。下向传播与上向传播的完美结合，就是所谓的双向传播——是最科学、最民主、最有实效的大众传播。

世界上的一切传播媒介，其终极的目标，不外是两个，即促进物质的生产以满足生活消费；推销精神产品以提供审美享受。重视大众传播的巨大作用，大众传播的五项职能，坚持双向传播的基本原则，是实现终极目标的正确途径。

从美学的观点看，传播媒介的审美效果的大小，是与其审美功能的多少成正比例的。具有较多审美功能的艺术传播媒介，要比具有单一审美功能的艺术传播媒介的审美表现力要大，这也就是说，前者所可能提供的使艺术家得以充分展现自己艺术才华的审美领域，要比后者广阔得多。这是第一条基本的传播美学原理。

然而，尽管从总体观点看，戏剧、电影、电视这类综合性传播媒介的审美功能超过了任何一种单功能的视觉艺术的或听觉艺术的传播媒介，但它们却不能从根本上取代后者的作用和地位，这是第二条传播美学原理。

传播美学的第三条原理，即各类传播媒介在审美创造的世界里具有互补

230

互利，相辅相成的无限潜力的原理；它是以第二原理为前提推理出来的，而它的事实基础，则是世界上各类传播媒介在激烈竞争、择优劣汰过程中日益明显的"传播媒介电视化现象"与"电视传播综合化现象"。

所谓"传播媒介电视化现象"，是指各种传播媒介利用现代电视技术的普遍现象。"电子报纸"的出现即为一例。这种报纸由各通讯社提供信息，经过电子计算机系统编码储存，通过电缆传送到订户的家庭小型电脑终端的电视屏幕上；订户坐在家里，只要按一下电钮，就可以选择和看到电视屏幕上所播出的各种新闻了。"电视电话"，将只闻其声不见其人的电讯联络对象，变成了闻其声、见其形的对话人，大大增加了电话传播的真实感知亲切感。"电视广告"，这种电视的屏幕之大，可与宽银幕电影媲美；它能不间断地在人流集中的车站、广场播放各种经济信息和广告节目。在现代化体育场上，这种大屏幕电视还可以作精彩比赛场面的特写直播或重播，以及其他场馆比赛实况的转播。"教学电视"，它能把传统的教学传播媒介——讲坛电视化，使一个教师同时"面对"几个、甚至千百个教室的学生，在同一时间内取得了教授最多学生的突出效果。"电视录像"，这种集录像机功能与电视机功能为一体的新型电视录像机，可以定时录像，为电视精彩节目的随时储存、重播，为各种视听传播资料的播放提供了极大便利，兼具了电视机与录像机的长处。应该看到，各类传播媒介在不改变自身功能的前提下，吸取现代化电视技术的优势，是一种自我优化的文化进步现象。

所谓"电视传播综合化现象"，是前一种现象的共生现象。在信息时代日趋增长的文化传播需求的刺激下，电视已由单纯的新闻传播和门类不全的文艺传播工具，变成了多功能、立体化的传播工具。立体电视已获得成功，卫星转播已成为可能；借助专门机构设立的闭路电视线路，使电视机享有了"家庭小影院"美称，成为观众在家庭随时挑选和欣赏精彩电影的传播工具；而电视节目也日见丰富多彩，播放时间也日见延长，举凡棋艺、曲艺、琴艺、画艺、球艺、武艺、舞艺、时装艺术、烹饪艺术、书法艺术、演讲艺术、健美艺术、以及法制宣传、旅游介绍、致富捷径、乐曲点评、摄影小说、文学评论、美术欣赏……都在电视天地里找到了自我表现的园地。总之，电视在技术上尽可能地吸取各类传播媒介的长处来装备自己，在内容上集纳各类传播媒介的传统内容来丰富自己，已成为电视传播由单一化走向综合化的不可逆转的历史潮流。

传播媒介电视化，电视传播综合化这一世界传播媒介发展的潮流总趋势，是人类文化需求日益增长的时代进步的表现。电视美学的建立，正是在这一时代背景下提出的，它与基础坚实的戏剧美学，勇于探索的电影美学一样，是传播学与美学的交叉学科——传播美学的组成部分之一，它是包含了以电视文艺美学为主体的，兼有电视广告美学、电视新闻美学、电视教育美学等内容的新型学科。深入研究这一学科，对充分发挥代表了信息时代大众传播媒介发展的主导趋势的电视的伟大作用，推进人类的物质文化发展和精神文化发展，有着深刻的理论意义和实践意义。

三、摄影文学与传播美学规律

摄影文学的创作高潮和理论建树，在倡导者的大力鼓动下，自《文艺报·摄影文学》创刊号起至今，已经有了40余期，其所积累的丰富创作成果和艺术理论，令人感奋不已，一种20世纪30年代曾经露头，而后仿佛已被历史遗忘的新艺术样式正呼之欲出，引起了文艺界的强烈关注。这不仅由于其园地《文艺报》所具有的全国性权威地位，而且由于一种新的审美情趣的悄然滋生。

摄影文学的定位，也因而成了困扰创作者和理论家的紧迫难题。要断然否认摄影文学的独立审美品格，已经不太容易，这不仅因为《摄影文学导刊》的实绩，更因为读者的厚爱。而要把握摄影和文学这两门独立艺术在摄影文学结合体中的审美尺度和分量，又委实不易。因为摄影是由意念，时空，人物，光影，光圈，快门，取景角度等因素所决定的镜头成像艺术，并已经在相机普及的今天成为"一支笔"那样方便的创作手段；而文学更是有几千年硕果的由文字传情叙事的伟大艺术，早已形成了自己圆熟丰赡的艺术风格和独特创作规律。任何只知其一不知其二的创作者，要想将二者融合为一，生情铸美，都是棘手的，更不用说两者都生疏的门外汉了。这并不是要吓唬热心此道的广大创作爱好者，因为成功从来需要大胆执着的尝试，而只是想要说明摄影文学规律的独特和艺术定位之难罢了。这是由于它不仅要根据自身艺术的规律，还要服从传播美学的规律。

传播美学的三大基本规律是，一，任何传播媒介的审美效果，都是与其审美功能成正比的，因而综合艺术要比单项艺术的审美表现力大；二，单项艺术所具有的审美精纯度，令综合艺术无可替代；三，各类艺术传播媒介在审美创造的世界里具有相辅相成，互补互利的无限潜力（参见拙著《新珠江文化论》）。这后一条主要是针对经历了数万年口传时代、数千年文传时代，进入了近百年来的电传时代后，被列入综合艺术的电视、电影和古老戏剧，以及其所综合的其他艺术包括文学、舞蹈、音乐、摄影、美术等单项艺术的关系而言。在电传时代，它们无不需要电视的提携而成为可视性强的大众文化。

　　而在如何为摄影文学定位问题上，目前各意见中，有将其归入两大艺术之外的边缘艺术的，有据其艺术多样性归入综合艺术的，较权威的则是根据"艺术类型学"，将其划归文学家族次一级层次的全新艺术类型（李心峰）。但似乎都难以概括其审美特质。其实，如果我们承认电影、电视、戏剧才是可以融合所有艺术于一炉，兼具时间艺术与空间艺术（尽管有时虚拟化）的真正"综合艺术"，而文学、舞蹈、音乐、摄影、美术是审美功能单一的单质艺术的话，那么，借取成东方先生对"摄影文学—你这审美复合美神最神奇奥妙的太阳"的赞叹，我更愿意将它称之为"复合艺术"，以区别于无所不包的综合艺术与单纯精一的单质艺术。只有这样，我们才可能将既没有音乐、舞蹈等表演艺术的时间性，也没有电影、电视、戏剧等大众艺术的综合性，却具有将文学和摄影这两项单质艺术，整合为一的"复合性"的摄影文学准确定位，发掘其 $1+1>2$ 的复合审美潜力，促使其形成一门虽无综合艺术之全能却有双重审美功能的艺术样式，为图文时代带来新的审美经验和快感。

　　对艺术家而言，具有某一种单质艺术的天赋和才华已经很难，而要同时具有两种或以上艺术的才华，并能将其融为一体更是难上加难。因此综合艺术的成果，大都由编导演摄音舞美妆等众多艺术家联手取得，不归一人专美。而在艺术世界中，称得上复合艺术的门类及其艺术家则极其罕见，勉强要找，也许雕塑音乐喷泉，书画一体作品，诗词书法等或可归入。这主要是因为复合艺术不仅需要两种艺术功底，而且需要同一传媒载体。如摄影文学的成立，就是其依赖于报刊这一媒介传播的结果。

　　既然是复合艺术，也就会和单质艺术或综合艺术一样有其种类。而在其种类的划分中，两种单项艺术虽然都有发言权，但毕竟有所侧重。如毛泽东独创的诗词书法，遒劲挥洒的书法固然锦上添花，占主要的地位的则是诗人大气磅礴的诗词，可谓诗书双绝的复合艺术佳作。洞庭湖畔岳阳城头的《岳阳楼记》紫檀雕屏，有壮楼雄文美书精雕四绝之称，其真美核心仍然是范仲淹的名篇。这和电影综合艺术主要是导演，或主演之功，也是同理。因此，根据摄影的门类较单纯，而文学则可按照体裁分为小说、散文、诗歌、戏剧四大类看，摄影文学，从理论上讲也可以分为摄影小说，摄影诗，摄影散文，摄影剧四种，创作天地十分广阔。如摄影小说从虚构性叙事文学的角度细分，还可以有摄影日记，摄影传记，摄影童话等；摄影诗从抒情性或叙事性细分，还可有摄影唐诗，摄影宋词，摄影民谣，摄影民歌，摄影绝句，摄影叙事诗等；摄影散文从纪实、抒情、议论等角度细分，还可有摄影纪实文学，摄影传记文学，摄影报告文学，摄影游记，摄影杂文，摄影随笔，摄影抒情散文，摄影哲理散文等。摄影剧虽还少见，但只要肯拍，也就会有。如将鲁迅的《过客》以摄影形式推出，配以剧情说明，就是很好的摄影剧。此外，像摄影歇后语，摄影格言，摄影警句等，其精品也将会有意想不到的审美效果。

摄影文学的种类既如此丰富，其创作是否有规律可循呢？答案自然是肯定的。因为如果复合艺术只有单质艺术的创作规律，而没有自己的创作规律的话，它就失去了自己存在的前提。当然，摄影文学的基础，首先是建立在摄影艺术和文学艺术本身的创作规律之上的，离开了这一基础，摄影文学本身就无从谈起，但如果没有摄影文学独特的规律，那么摄影文学就会造成摄影与文学的油水分离，形不成水乳交融，美感互通，文象辉映的审美效果。

好的摄影文学，其创作规律之一，是"观象生文"，即根据艺术家的审美意图，先摄出佳影而后撰写妙文，取得审美效果。这就是读者在观赏摄影时，油然生情，化为精妙文字，与摄影作品互相辉映，相得益彰，美感顿生。这里面又有三种情形。一是"文言情"，如《月光下的少女》，借粗岩玉体乌云白月反差之倩影，顿悟天地人谐和之至美，发言为文，言情出意，令人浮想联翩，涤心滤尘。二是"诗言志"，如摄影家袁毅平的《追神》，作家顾艳的《美的灵魂》的独白，其肖像摄影目光传神含情，与诗相融明志，表现出像主或刚毅执着，或柔情娴静的神貌，使人一下贴近了艺术家的心灵。三是"影生文"，如摄影游记，借景叙事，娓娓道出，妙文美笔，使人如入其境，乐而忘返，有娱情怡志之功。又如摄影纪实文学，也是先拍出纪实照片，然后撰文点题。

摄影文学的创作规律之二，是"因文造景"，即根据艺术家的审美主旨，先选取佳作然后摄出丽影，完成审美创作。如《生活秀》等作品，其创作方法类似于拍电影，先完成脚本再找演员，定场景，拍镜头，但无须配乐，剪辑，字幕等，画面也比影视剧少几百倍，如摄影小说，摄影剧，就都如此。此外，象一部分摄影名诗，摄影散文，以及摄影唐诗，摄影宋词，摄影俳句等，也都可以先选取佳作，再配以摄影，情景交融。

除此之外，还有些比较特殊的创作方法，与上面两种最基本的摄影文学创作规律不同。一是从大量历史照片中选取若干张，然后根据一定的主题撰写文字，如摄影传记文学等。一是初无明确目的，兴之所致，随心所欲，偶然得之地摄影，然后凝神妙悟，得其真意，推出佳景美文的优秀摄影文学作品。但它看似不经意，其实也有深厚的艺术修养在内，不仅是寻常得之那么简单。

在篇幅方面，摄影文学受到传播媒介的限制，也有自己的特殊要求，其标准可参照《摄影文学导刊》的征稿要求衡定。如摄影小说为短篇 13 幅，中篇 36 幅照片，文字根据故事而定；摄影诗为一照片一首诗，摄影传记为 13 幅照片 3000 字传记文学，摄影散文为 1 幅或多幅照片和 1500 字散文，摄影报告文学为 13 幅照片与一篇报告文学，摄影游记为 1 幅或若干幅照片加 1500 字游记，摄影杂文为 1 幅或多幅反映社会焦点的照片和 1000 字杂文，摄影随笔为 1 幅或若干幅怀旧照片和 1500 字叙事性强的随笔，长篇武侠摄影文学和长篇言情摄影文学要求情节连贯，可读性强，便于连载等等。这些要求虽说不是铁板一块，毫不通融，但毕竟体现出摄影文学的题材和体裁标准的合理性，创作时应予以重视。

根据以上摄影文学创作的一般规律，参照目前创作成果，可以看出其在复合"象"与"文"——摄影与文学两大艺术时的美学标准，审美趋势和水平高低。其上乘的境界是："象含言，言照象"。即影象含意无穷，意会难言，文章风流，精妙出言，烛照象意，揭示美象深旨，文象互为表里，升华辉映，以至美感交融，沁人心脾。其中流的复合是："象释文，文说象"。这就是以切题的影象阐释文字的所指，以简明的文字说明影象的内涵由来，文象两不相伤而互为解释。其低档的凑合是："象乏文，文损象"，即影象乏善可陈，一览无余，文章辞不达意，有损影象真意，文象互扰，造成文照不符，意象剥离，同义重复，枯燥乏味。

在《摄影文学导刊》中，由于志在倡导，重在实践，故呈两头小中间大的状态，也是在所难免的。像《一只铝盆的制作过程》的琐碎乏味，《云海》诗中"五色云霞"和影照蓝天白云的剥离，毕竟是少数。较多的是像《天籁之韵》的悠远凄清，《草原的云》的恬静秀美，《牧人与草原》的安宁闲静，夜景氤氲里《梦中睡莲》的神秘感，幼儿摄影诗《答案》中童女枯苇裂土的震颤力，《石棚山小记》的美文佳景，《茅人河故事》的荒朴苍凉，《飘泊的灵魂》的浓烈悲壮，给人以难以尽述的美的感受。而在人物肖像摄影中，权玲《浮于尘中》的坦白娇嗔，成东方《摄影文学我的生命》的豪迈坦荡，温燕霞《茸茸的梦》中的草喻美志，梅卓《明珠一颗》的温婉飘逸，《科学的春天》袁隆平的专注，都给人以深刻的印象和心灵交融。

在摄影文学精练隽永的意境方面，日本的所谓"俳句之景"给予我们的启示是值得注意的。其《日本风情》杂志封三，就常见这一类精妙艺术，令人深受感染。如一俳句为"石上露珠犹如金刚"，彩照为半截黑岩尖端垂挂的一滴露珠，晶莹剔透，犹如金刚。说明为"金刚即金刚不毁，金刚石指的就是钻石，在佛教用语中，金刚常用来形容坚固贵重之物。而露水则是

235

水蒸汽在物体表面形成的水滴，在日本的传统审美意识中代表一种无常和虚幻。上述俳句表现的是，原本象征忧哀和无常的一滴露水，如今落在石头上，却放射出钻石般的坚实光芒！"另一俳句为"莲藕的空心亦嚼而有味"，彩照为三片品字形叠起的莲藕切块，空心粉嫩，令人谗涎欲滴。其说明为："作为空虚物的莲藕的洞穴，也一起被用牙嚼食。上述俳句的这一着眼点实为精彩，日常中的一些不为人在意的行为，被这样若无其事地说穿，反而使人觉得是那么不可思议。"这两句俳句的妙处，就这样被两幅摄影轻轻点化。其实，佛家的无常与坚固，道家老子的无中生有和无之用，都是习见而艰深之理，俳句作者却以平常景物喻其内涵，再经摄影家以精美近景照片展现，确实造成强烈艺术效果，给人以小中见大，含义深隽的深刻启迪。

说起来，俳句只是5-7-5格共三句17韵，以季语（季题）来吟咏自然和人类世界的日本独特的格律诗，其规格和意韵，都比中国的绝句、七律和诗词有限。但尚且能凭借其高清晰度的摄影技术，形成世界摄影文学家族的一朵清新小花，何况曾以唐诗宋词著称于世，现在的诗词创作，文学创作也佳作不断，内容和形式都更显大气深邃的中国文坛呢，其摄影文学不是应该更有所创新而生佳卉吗？当然，这需要较好的光版纸，与普通报纸所能达到的效果还是不同的。

尽管如此，中国文坛，旭日东升，长江扬帆，黄河滔滔，珠江浪涌，先进文化的召唤，丰美艺术的积淀，传播美学的引领，读者的喜爱和有识之士的扶植，摄影文学这朵复合艺术之花，一定会产生无愧时代，文象辉映，美感交融的佳作。

四、珠江文化传播与传播美学

理论之树只有扎根于实践之土才能常青不倒。传播美学也不例外。下面，结合珠江文化传播的伟大实践，从"传播文学论"、"艺术密集型产品论"以及"电视文艺晚会论"等三个方面，对传播美学的一般原理和研究对象作进一步的阐述。

（一）传播文学论——兼谈广东电视剧"情节淡化"倾向

所有具有视觉艺术参照系的及以具像化为扩大艺术传播范围手段的语言文学，均属于传播文学。它不仅包含了戏剧文学、电影文学、电视文学，而且包含了已经改编成为戏剧、电影、电视的小说、诗歌、散文、散文诗、广播小说、广播诗、广播散文、广播散文诗等。

传播文学，是经艺境物化区定型并以现代传播媒介为中介的满足大众文艺消费需要的新兴艺术。它既可以是叙事性的，也可是抒情性的；既可是视觉艺术，也可是听觉艺术；更可以是视听兼备的综合艺术。开展传播文学的研究与批评，是进行传播美学研究的重要内容，也是繁荣社会主义文艺事业和珠江文化的客观需要及新课题。

　　有无"艺境物化区"，是传播文学区别于普通文学的根本标志。

　　普通文学通过语言多重的表义、暗示、象征、譬喻功能，在读者头脑中幻化出一个虚构的艺术境界，这个虚构的艺术境界是因人因地而异的，所谓有"一千个读者，就会有一千个哈姆雷特"，就是这个意思。而"艺境物化区"所构筑的艺术世界虽然也是虚构的，却是一个实体，有可视、可闻、可感、乃至可触的特征。因为它是活生生的演员在真景或布景里（广播剧则是在艺术加工的音响背景里）的影视化或戏剧化的艺术创造。

　　这种创造是在传播文学规定的时间与空间内进行的，是在导演的启示下，在化妆、音响、置景、道具、灯光、烟火、摄影等专业人员的集体配合下完成的，它构筑的"影视剧化"的艺术境界一经成型就具有相对的独立性，不能任意的改变（利用胶片、电子媒介录制的影视作品尤其如此）。这种定型化的艺术境界，既不同于现实世界，也不同于由普通文学的读者所独自想象的艺术世界。这正是传播文学的美学本质之所在。

　　传播媒介，是任何文学作品都必不可少的交流工具。从口头文学到笔头文学，再到传播文学，概莫例外。当代普通文学的主要传播媒介是印刷机、书报杂志、电脑书库等，属"静态传播"的范畴。传播文学虽也见诸文字，但其主要传播媒介却是摄影机、摄像机、录音机、收录机、影碟机、制片厂、电视台、电台、以及银幕、荧屏、舞台。它以综合艺术的盛宴款待大众，而不失其传播文学的精魂妙韵。按传媒的类别、传播文学还可细分为电影文学（传媒为电影）、电视文学（传播为电视）、戏剧文学（传播为戏剧）、广播文学（传播为广播），各自领有一片独具艺术规律和审美特色的领域。但却始终没有根本斩断自己血脉相承的——文学性。这也正是它们常常乐于改编同一文学名著以及相互改编的艺术奥秘。

　　强调指出电影艺术、电视艺术、戏剧艺术、广播艺术所共有的文学性，提出"传播文学"的新概念，并不是要混淆这四类艺术的质的规定性，抹煞四者互有所长的审美功能和审美价值，更不是要主张什么"文学中心主义"。而是力图在充分尊重影视剧艺术特殊艺术规律的前提下，探讨其文学因素在该艺术的结构系统中所起的特殊作用。在前章中我们对吴有恒的"电视小说"、陈残云的电影剧作评析，就属于传播文学研究。

237

要而言之，加强对电影文学、电视文学、戏剧文学、广播文学的研究，开展传播文学批评，是因为在上述诸艺术中，文学因素属于内容范畴，是影视剧艺术创造良好的社会效益和经济效益的至关重要的因素。从某种意义上可以说，艺境物化区的楼阁，是建立在文学剧本基础上的。离开了"一剧之本"，艺境物化区的集体创作者们的潜能再雄厚伟大，也只能是无源之水，无本之木，创造不出现实的艺术境界或者理想的人生境界。至于传播媒介，其本身是科技结晶，是规定艺术品种的形式要素，虽然有不可违背的自身表现规律，但毕竟是为表现艺术内容服务的工具，是"画师"用来表现艺术构思的"画布"。

任何叙事性艺术的文学内涵，不外是主题、题材、情节、人物四个方面。影视剧艺术属于视听兼备的叙事艺术，自然也不例外。而文学界的理论分歧和争论，如"主题先行论"、"题材决定论"、"情节淡化论"、"性格组合论"等等，也将会或多或少或迟或早地影响到传播文学和影视剧创作。即以"情节淡化"说而论，就曾对传播文学的创作产生了重要影响。一时间，情节淡化甚至支离破碎的"心理戏"、"荒诞剧"、"情绪片"纷纷登场，成为过去那种一味追求离奇情节，见事不见人，见人不见心，忽略人物塑造和心理活动的不良创向的有力反拨。这里面颇有真正艺术家的严肃创作和可喜收获，如广东获得了国际、国内奖的《小船》、《雾失楼台》，就是其中的佳作。它们把握了文学原著的精髓，不在情节的曲折离奇、神秘古怪上下功夫，而是充分发挥了综合艺术的优势，以笼罩着朦胧美轻纱的景物为背景，以撩人情思的音响效果融入画面，以人物情真意切的感情波澜为主线，唤起观众对美好人物、美好事物的追忆怀念。当然，"淡化情节"绝非处处适用的创作模式，广大观众的审美趣味是多方面的，情节紧张曲折、惊险刺激的影视剧作品，只要主题健康，人物鲜活，同样受人喜爱。更何况，"情节是性格的历史"（高尔基语），要塑造好血肉丰盈、性格鲜明的圆形人物，是离不开丰富、完整、生动、精彩的情节设计的。广东省台摄制的《海瑞传奇》、《公关小姐》、《家庭》等剧，就均以情节丰富多彩见长，收视率颇高。广州市台的电视剧《商界》与珠影同名电影一样，正是以电脑生意、客车逃税、酒楼筹办，计算器倒卖等基本情节为画笔，勾勒出张汉池、廖祖泉、曾广荣等主要人物及他们的妻子、女秘书的性格特征的。离开了这些基本情节，张汉池的忠厚，廖祖泉的精明，曾广荣的粗犷，魏可仪的娴雅，秦月双的贤惠，陶丽佳的幼稚，梁依云的泼辣，就成了抽象概念，无法把握和感知，更无从与千百个同样具有类似性格特征的艺术形象相区别。从这个意义上说，对于以情节作为塑造人物，表现主题的主要手段之一的叙事性作品而言，情节是不宜"淡化"的。据报载，北京电视艺术中心的一些编导，最近组成了一个"情节公司"，专以构思精彩的故事情节为乐事，就说明了个中道理。

对属于文学范畴的"情节"问题的争论及其对综合艺术的影响，从一个侧面证明：开展传播文学研究与批评，掌握传播美学创作规律，有利于更好满足人民大众日趋增长的对于影视剧艺术消费的需要。首先，对于影视剧艺术的精当的内容评析，最易为大众理解和接受，是实现影视剧艺术良好社会效益、经济效益和审美价值所必不可少的舆论导向；其次，传播文学的研讨，是影视剧编、导、演人员选好并吃透文学脚本，更胸有成竹更积极主动递进行二度创作的必要准备；其三，传播文学的研究，可以从影视剧对中外文学名著的改编中深化对其审美内涵的理解，有助于作家从诸如"贾平凹现象"、"王朔现象"、"张艺谋现象"、"《新星》现象"、"《商界》现象"中摸到文学与现代大众传播媒介联姻的规律，为文学的"触电入戏"，赢得更多读者观众创造良机；其四，对于因各种原因而暂时不能将其作品搬上影幕、荧屏或舞台的影视剧文学作家来说，传播文学研究也可能对其创作成果作出公正评价，有利于社会的肯定和鼓励（如论证可否投拍及发给影视剧文学奖），为日后其作投入艺术传播生产线牵线搭桥；其五，传播文学研究，有利于艺术评论家、文学评论家和文艺管理家的横向联合，优化影视剧艺术的评论队伍，实现专业评论、相关专业评论和业余评论三结合。

传播文学批评是大众化的。它从具体的影视片和剧目出发，热情欢迎各行各业人士评片析剧，以争取实现影视剧艺术的最佳社会效益和经济效益；传播文学的研究则应是系统而科学的，它要求研究者具有坚实的文学理论基础、丰富的电影、电视、戏剧艺术修养，以及传播学、社会学、系统学和美学的理论基础。只有这样，传播文学的批评和研究才能不断深化，有所突破，推动包括珠江文化在内的人类文化的更广泛更有效传播。

（二）艺术密集型产品论——兼谈广东通俗电视剧创作

通俗电视剧是电视艺术家族的一员，属于艺术密集型产品。一部通俗电视剧的问世，包含了高档艺术密集型产品从产生、进入文化产业市场到实现综合价值的全过程。与一般产品一样，它需要资本投入（国家经费、企业赞助、个人捐赠等）、劳动投入、技术设备（录像机、录音机、剪辑机、灯光等）、基本原料（磁带、胶片、服装、道具、化妆品等）、信息资料和生产管理，必须满足人民的文化消费需要，以广告费、剧目交换、录像发行、节目出售等方式回收部分或数倍资金，达到艺术产品再生产良性循环的目的。

　　与一般劳动密集型产品、资本密集型产品、知识与技术密集型产品不同，艺术密集型产品凝聚了远比上述产品更多的艺术投入，它是编剧、导演、演员、美工师、化妆师、作曲家、摄像家等众多艺术专家创作的结晶，其艺术水平的高低和结合的完美度决定着该产品的美学价值与商品价值。此外，艺术密集型产品还具有独特的文化色彩和思想倾向，这就规定了它自身的文化使命和流通范围。从全国和珠江地区改革开放的实践需要和"一国两制"的国策制定看，保持丰富多彩的民族文化色彩和尽量扩大流通范围，是包括通俗电视剧、音带、像带、唱片、视盘、电影在内的所有艺术密集型产品今后的发展趋势。

　　通俗电视剧是表现社会各阶层世俗生活的长卷，既可以是历史剧，也可以是现代剧；既可以是连续剧，亦可以是系列剧。但通常不包括单本剧，也不包括表现重大历史题材和革命历史题材的纪实性长剧。根据中国国情，通俗电视剧必须有进步的思想性，良好的社会效益，逐步提高的能为大众接受的审美价值和文化品位。同时，也要接受商品经济的一些共同规律，如注意成本核算（每集三五万），按贡献分配，推销时机及手段，科学管理，正确决策，经济效益等。这些，便是我们进一步探讨广东通俗电视剧的理论前提。

1. 广东通俗电视剧的实绩和不足

　　自改革开放以来，广东的通俗电视剧从无到有，已先后拍出了《双星恨》、《海瑞传奇》、《香港地恩仇记》、《家庭》、《公关小姐》、《冷暖两心知》、《外来妹》、《深圳人》等片，丰富和提高了人民的文化生活，获得了全国、省、市各级的奖励，积累了宝贵的艺术创作经验。

　　从题材内容来看，这些通俗剧大致可分为五类：①正面表现全国改革开放的前沿——广东的各条战线上的喜人变化和人们的理想追求。这里面，有取材角度新颖，通过香港小姐周颖应聘到一个合资企业——中华大酒店任公关部经理的经历和爱情失落；全方位表现了广州改革开放新面貌和香港人爱国主义精神和拼搏精神的《公关小姐》；有借助文学透镜深入观照广州商场各色人等借改革机遇所作的精采表演，深层次引发人们思索改革得失的《商界》；以及直接将摄像枪瞄准随改革大潮涌入南粤大地、经济特区的打工妹和求职者，把人们的各种文化观念冲突、变化表现得淋漓尽致的《外来妹》与《深圳人》，等等。其不足处是，题材处理还不够世俗化，尚局囿于高品位观众的欣赏中而未得到世俗观众的认可；过于理念化、文学化而没有很好影视化，未能以娴熟的影视手段艺术演绎好文学思想。这方面做得较

240

好的，恰恰是被一些北方评论者以"港味"非议的《公关小姐》。②反映岭南乡村历史变迁的《冷暖两心知》及《河畔人家》等剧。它们具有较浓的农村生活气息，实景拍摄，如临其境，乡音亲切，语言生动，深受农村观众欢迎，从一个角度表现了醇厚的乡土人情，民族传统美德和农村现实。其不足之处是，在珠江三角洲农村普遍走向乡镇企业化、商品经济化、城市化的今天，未能将剧中人物命运与"城市化"的历史大趋势有机地结合起来，以争取队伍正日益扩大的市民观众，取得更好的社会效益和经济效益。③《虾球传》、《香港地恩仇记》、《乱世香港》、《双星恨》、《过埠新娘》、《啼笑因缘》、《蛙女》等一系列以旧中国为历史背景，反映艺人、流浪儿、过埠女、渔民的苦难生活，以及揭露反动统治者、帝国主义侵略者丑恶嘴脸的通俗剧。它们大都以在特写历史年代的省港关系、粤洋关系为锲入点，真实反映当时当地南粤人民的渴求、挣扎、战斗和不幸遭遇，具有广泛社会性和特殊历史价值。其佳作如《双星恨》、《过埠新娘》等还远销海外，受到了海外华人的热烈欢迎，增进了各国人民的友谊和了解。应该说，这是广东电视大有可为的题材领域，值得在审美价值，历史环境真实感方面作进一步提高，在满足国内需要的同时，不断扩大海外市场。④《海瑞传奇》、《古国悲风》等古代题材通俗剧。它们有的注重传奇性、可看性而赢得了大量观众，有的在古典名剧影视化、普及化方面作了可贵尝试，达到了较高的审美价值和文化品位。从岭南大地所产生的许许多多历史传奇人物和事迹看，这类通俗剧拥有丰富的创作源泉，拥有特殊的观众面和不可替代的历史价值，目前仅仅是刚刚迈步而已。⑤《家庭》、《情魔》、《台湾女人》等家庭伦理通俗剧。从理论上说，这类家庭伦理剧是通俗剧的主流，是以家庭为放映点的最能争取大量观众的剧种，最能反映在改革开放的各种经济利益冲突中生发的家庭观念、伦理观念、爱情观念、价值观念的微妙变化，引起注意或获得社会肯定。目前，广东这一类电视剧与一、二类电视剧有合流的趋势。从节约资金看，全方位表现了广东改革开放现实和人们崭新精神风貌的社会需要看，这种合流似乎是值得欢迎的。问题在于，这类题材的通俗剧的数量还少，社会面窄，还未能如一些香港电视剧那样广泛地表现社会各阶层人们的生活、追求和希冀，起到形成共识、增进团结、化解矛盾的社会、家庭润滑油的维系作用，促进社会的稳定发展与繁荣。

总之，通过10年艺术实践，广东通俗电视剧已逐步形成了自己的编剧队伍（张木桂、钱石昌、邝健人、袁衍丽、姚柱林、潘浩等）、导演队伍（黄加良、张霓霞、沈亿秋、王史创、刘效国、何建烈、成浩等）、演员队伍（张琪、鲁牛、张青、袁玫、朱景芳等）及各艺术门类的创作队伍（郑秋枫等），创作了一批深具艺术密集型产品特质的优秀通俗剧，颇得岭内外观众的喜爱和好评，并荣获飞天奖、金鹰奖、金帆奖、鲁迅文学奖及广东省庆祝建国 40 周年优秀作品奖等许多奖项。不足之处是，广东通俗电视剧的种类分布还不平衡、数量偏少，质量参差不齐，演员知名度较低，未能充分消化吸收强大竞争对手（香港电视）的长处和北方室内剧（如《渴望》）的优点，缺少理论的总结和指导，显得后劲不足，起伏不稳，声势不威。

2. 广东通俗电视剧的性质、任务和繁荣

根据邓小平南巡讲话的伟大精神，结合我们对广东通俗电视剧现状的分析，以及对艺术密集型产品生产规律的认识，可有助于我们对广东通俗电视剧的创作问题，包括它的功能、目的、标准、社会效益、审美价值、文化品位等有更全面更科学更深入的了解。

显然，邓小平关于姓"社"姓"资"的判断标准，首先是针对经济建设的，这是他南巡讲话的核心。推而广之，其精神也完全适用于文化建设，也就是说，判断文化建设姓"社"姓"资"的判断标准，应主要看其是否有利于发展社会主义的艺术生产力，是否有利于增加社会主义文化的综合影响力，是否有利于丰富和提高人民的文化生活水平，这正是我们正确对待艺术改革（包括对通俗剧的创作及任务的再认识）的基本立场和态度。

从这一意义上说，作为典型的高档的艺术密集型产品，广东通俗电视剧必须充分发挥自己的教育功能、认识功能、宣泄功能、娱乐功能和审美功能，实现为人民、为社会主义精神文明建设服务的目的。改良社会风尚，培育美好品德，和睦家庭气氛，维护法制秩序，鞭挞丑恶腐败，促进时代进步，建立民众共识，协调人际关系，扩大文化交流，以声光色像兼备的视听渠道全方位输送丰富多彩的审美信息。让观众全面感知改革开放新世界，获得能满足自身需要的有相应文化品位和审美价值的精神享受。

要做到这一点，必须坚持通俗电视剧的思想性、艺术性和商品性三项标准。

坚持思想性，是广东通俗电视剧做到三个"有利于"，不离"两为"方向和真正姓"社"的根本保证，是社会现阶段任何精神产品都必须服从于主导阶级的思想的现实所决定的。只有在爱国主义和社会主义的伟大旗帜指引下，才可能踏出广东通俗电视剧发展的康庄大道。

坚持艺术性，是广东通俗电视剧提高文化品位和审美价值的唯一途径。当然，提高文化品位，不能离开现阶段大多数普通观众的接受程度。强调审美价值，也要看到它取决于通俗剧审美特性同观众的社会实践、审美兴趣、审美需要、审美能力的关系，否则只能是南辕北辙。现在的当务之急，一是

提高编导的素质；二是提高演员的演技，这方面可参考香港办艺员培训班的办法，以顽强的艺术磨练培养出一流的演员，让他们在广阔的荧屏艺坛上大放光华。

如果说，思想性和艺术性是软件，是通俗剧的灵魂和血肉，那么商品性则是它的硬件和骨架。如上所述，通俗剧是动辄花费数十万、上百万的高档艺术密集型产品，只有承认和认识它的这一特性，才可能确保它的思想性和艺术性。回顾10年实践和参照境外做法，至少有下列几点是应予注意的：①高价向社会广泛征集剧本或提纲，这是提高剧本质量和寻获热门题材的有效措施。②按现有资金严格核算开支，杜绝浪费，奖励节支，保证拍摄如期完成。③按贡献分配，酬金向艺术尖子倾斜，奖励后勤有功人员，照顾投资者利益等等，充分调动创作者、后勤和投资者的生产积极性。④保证艺术质量，实现商品价值，如回收广告费、出版像带、转让版权、播映权等。⑤更新技术设备，顺应时代潮流，注重商品包装。⑥在通俗剧因社会效益和经济效益好而得益时，合理分配奖金，以利激活创作机制，扩大再生产。等等。可以毫不夸大地说，在广东加速商品经济发展，力争20年赶上亚洲四"小"的今天，广东通俗电视剧要增加数量，提高质量，占领海内外市场文化，不重视其商品性几乎是不可能的。广州电视台借助英美烟草公司的雄厚经济力量，相继推出《商界》、《外来妹》等思想性、艺术性俱佳的产品，为我们提供了有益的借鉴。

（三）电视综艺节目论——兼谈广东电视文艺晚会的审美特征与质量提高

1992年11月23至25日，在深圳召开的"广东省电视文艺晚会研讨会"，对"电视文艺晚会"的现状和质量提高问题进行了广泛讨论，议题深入到如何认识"电视文艺晚会"的美学特征，如何在众台激烈竞争的情势下保持珠江电视文艺晚会的审美特色以独树一帜等层面。要求建立一种符合珠江文化大市场运行规律的，基于10余年来珠江电视文艺晚会丰富实践之上，并能积极改进珠江电视文艺晚会质量的电视美学理论的呼声，已十分强烈。这里仅作些初步思考以求教于同行。

1. 电视文艺晚会的美学地位与审美特征

有无独立的美学地位和审美特征，是确定一种文艺形式有无独立品格和无可争议的艺术价值的关键，也是检验从业人员能否归入"艺术家"行列的试金石。

从自己特有节目的内容和形式看，电视文艺晚会显然有不同于电视剧和电视艺术片的特殊审美特征，试列如下：

①综艺性与整体美。电视文艺晚会通常由多个单元节目有机构成。每个单元节目（如小品、相声、曲艺、歌舞、游艺、录像插播等）又可有自己的创编、导、演人员，包容了多种艺术样式，共融一炉，编排串构，化单元节目的个体美为文艺晚会的整体美。

②共时性与直觉美。电视文艺晚会的迷人魅力就在于"现炒现卖、新鲜热辣"，以直播形式将现场节目即对传送到千家万户，在同一时间和极大空间内取得几乎是"面对面"的"同步感受"的"直觉美"，最大限度地引发亿万电视观众的强烈共鸣及审美兴趣。

③时代性与喜庆美。电视文艺晚会拼装组合简便，生产周期短，较易配合年度节庆活动、纪念活动及宣传活动，反映时代特点和节庆活动内容等，造成庆典活动的喜庆气氛美。

④多功能性与主题美。电视文艺晚会具有宣传教育功能、审美功能、娱乐功能、宣泄功能；并在多功能的统一中突出主题美，实现其社会效益。

⑤区域性与民俗美。电视文艺晚会的"台性"很强，体现出晚会创编转播者的"台位"及该地观众面特点。广东台≠中央台，岭南台≠香港台，深圳台≠广州台，肇庆台≠韶关台，具有特定文化区域的民俗美。

⑥行业性与道德美。电视文艺晚会越来越多地由电视台与社会各行业联合举办，反映出社会主义时代的行业文化特点和职业道德美，以艺术的形象沟通各行各业与社会整体的心灵渠道，加深相互理解。

⑦舞台性与表演美。电视文艺晚会一般都在演播厅、剧院舞会、礼堂、歌舞厅、体育馆等地举行，演员可直接与观众交流，表演允许艺术夸张，不同于"纪实性"的电视剧演员表演和以非演员为"演员"的电视艺术片，具有舞台表演美。

⑧游艺性与竞技美。电视文艺晚会常常安排游艺节目，让台下观众直接参与竞技活动，还可让电视机前的观众也间接参与（如电话或书信联系）该项游艺（如知识答题、猜谜等），达到娱情益智，万众同乐之目的。

从以上列举的电视文艺晚会的八项审美特征看，她受到国内观众的热烈欢迎和由衷喜爱绝非偶然，其独立的美学地位和审美品格，以及特殊的审美功能都是其他电视艺术形式所不可能完全取代的。因此，一个熟谙电视文艺晚会创作内在规律的优秀编导，完全可以毫无愧色地进入电视艺术家的行列，只要他确实是以独特的艺术匠心去编导每台文艺晚会，并赋予其电视化美学特征，而不是一个只知掌握导播技术的"按钮"的话。

把电视文艺晚会的"编导"归入非艺术门类的"新闻编辑"，固然说明了人们对电视文艺晚会的艺术创作规律的认识还有待深化，但也确实反映出许多电视文化晚会流于一般化，体现不出电视文艺编导别于新闻编辑的艺术素质和艺术构思，引起观众诸多怨言的存在问题，这正是我们目前需要亟待解决的。

2. 如何提高电视文艺晚会的艺术质量

怎样提高电视文艺晚会的艺术质量，使观众喜闻乐见而又达到寓教于乐的目的，确是值得深思的问题。这里且以珠江流域尤其是三角洲内十分发达的"时装艺术"为喻，谈谈对办好电视文艺晚会的看法。

①以时代为"尺度"。电视文艺晚会要求有强烈的时代感和现代意识，电视文艺编导只有吃透"时代精神"，感受时代脉搏，才能创作出能够引起广大观众强烈共鸣和审美兴趣的好节目。

②以主题为"线"。电视文艺晚会的主题犹如一条视而不见而又真切可感的红线，将分散的单元节目串联成一个整体。晚会的主题线切忌脆弱、中断，而应成为高潮迭起、张弛有度的内在情感线，贯串晚会始终。

③以主持人为"针"。针有金针、银针、锐针、钝针、名牌针。优秀的电视文艺晚会主持人应努力加强艺术修养自我完善，在深刻理解编导意图的前提下，以连珠妙语，迷人风采征服观众，化解突发事件，成为牵引主题红线贯串晚会诸多节目的名牌金针。

④以节目为"布"。针尖线好还须布优，只有做到了节目的丰富精彩，才能感动"上帝"——俘虏观众。在发掘、扶植和传播本地优秀艺术方面，电视台及文艺编导负有义不容辞的光荣职责。

⑤以舞台为"工作台"。电视文艺晚会是大庭广众的群众艺术，编导者应熟悉自己特殊的工作环境（如演播厅、剧场舞台、歌厅礼堂及其他），利用多种镜头切换，视点转移和插播、录播、联播等电视特技和传播手段，把节目导播得有声有色，主题鲜明，引人入胜。

⑥以编导为"时装设计师"。广义的电视文艺晚会的"编导"包括舞台晚会的策划者、审查者、撰稿者和总导演，他们是整台晚会的幕后操纵者和组织者，对晚会的成功与否负有领导职责。较高的立意，新颖的构思，节目的创作和精选，艺术人才的选用和资金的投放回收都在其考虑范围之内，是用"尺"、运"针"、引"线"、剪"布"、选"台"、迎"客"、定"样"的高级"裁缝"。

⑦以观众为"顾客"。时装裁制需要顾客购买才能达到消费目的，电视文艺晚会要在众多电视节目及所有文艺活动中脱颖而出，牢牢吸引广大观众，就必须摸清观众审美心理，裁出适体合身，让顾客称心如意的高档时

装，引发其浓厚的文化消费兴趣，在众艺之林独占一席之地。

⑧以直播为"促销良策"。电视文艺晚会尽管也可以录播，在既有节目基础上精心剪辑后制成节目带，播出或与各台交换，甚至还可出版录像带销售，但毕竟有"隔夜菜"不香之憾，无法发挥电视这一现代大众传媒最得意的"共时性"优势，把亿万观众同时吸引到电视机前，同欢共乐，老少开怀，达到"家庭艺术"的审美极致。

⑨以岭南特色为"样式"，突出珠江文化的地域特点，人文风貌，时代精神；加强珠江地区中心台、市台、特区台以及港澳台的联系与合作，既丰富节目源又扩大覆盖面，既扶助中、小台又巩固大台，既展现出岭南风采又直追世界潮流。

以上九点很可能挂一漏万，聊作引玉之砖。

在电视艺术的大家族里，电视文艺晚会就像是一位富于朝气和活力的女童，如何培育和扮靓她本该是所有艺术家们共同关心的事。面对西方咨讯社会的迅猛发展，难免会使人对她的前途担忧。然而，从目前尚可预测的一个相当长的时期看，电视文艺晚会还会继续得到国内大众以及海外华人的青睐，这也正是她眼下值得我们大家格外关注和呵护的原因。

珠江文化的金塔建构

珠江文化的标准，应主要看其是否有利于发展社会主义的艺术生产力，有利于提高人民文化生活水平，以及对外辐射力和粤文化含有率的多少。追龙升康，离不开——

第十八章 珠江文化产业大市场的开放

一、珠 江 三 角 洲
——文化产业市场的勃兴

珠江三角洲经济开发区 10 年来长期保持两位数的高速发展，支撑着它那日益开放活跃的文化产业市场。而作为文化产业市场的骨干企业——电影、电视广播、音像、出版事业的崛起，又使它在珠江文化的总体建设中发挥了核心市场的重大作用。

珠江三角洲的中心城市穗、港，曾是中国电影的发源地之一。号称"华南影都"的珠江电影制片公司，拥有完备的电影基础设施和享誉中外的专业创作人才，奉献了诸如《孙中心》、《廖仲恺》、《出嫁女》、《寡妇村》等一批国内、国际获奖片。乘改革春风兴办的深圳影业公司，以其灵活的特区制片方式，广揽人才，集纳港资，连出佳片（如《你好！太平洋》、《联手警探》等）而独树一帜。珠海市电视剧产量高，录像带出品率高，并建起了电影城。得内地影人入迁之助的澳门，终于结束了不出产电影的历史。有"东方好莱坞"之称的香港，年产粤语、国语影片百余部，仅次于美国、印度而居世界第三。在外片自由涌入的情势下，港产片仍稳居每年 10 大卖座片之七成，深得港民喜爱，显示了中华文化的固有魅力。由此可见，只要以适当的方式调控、发掘、壮大、利用粤港深珠澳的影视企业力量，其主导本地区文化产业市场和对外辐射的巨大潜能就必将得到释放而影响中外。

珠江三角洲又是世界上广播电视台覆盖最密集的地区之一。电台方面，有内地的珠江经济台、文艺台、英语台、广州台、深圳台、珠海台；香港的 10 座广播电视台，以及澳门的 2 座广播电视台。电视台方面，有内地的中央台、岭南台、珠江台、广州一、二台、深圳台、珠海台、香港的明珠台、翡翠台、国际台、本港台、以及澳门台，加上北达韶光、东至汕头，南联三亚总长 1532 公里的三大广播电视微波干线的双向信息传递作用，形成了一个除直播广东部分节目的桂、琼两省（区）外，还包括粤湘、粤赣、粤闽交界处的广大地区的"珠江电视文化圈"，拥有上亿受众。它借助先进大众传播媒介以新闻方式、社教方式、广告方式、文艺方式对珠江三角洲乃至华南地区政治生活、经济生活、精神文明建设都产生了巨大推动作用和潜移默化影响。

与影视业鼎足而立的音像出版业，以其大众化音像制品的巨量推出，在珠江文化产业市场中正扮演着活跃非凡的角色。据广东省新闻出版局最新公布：目前省内登记注册的音像出版、复录单位已达到 52 家（珠江三角洲地区 41 家，占 78%），其中有 13 家获准出版文艺录像带，珠江三角洲便占了 11 家，达 84%，其密集程度全国罕见。这里面，有全国第一家成立的太平洋影音公司，8 年出版录音带 7000 多万盒，唱片 1000 多张，录像节目 12 万盘；有得到文化部、广电部好评的被认为送审样片格调高的广东音像社（3 年出版音带 800 多万盒，曾与峨影音像社合作出版了《中国出了个毛泽东》等大型片集）；有使中国继荷兰、日本、美国之后成为世界上第四个有生产激光视、唱盘能力国家的深圳激光节目出版发行公司（可年产激光唱片 500 万张，视盘 150 万张），等等。10 余年来，这 13 家音像出版社出版国内外电影、电视剧、戏曲录像带 480 多种，录音带数千种，大大丰富了人民的精神文化生活。香港则是国内引进港台海外音像带的主要的版权授予者，大小录影会 30 多家，其中较大者拥有本港或海外电视台及大影业公司的电影与电视剧版权，片库存量丰富，租带服务便捷周到，会员日众，对内地的文化幅射力不断增强。

诚然，极目南眺，影、视、音像 3 支文化大军驰骋珠江三角洲大地，电闪雷鸣，侠衫警装，血泪情仇，动魄惊心。这其中，既有"军"内各旅团间的激烈竞争，优胜劣败；又有"军"际间的攻防联合，集团作战，敷演出一场既有珠江文化亲缘关系和爱国主义传统之"同"，又有制度规章、风格流派、品位俗雅之"异"的雄伟瑰丽的文化撞击的场面。一个严峻的问题终于摆在了人们面前：究竟应该如何看待以现代化影视音像出版业为主角的珠江文化产业市场的存在和作用？

二、香港影视音像

——活跃珠江文化产业市场的有益因素

回顾电影史便可见，香港电影与台湾电影一样，同属中国电影系列。抗战初期和战后时期，夏衍、蔡楚生等进步影人曾相继南下，先后两次给香港影坛吹进了抗战爱国、扶正祛邪的清新空气。《血溅宝山城》、《珠江泪》等一批爱国爱民影片的拍摄成功，涤荡了当时一些怪力乱神、醉生梦死的电影垃圾，升华了香港观众的艺术情趣。香港电影在四五十年代便形成的这种爱国主义和现实主义传统，曾经受到祖国电影界的好评，一些进步电影还在国内获奖。近30年来，对外片取不设防政策的香港电影，不但没有在西方文化的侵蚀下湮灭，反而保持了民族的传统和风格，不仅大得香港人青睐，而且执东南亚电影市场之牛耳，还开辟了海外市场，堪称奇迹。这在某种意义上确证了中华文化生命力之顽强。

无独有偶，在种类样式较电影单纯得多的香港电视，也鲜明地保持了自己的港味粤质，不仅人物的面孔、语言是粤味的，就是思维定势、风俗习惯、气质举止，也处处可见粤人的灵气神韵。其更胜电影一筹的，则是在"香港现代城市题材"方面的全方位扫描和洞幽烛微的艺术表现，它无异于为人们提供了一部香港繁荣形象史和一幅真切描画港人心态的浮世绘。作为影视艺术家庭化传播载体的音像业则集纳了香港电影与电视连续剧之长，以更便捷的明暗兼有的渠道向粤港民间渗透。

无庸讳言，香港影视音像中确夹杂着不少殖民文化、资本主义文化的糟粕，还有些暴力、色情、鬼怪等乱人心智的东西，近时三级片的泛滥更是某些片商唯利是图的极端表现。但这并不应该成为我们把脏水连同婴儿一起倒掉的蠢举的借口。因为这未免低估了社会主义文化健康肌体的免疫力。对影视、音像出版和其他文化事业姓"社"姓"资"的问题，判断的标准，应该主要看是否有利于发展社会主义的艺术生产力，是否有利于增强社会主义文化的综合影响力，是否有利于丰富和提供人民的文化生活水平。如果我们能在观念上承认这一点，认识到改革开放不仅要求外资引进和经济建设，而且也必然要求有选择的文化吸收和文化建设的话，就会对香港影视音像的涌入持更为积极求实的态度，并努力使其转化为活跃珠江三角洲文化产业市场的有益因素，最终为解放广东艺术生产力，为建设社会主义物质文明和精神文明服务。

这是否一厢情愿的空想呢？非也！其一，每逢佳节盛会，粤港电视台联播合制节目，均大获成功；香港电视连续剧的播出为省市电视台带来了可观的广告费，活跃了本地经济市场。其二，引进香港版的录音录像带，已成为省内音像出版社改善经济状况，推出国产新带的重要经济来源。其三，香港电影界的有识之士，鉴于香港电影虽然资金雄厚，生产力发达、信息灵通、包装精美，却有市场狭小、观众有限、题材贫乏、跟风抢拍、粗制滥造、演员不足、外景单一等弊端，几年前便一一列举了合作拍片的好处，并呼吁向香港电影开放沿海经济特区和珠江三角洲，同时还热情提出了先在深圳、珠海等特区开放电影市场，取得经验后再逐步扩大到珠江三角洲的具体建议。这些合理建议后因时局变化无人回应而收效甚微。

然而，经济合作的深广度永远与文化交流的紧密度成正比，高势能文化对低势能文化的幅射引领，毕竟是不可违背的历史发展规律。目前，在以港商为主的外商投资达 140 亿美元的珠江三角洲，已跟香港形成了前店后厂，有数百万工人为其效力的经济新格局，再要实行大众文化传媒的全封闭是不必要也不可能的。事实上，珠影早已跟香港银都机构鉴定了合作协议，并与深影分别跟香港各影业公司先后合拍了《寡妇村》、《联手警探》、《英雄本色》等 10 部电影，有的还在国内外获了奖；省电视台也与香港合拍了电视剧《铁桥三》、系列专题片《中国玉》等片；深圳则内引外联，建起了全国唯一可以优先放映港台海外优秀电影的"南国影联娱乐中心"，率先向世界敞开了最具世界语言的电影文化窗口。据不完全统计，近年来省内各音像出版社引进出版的港台海外录音带，也达到 151 部 40 万盘。在今天，不正视珠江大文化产业市场的存在，以及香港影视音像文化作为活跃珠江文化产业市场的有益因素和巨大潜能，必将导致文化决策的盲目和失误。

三、优势组合

——共享珠江文化产业市场之利

在南粤腹地影视音像事业相对于香港而暂显薄弱的情势下，人们对香港艺术商品大举入境的某种警戒困惑心理是易于理解的。更何况这种单方面的文化商品倾销也毕竟不是一种可能长期维持的正常的互惠互利关系。开放珠江三角洲文化产业市场后的繁荣程度和成败标志，只能由其艺术产品的对外文化幅射力、隐蔽的社会主义倾向和粤文化的含有率多少来判别。当然，这只能是在充分发挥了粤港各自的艺术创作实力和优势互补后才可能奏效的事。

作为世界金融中心、信息中心、旅游胜地的香港，其影视音像事业的优势在于财力的雄厚，设备的先进，信息的灵通，体制的活力和拥有一批观念新潮、技术精湛的人才。据不完全统计，自改革开放以来，香港电影界已利用其优势和内地合拍了 72 部电影，其中历史题材有 32 部，占 45%，民国题材有 23 部，占 32%，现实题材有 16 部，占 23%。至于合作办法，则大多是在双方协商下，以港资中拍、合资合拍、中编港导、中港合演等方式进行，优势组合，互惠互利。

港人投资内地电影的热点、兴趣范围、方法方法和成功经验：①较为关注重大的历史题材和经历不凡有戏剧性命运的历史人物。如表现慈禧太后、光绪皇帝、宣统皇帝及妃子、太监的《垂帘听政》、《末代皇后》、《火龙》、《文成公主》、《李莲英》等。②充分利用祖国雄山巨川，名胜古迹等风景文化资源，跟风抢拍武侠片，以真刀真枪，真功夫，真场景来增强影片的观赏价值和娱乐性，吸引海内外观众。如少林寺系列的合拍片，便有《少林寺》、《少林寺弟子》、《少林俗家弟子》等片目。③向文学名著、民族题材、民俗题材、反战题材和民国题材开掘，拉开审美距离，增大文化内涵，定好艺术档次，避开行政干预。如改编自《聊斋志异》的《奇情异恋》，表现解放前乡民、少数民族、盗匪生涯的《出嫁女》、《无情的情人》等等。④在现实题材中注重宣扬民族精神（如《闪电行动》、《中国三军揭秘》），表现港、台、大陆三地人民的日常生活、心灵沟通或携手擒凶，如《夜行货车》、《过年》、《人在纽约》、《联手警探》等。⑤在艺术上注重包装，迎合观众口味，趣味性、猎奇性、伦理性、纪实性、喜剧性乃至荒诞性都兼容并蓄，绝少"八股味"、"说教腔"（如娱乐性很强的《古今大战秦俑情》、儿童片《熊猫历险记》，反映红军时期杀敌复仇的《大磨坊》和旧家庭三妻四妾明争暗斗的《大红灯笼高高挂》等等）。在合拍中取长补短，有的劲扬香港导演善拍宫帷片或动作片之长（如李翰祥、张彻、张鑫炎、徐小明），有的力显内地导演善察人性细腻动人的优势（如王进、张艺谋），有的尽展中港艺员联袂献演阵营雄厚之魅力（如刘晓庆、杨在葆、潘虹、陶金、李连杰、于荣光、胡慧中、巩俐、于莉、张曼玉等）。可见，合拍片确实是既救香港影片于沉沦（三级片泥潭），又拔国产片于困境（资金不足，发行拷贝少，海外市场难进）的良策。

反观广东影视与香港的合拍片目，10 年来仅占全国合拍片目的 1/7，离广东改革开放的形势要求，离有长久合作传统的粤港影人的共同希望还相距甚远，更难满足珠江三角洲文化产业市场的需求。其实，加强粤港穗深珠等省市影视音像创作力量合作的条件业已具备和成熟，只待中央、省市有关政策的放宽便可进行。从奠定影视片基础的编剧队伍看，香港编剧向以产量丰饶、灵活善变、构思奇妙见称；广东方面，有上百作家从事过影视作品的创作和评论，不少佳作还得过国家、省市奖项。这完全是一支扎根南粤、感受时代风潮，可以信赖的有战斗力的创作队伍，是粤港影视合作保持创作"两为"主导倾向的中坚力量。从作为拍片核心的导演队伍来看，粤港两地从业人员大致相等，各有千秋。香港方面有李翰祥、严浩、张彻、许冠文、洪金宝、许鞍华等一批名导演，其长处在于拍片实践多，有的接受过西方专业教育，熟悉世界电影趋势行情，注重影片包装，善于搅笑添趣，所拍影片娱乐性和特技性较强，上座率高，特点是立意不清，生活面窄。广东导演有王为一、丁荫楠、王进、张良、胡柄榴等一批名将，大都在国际或国内获过奖项，其长处在于关注现实，思想性强，酝酿充分，有审美情趣，缺点是思想拘谨，活力不足，所拍片子娱乐性、特技性较弱，上座率相对低。从二度创作成败关键的演员队伍来看，香港演员实行明星制，在珠江三角洲的知名度较高，如影帝周润发和成龙、周星驰，影后郑裕玲、梅艳芳、张曼玉等，演技出众，号召力强；但广纳全国英才的广东演员也后继有人，阵容可观，一批新人正在崭露头角，还拥有红线女这样的名扬海外的老一辈名艺人（她不久前还在港产戏曲片《李香君》中饰过主角）。从文化产业市场的角度看，珠江三角洲是广东改革开放的中心和希望，面积 2.25 万平方公里，人口上千万，市镇星罗棋布，文化设施先进齐全，人均文化消费水平较高，有习味相近的粤文化传统和大量流动人口，兼得改革开放风气之先，经济腾飞，人心稳定，对社会主义信念坚定，是国内以香港为桥梁融汇中西文化精华的理想场所，也是广东、华南乃至全国文化产业市场拓展的商品基地，潜力深厚，前景光明。

　　在今天，重视感情投资已成为现代商品经济的重要文化现象，单靠产品质量、技术服务已不能适应商品经济运转的需要，而拥有众多影视明星、歌星、舞星和广大文艺爱好者的现代影视音像媒介，恰恰是视听兼备、声情并茂的最佳感情投资工具。李默然、汪明荃艺德俱佳的广告形象深入人心，传为美谈。在珠江三角洲这块中国经济最活跃发展最快的土地上生活的粤港有识之士，如能高瞻远瞩，互去偏见，同具繁荣珠江文化产业市场之共识，避己所短扬人所长，精诚合作，携手从艺，就一定可以创作出许许多多不仅为珠江三角洲人，而且也为国人，乃至世人所喜闻乐见的富于时代气息的粤彩港味的优秀影视录像片，为社会主义商品经济推波助澜，为中国影坛增光！

四、统一规划

——共促珠江文化大繁荣

　　要真正开放搞活珠江文化产业市场，构建有中国特色的社会主义文化新格局，除影视外，还必须将戏剧、曲艺、舞蹈、音乐、美术、摄影、文学、群众艺术、书刊、刊物等重要文化门类和所有文化企业一并作通盘考虑。在这方面，有的城市和部门已先行一步。

然而，当务之急是以解放社会主义艺术生产力，搞活珠江文学市场为目标，理顺影视音像出版等大众传播媒介与企业和其他文化艺术的经济联系和协调发展关系。这不仅是因为珠江三角洲地区有着与华南经济密切联系的庞大的影视音像企业，而且因为时至今日，影视、录音录像等高技术信息媒介的发展运用已十分普及，越来越多的戏剧、音乐、美术、舞蹈、摄影、文学以及其他准艺术（如健美操、花样滑冰、水上芭蕾等）的大量审美信息通过电影、电视、广播、录像等大众传播媒介为广大受众享有，其传播功效往往由当时当地文化消费水平所决定。文化艺术的发展已感受并承认了经济杠杆的制约，有偿艺术消费形式已为社会接受，如购票入场，收费电视、音响、录像机和盒带的购置租赁等。如果人们有意无意地违背了开放和繁荣文化产业市场的文化消费规律，就必然导致经济、传媒与文化的脱节而遭受重挫，延阻广东20年赶超亚州四小龙的历史进程。从目前国家给予广东改革开放综合实验区、珠江三角洲经济开发区、深圳、珠海经济特区及海南省经济特区，广西民族自治区的有关政策和经济、文化发展的需要看，应予以重视的方面有：

254

　　（一）树立大文化系统发展的全局观点，请中央授权制定相应的地方性政策法规（包括扩大对外文化交流，密切粤港澳文化联系，减少审批程序；改革文艺体制，激活创作体制和艺术商品流通，在"两为"方向下允许各种成分的艺术实体和个人公平竞争；允许地方自定拍片指标，自筹资金，自办发行，自负盈亏；允许酬金、奖金根据作品"双效益"和个人实际贡献向艺术尖子倾斜），按照社会主义初级阶段的艺术消费原则办事，以有效手段把珠江地区内，尤其是珠江三角洲经济开发区内的各文化系统协调起来。处理好大众文化传播系统（电影、电视、音像、出版等）、文艺创作系统（文学、戏剧、美术、音乐、摄影、评论等）、艺术表演系统（歌、舞、剧、杂技等各类演员队伍）、文化信息贮藏系统（图书馆、博物馆、文化保护单位等）、文化服务系统（影剧院、歌舞厅、游乐园、风景区等）和文化管理系统之间的协作和矛盾关系，制定一个管理完善、互补互利、全面发展的科学规划，以文补文，以文养文，既活跃和丰富大众文化娱乐生活，又扶持高层次文化艺术发展，良性循环，相得益彰。

　　（二）按照香港、澳门的"特别行政区法"和"一国两制"伟大构想的原则，以珠江文化大一统的博大胸襟，进一步扩大开放珠江文化产业市场，加强粤桂琼港澳影视、音像、出版事业的合作，有选择地双向交换、引进、译制、发行粤港影视音像作品，互相借鉴、学习、增进本地区人民的了解和共识。在此基础上以更灵活的政策、优惠条件和具体协助鼓励合拍片的创作、上映、播放，以粤港两地人才的优势组合，创作出一大批具有较高审美价值，有民族气派和改革开放时代气息、有广阔的国内外市场的优秀影视音像作品，并完善制作、译制、发行一条龙，把珠江三角洲办成对外展示中华文化魅力，对内幅射现代文明的文化窗口，满足人民健康的审美需求和娱乐需求，为香港"九七"顺利过渡创造良好的文化氛围，稳定人心，共建四化。

（三）**现代商品经济已经成为一种社会文化现象，**它大量通过影视音像、文学艺术、书刊出版、企业文化、广告文化、学术会议、体育运动等经济文化联姻形式向社会展现自我，推销自我。根据这一现状，扩大珠江三角洲企业界与文化界的联系，加强文化产业市场调查研究，扩大粤港澳经济文化学术交流，密切粤港澳经济界人士、文艺界人士与理论界人士的交往，明了彼此的处境和任务，优处和短处，需求和意愿，相互信任，相互学习，携手合作，探讨搞活珠江文化产业市场，繁荣珠江文化，振兴中华之路。

（四）**鉴于目前广东省内文化体制现状，**尽快由文艺领导部门统一组织各文化系统的决策人物，组成"珠江文化发展委员会"，邀请粤港澳著名企业家和文艺人士担任委员或顾问，请中央授权同意该会讨论制定特殊文化政策，制定出有利于珠江文化在"一国两制"条件下贯彻"双百"方针和坚持"两为"方向的发展规划，并交由有关专家详加论证，从而扩大粤港澳文化乃至大珠江文化合作范围，提高文化消费品的艺术格调，搞活健康有益的文化商品流通，改善广东企业形象和商品形象，实现社会主义双文明建设的宏伟蓝图。

可以预见，只要我们以坚定的社会主义信念，以符合中华民族根本利益的"一国两制"的伟大构想，以开放的观念，积极的态度，来促进祖国的统一，以邓小平南巡讲话的精神来统观全局，以服从文化产业市场经济和艺术消费的客观规律来应对形势的话，我们就一定可以把珠江文化大市场管理好，建设好，为建设有中国特色的社会主义文化和中华文化的昌盛做出可贵的贡献！

255

打破因袭成见，清除阻碍改革开放的藩篱，迎着太平洋浩瀚海面初升的红日，如搏击长空的自由雄鹰，扶摇直上，鼓动起——

第十九章 珠江文化腾飞的双翼——港澳文化

座落于珠江口东西两岸，分别被英国和葡萄牙侵占了 150 余年及 440 余年的香港和澳门，以其所内涵的固有的东方文化的神秘，折射出西方文化的瑰丽光彩，成为以骄人成就闻名天下的镶嵌在祖国南大门门楣之上的两颗稀世明珠。

一、经济现代化

香港，与澳门一样，自古是中国的领土，直至 1841 年鸦片战争后才被英军割占。全港居民现有 600 余万，97％ 为中国人，以汉语中的粤方言和英语为主要语言。香港自然资源贫乏而经济资源（资金、人才、信息）充足，面积虽小而能量甚大。1989 年的人均总产值均达 1.094 万美元，居亚洲"四小龙"之首。其外贸总额在世界上排名第 11 位。1988 年人均贸易总值达 2.16 万美元，超过英、美、中国内地而居世界第二位。这个人口仅占世界人口的千分之一，面积仅占世界陆地面积的十三万八千分之一的弹丸之地，对外贸易总值却高达 1644 亿美元（1990 年），超过了中国大陆、印度、印尼等地广人众的大国而居世界前列，堪称世界奇迹，无愧于东方明珠之美誉。下面，我们仅就衣、食、住、行、用等人类社会的物质文化的基本需求以及广告、信息、金融、外贸等方面略加阐析，以窥其经济现代化之概貌。

衣。香港市世界上最大的成衣出口基地，1989 年出口值达 718.74 亿港元，占出口总值的 32.0％，若加上纺织品则高达 39.5％。而香港同年进口的纱及布料达 724.54 亿港元，占进口总值的 12.9％。港制时装风行全球，与香港时装文化的大胆创新，能迎合世界潮流变化有关。如香港时装设计师协会主席林国辉和推出"郑裕玲"时装系列的何伟文，就善于根据市场需要推出设计尖端、大胆夸张、价格高昂的强化设计师的时装感受的系列时装，以及适合于事业型女性穿着、实用性强、舒适大方的具有东方特色的时装系列。再如芭蕾舞蹈家、时装设计师、杰出青年三位一体创办百露华国际时装有限公司的张天爱小姐，设计的上班套装高雅大方，沙滩泳装五彩缤纷，宴会晚装雍容华贵，新潮便装轻盈活泼，显示了年青一代时装设计师的丰富想象力。又如时装模特儿出身，以"斑豹"为商标，寓意时装设计师跑在时代前列的文白贤；为香港 3 万多警务人员度身定造出合体制服、手工一流的洪永康；善做女明星形象顾问的时装设计师刘培基，以及被誉为影剧界宠儿的大炜公司时装设计师黄志强等，都是香港时装文化的功臣。

食。香港自 60 年代经济腾飞以来，世界饮食文化也随经济发展、文化交流和旅游事业需要而荟萃其中，获得了"国际食街"、"美食天堂"的雅号。漫步香港街头，不论何时何地，都可享受到不同档次、不同食趣的饮食服务：既有动辄十几万港元，一席宴即花掉常人数年粮的富人豪宴，也有十几元、几元即可饱腹的快餐、大排档。环岛一游，范围不大，即可尝遍世界风味食品以及包括新派粤菜、川菜等各派名菜。每当美食节到来，其举办地——香港最国际化的街道——兰桂坊内便摆满了各式风味的美食摊子，游客饱餐之余，狂欢起舞，一派欢腾气象。

住。香港地少人多，房价连年上升。工业用地从 1959 年的每平方米 104.85 元涨至 1980 年 29549.03 元，达 280 倍。住宅用地同期也上涨了 82 倍。为解决住房紧张矛盾，香港于 1977 年推出"居者有其屋"政策，至 1989 年止共建公屋达 71.02 万个单位，入住 266.9 万人，占居民总数的 46.8%，以后还将逐年兴建公屋以满足市民需要。从建筑文化的角度看，香港充分显示出国际大都市的风采，1990 年落成的中国银行大厦，楼高 70 层，共 315 米，楼层总面积 140 万平方英尺，由美籍华裔建筑师贝聿铭设计，为世界第五、亚洲第一高层建筑。该楼底座楼层用花岗岩拱砌而成，具有中国古代宫廷气派，上层则由玻璃幕墙围成的四个三角柱钻石形晶体构成，直插云霄，以巧妙的承重结构将 5000 顿风力重量埋入楼底岩层。1989 年建成现已成为香港文化象征的香港文化中心，是具有世界一流水平的艺术建筑物。其如一只振翅欲飞的大鹏坐落于尖沙咀，双翼分别为设备世界一流的大剧院和音乐厅，分别有 1750 和 2100 个座位，比悉尼歌剧院更大。环境怡人，格调雅致，为香港商用建筑典范代表的置地广场，以及充满后现代主义活泼风格的香格里拉酒店，巨型漏斗型的红磡体育馆，貌似远洋巨轮劈波斩浪的新世界酒店等等，均以世界级的水平展示了东方明珠的灼灼风采。

行与交通。香港是世界上最大的货柜港口，世界上最繁忙但运作效率最高的航空港之一，同时是世界著名的旅游中心之一。其交通文化的成就举世瞩目。就市内交通而言，香港的公共交通工具种类繁多，方便快捷，有地下铁路、公共汽车、电车、电气化火车、出租汽车、渡轮、轻便铁路、缆车、小型巴士等，大都采用自动投币和自动检票系统，日均载客达到933万人次，相当于85%的香港市民每日往返一次，基本上满足了"行"的需要。就国际交通而言，香港是世界三大天然深水良港之一，有密集的航线通往世界各地，大小航运公司达1900余家，1990年海运集装箱吞吐量达510万多箱，居世界第二。具有2.1平方公里的香港启德国际机场现有38家航空公司使用，1989年进出机场的航机为9.43万架次，旅客总数为1620万人次，处理货物73万公吨，总值2341.96亿港元，约占香港进出口货物总值的20%。香港的铁路现在每年处理大陆货物500万吨左右，与内地相连的公路运输1989年达每日1.271万辆次，运货量达796万公吨。先进的设施，严格的管理，立体的交通运输网，不断地为香港输氧造血，密切了香港与世界，世界与中国的经济联系和文化交流。1992年香港全年游客达698万人次，创汇340亿元（不含国内100万人次游客）。香港交通业以来去自由便捷的现代服务，为本港旅游界迎来旅游"黄金年"提供了有利条件。

用。世界各国所产的生活必需的日常用品，大都可在有"购物天堂"美称的香港买到，许多品种的售价甚至低于原产地，体现了香港自由港商业文化的独特魅力，吸引了大批中外游客。近年来，香港的成衣、钟表、收音机、毛皮、电筒、照相机等轻工业品的产量一直居于世界前列。全港零售业总额达1018多亿港元（1988年），几乎占生产总值的1/4，成为香港的重要经济支柱。其原因除了香港是世界各国在亚太地区竞销的重要市场，有一半以上商品来自世界160多个国家和地区，花色品种高低档次应有尽有，与香港零售商人的周全热心服务也密切相关。目前，香港有集购物、消闲、餐饮于一体的购物中心，综合性零售服务的超级市场，24小时昼夜服务以供小型日用品为主的通宵便利商店，出售国货为主的百货公司，遍布大街小巷的小杂货店，以及数以万计的流动小贩和摊档等6种零售经营方式。有的靠雇人直销，有的靠机率战术，有的靠连锁化取胜，形成了商品现代化、陈设艺术化、产销一体化、管理电脑化、价格相宜化、服务优质化、商品专门化、购物自主化等一整套行之有效的零售方式，使全港的商品销售额连年增长。

香港商业文化的繁荣支撑起巨额开支的广告业，而广告文化的发展又反过来极大促进了商业发达。香港广告的特点是不惜工本、花样繁多、无孔不入。一家电器公司在一座大厦楼顶安装的霓虹灯广告牌，制作费高达600万元；英国航空公司仅为90秒钟的电视广告就动用了4500名学生组合拍摄，耗资1.7亿港元；许多公司的经营开支一半用来作广告。

信息文化是香港繁荣的一大优势，它由信息资源的开发机构、信息传播媒介、信息传输系统、信息技术应用及人才培训等四部分组成。其信息资源的开发和服务机构有官方的港府统计处、档案处和其他机构的资料部门，半官方的有生产促进局、贸易发展局、贸易协进局、出口信用保险局和香港旅游协会等。它们能储存本港4万多家厂家及13万名海外进口商的资料，并在数秒钟内从全球200多个资料库中提取各项最新资料数据。此外还有外国设港机构和民间商业咨询公司等。香港的传播媒介有报纸、刊物、电视、广播、出版印刷业等，信息传输系统有国际电话、电报、图文传真、资料服务网站、邮政专递等。其电话普及率居世界第三位，达到每100人拥有电话机54台；而港人拥有传呼机比率则居世界第一。在先进信息技术应用上香港也居世界前列，运用了卫星通信、光纤、电缆、微波通信和电脑服务等先进技术手段。

香港是与纽约、伦敦鼎足而立的世界三大金融中心之一，以自由开放、功能齐全著称。它没有外汇管制，资金可自由流通，各国各地区的持牌银行1990年已增至138家，分支机构增至1377家，外国银行数量仅次于纽约、伦敦等，居亚洲第一。黄金市场十分活跃，日交易量达100万盎司，与伦敦、纽约、苏黎世并列为世界四大金市。金融业的发达，使其成为百业之首，成为工业、贸易、房地产、旅游等经济生活的“维生素”、“输血站”和“中枢”。正是通过存款、放款、证券投资、汇兑、保险、信托、黄金、财务咨询等门类齐全的业务活动，香港的金融文化深入到每个企业与家庭之中，形成了港人强烈的赚钱意识和投资意识。

作为对劳资之间冷冰冰金钱关系的一种调节，香港的企业家已开始重视“企业家族化”，并把它作为当今企业文化的一种潮流。企业家族化不同于家族企业化，它在大量引进和使用并无血缘关系的先进管理人才的同时，推行“管理人性化”的管理方式，注重职工的权益，发给一定股份，鼓励他们发挥潜能，参与决策，并在福利、进修上予以保障，达到收拢人心、发展生产，增加收益的目的，这种方式比起那种视职工为工具，只知管、卡、压的传统管理方式，更有利于香港经济的发展。

香港在衣、食、住、行、用诸方面，在商业文化、广告文化、信息文化、金融文化和企业文化诸方面所取得的巨大成就，使她毫无愧色地步入了经济现代化的国际大都市之前列，并带动了内部文化多元化、艺术商品化的发展和繁荣。

二、文化多元化

香港的精神文化领域，呈现出与经济现代化和物质文化大繁荣相适应的多元化景观：从宗教文化到民俗文化、大众文化，从政治文化、法制文化到教育文化，从保健文化、道德文化、公益文化到黑社会的腐朽文化，可谓精华与糟粕并存、珍珠与垃圾同在，形成了一个华洋杂处、思想开放、法制健全、政治保守的西方化社会特有的文化氛围。

长期处于此种文化氛围中的香港市民，对宗教文化的态度多是兼容而多元互补的，很少在信徒间出现一些国家常见的那种或者一教独尊，或者两教对立，势如水火的局面。全港有佛道教信徒 100 余万人，天主教信徒 26 万余人，基督教徒 21 万余人，回教徒 5 万余人。印度教、锡克教、犹太教等10 余种宗教也有少数信徒。香港现在共有道观佛寺 360 间，堂区 60 个，属会 650 个，神学院 17 所，清真寺 3 间，教徒各奉其神，相安无事。香港寺庙道观供奉的神明除了如来观音，吕祖关帝外，还有一些地方神祇如赤松黄大仙、天后娘、长洲守护神北帝、南海之神洪圣等。位于宝莲禅寺旁，木鱼巅峰的全世界最高的露天青铜大佛，有 9 层楼高，202 吨重，由中国航天部属下公司监制。佛像庄严祥和，慈颜笑貌，寄予了港人祈求繁荣安定，世界和平的心愿。香港的教堂建筑精美，但论年代久远则不及澳门的圣保禄教堂。该教堂建于 1602 年，号称当时东方最伟大的基督教建筑，尚残留的大三巴牌坊，至今仍是港澳地区最吸引游客前往参观的揉合了东西方建筑艺术精华的雕塑精品。在物欲横流，红尘烦嚣的港澳社会里，东西宗教文化以其超现实的信仰起着稳定人心，协调人际关系的特殊作用。

香港的民俗文化与宗教文化联系密切，既有传统的内容，又有新潮的形式，既表现出中国传统文化深厚的影响，又不乏大众文化的时代信息和开放色彩。从传统的一面来说，港人拜佛求教、看相算命、讲风水、讲意头的迷信很多。一年一度的盂兰盆会，成为中国民间艺术的盛会。上百万市民可借机免费饱览带神话色彩的各种表演节目。金铺供菩萨，差馆供关公，家中鱼缸里养几尾挡煞吸邪的"黑摩利"热带鱼，搬家或公司开张择吉日看风水，装电话安车牌求购吉祥号码者，比比皆是。

在中国对香港恢复行使主权前，其政治文化自 1850 年至今都烙有英国殖民地管制模式的印记：即由英国政府委派的香港总督行使最高权力，担任最高行政首长，总揽行政和立法大权。在总督之下，分设行政局、立法局、布政司、按察司、廉政专员公署和英军总司令为首的军事部门，统领约 18

万人的庞大公务员机构，对香港实行行之有效的统治。香港政治文化的核心是秉承英国政府的意旨，尽可能保持与中国、各西方大国及其他国家的友好关系，以稳定香港社会，繁荣经济，确保既得利益。一些有碍香港与周边国家或地区的影视剧被禁演，就说明了这一点。直属于总督的廉政专员公署的设立是香港政治开明的表现，它与高薪养廉的举措相辅相成，有力抑制了官员警员中的严重贪污现象，对中国封建官场沿袭已久的腐败作风是很好的针砭。在英国总督治下的港民，有发财和言论的自由，生活水准高，却缺少从政的真正的民主权力（担任港府高官的均为英人），而这一权利在香港特别行政区于 1997 年建立以后已经取得。

香港的法律文化是为其政治文化和经济文化服务的，它的法律制度沿用英国法律制度，根据香港市情加以修改完善，保证了社会的安定和经济繁荣。其特点一是采用陪审团制，重视证据和庭辩，律师的雄辩对判案有重大影响，由市民组成的陪审团对要案的判决起定性作用；二是法制完备，产权明确，各种经济活动均有法可依，如公司法、财产法、合同法、继承法、新银行业务例等，并依法办事，确保产权私有化、私产神圣化，创造了资本增殖，发财致富的有利环境。在全球 141 个私有财产超 10 亿美元的世界级富翁中，香港人便占了 6 个，成为按人口平均占比例最大的地区，从一个侧面显示出香港法律文化在发展资本主义经济方面的重要作用。

261

香港的教育文化已经形成了从幼稚园、小学、中学到大学的完整体系。由志愿机构和私人团体开办的 800 多间幼稚园可容纳 22 万余名幼儿入园，入园率达 85%；官立小学及大部分资助小学实行免费教育，入学人数达 53 万余人，另有 5 万余学生自愿到私立小学就读；中学生人数达 48 万余人，分别在 361 间英文中学及 60 间中文中学就读。[①] 香港的高等教育相对落后，同龄青年的入学比例远低于美国（30%）、英国（14%）和西欧（20%），为 4%，每年都有 1 万左右的青年需赴海外或回国留学。成立于 1911 年的香港大学，1963 年的香港中文大学是香港的名牌大学，其他还有理工学院、城市理工学院、浸会学院、树仁学院、岭南学院，教育署属下的 3 所教育学院、工商示范学院，以及别具一格专收老人的南华学院和各校各机构附设的学生达数十万之多的成人教育学校。良好的教育是香港谋职和晋升的重要条件，受到社会和家长的重视，其对香港经济、文化发展的积极作用是显而易见的。

"香港式"教育的结果是一言难尽的。它固然有为社会造就大批可用之

---

① 以上数字为 1987 年的统计数字。

才的主导的积极一面，也有因长期崇英抑中造成一些香港学生文化结构失衡的消极面。最浅显的表现是语言上的不中不西、半文半白现象。如将"由此通过"写成"沿步路过"，将商店说成"士多"（store），将抵制说成"杯葛"（boycute）等，所幸的是，这种现象近年来随着香港人士与内地交往的频繁而有所改观，学普通话已成为时尚，仅一家设于旺角的普通话研习社便办班600余个，先后培训了15万人次，两家电视台也增办了普通话节目，以利于在经西方教育浸染百年，惯于在商场激烈角逐的港人，在道德文化上仍保有中国传统港停留的台湾、东南亚及内地游客（据香港旅游协会统计1993年三地游客人数分属第一、第二和第四位）及时了解全球动态。

262

　　道德的"仁、义、礼、智、信"的基本信条和爱国爱乡、行善济贫的精神。自改革开放以来，港人报效祖国，造福乡梓，铺路造桥，建校办医，捐款赠物的善事不绝于耳。仅近年赈济华东水灾一项香港爱国同胞便捐赠了7亿港元，对华东灾民重建家园帮助甚大。中国传统美德对港人的影响是不分贫富的，而富人因其财雄势大所作的善事也格外引人注目。如中国政府的"港事顾问"徐展堂先生，捐赠百万英镑在伦敦维多利亚博物馆兴建"徐展堂中国艺术馆"，分文不取，唯一要求是在展品说明上配上中文，以利海外侨胞能在异国他乡读到中国文物的母语解说，一时传为佳话。又如香港大亨们的一些成功秘笈，也可看出其所受民族道德文化影响的深刻印记：仁："千万不要作弄别人。"（澳门旅游娱乐公司董事总经理何鸿燊）"人得学习为他人着想。"（中华电力集团主席嘉道理）"不赚国内一分钱！我们都是中国人，拿出一点实际行动，支持国家'四化'建设！叶荫故里。以报答故土养育之恩。"（船王包玉刚）义："我的最大生活乐趣是做生意和做生意时结识朋友。"（长江实业集团主席李嘉诚）"做生意应该有诚意与人合作，有与人分享利润的胸襟。"（瑞菱集团主席颜炳焕）"礼"："话到口中留半句，理从事处让三分。"（恒生银行董事总经理利国伟）"即使一笔生意只赚200元，他也是顾客，也会受到同样的尊敬。"（新世界发展集团主席郑裕彤）。智："一定要勤奋，要头脑灵活，有眼光。"（恒基地产集团主席李兆基）"我做任何生意，必先有充分研究，做足资料搜集，估计一切可能发生的风险，查清市场的需要，才订出投资计划。"（合和实业集团董事总经理胡应湘）信："第一是'信'，在商业上信用最重要。"（鸿运电子集团主席李树强）"其实有好信誉，也就是富有了。"（嘉道理）"信用是事业的生命，对朋友以诚，令我有许多朋友。"（金利来集团创办人曾宪梓）"毕竟信用最重要。……名誉是我的第二生命，有时甚至比第一生命还要重要。"（李嘉诚）

　　香港成千上万或富或贫甘愿为公益文化、保健文化、社区文化贡献力量的众多市民，可以说，都在不同程度上受到了中国传统道德和西方人道主义的影响。迄今已有116年历史的"保良局"，是香港历史最为悠久的慈善机构之一。堪与众多慈善机构媲美的香港的社区文化建设，经过多年的努力和实践，通过旨在促进人格的成长，培养民主精神，改善社会和家庭关系，发展社区认同感，提高志愿精神，发展领导的潜能，培养健康文化活动兴趣的香港社区工作，已形成了邻里中心、地区中心、社区中心三个层次的完整服务网络，起到了鼓励每个家庭积极参与社会活动，培养团结互助的社区精神，消除社会不安定因素的积极作用。

尽管慈善机构、社区工作者及上万名警务人员竭尽全力，也不可能彻底扑灭寄生在香港腐朽文化上的毒瘤——黑社会组织。所有私有制社会难以避免的腐朽文化想象，在香港都有所表现，一是"黄"，以三级片、下流刊物、一楼一凤、无上装夜总会、美容、桑拿浴、按摩、舞厅、征友、导游等各种形式从事娼妓交易的现象不少。二是"赌"，在名为"禁赌之称"的香港半公开或乘游艇到公海上进行。至于在享有"东方蒙地卡罗"之称的赌城澳门，则冠以"博彩业"公开进行，招徕游客；三是"毒"，毒枭利用香港作为国际大都会的中心地位，将其变成毒品的集散点；四是"童党"现象，以各种手段引诱青少年犯罪。在扑灭黑社会势力猖獗的犯罪活动中，香港警察扮演了重要角色。1988年正式开放的香港警察博物馆，以图片文献、罪案资料等翔实展示了警队的历史和贡献。由防护公司、私家侦探、警队等多种社会力量组成的香港保安文化，在充当黑社会克星的同时，也存在着鱼龙混杂的复杂情况，如一些私家侦探超越法律权限而被捕等。

香港在宗教文化、民俗文化、政治文化、法律文化、教育文化、语言文化、道德文化、社区公益文化以及黑社会腐朽文化诸方面显示的"多元化"倾向，固然有其消极影响，但从总体上来说是与其经济现代化的进程协调一致的，相互促进的，对其艺术商品化的繁荣更有直接的影响。其原因是，由于继承和发扬了中国民族文化优良传统，使港人在爱国热情、商业信誉、经营头脑、以礼待人、以诚交友诸方面胜人一筹，在国际国内都得到了应有的信任与尊重。由于在保持中华文化传统的同时大量吸收西方文化和其他文化，使香港成为华人世界中"洋"味最重，因为也最有开放性、国际性，最适合各国外商和旅游者停留和活动的城市正是上述两点，香港成为东西方文化对话、竞争、交融、各显其优，各尽所能，共创繁华的现代文明试验场，带来了精神文化的大自由、大开放和物质文化的大繁荣并给予世界文化格局的建构以伟大启示。

香港文化，以及洋化历史比它更久远的澳门文化的多元化相融特点已越来越为人们认识和重视。一位澳门文化人士最近撰文指出，近 400 年来的澳门文化，是"出自以东西方两种异质文化之历史性撞击所引致逆向交流而生成的一种区域文化，""应被理解为一个由差异而交结并趋向整合的动态系统，它具有相当大的包容性和开放性"① （这也同于近 150 年的香港文化的性质——笔者按）。这对于我们理解港澳文化在东西方文化的交接和人类文明伟大事业中的特殊历史贡献是富有启示的。

三、艺术商品化

从投资方式看，香港的艺术文化基本可分为官办的或官方资助的以及民办的两大类型。这两大类艺术的生存条件大不一样，前者受到官方的资助和推崇，从业者衣食无忧，享受良好的教育并得到各种优待；后者则有赖于从业者的自我奋斗，官方除在政治上、风化问题上作些必要限制外，基本上任其自生自灭。

属于前一类艺术，大都是舶来品，如话剧、芭蕾舞、现代舞、管弦乐等，以香港芭蕾舞团、城市当代舞团、中英剧团、香港管弦乐团、香港舞蹈团及香港话剧团等职业演艺团体的形式享受政府的高额津贴，属于纯中国艺术的只有香港中乐团一家。这些演艺团体的主要任务是提高演艺水平，以其成就"令香港在国际间享有盛誉"。由于有演艺学院这样的设备齐全，包括了音乐、舞蹈、戏剧各系的高等艺术教育体系不断输送高质人才，并与人民生活结合起来，才可能生根、开花、结果，否则，则始终是一种摆设而已，难以得到广泛的认同。

非官办的艺术种类，有电影、电视、音像、通俗读物、文学、粤剧、美术、摄影、以及民间曲艺、表演艺术等。它们有的是个人创作，如美术、摄影、文学；有的是业余爱好，同人聚会，非赢利性质，如民间艺术的节庆表演和粤剧；有的则借助现代传播媒上艺术工作者的刻苦努力，这些官方艺术团体的演艺水平确实达到了较高水平，经过巡回演出和本港献演，确实改变了许多人把香港视为文化沙漠的印象。前述香港话剧团的演出，则是西方艺术本土化的一个良好开端，它有助于克服港英当局"重英轻中"艺术倾斜政策的偏移。同时也说明，真正有生命的艺术不管移自何方，都应与吸纳它的地区文化合成强大力量，成为香港商业性流行文化的主流。这就是作为香港流行文化四大支柱的电影、电视、流行曲和通俗刊物。

---

① 黄晓峰 [J]. 澳门文化. 1993 (13) － (14).

从缺少官方有力资助的一面来说，非官办艺术的生存全靠自身拼搏，确实艰辛。但从艺术自由发展，在文化产业市场的择优汰劣中得到磨练，发展符合自身生存规律的审美个性，争夺广大的艺术知音的一面看，又未尝不是一件好事。实际上，正是在本港和国际文化产业市场的激烈竞争中，香港流行曲、电影、电视艺术才由弱转强，由幼及壮，成为华语影视、音像出版的最大生产基地之一和海外最大供应商的。

由于港府对非官办艺术采取的放任自由政策，艺术商业化在香港是不可避免、随处可见的普遍现象，越是借助于现代大众传媒赚钱的艺术，就越鲜明的烙上文化商品的印记，越紧密的纳入艺术商品的生产轨道，接受文化产业市场的挑战，以赢亏多少作为社会存在与否的天然标尺，其利弊同在，堪值深思。

有利的一面是，按文化产业市场需要组织艺术生产，以最佳艺员阵容出阵，根据上座率、收视率和唱片、录像带、音带、刊物、畅销书的销量来制定、调整创作、出版计划。推陈出新，使尽法宝，缩短或拉长电视剧集，增多或削减某类艺术品种的投资，及时培养和推出、包装新明星、新歌星、新通俗读物作家，从而增加艺术产量，调整艺术品种，取得较好经济效益和投资回报。其客观上的显而易见的优点是使香港文化成为强大的消费文化，满足了对外交流、经济发展和本港文化消费的需要。

265

弊端的一面是，市场意识的过于强烈，易产生唯利是图的误导。一些有社会责任心的严肃的艺术工作者，固然因为得不到强有力的舆论指导和社会支持，陷入茫然而不由自主的跟风拍一些粗制滥造的东西，写一些淡而乏味，求量不求质的"八卦文章"，唱一些格调不高的流行歌曲。另一些完全被钱迷住，只求赢利发财的文人墨客、片商艺员，则无视社会的影响，或者将一批批宣扬醉生梦死的颓废思想、及时行乐不讲道义的极端个人主义思想，甚至早已被历史淘汰了的文化垃圾，都一古脑当作畅销书刊搬出来，使书店报摊充斥了一大堆表现怪力乱神、声色犬马、乃至诲淫诲盗的东西；或者牺牲色相，哆声哆气。拳脚相搏，刀枪见血，炮制或引进一些色情片和暴力片，满足一些单纯追求强烈感官刺激的看客的低级趣味，造成不良社会影响。流毒所及，不仅使香港文化蒙羞，而且使一些内地观众读者受害。

如何趋利避害，繁荣香港健康清新的艺术文化，是香港所有具社会责任感的文艺工作者和各阶层工作者和各阶层民众，以及每个有良知的中国人所应予关注和支持的事业。

四、城市国际化

经济现代化、文化多元化、艺术商业化的齐头并进，使香港和澳门越来越成为世界知名的国际大都市和中型国际都市，在珠江流域，在中国，乃至在世界经济和文化舞台上，发挥着越来越重要的作用。

在近日举行的"粤、港、澳经济合作与交流研讨会"上，专家们认为，北起广州市沿珠江两岸至出海口两侧，包括香港、澳门、深圳、珠海、佛山、东莞、中山等市，人口1658万，面积1.3万平方公里的土地上，已形成了南中国的"珠江大都会带"，其中70%为非农业人口，1991年工业总产值占当年总产值的97.6%，超过了上海（人口1000余万，面积辖10区10县）。在"大都会带"内部已形成了全面多层次的合作和唇齿相依的互利共生关系。随着广深准高速铁路、广深珠高速公路、连接珠江口的虎门大桥的建成，"大都会带"的交通更加顺畅，经济也将更为发达。

"珠江大都会带"的理论对我们论证关于港澳文化是珠江文化腾飞的双翼的观点无疑是强有力的支持。

从地理条件看，香港是华南唯一的深水港，位于珠江口岸的重要位置，因而是珠江流域货物出入口的重要通道。来自广东省加工的货物占香港出口货运量的60%以上。香港是世界最大的货运柜码头，每年进出维多利亚港的6000万吨货物，有四成以货运柜运输，通过广九铁路和广深公路，可直达广州并运往内地各处。随着座落于维多利亚港葵涌码头的全球最大的货物集散中心——亚洲货运大厦第五期工程的全部竣工（耗资26亿港元），香港在中国市场经济中心的地理优势还将加强。

从城市功能看，香港是世界经济舞台上重要的金融中心、信息中心、交通中心之一。成衣等轻工产品一直领先，文化环境适合西方国家人士的经商方式，能为各国客户提供多元化的服务，可为珠江地区和中国架起联系世界的友谊桥梁。近日报载香港成立了百余家秘书公司，专为一些欲避开台湾当局查询的台商到内地投资提供优质服务，花费少而功效大，这就是港人头脑灵活，善于捕捉信息和机遇，从事商贸活动的例证。

从人缘关系看，全香港的居民中，广东籍的占了86.36%，居绝大多数（其中49.25%的籍贯在珠江三角洲）。其中有33.94%的人是在广东出生移民香港的（据1981年统计）。可见，广东人喜爱香港影视音像节目，香港人纷纷来广东投资办厂，是有悠久和温馨的人文背景的，香港实业家胡应湘先生深情而远见卓识地说："我认为如果能够帮助广东与珠江三角洲的经济发展，即使过了 1997 年，香港仍可保持稳定繁荣。相反，若中国经济发展不理想的话，即使多签 10 份中英联合声明，都会出现问题。"这和众多来粤办厂建校，广做善事的香港同胞共创珠江文化大繁荣的心愿是完全一致的。

从粤港澳地区的现实经济关系看，广东与港商的合作已由前几年的"前店后厂"（工业）、前市后产"（农业）关系进化到现在的"互为基地"、"互为市场"，合作领域也从工业拓展到房地产等新领域。港商中的眼光独到者纷纷利用在内地赚到的上百亿元资金投资珠江三角洲搞房地产。一座座花园别墅、高级公寓、写字楼在南粤城乡崛起，在香港广为出售，反过来又更加密切了粤港澳人民的交往。据统计，仅 1992 年 1—9 月，便有 349 个大陆楼盘（大都建于广东）在港推出，广受欢迎，合计 6 万个单位，总值 300 亿。同时，香港与内地的贸易也不断增长，每年增长幅度均在 2 位数以上，1990 年达 500 多亿美元。金融投资方面，据报载，改革开放以来 15 年内地的外来投资 64% 来自香港，总额 870 亿美元。这其中广东又是港商的投资热点，仅 1993 年一年，在实际利用外资的 58 亿美元中，就有 7.7 成来自香港。在省内开设的外资、合资企业中，80% 是来自香港的资金。可以说，没有改革开放的政策和香港雄厚资金的源源投入，就没有今天广东的经济繁荣局面。

从粤港科技合作关系看，在长期工业合作的基础上建立更高层次的科技合作已成为双方共识。珠江地区的科技人才在全国范围来看至今仍偏少，但自改革开放以来，已吸引了和正在吸引着大批北方科技人员南下落户。尤其是珠江三角洲地区吸纳最多，在当地产值逾亿元的众多乡镇企业中发挥着骨干作用。据香港科技协进会前会长黄萧亮博士介绍，香港由于缺乏长远科技计划、科技产业基地及人才，在科技方面比亚洲其他三小龙落后，因此希望与广东对外科技交流中心联合牵头，成立粤港科技产业促进会，组织粤港会员参加，促进成立高新科技产业公司，共建科技基地。目前，香港科技大学已经建成招生，有雄厚科技力量的广州天河高新技术开发区也已成为国际经济开发区。可以预测，以珠江大都会带较发达的工业基地为依托，以香港较高的管理水平和灵敏的世界市场信息为助力，以粤港澳各自的科技优势为合作基础，新珠江文化的建设者们共建科技基地的蓝图就一定能够实现。

从粤、港、澳、桂、琼的多边文化交流关系看，以珠江三角洲为主要生产基地及市场中心的珠江文化大市场已逐步形成。其通俗文化的影响由南而北日益扩大（广东连续两年获得中央"五个一"工程组织者的表彰的事实可为"港味南粤化"正名），合拍片、合拍综艺节目、省港杯赛、省港作家联谊会等越来越多的多边交流渠道正不断把珠江文化的相互合作推向更高层次。

从香港与内地的政治关系看，1997年中国将恢复对香港特别行政区行使主权，保留现行制度不变的"港人治港"，将取代殖民性质的"英人治港"，从而更充分地发挥香港在国际上两种不同制度间的桥梁作用。正如中国改革开放的伟大设计师邓小平所指出的那样："不保证香港和台湾继续实行资本主义制度，就不能保持它们的繁荣和稳定"，"我很有信心，'一个国家，两种制度'是能够行得通的。"①

综而观之，天时、地利、人和，这三者对粤港澳合作，对新珠江文化在开放更新期的建设都是有利的——一个借助港澳文化双翼腾飞的伟大历史机遇已经降临！

268

---

① 邓小平. 邓小平文选 [M]. 北京：人民出版社，1993（3卷）：69－70.

珠水汇流，群龙入海，如扇形玉树临风，历史悠久，美丽动人的珠江水系，在文化理论粤军突起后，因海上丝绸之路勾起的回忆，始祖哲圣的定位，尽显其宽宏、平和、共时的气度和风雅——

第二十章　珠江文化理论的战果——粤军突起

珠江文化研究，是一个需要以多学科专家密切配合，持之以恒，深入钻研，方可得出令人信服结论的系统工程。可喜的是，自 21 世纪初广东省珠江文化研究会成立后，上世纪 90 年代初，由柯著《新珠江文化论》率先发起的理论攻坚战，终于迎来南粤援军，由该会会长、广东省人民政府参事、中山大学黄伟宗教授带领一批专家学者，以历史、考古、地理、地质、海洋、经济、民俗、语言、文学、文化等多学科聚焦方式，启动了珠江文化理论系统工程，提出了许多独特创见和卓有成效的建议，出版了近千万字的系列著作，举办了多场学术研讨会，通过论证珠江文化的现代特征、海上丝绸之路史所体现的海洋性特征，以及始祖哲圣体现的文化定位等，取得了具有开拓性、系统性、发展性、较大学术价值和实践价值的丰硕成果，在国内外产生了强烈反响，对珠江文化的研究开发，具有承前启后、再创新篇的伟大意义。

一、从珠江文化的现代特征追溯历史源头

早在 1988 年初，黄伟宗教授就在《岭南文学形成的条件》一文中，发现了现代岭南文学流派的自然形成，正是中原文化"北风"与西方文化"海浪"夹击兼融的结果，于是在陆续发表《文化与文学》一书以及《论珠江文化及其典型代表陈残云》、《论珠江文化创新特质的源流及其发展》等文后，开始以文化观去研究珠江文化。

电视片《河殇》播放后，黄伟宗会长一方面更感到以文化学分析中国社会落后的原因的必要，另一方面则感到其片面结论是错误的，忽视了中华民族文化发祥地尚有长江文化、珠江文化、辽河文化等的贡献，于是在1992 年深思熟虑后，提出了珠江文化的现代特征：一是敏感性与浮动性并

驾，二是实效性与消遣性齐驱，三是竞争性与兼触性共存，四是大众性与优越性互进，五是发展性与保守性相克的主张。从此起步，他率领珠江文化粤军由今而古，由江溯源，由此及彼，将两广分界之"广"，作为开启珠江文化源流之门的锁匙。

他们认同，珠江水系实由西江、北江、东江和珠江三角洲水网组成。西江发源于云南，流经贵州、广西，到三水汇入珠江三角洲；北江源头一在湖南、一在江西；东江源头在江西；相邻的韩江发源于福建。广东沿海江河有漠阳江、榕江、鉴江、练江、枫江、南渡江等等，从经济文化上说仍属珠江水域，隔海相望的海南岛，也是如此。因而珠江水域及其经济文化的覆盖面和幅射带，应包括广东、广西、云南、贵州、湖南、江西、福建、海南和香港、澳门，这与后来的"泛珠三角经济圈"概念大致等同。在珠江水系中，广东处于诸水总汇的地位，西江是珠江水系中长度第一、水量第一的主干流，要找珠江文化的源流首先着眼于西江，两广分界之"广"也正在西江入粤之口上。

270

他们首次发现，两广之"广"是指"广信"，位置在梧州的桂江以东和封开的贺江以西地区，其名取自公元前 111 年汉武帝平定岭南时，所发圣旨"初开粤地，宜广布恩信"里的"广信"二字，并由广信县为首府，管辖整个南方九郡的交趾部而来。东汉三国后以广信为界，西为交州，东为广州，宋以后东为广东，西为广西，从地理形势看，今两广分界处无山或水为界，只有古名广信河的渔涝河，从封川入贺江流向西江。这就从历史学、考古学、民族学、地理学、民俗学、语言学论证出，古广信即在湖南马王堆汉墓出土印章所刻"封中"地带，是西汉时岭南的政治、经济和文化中心，是中原文化与岭南百越文化的交汇地，是多民族聚集交融之都，是广东三大语种之一粤语的发源地，基本弄清了珠江文化的源流和走向，论定封开是"岭南文化古都"。为此作出贡献的是黄伟宗、司徒尚纪、黄启臣、谭元亨、容观琼、张镇洪、周义、叶国泉、罗康宁、陈其光、陈永正、叶春生、刘伟铿、陈乃良、高惠冰、何楚熊、杨式挺等专家教授。①

在南雄市的梅关珠玑巷，上述专家学者们还发现这里仅唐宋年间就有三批百万以上移民经此转向珠江三角洲一带定居，随后再部分移民海外南洋、欧美各地，中国百家姓中竟有 140 多个姓氏家族经此南下移民，证实此地确实是中原文化进入岭南、与岭南百越文化汇合，再转向海外的中转地，查清了珠江文化与来自北方的黄河文化、长江文化以及海外文化的悠久历史与源流关系，使这条小巷一下成了世界华裔子孙寻根旅游的圣地。

在深入考察了东江流域的龙川、河源、博罗、惠州、东莞、深圳，韩江流域的梅州、潮州、汕头后，他们还在后为南越王赵佗所建立的秦代龙川县府"佗城"，发现了许多姓氏宗祠，解开了当年秦始皇所派50多万大军征南越后下落不明的千古之谜，佐证了东江也是珠江文化承传北方黄河文化、长江文化的渠道之一。同时，他们还发现了源自江西的东江与源自福建的韩江，均从龙川穿过，风土人情竟浑然一体的现象，证实了韩江在经济文化上北承华东，南接南海，是珠江文化连接长江文化和海洋文化的一条重要渠道，搞清了广东境内往往某条江河即是某种文化源流的关系，如客家文化与北江、东江相关，广府文化与西江和珠江三角洲水网共呼吸，福建福佬文化随韩江流淌，高凉文化随粤西鉴江奔流，南渡江贯流雷州文化等，无不说明了水文化理论的正确，说明了珠江文化与中华文化的结构，是多元一体，兼融包容的。

经过对珠江文化的形成、发展、历史地位以及分期，黄伟宗教授根据明末清初的大儒屈大均在《广东新语》里所说："广东居天下之南……天下文明至斯而极，极故其发之也迟，始然于汉，炽于唐于宋，至有明乃照于四方焉……"，认为广东境内的珠江文化，形成或始发于汉代，兴旺于唐宋，到明代即影响四方，并以此为根据，将珠江文化发展史划分为五个时期。具体如下：

第一时期，是秦始皇统一中国后，派任嚣、赵佗先后治理岭南，为中原文化与岭南土著文化的交融，以及岭南文化在中华民族文化中占有一席之地打下基础的时期，特别是汉代的儒、佛、道三家学术界主要代表的出现。体现了珠江文化秦汉时期的重要历史地位。第二时期是珠江文化发展史上的唐宋盛世时期。岭南政治、经济、文化中心转到广州，海上丝绸之路更发达，出现珠江哲圣六祖、诗圣张九龄等，为珠江文化作出杰出的贡献。第三时期是明代清初，与内地中原经济文化的交流更密切，海洋文化融入珠江文化，使江海一体的珠江文化北上，与长江文化、黄河文化交流更多，包含岭南文化在内的珠江文化更加成熟。（这三大时期均可归为"内纳成型期"，前已简述不赘。柯按）

"第四时期是清末民初时期。中国末代皇朝一清朝在这年代已极其腐朽，帝国主义对中国虎视眈眈，企图瓜分中国，鸦片战争的英帝大炮在珠江口虎门，轰开了中国闭关自守的大门，使岭南人最早"冷眼向洋看世界"，在最先受到欺凌的同时，也最先吸收接受西方文化，使得在这时期涌现许多珠江文化的代表人物，大都是救国救民的领袖人物，又是具有海洋文化意识的饱学之士，既是政治家、学者，又是文人、诗人，他们共同打造的精英文化，鲜明地体现了珠江文化的海洋性、开放性、争先性，显出了珠江文化前所未有的英姿，在历史上三次卷起了珠江文化之风向北方中原地带劲吹的旋风：一是洪秀全领导的太平天国起义，二是康有为、梁启超领导的戊戌变法，三是孙中山领导的辛亥革命和北伐战争，这些旋风主要是政治革命，也是文化革命，意味着珠江文化北移，也标志着珠江文化在海洋文化的推动下，进入了前所未有的兴盛时代。

"第五时期是从 20 世纪 80 年代开始的改革开放时期，由于邓小平提出对外开放、对内搞活的方针，要广东"先走一步"，在毗邻港澳的深圳、珠海办经济特区，造就了西方经济文化直接进入之通道，使广东成为海洋经济文化进入中国的桥头堡，成为得世界风气之先而又领全国之先的风水宝地，也由此造成珠江文化跨上了史无前例的繁荣时期。从迄今 20 多年历程来看，这时期以广东为代表的珠江文化与过去各时期最大不同处，是尚未涌现一批受到公认的权威性代表人物及其文化群体，主要是以产生出许多席卷全国、有的还吹向海外的文化旋风为特点的，如：流行歌曲、武侠小说和电视、服装文化、家具文化、饮食文化等等；另一方面，是对自身的文化研究和学术建设空前重视，建树甚多，如：大型学术系列专著《岭南文库》、《珠江文化丛书》等的连续出版，海上丝绸之路和珠江文化的研究开发，岭南画派、粤剧和广东音乐的新发展及研究等，使珠江文化的悠久历史和重要地位倍受瞩目，在海内外具有强烈影响。"②

黄伟宗教授认为，这五个时期的珠江文化，纵向上步步提高，横向上影响逐渐扩大深化，越来越成熟、越来越壮大，在中华民族文化发展史上的地位和作用也逐步加重加大。而他的五个时期划分法，长处在于将珠江文化史最为漫长的"内纳成型期"一分为三，变得更细化坚实，而其后两个时期的划分，则完全与《新珠江文化论》最早提出的"外引换质期"与"开放更新期"的分法相合，体现出原来三大时期分法的固有优势，即凸显出由渐变到质变，突飞猛进而变化巨大的珠江文化，已成为推进当今中国，勇于捍卫自己的海洋权益，勇于成为世界海洋强国，勇于创造辉煌的海洋文明的更开放更包容更先进的地域文化。

2003 年广东省领导发出建设文化大省的号召，同时还提出发展粤港澳"大珠三角"区域合作，以及"泛珠三角"区域合作的战略。其根据社会经济基础和现实发展需要所提出的"泛珠三角"区域，与珠江文化区域基本一致，是有珠江文化的底蕴为基础的。有鉴于此，广东珠江文化研究会黄伟宗等编著的五部学术著作应运而生，为珠江文化研究做出了一大贡献。据介绍，其中黄伟宗的《珠江文化论》主要从文化学上，多视角、多方式地全面概论了珠江文化的概念、形态、源流、发展、特质、特性和系统，为珠江文化作出了历史文化的定性定位，以及现实文化的作用、地位和前景的论析，可谓继1993年版的《新珠江文化论》之后，又一部关于珠江文化的系统论著③。

司徒尚纪所著的《珠江文化与史地研究》，是首部从历史地理学对珠江文化学术定位的理论专著，它在观念、概念、城市、区域、学术等文化层面上，论述了珠江文化的地域特色及其依托的地理环境与变迁，提供了它们在各断代的历史地理剖面，总结了它们的发展规律，是一部以地理学为主对珠江文化进行多学科、跨学科研究的学术论著。此外，他的地理学专著《珠江传》，作为河北大学出版社主编的《大江大河传记丛书》之一，与《黄河传》、《长江传》等同时出版，也以雄辩的学术力量和文学力量论证了珠江文化的存在及特质，突出了珠江在中国大江大河中的重要地位。谭元亨所著的《广府寻根》，是为珠江文化重要组成部分的广府文化确立文化系统的首部大型学术专著，是他前些年完成的《客家圣典》之姐妹篇，为珠江文化的成分和结构作出了奠基性的理论建设④。

二、从海上丝绸之路看珠江文化的海洋性

珠江文化又史称"岭海文化"，这十分形象地点明了岭南地区那山海相连，山川性与海洋性兼备的地形地貌特征和文明生态环境。据《汉书》所记，汉武帝在公元前111年平定岭南时，即派黄门驿长在交趾部首府广信启程，然后从雷州半岛的徐闻乘船起航，经北部湾的合浦到日南（今越南）。这是中国海上丝绸之路的最早记载。经雷州籍名作家洪三泰提议，广东珠江文化研究会的学者到湛江、雷州、徐闻、北海、合浦、泉州等地考察，终于认定《汉书》中所指的徐闻即今徐闻县五里乡一带的港口。这个结论在广东"海上丝绸之路与中国南方港"学术研讨会上，得到了来自京、沪、桂、琼、闽、港澳等地百余名专家的确认。

这一结论将中国海上丝绸之路的历史大大推前。比联合国教科文组织1991年到中国考察海上丝绸之路古迹，确定南宋时才开始海上交通贸易的福建泉州是中国最早始发港，提早1300多年，为珠江文化和中华文化具有海洋性找到了历史依据⑤，对19世纪黑格尔在其《历史哲学》一书中说："中国没有享受海洋所赋予的文明"，海洋"没有影响中国的文化"的代表性的西方观点，对电视片《河殇》说中国不是海洋文化的观点，都是有力的反驳。事实证明，海上丝绸之路是典型的海洋文化，中国早已有近三千年海上丝绸之路的历史，最早的始发港在广东，具有恢复中国作为海洋大国在

世界海洋文化史中应有地位的重大意义。

其创新意义所在，一是将历史性的、学术性的课题研究与现实的地方的经济文化研究开发相结合，即将海上丝绸之路始发港的定位研究与当今地方文化建设、旅游开发和招商引资相结合；二是将学术研究著述与文艺创作相结合，编撰出一套多学科的《珠江文化丛书》，其中洪三泰、谭元亨、戴胜德等的《开海—海上丝绸之路 2000 年》、《千年国门—广州 3000 年不衰的古港》，是首部反映海上丝绸之路题材的文学作品；谭元亨的《广府海韵—珠江文化与海上丝绸之路》，是首部论述珠江文化与海上丝绸之路关系的理论著作；黄鹤等编的《中国学者论海上丝绸之路》和《外国学者谈海上丝绸之路与中国》，是汇前人研究成果精华之鸿篇；陈永正编注的《中国古代海上丝绸之路诗选》，是以悠长岁月的连篇古诗，佐证了中国海上丝绸之路的历史源远流长，印证了中华民族文化和珠江文化的海洋性的精选诗集。这套"海上丝绸之路专辑"的出版，与著名作家朱崇山的多卷长篇小说《深港澳三部曲》中，首部以描绘改革开放初期创办深圳特区的窗口的《南方的风》，缩影香港百年沧桑的《风中灯》和澳门数百年苦难史的《十字门》等相得益彰，以生动的艺术形象体现了珠江文化在香港、澳门与西方海洋文化对撞交汇的历程。全面地论证了海洋性是珠江文化历史特长、份量特重、优势特显的重要素质⑥。

更难得的是，通过对沿海城市广州，饶平、潮州、澄海、汕头、汕尾、惠州、深圳、珠海、阳江、湛江、雷州和广西的合浦、北海、钦州、防城港等地的考察，黄伟宗率领的广东省海上丝绸之路研究组，还进一步佐证了《新珠江文化论》所提出珠江文化独具的"口岸海关多"、"航运水系多"的特征，即珠江流域的古港口岸是数量最多、历史最久、年代最齐全、沿海岸线最长的。它的入海口有磨刀门、虎跳门、鸡啼门、蕉门、横门、崖门、虎门、洪奇门等 8 个门，鲜明地体现了珠江与南海的江海一体的形势，即江河性与海洋性的水乳交融。特别是珠海，历史上从葡萄牙在明代占领澳门开始，就是西方文化传入中国的要道，如著名的意大利传教士利玛窦，就是从此进入国内传教并传入现代西方科技文化的。早在清代鸦片战争之前，中国近现代史上许多标志开创现代文明的"第一"人物，也都出自珠海，如中国第一位留学生和第一间培训留学生出国的甄贤学校的创办人容闳，中华民国第一任总理唐绍仪，中国第一所大学—清华大学首任校长唐国安，中共早期领导人之一苏兆征，中华全国总工会第一任委员长林伟民等等。故珠海实为中国近现代文明第一港⑦。

2003 年在阳江海底发现的一艘宋代沉船"南海一号"，是迄今水上考古

274

发现中时间最早、文物数量最多、保存最完好的古代沉船，是海上丝绸之路的重要发现，具有不亚于陆上丝绸之路文物集中地甘肃敦煌的研究开发价值，文物数量也远比敦煌多，被广东珠江文化研究会定位为"海上敦煌"，受到联合国教科文组织专家认同。此外，该会在粤桂交界的怀集、封开和贺州、梧州等县市，也发现许多可证实海上丝绸之路与陆上丝绸之路的对接通道的文物和遗址，具有极其深广的研究空间和开发价值，可促进区域、省际和国际合作。这可视为其会的第二大贡献，有力地推进了珠江海洋文化研究开发工程的进展⑧。

从前述五部理论专著看，这方面最有价值的，一是该会黄启臣主编的《广东海上丝绸之路史》，作为首部论证数千年海上丝绸之路史的专著，它以丰富的中外史料，阐述了自西汉由徐闻、合浦港出海，魏晋南北朝时从广州港起航，历隋、唐、宋、元、明、清以至民国时期2000年经久不衰的海上丝绸之路的形成、发展的历史进程，记述了同时广东对外贸易的国际航线、进出口商品结构、贸易地域、管理体制的发展，以及由此引起的海外移民、中外文化交流和广东经济的变迁状况，有力地论证了珠江文化的海洋性、重商性、开放性、包容性等特质形成的内在依据。

二是香港中国评论文化有限公司编选推出的《海上丝路文化新里程—珠江文化工程》。作为首部对包括研究开发海上丝绸之路文化在内的珠江文化工程进行全面总结和全方位论证的学术论著，它一方面以选编有代表性文章的方式，将历时十多年学术进程中的重大学术活动和成果缩影出来，另方面又将在《岭南文史》、香港《中国评论》、美国《世界日报》等报刊发表的有关论文或报道选编，藉此将这工程取得成果的质量和社会反响展现出来，起到全方位论证的学术作用和实证效果⑨。

三、为始祖哲圣定位而初显珠江文化系统

珠江理论粤军的第三大贡献，是通过全面研究珠江文化的结构系统、理论框架、学术和形象定位，为珠江文化确定了自己的始祖与圣哲。其领军人黄伟宗，有鉴于黄河文化的始祖是黄帝，长江文化的始祖是炎帝。由此才源于两帝分别是生活在这两条江河流域的华夏民族首领，两族战争后并为一族，后来才取名为中华民族的史实，有了中华民族子民是炎黄子孙的说法，而位于中国南方的珠江水域的人们，则因民族众多，均各自立，统称百越族，无共同首领，一直未有珠江文化始祖的事实，通过对广西梧州古苍梧之地关于虞舜的史料和遗迹的考察，以及对《尚书》、《山海经》、《史记》等

史书的阅读，终于在《珠江文化的始祖—舜帝》一文中，依据在开创中华民族的"三皇五帝"中，只有舜帝生前多次南来珠江祭祀、巡狩，死后又"葬于苍梧之野"；他即位才开始有"中国"之名，始开德政和乐教，将南方各族感化，将其领土统一划归中国版图，并用武力将少数不服氏族遣送北方；清政廉明，赏罚分明，初具国家行政雏型，起到统一岭南百族并使其归并中华民族的始祖作用的作为，首次称其为"珠江文化始祖"，找到了珠江这一文化系统的原始元尊^⑩。

随后，在 2001 年广东韶关南华寺举办的惠能禅学研讨会上，黄伟宗教授又在题为《珠江文化的哲圣—惠能》的论文中指出，《坛经》是中国人写的第一部自成体系的佛学经典，故可称惠能为与黄河文化的儒学哲圣孔子、长江文化的道学哲圣老子并列的珠江文化的佛学哲圣。这是因为惠能的思想，体现了珠江文化的意识和行为方式。他主张"人人心中有佛"，"獦獠身与和尚不同，佛性有何差别"，"见性是功，平等是德"，体现了中古时代南方的市民平等思想；他所撰"菩提本无树，明镜亦非台，本来无一物，何处惹尘埃"的名偈，开启了以陈白沙、湛若水为代表的南方"心学"之先声；他认为"我心自有佛，自佛是真佛，自若无佛心，何处去求佛"，反对向外求佛，反对崇拜，反对追求"西方净土"，表现了自立自强、不信神、反权威的个人意识，与后来的西方传来的个人主义和自由主义异曲同工；他主张"农禅并重"，强调自食其力，使南方禅宗在唐武宗灭佛的会昌大难中得以幸存，成为佛教主流，正是重实效的小农经济思想向商品意识过渡的体现；他的禅学及其南宗"顿悟"派，内与神秀代表的北宗"渐修"派相异，外与儒学、道家不同，但并无排斥之意；慧能还认为"本来正教无有顿渐，人性自有利钝，迷人渐修，悟人顿契"，他力行孝道，倡导修行中的辩证法，都与孔子、老子不悖，体现着珠江文化的市民性、重商性、平等性、自由性、实在性和包容性，影响最深广，故堪为珠江文化的古代哲圣。^⑪这是极有见地的。

珠江文化的近现代巨匠梁启超，早在《论中国学术思想变之大势》一文中就说过，中国传统文化"实以南北中分天下，北派之魁厥为孔子，南派之魁厥为老子，孔子之见排于南，犹于老子之见排于北也"。虽说梁启超这里所说的"北派"即黄河文化，"南派"指长江文化，尚未点明珠江文化之"魁"，但如果我们将梁启超所说的"中"理解为"中派"，再分别以孔子、老子、慧能代表北、中、南三学派之魁首，问题就可迎刃而解，就能与毛泽东称惠能是创立禅宗的圣人的说法，与西方视孔子、老子、惠能为"东方三圣人"，列入英国伦敦大不列颠博物馆里的世界十大思想家之一，与加拿大华人会馆尊奉这三位哲圣的坐像，以尊崇他们在儒学、道学、禅学的至尊地位的做法，相合一致了。

需要补充的是，黄伟宗称来自四面八方的东江、西江、北江、珠江三角洲水网等在广州交汇的珠江态势，具有包容性、开放性、辐射性、网络性的文化特质，形成珠江水系可与黄河以"龙"、长江以"凤"的形象定位相媲美的，表现为"蜘蛛网似的珍珠光芒向四方迸射的形象"和"多龙争珠"的形象⑫，以及他体味我国三条大江河的文化神韵后，用唐宋有代表性的诗句体现出来，即以李白的"黄河之水天上来，奔流到海不复回"诗句，点现黄河文化之神圣；以苏轼的"大江东去浪淘尽千古风流人物"词句，称道长江文化之气派；以"岭南第一诗人"张九龄"海上生明月，天涯共此时"的名句，来显现珠江文化的宽宏、平和、共时的气度和风度，都与十年前《新珠江文化论》将汇拢众流于一体，而又溶散于滔滔南海的珠江水系，比为扇形的临风玉树一样，具有为珠江的总体性形象定位的效果。

参考文献：

[1] [2] [3] [4] [5] [6] [7] [8] [9] [10] [11] [12] 黄伟宗. 珠江文化论 [M]. 汕头：汕头大学出版社，2003.3.

文化的昌明，有赖于物质基础的稳固，有赖于文化骨架的坚牢，有赖于理性文化的照耀。升起吧，东方红日，憧憬吧——

第二十一章　珠江文化世纪行——金塔之梦

从第一块塔底基石的安放，到最近一块塔尖巨石的定位，经历了千百万年历史风雨的剥蚀。人类积累兴建的文化金塔，不但没有坍塌残损，反而更显得巍峨雄伟，势拔山丘！它俯视寰球，四顾环宇，思接千载，神游八极，精深博大，光焰万丈，令人叹为观止！

所有关心人类的命运和真正幸福的伟大思想家，都对人类创造的文化金塔表现出由衷的赞美和热爱，并以深入其中尽享其宝为乐，就连主张以社会革命的激烈手段来推动历史进程的革命领袖也不例外。马克思盛赞古希腊艺术和史诗是有永久魅力的"一种规范和高不可及的范本"。[①] 列宁认为"只有用人类创造的全部知识财富来丰富自己的头脑，才能成为共产主义者。"[②]同理，只有赤诚热爱与积极兴建人类文化金塔的人，才是有益于人民，有益于社会的人，真正的人。

278

一、人类文化的金塔层级建构说

人类文化是一个不可分割的整体，是一个内部各子系统联系紧密的大系统，而不是一个各子系统之间互不相关、截然对立、各自为政的破裂碎块或一团散沙。实际上，它是由稳固的塔基——物质文化；厚实的塔身——综合文化；高耸的塔顶——精神文化；辉煌的塔尖——理想文化这四大部分构成的"人类文化金塔"。

自从人类步入阶级社会，产生阶级利益的对立以后，人们对人类文化的统一性由避而不谈，视而不见，讳莫如深，茫然无知到一口否定，造成了多少历史的误会，文化的偏见和惨剧：从秦始皇的焚书坑儒到董仲舒的独尊儒

① 马克思恩格斯全集［M］．北京：人民出版社，1956（2 卷）：114.

② 列宁．列宁选集（4 卷）［M］．北京：人民出版社，1972（10）：346.

术，从中世纪的愚昧到法西斯的独裁，从前苏联波格丹诺夫为代表的所谓"无产阶级文化派"的蛮横到中国文化大革命的狂热……。然而，从中国改革开放的伟大成就，从珠江文化的勃兴，从新世纪一球两制的人类社会看，人类文化金塔的建立，是爱好和平、尊重人权的全体人类共同的壮丽事业。没有一个人类生存所必需的物质文化的塔基，就不可能承托起社会综合文化区的塔身；没有一个做为人类社会基础的塔基和作为中介的塔身，就不可能建立起人类精神文化区的塔顶和塔尖；如果没有塔顶塔尖的建立，人类至今仍在黑暗中徘徊。

从塔基、塔身、塔顶和塔尖，人类文化金塔的结构，正如下图所示：

人类文化金塔

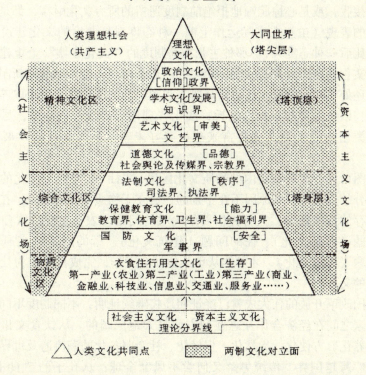

如上图所示，人类文化的金塔，建立在物质文化区的塔基层上。塔基之上是由国防文化、保健教育文化、法制文化构成的综合文化区的塔身层，再上面是由道德文化、艺术文化、学术文化、政治文化合成的精神文化区的塔尖层，最尖端是由人类理想文化构成的塔尖层。塔基、塔身、塔顶、塔尖的△形区域中间，有一条垂直的虚线，表示从认识上划分的一条两种制度文化之间存在的理论分界线。此线两边分别为社会主义文化场和资本主义文化场，△区域表示二者之间的共同点，▓状区域表示二者之间的分歧点。

长期以来，人们往往把虚拟的两种文化的理论线绝对化、凝固化，并以此作为相互排斥、相互仇视的不可逾越的鸿沟。于是便有了所谓水火不容的资产阶级文化与社会主义文化、资产阶级思想与社会主义思想、资产阶级艺术与社会主义艺术、资产阶级法律与社会主义法律……的区别。然而，人们为什么习惯于在上述的对应概念的比较中用"资产阶级"取代"资本主义"呢？这是否有意无意地将二者互相区别，承认"资本主义"有许多方面与社会主义并无本质区别，而真正有本质区别的只是"资产阶级"这一定语所特指的一小部分呢？实际上，任何一种新制度的建立都是不可能脱离前人所创造的文化基础的，不论是将前制度的一切贴上新制度的标签而心安理得的全盘接收，或是心惊胆颤地拒绝前制度遗留的所有文化财富，都是主观唯心主义的表现（虽然在实际运作上前一种态度对新制度的文化建设的贡献可能要比后一种态度大）。那种主张在前制度的"文化废墟"上重建一尘不染的新文化的企图，只是一种不切实际的热昏空想，更何况这种新制度新文化目前还处于初级阶段，还急需从脚下和周边的前文化厚土中吸取养料以利繁荣呢！以全人类的幸福为宗旨，淡化"理论分界线"的纷争，尽可能的利用人类创造的全部文化财富来建设美好未来，是人类社会发展的必由之路。

由图可见，在塔基层内的物质文化区里，"社"、"资"文化的相同点最大而分歧点最小，其原因不在于别的，恰在于物质文化的成果，在于解决人类生存的基本需要：人首先需要解决吃的问题（农业文化、饮食文化）、穿的问题（服装文化）、住的问题（建筑文化）、行的问题（交通文化）、用的问题（工业文化），才可能从事其他社会工作，完成自己作为社会一员所应尽的义务。

中国改革开放的伟大成就已经证明还将继续证明，不同制度不同意识形态的国家之间在经济合作互惠互利方面是天地广阔的。从饮食文化的角度看，营养化、方便化、天然化、保健化、社会服务化的潮流遍及世界，世界名菜固然跨越国界，传统粤菜又何尝不风靡全球？从孔子的"食不厌精，脍不厌细"，到今人的营养食谱，其内核都在解决人类的食欲及健全饮食结构。从服装文化的角度看，西装革履、华服锦衣并非为某个阶级专备，爱美遮羞的天性人所共有的。香港的时装节吸引了世界客商，争奇斗艳，竞出高招，在质优价廉物美的角逐中幅射出人类御寒遮体，展示自我的服装文化光芒。从建筑文化看，在香港建起亚洲第一高层建筑中银大厦的熊谷组，同样可以在广州建起又一座更高的 80 层大厦中天广场。中国式的苏州园林和古典建筑，也可仿建于美国供游客观赏。美宅华屋，花园别墅，并非巨贾政要独钟，珠江三角洲首先富裕起来的乡民也不乏人居。满足家居需要和社会综合需要，是人类发展建筑文化的主旨。同以固定空间满足人类需要的建筑文化不同，交通文化以人和物的空间移动来满足人类的生理需求和精神需求。

比起衣食住行来，"用"文化的外延极为广泛，凡以物质形态出现，满足现代人类家具生活必必需的用品，生产用品及办公用品，都可归入其范畴，即用品文化。其基本种类有：①生产用品。②学习办公用品。③体育文娱用品。④情结卫生用品。⑤厨具类用品。⑥家私类用品。⑦工艺装饰用品。⑧美容护肤用品。⑨家用电器用品。⑩医疗保健及性用品等等。无庸赘言，用品文化与衣食住行文化一样，是为全人类共有的普遍文化，只要有使用价值，不论它产生于哪个国度、哪个时代、哪个阶段的发明家，都同样能为全人类服务，没有必要也没有理由在其内部人为地挖掘不可逾越的制度鸿沟。

明乎此，我们就可以在第一产业（农业、渔牧业、林业）、第二产业（工业、建筑业）及第三产业（商业、金融业、科技业、信息化、交通化、服务业……）的广泛领域内加强与不同文化背景不同社会制度的国家间的合作，努力奠定人类文化金塔的物质基础（即传统术语中的经济基础），消弭分裂、战乱、经济危机的负面影响，向人类理想文化的塔尖迈进。

在塔基、塔身之上的塔尖——人类精神文化区，是传统术语所谓的意识形态领域，要否认这一区域里各种文化形态内部的多元化乃至对立化现象是不可能的。事实上，这一区域里网状面的倒金塔形本身，已暗喻出这一领域的歧见之多、裂痕之深和对立之状。问题是，是否人类文化一旦从唇齿相依、血肉相连的物质文化层进入精神文化层，就只剩下无穷的争吵和不可理喻的敌意了呢？

看来并非如此。从道德文化的层面看，有所谓人类所共同钦佩的"私德"现象，这就是勇敢、诚实、正直、慷慨、公平、勤勉、守信用、正义感、仁爱、爱情专一、言行如一、责任感、羞耻感，等等。反之，懦弱、虚伪、偏袒、吝啬、私心、懒惰、背信弃义、凶残、水性杨花、言行不一、不负责任、无耻之徒，则往往遭人唾弃。至于公德，像爱国爱民、廉洁自律、秉公执法、以身作则、舍生取义等，更堪赞赏。尤其在敌国入侵，异族统治之际，不同阶级的人们往往可以置政见分歧、艺术流派、宗教之争、学术观点于不顾，携手合作，共抗强敌。又如在人际伦理关系中，尊老爱幼，尊师敬长，相夫教子，慈母严父，亲如兄弟，全家和睦的，总胜过虐待老人，不敬师长，抛弃妻子，不养不教，手足相残，家庭倾轧的。宗教的魅力，就在于以其戒律昭示带普遍性的人类道德准则，克制人欲横流的物质社会的负面影响，净化人类心灵杂念以求得心理平衡。至于社会公正舆论及大众传媒界的压力，也来源于普遍道德对出轨独行的非道德现象的规劝企图。

　　艺术文化，比人类培养崇高道德的品德完善需要更进一层，属于满足人类的审美需要的更高层次。原始社会的初级艺术属人类共有，已不成疑问。阶级社会的文学艺术分为带人民性的精华和反人民性的糟粕，也由来已久。应该说，真正的艺术精品从来都是人民大众所共享的艺术财富。从古希腊的史诗到歌德的《浮士德》，从屈原的《离骚》到曹雪芹的《红楼梦》；从汤显祖的《牡丹亭》到布莱希特的《四川好人》；从维纳斯的雕像到天坛的回音壁；从《魂断蓝桥》到《小船》；从《蒙娜丽莎》到《英雄交响曲》；从《兰亭序》到《天鹅湖》，无不给人以美的启迪和美的享受。正是从这些音乐、美术、建筑、雕塑、文学、舞蹈、电影、电视、戏剧、书法的不同形式显示的审美对象身上，人类在自我娱乐的同时促成了审美认识的进步，产生或可能产生出"按照美的规律去建造"的愿望与冲动。从真正的艺术所唤醒的人类良知和使人获得怡神励志养性陶情的审美享受看，其所具有的人类文化共性应占主导地位。

　　学术文化，满足的是人类的个性发展需要，是全社会所有文化领域的理论概括。行行出状元，如果这个"状元"指的不仅是该行业有丰富实践经验、熟练技能和杰出贡献的行家里手，而且包括了将该行业的特殊实践上升到理论高度，并创造了学术成果的学科带头人，那确是如此。有幸的是，在任何一个经济较发达、文化较昌明的国家，都会自我标榜为"学术自由"的国家，给予它比艺术的"创作自由"（这也是非常重要的文化创造条件）更能自由翱翔的广阔空间，这实在是万分重要的。人类至今仍在享用战国时期的"百家争鸣"留下的丰富的学术成果，津津乐道不已，怎能设想用"大一统"的铁框箍死人类活泼灵动的思维翅膀?! 任何宣称发现了终极真理的呓语不是无知就是谎言。各行各业——从物质文化、综合文化直到精神文化——的理论探讨都可进入知识界的学术领域，各行各业的学术成果集大成者都是人类共同精神文化财富的创造者和一代精英。人类社会对于学术自由的宽容是一种最明智的选择。保剑锋刃磨砺出。不同学术观点的争辩，只能是真理越辩越明。不因人数多少，不因权势大小而变形走样的真理之剑，是学术文化界人士梦寐以求、克"敌"制胜的法宝。无庸讳言，一些政治家对学术争鸣的宽容，只是因为它影响范围小，不及艺术文化的普遍性和煽情力。但是随着人类整体文化素质的提高，学术成果将会更快更容易地转化为社会实践及其成果，成为每个寻求"人的全面发展"者不可或缺的高级精神需求。

政治文化，所满足的是人类的行政管理需要。把它置于人类文化金塔的顶层上端，是根据它的社会管理职能的实际情况而定，并不意味着它有天生的最高权威、最高智慧和任意摆布其他文化的特权。它本身正是学术文化研讨的和评价的对象。正如经济基础决定上层建筑的传统理论所揭示的那样，政治文化归根结底是由作为基础的物质文化，作为中介的综合文化所决定的，与本系统精神文化相一致和谐的。开明的政治文化，对人类物质文化、综合文化、精神文化的繁荣抱积极、宽容的态度，以解放全人类为己任。只有保守和反动的政治文化，才会抑制人类物质文化、综合文化的发展，把进步的精神文化当作维护专制统治的敌人而加以剿灭。其结果是，开明的政治文化名垂青史，彪炳史册，造福人类；反动的政治文化臭名远扬，灰飞烟灭。

处于人类物质文化区与精神文化区之间的塔身层，是所谓经济基础与上层建筑的中介部分——综合文化区的广阔领域。它的人类文化共同性要少于物质文化区，却远比精神文化区的要多——远超过一般持文化对立观点人士的现象。事实上，如果没有人类综合文化区的存在和中介作用，纷繁复杂的精神文化和稳定和谐的物质文化之间就无法沟通和相互作用，不论是所谓下层对上层的决定作用或是上层对下层的反作用。

国防文化，是人类基于安全需要所建立起来的全民性的文化。它是一个拥有固定的疆域、成熟的民族、经济的实力、共同的文化和坚固的国防意识的国家所建立起来的防御体系。当它背离了自己的这一原旨，走上侵略扩张、凌辱异国他族之路时，不论自身如何强大，战果如何辉煌，迟早都会受到历史的惩罚，在外部和内部的合力下裂变。国防文化有自己令出山倒、绝对服从的指挥系统，因而一些手握重要兵权者往往凭此搞军事政变、执掌国柄。然而，历史已多次证明，企图用军事管制手段来治国理政往往只能奏一时之效，而绝难长治久安。机械僵硬的军事化指挥难以运转复杂的国家机器，只会重蹈"一刀切"道德覆辙。中国"党指挥枪"的原则和世界的"军人不干政"准则，都是为了防止只应在非常时期出现的"国防压倒一切"的弊端。改革开放以来，中国进行了百万大裁军，倡导军队为国家经济建设保驾护航，传统的国防工业也根据全国中心工作转移向民用方向发展，展示了社会主义国防文化的人民性。

保健教育文化，即教育文化、体育文化、卫生文化、环境保护文化、社会福利文化的总和。其目的是创造良好的社会环境，培养有健全智力和健康身体的人。保健教育文化的核心是教育。十年树木，百年树人，教育是立国之本。各行各业的人才都有赖于教育事业的培养。只有受过良好教育的人，才能任教、行医、保护人类的生态环境和热心公益事业，才能成为具有高度智慧的人类文化的创造者和监护者。教育文化是人类社会赖以延续和发展的重要事业，是一个包括了幼儿园、小学、中学、大学、研究生培养和继续教育，包括了职业中学、技校、专科院校、科研机构的庞大而完整的文化系统。其基本方针是培养德、智、体、美全面发展的能适应和建设现代文明的人。曾有过把教育当做生产力的观点和强调阶级性第一的观点，但只有当教育事业培养出来的千百万受教者主动地成为合格的各类生产者之后，上述观点才能有限度的成为正确的观点，否则，人们便难以解释资本主义的教育会产生共产主义之父和诺贝尔，社会主义教育的大学生会留学西方国家或取得科研成果或定居海外的事实。只有用人类创造的共同文化知识财富去充实教育对象，才可能培养出为人类的物质文化、综合文化和精神文化作出贡献，为全人类的解放创造条件的合格人才。

法制文化，受物质文化及政治文化所制约，由司法界和广义的执法界（即包括由经济行政管理职能，有社会治安职能的机构和人员）所组成。其目的是满足人们对良好社会秩序的需要。法制文化是人类的共同文化财富，是人们在妥善协调相互间的厉害关系，惩处和救治违法乱纪，扰乱社会正常秩序者的长期法律实践中形成的规范和准则，不同于只是在一定时期一定范围内体现了统治阶级意志的"法"。而且，即使是这样的"法"，也不能将其完全当作与人类共同利益和文化建设毫无关系的怪胎。须知：即使在封建社会，也有"王子犯法，与庶民同罪"的条律；即使在西方国家，也不乏总统违法，遭到弹劾免职的例子。法制文化之所以能流传，发育于不同社会制度的国家，正是它那始终磨灭不去的民主精神和保护人类共同文化免遭毁灭的公正立场。

总之，包括国防文化、保健教育文化、法制文化在内的综合文化，是既有物质文化形态（①陆、海、空三军及国防设施。②学校、医院、体育设施，社会福利保险机构。③监狱、警察、法院等），又有意识形态（国防意识、教育意识、法制意识等）的中介文化。它不可能像物质文化区那样直接创造物质财富而免受精神文化区的烦扰；它为物质文化的繁荣提供保护，补充人力和维持良好秩序；它的基础设施的完备和现代化有赖于物质文化的发展水平，它的意识形态直接受精神文化区尤其是政治文化的指导；它是物质文化经济基础决定精神文化上层建筑，以及精神文化反作用于物质文化（无论是通过道德的观点、艺术的观点、学术的观点还是政治的指令）的中介渠道，可谓文化大系统承上启下的骨架。

人类文化的金塔由塔基、塔身和塔顶，构成了一个以人类共同文化为核心和支柱的完整系统。只要每个人都不要忘记自己作为人类社会的一员，对尊重、爱护与建设好人类共同文化的神圣职责，而不是将依附于人类文化金塔上非共同文化的砂浆甚至尘垢当作比塔本身更重要的至宝的话，那么，人类将受益无穷，未来将更加美好。

要充分认识人类文化金塔的统一性以及对人类前途的决定意义，仅仅站在塔内或游离于塔外还是不可能达到的，只有站在人类理想文化的高度，从人类文化金塔的尖端俯察世界，展望天宇，才可能豁然开朗、气通神清、抒情畅意，从棉絮团团的云端上眺望见那射自云隙的万道金光……

二、东西方文化系统的"塔尖论"

耸立于人类文化金塔尖端的，是代表了人类最高理想文化的塔尖层。它描绘的人类理想社会虽然还不是现实的存在，不免显得虚无缥缈，可望而不可及，但却是或沉湎于物欲享受，或挣扎于精神痛苦的人类世界上空的一缕阳光。没有它的智慧光芒和思想温暖，人类社会的文化建设将会像失去指南的客轮，在冰冷黑暗的海洋上盲目远航。

让我们分别从东方文化系统西方文化系统的角度，去回顾历代哲人有关人类理想文化的"塔尖论"，从中获得丰富的启示和精神力量吧。

在西方文化系统中，古希腊的客观唯心主义哲学家，大哲学家亚里士多德的老师柏拉图（前427—前347），是最早提出要建立由奴隶主贵族统治的"理想国"的。在他的所谓理想国里，有任人奴役的奴隶和享受自由的公民。公民又分三个等级，即从事生产劳动的工匠农夫，保卫国家的勇敢武士和有高度智慧，统治一切的"哲学王"。在后两个等级中，实行严格的教育、共同的私有制和公妻制，以加强其统治的力量。

著有《关于最完美的国家制度和乌托邦新岛的既有益又有趣的金书》的英国作者托马斯·莫尔（1478—1535），在其书中设想了一个废除私有制，实行公有制，以农业和手工业为经济基础，人人平等，个个劳动，计划生产，统一分配，普及教育，却仍然保留奴隶的虚构的社会组织——乌托邦，以此表示出早期无产阶级和空想共产主义者对资本原始积累时期的血腥剥削的义愤及其对未来理想社会的构想。受其影响的法国作家左拉（1840—1902），以长篇小说《四福音书》继续发挥着这一影响深远的乌托邦主义的改良思想。

意大利文艺复兴时期的空想共产主义者康帕内拉（1568—1639），以《太阳城》为书名描绘了一个不存在奴隶制的理想社会。在这个阳光普照，一切公有的"太阳城"里，由布道的僧侣和聪明博学的知识分子来统治，人人每天工作4小时，劳动强度小，产品按需分配，儿童受到良好教育，人们重视科学和占星术。

　　法国启蒙思想家、哲学家、文学家让·雅克·卢梭（1712—1778）把寻找人类"理想王国"的目光投向自然状态下的原始社会，主张人们冲破现存的"社会契约"，恢复自然状态下的自由，建立由最聪明的少数人实行资产阶级统治，充分体现"共同意志"的"理性王国"，并在这一国度里，对儿童施行自由发展身心回归自然的教育。

　　圣西门（1760—1825）不赞同卢梭把"回归自然"当作人类的理想社会的观点，这位法国的著名空想社会主义者猛烈抨击充满罪恶好灾难的资本主义社会，憧憬着一个不消灭私有制，不通过暴力革命，不受压迫和剥削，通过由知识分子和实业家领导的社会运动和科学、教育、道德、家教进步来实现的人类理想社会和黄金时代的到来。

　　比圣西门更为激进的法国又一位空想社会主义者夏尔·傅立叶（1772—1837），主张以类似圣西门的宣传和教育手段来建立一种以"法伦斯泰尔"为其基层组织的理想社会。他揭示了资本主义社会的个人与全体的利益对立关系，主张在其空想的社会主义社会中保持个人利益与全体利益的一致，实现妇女解放和对儿童的科学、劳动教育。

　　德国的伟大思想家、世界革命的领袖马克思（1818—1883）是西方理想文化系统的集大成者。他批判了柏拉图式的把分工绝对化，实行奴隶主精英统治的"理想国"，吸收了包括圣西门、傅立叶在内的法国空想社会主义理想的精华，形成了纲领明确，切实可行的以建立人类理想社会为最终目的的马克思主义。在他所设想的社会主义高级阶段——共产主义社会中，人们各尽所能，按需分配，全面发展，充分地享有人类创造的一切共同财富。

　　让我们再把目光转向东方，转向不善于撰写辉煌巨著，却喜欢以简短语句表达精辟见解的东方民族的先哲的理想文化学说。

　　孔子（前551—前479），是被两千余年的封建文化奉为正统的儒家学说的创始人，他主张仁政，反对苛政，提出"不患寡而患不均"的论点，主张克己复礼，实行以周朝为楷模的奴隶制的贵族统治；提倡有教无类，因材施教，学而不厌，诲人不倦并身体力行。主张独尊儒术的西汉经学家董仲舒（前179—前104）根据"黑、白、赤三统"循环的历史观，将孔子删修过的编年史《春秋》分十二世为三等，即所谓"有见、有闻、有传闻"。东汉经学家何休（129—182）在为《春秋公羊传》解诂时进一步发挥为"三世说"：①来自传闻的、年代久远的，偏安一隅的"据乱世"。②消息可靠的、不久以前的、全国安定的"升平世"。③亲眼可见的，现实的天下太平的"太平世"。清末维新派领袖康有为据此说连同《礼记·礼运》的大同思想，糅合西方进化论、空想社会主义和资产阶级民主思想，写成 10 卷《大同书》，主张效仿西方，由据乱世进为升平世（小康之道），再进为太平世（大同之道）。实现儒家宣扬的"大道之行也，天下为公"的理想社会，一个"使老有所终，壮有所用，幼有所长，矜寡孤独废疾者皆有所养。""货恶其弃于地也，不必藏于己；力恶其不出于身也，不必为己"的大同社会。

古印度的佛教文化也将世界分为三种，即所谓食欲和淫欲特盛的众生世界——欲界；脱离粗欲而只享受精妙境象的众生世界——色界；脱离物质享受只有精神永存于心的众生世界——无色界。中国的禅宗主张不立文字，教外别传，自指人心，见性成佛，这大概是佛教信徒到达西方极乐世界的最佳捷径。

西汉思想家刘安（前 179—前 122）在其主持编撰的《淮南子》一书中对"其人好让不争"的东方"君子国"作了记述。东晋文学家陶潜（365—427）写了《桃花源记》，梦想在世界上找一块与世无争，人民安居乐业的"世外桃源"。

太平天国的革命领袖洪秀全，深受中国大同理想和西方基督教平等思想的影响，以《原道救世歌》等革命文献奠定了"天下一家，共享太平"的天国理论基础。他在建都天京后颁布了《天朝田亩制度》，确定了"凡天下田，天下人共耕"的原则，为建立平均主义的理想王国而奋斗。

伟大的中国革命先行者孙中山，也深受中国传统文化的大同理想影响，他借用《礼记·礼运》的"天下为公"作为对"民权主义"的解释，认为政权应该属于一般平民所共有；加上平均地权、节制资本的民生主义，主张民族解放，民族平等的民族主义，提出了建立理想的民主国家的完整纲领。

从儒家的"三世说"到佛家的"三世说"，从刘安的"君子国"到陶潜的"桃花源"，从《礼记》的"天下为公"到洪秀全的"太平天国"，从康有为的《大同书》到孙中山的"三民主义"，从一大二公的"人民公社"到史无前例的"无产阶级文化大革命"，东方人表现了对理想社会追求的多少热忱和期望！尽管其受挫的原因各有不同，其文化背景和历史局限也不可同日而语，但都从各自的角度中予人启示，使历史发展方向的座标明晰化。

站在人类历史发展的至高点看，难道不正是这样吗？与其百般嘲笑和挖苦前人对人类共同理想文化丽景的描绘的漏洞和荒谬，倒不如在弃其谬说的同时更积极地挖掘其合理的内核，以寻求人类对未来理想文化的共识。与其以事后诸葛亮的高明，指责前人向人类共同理想文化迈进时的愚蠢而裹足不前，倒不如在吸取教训的同时，更勇敢地探索新的前进道路。与其哀叹人类至今没有找到一种在世界范围内受到普遍赞赏和一致共建的理想文化，而产生对包括大同社会、极乐世界、天堂净土、共产主义的怀疑绝望，倒不如更努力地为人类共享的物质文化、综合文化、精神文化的大繁荣做出应有的贡献，从而缩短人类到达理想境界的历史进程，更豁达勇敢地前瞻人类理想社会的美好未来。

深而察之，从柏拉图对公民第三等级提出的"节制"，到孙中山民生主义的"节制资本"，再到国内今年开始实行的累进式个人所得税，有无内在联系？康有为幻想的东方式"无邦国，无帝王，人人平等，天下为公"的大同社会与欧洲的西方式共产主义有无共同点？他的"小康社会"（以西方发达国家为参照系）为什么至今还是中国近50年内的目标？因操之过急跨越了历史发展阶段而休克的"人民公社"，能否为未来的政企分开的大型联合企业集团提供某种历史借鉴？文化大革命猛扫一切人类共同文化成果的偏执狂热和后果，能否为我们今天顺应以和平与发展为两大主题的世界潮流，实行一球两制，积极建设关系人类共同幸福的文化事业提供有益警示？从柏拉图、莫尔、康帕内拉、卢梭、圣西门到孔子等思想家对教育的重视以及柏拉图等关于理想社会应由最有智慧的知识分子来治理的见解，能否对我们今天重视教育，补发教师欠薪，尊重知识，尊重人才，实行公务员制有所启发？

如果答案是肯定无疑的，那人们应该感到庆幸：先哲们呕心沥血，甚至奉献生命所创造的理想文化和所走过的奔向理想社会的曲折道路，没有被后人轻蔑的鄙视。他们用著述和实践创造和留下的宝贵文化遗产及丰富启示，已被人们供奉于人类文化金塔的"塔尖层"，永远以其智慧和人道主义的光芒，照耀金塔，鼓舞人心，指点迷津。

三、珠江文化的"金塔"建构梦

珠江文化的建设，在进入开放更新期，走向新世纪和平发展之路以后，应如何以人类文化金塔的理论去设计规划蓝图？她的繁茂沃土，能否如愿地培植起新文化的参天巨树，为中国梦的中华文化森林壮容增色？她应该选择哪座名城作为文化发展的中心基地才最有利？这都是我们在探讨珠江文化时所不可回避的严肃论题。

应该承认，新珠江文化的建设，是检验"人类文化金塔"论的最好试金石。从"塔基"的建设看，粤港澳的经济合作已经取得了"一国两制"条件下物质文化繁荣的伟大成果：溯珠江而上，隔海峡相望，以珠江三角洲大都会带为核心的改革开放新文化，遍地开花结果。在今后一个相当长的历史阶段内，将紧紧抓住物质文化建设这一中心工作不放，为造福全人类的塔基文化添砖垒石，实现广东"追龙升康"的宏伟目标和海南经济大特区、广西壮族自治区各自的经济发展目标。从"塔身"的建设看，随着"九七"之后香港、澳门主权的相继收回，珠江流域综合文化的格局将发生深刻的变化，更有成效地成为本地区物质文化与精神文化联系的中介。从"塔尖"的建设看，自改革开放以来两种制度间的精神文化的交流将继续进行，在一脉相承的中华民族文化传统基础上进一步扩大共识和合作领域已势在必然。经济的合作与繁荣有利于文化的兼容和发展，文化的多元与整合有利于经济的活跃与舞飞。

从"塔尖"的检修和维护看，珠江近代文化孕育的 3 位伟人——洪秀全、康有为和孙中山，以其大无畏的变革精神和对"天下为公"的大同理想的毕生追索，给包括珠江民众在内的炎黄子孙以丰富的启示和巨大的鼓舞。珠江文化的杰出代表和无数英烈有史以来尤其是近一个半世纪以来对人类理想社会的求索、奉献和牺牲，将成为珠江民众建设更高更新的伟大文化事业的无穷力量的源泉。

可以想见，只要珠江文化的建设者们能明确自己的历史使命，能牢记世界和平与发展的两大主题，坚持以体现人类根本利益的物质文化建设为中心，积极发挥综合文化的协调中介作用，以社会主义核心价格观为向心力，促进社会主义精神文化大繁荣，新珠江文化的勃兴及对中华民族的贡献就一定是必然的。

要达到新珠江文化大繁荣的宏伟目标，需要人们明智地选定广州作为珠江文化发展的中心基地，并采取一系列高瞻远瞩的伟大战略措施。

为什么要选择华南重镇、世界文化名城大广州，而不是国际大都市香港，或者其他省会、首府、特区大城市作为泛珠江区域的文化发展的中心基地呢？它对珠江文化的世纪行——金塔之梦——究竟能起到什么样的积极作用？

众所周知，有史以来广州就是珠江流域乃至华南地区最大的商业中心和海外贸易口岸，甚至一度成为全国惟一开放的口岸粤海关的所在地。它总汇西、北、东三江水系，以入海八门和南海连贯南江水系的独特地理优势、曾经一统岭南和领导中南地区的政治优势，尤其是历史名胜众多和在近现代中国历史上曾作为革命策源地的文化优势，是华南地区任何一个城市无法比肩的。当然，近40年来她已在物质文化上落后于140年前还是一个小渔村的香港。但是，广州的固有优势并没有因为香港的崛起而丧失殆尽。

如果说，处在两种制度文化的交接点的香港，能够在资源缺乏的条件下，不失机遇地利用人类文化的共同财富繁荣致富，在40年时间内缩短了数千年来与广州之间存在的巨大差距；那么，在改革开放的有利条件下，资源充裕的敢于揭开绳索大步迅跑的广州，就一定能在不久的将来填平与香港间存在的鸿沟，在全国率先进入小康。当然，从人类文化金塔的观点和珠江文化繁荣的整体利益看，广州重振雄风并不意味着要牺牲香港、削弱香港或取代香港。香港的存在本身对广州有利，对珠江文化繁荣有利，对中国有利，对世界有利。在我们将广州与香港进行全面比较以论证前者应起的中心作用的时候，始终持一种穗港提携、公平竞争、紧密合作、扬长避短、共创繁荣、利益一致的中华民族立场和大珠江文化立场，这是应予明确的。广州在与香港的经济竞赛和合作中应成为经济巨人肩上的文化体操王子，而不会去充当摔倒同伴称王称霸的莽汉。

在衣食住行用的大文化范围内，广州市1993年国内生产总值达710亿元，人均国内生产总值1.149万元，人均劳动生产率2.8万多元，两项指标均居全国各大城市之首，至今未变，形成了消费市场为主，生产资料、房地产、劳务、技术、信息咨询市场相配套的一定规模的市场体系。广州是全国久负盛名的商业文化中心，素享"食在广州"之美誉。在全国高层建筑的实力竞赛中，广州已3次夺魁（63层国际大厦是中国当时的最高建筑）。目前建好了亚洲一度最高的80层中天广场。广州拥有5座五星级酒店，居全国各大城市之首。旅游文化资源丰富，是中国首批历史文化名城之一。交通便利，陆海空四通八达……在物质文化的领域内与国际国内有着广泛的合作与传统友谊。

在综合文化区域内，广州至今仍是珠江军事文化的指挥中心，在国防建设中担负着保卫祖国南大门的重任（"九七"后已包括香港）。在文教保健方面，广州是珠江地区大专院校最为密集的高级人才培训基地，1993年全市在校大专学生2.98万人，研究生3865人。暨南大学等多年来为港澳地区培养了大批人才，中山医科大学及附属医院等医疗单位代表了珠江卫生文化的新水平。天河体育中心与奥林匹克体育中心的兴建，世界女足赛在此举行以及七届全运会广东在此取得团体总分第一名的实绩，有目共睹。在法制建设方面，广州一方面实行全国统一的各项法规法律，一方面根据实际自定地方法规，参考采用英式法制文化的香港法律服务经验，在办好国家律师事务所的同时扶持集体、自办的律师所，让香港、外市的名律师所来穗设办事处，维护地方经济发展的良好秩序。

如果说，广州与香港相比，在物质文化方面还大多是一种潜在的优势，有待日后的充分发挥才能证明，在综合文化方面的优势也不十分突出的话；那么，广州在精神文化区方面的优势还是可观的。

从道德文化的范围看，广州提倡"稻穗鲜花献人民"的广州人精神，以"团结、友爱、求实、进取"为市风，为全国卫生城市和拥军模范城市，社会秩序较好。在道德观方面与社会主义祖国完全一致，同时对有贡献于公益事业的港人授予"荣誉市民"的光荣称号。在宗教文化方面，广州道教、佛教、基督教、天主教、伊斯兰教共存，是宗教文化胜地。综而观之，广州的文化氛围更适应新珠江道德文化的培育，其道德准则比起香港来更易为国内大多数人所认同，是传播高尚道德文化的理想中心。

从艺术文化的范围看，广州地属省会，人文荟萃，其文艺创作队伍的素质和数量均胜于香港。广州美术学院是饮誉画坛的岭南画派的人才基地，星海音乐学院师资力量雄厚，与华南文艺成人学院、粤剧学校、广播电视学校等培养了大批艺术人才。省市话剧院、粤剧学校、歌舞剧院等专业文艺团体、省市电视台、音像出版机构、珠影公司等大众艺术传播媒体均对岭南艺术精华的弘扬和社会主义的艺术文化作出了贡献，在保持民族优秀文化传统和岭南艺术特色上比香港更胜一筹。

从学术文化的范围看，广州有省市社会科学院、中国科学院广州分院和数十家高等院校、文艺团体、党政机关设立的专门研究所等数量可观的科研单位，有上百个专业学会，在形成具有新珠江文化特色的学术氛围和学术成果方面具有比香港更强的优势，和国内外学术科研机构也有着更广泛的密切联系。

从政治文化的范围看，作为全国综合改革试验区广东的省会，广州同时又是全国改革综合配套试点城市和珠江三角洲的行政中心，富于珠江地区的行政管理经验和拥有通晓内地行政管理的行政人员。这又是香港所欠缺的。

当然，香港在精神文化领域也并非绝对劣势，全无优点。在道德文化方面它更易与海外国家沟通；在艺术文化方面它更有国际市场经验，有更强大的生产基地和适应亚太粤语地区需要的长期稳定的消费市场，有更熟悉现代艺术生产流程的高级管理人才和一批明星；在政治文化方面，有成熟的公务员制度，等等。结合香港在金融业、信息业、外贸业、房地产业、交通业方面的综合优势，广州更不能大摆"省港"旧结构的"老大"架子，而应该充分利用香港的金融实力、信息网络、外贸渠道、房地产经验、法律经验、交通工具、人才优势来加强自身的"文化中心"地位，在相互学习，广泛合作，同步发展的基础上对新珠江文化的大繁荣作伟大贡献。

同时，在确认了广州所可能和应该起到的文化中心的历史作用之后，绝不应忘记新珠江文化的建设是一个伟大的系统工程，只有"中心"的作用，而没有珠江三角洲的配合，没有粤、桂、琼、港、澳和泛珠江区域的全面合作和共同繁荣，也是不成的。

近年来，广州已经在诸多专家详加论证的基础上，对如何建成现代化国际大都市的问题作了跨世纪的抉择并在培育广州人都市意识，建设国际大都市的文化发展战略，建立高效规范的现代化市场网络，力争成为华南金融、贸易、科技、交通、信息、文化中心等一系列重大战略问题作了部署，这无疑是新珠江文化大繁荣的福音。若能如愿实现，则"珠江大都市带"则应易名为与大上海齐名媲美的大广州都市带。它的繁荣兴旺，将为亚太经济的发展增添沸腾的活力。

不言而喻，与集全国文化精英的大北京相比，与科技力量和工业实力雄厚的大上海相比，作为全国商业文化中心的"大广州"的崛起还是一个美丽的春梦。同样，在左右中国政局的黄河文化母亲面前，在生产总值占全国的40%并正在飞速增长的长江文化大哥面前，珠江文化还只是一位刚刚长成的葱俊然而尚显单薄瘦削的少女，其左（广州）右（香港）心室的整合及强大心脏的跳动，还有待医术精湛的国手妙治和珠江流域人民大文化意识的确立。

尽管如此，在2013年中国进出口总值首破四万亿美元，超过美国成为全球第一货物贸易大国，泛珠江龙头广东省，作为中国首个万亿美元区域经济体横空出世，超过港台新加坡，直逼韩国，正面临着专家研判的珠三角地区产业向外围地区转移的"转移促升级"，以及高素质劳动力向非农产业和珠三角地区转移的"转移促转向"，合称"双转移"的严峻挑战之际，作为珠江文化发展的策源地与中心地的广州，所担负的历史重责，自然是艰巨而光荣的。

总而言之，在中国近代史上曾显赫一时的珠江文化的新纪元，是可望而漫长的世纪远行，但它绝非是空幻虚妄的。

看——

一条桅杆，新珠江文化巨轮的高高挺立的桅杆，已经在太平洋西岸的南海波涛间浮现了。让我们高举起双臂，为这般巨轮的疾驶而来尽情欢呼吧！

在人类经历了千万年的艰辛磨难，努力建立起来的雄伟壮丽的文化金塔的尖端，分明已经镀上了一层东方旭日的金辉，一朵朵玫瑰色的祥云正漂浮其上，似乎在祈愿着人类理想社会的早日到来。

跋

一

在写完了一步关于地域文化的书后，脑海里似乎浮现起一幅活生生的中华地域文化图，它是那么的鲜明而难忘⋯⋯

河南籍的生身母亲，用陶冶她的黄河文化的浑厚良善浇铸了我的气质；安徽籍的严厉父亲，用生养他的长江文化的深邃绵长硬朗了我的骨质；但从出生地、成长史和文化观看，我都似乎更应该属于并报答哺育我成人的神秘雄奇的珠江文化。

293

也许，乍看起来，这一番表白似乎很无谓。因为无论是黄河文化、长江文化，或是珠江文化，从总体来看，都是中华文化的一个组成部分；作为一个现代的中国人，不可能在闭塞的状态下存在，只接受某一领域文化的熏陶，而绝对不受另一流域文化的影响。然而，如果在一本只是着重阐析某一流域文化的背景、现状、伟大贡献的书中，著者在承认各流域文化的民族统一性的同时，借此缅怀一下自己与祖籍文化的亲缘关系和所受影响，还是别有一层深意的。事实上，若果有学者读完此书后，能在更高的意义上分别写出有关黄河文化、长江文化以及从总体上把握中华大地各流域文化的大著，我的由衷感佩将是难以言表的。因为不论从任何意义上说，神州大地的舞台上，都不可能只由某一种流域文化唱独角戏，哪怕历史赋予了她多伟大的机遇和天赋。有鉴于此，在一本并非要对三江以至东南西北中五江流域文化作全面阐述和专门比较的著作里，申诉一下我对构成中华文化整体美的各流域文化天然的亲切感和绝无抑此扬彼之意的崇敬感，还是很有必要的。

当然，我最是深切地眷恋着珠江流域那一方热土和文化。

遥忆 20 世纪 50 年代初春的一天，我降生于中国历史文化古城桂林。绿如碧玉的一江漓水，曾聆听了我孩提时的第一声稚嫩的啼哭。70 年代初，她又在缓缓流过的叠彩山脚，用母亲的宽广胸怀和柔情双手，抚慰了一颗被文化大革命的沉重石磨过早碾得粉碎的童心。正是在那样的非常时期和荒谬年代，我在王城的石墙内外如饥似渴地吸吮着珠江母亲的知识乳汁，拓宽了我那一向狭窄的文化视野。

在此之前，我曾参加了母校南宁二中一支平均年龄不足 14 岁的 10 人徒步长征队，以革命前辈为楷模，于 1966 年的十月革命纪念日，背起近 30 斤重的背包，负起沉甸甸的历史职责，开始了跨山越岭的漫漫征途；从毛主席冬泳过的青绿邕江畔，到他老人家视察过的浑浊黄河边，3 个月 4000 里路风餐露宿，冰霜雨雪，一无反顾。要不是翌年停止串联的通令迫使我们登车赴京，圆那瞻仰革命圣地的美梦，也许吾辈真的要演一场"不到长城非好汉"的悲壮史剧呢。啊！昆仑雄关，界首渡口，韶山油灯，靖宇旧居……，在一群足蹬解放牌胶鞋踏雪而去的热血少男眼中，早化为民族形象的英雄史诗。正一正蒸腾着汗气的五星帽，坚忍的毅力挤破了脚板的水泡。环视大野：珠江流域的丘陵荆棘，长江流域的莽原苍松，黄河流域的平原衰草，已烙入了记忆的年轮。

多少事，从来急。天地转，光阴迫。统帅一声号令，百万知青下乡。作为老三届插友年龄最小的一群，我们有幸在中越边境的黑水河畔落户扎根，修理地球。寒来暑往，春耘秋耕，在布满石礁的烂泥田间广种薄收，笃信那"一块石头三分油"的壮民古训，体验那用近乎原始的农耕方法收获微薄果实的辛酸欣喜；在没膝深的烂泥田里耙田，任粘泥的牛尾甩一脸泥浆污水；在金边大蚂蝗游弋的泥田里挑禾，任锋利的稻茬在腿上划出道道血痕；在陡峭的山林石径间挥斧，任五尺树棍百斤湿柴在双肩上压出一片红肿。劳其筋骨，饿其体肤，磨其意志……，沿袭已久的、严酷贫困的传统生存方式，如巨盆冷水泼来，冰寒彻骨，清醒了多少曾被现代城市文明娇惯了十几年，又被狂热的政治口号冲昏了头脑的一代幼稚青年。

知青运动，是力图减轻动荡都市的政治压力，增强贫困农村的经济活力的现代大移民；是以滞后的农业文化的承载者，作为先进的工业文化的后备军的启蒙导师的逆文化辐射现象；从珠江流域文化的视野看，是年轻激进的汉民族文化与古老纯朴的百越文化的奇妙融合。

就这样，年夏一年，在挣了不少日值 5 毫的标兵公分，当了年余农科组长之后，我又被社员们推荐为民办教师，指挥起村小复式班的童声大合唱来。怎么也想不到，我这个仅读完初一就被推上讲台的老师，竟将学生从初小教到高小毕业，充当起汉壮民族文化交流的小小使者！真不知是幸还是不幸？福兮祸所伏，祸兮福所倚。也许世上本来就无所谓绝对的福与祸，全凭论者的视点而定吧？这个命运的谜团，直到我这个当时父亲还是"监护对象"的"走资派"的"可以教育好的子女"，凭答完高中文科考题的合格分数，在开学前夕才接到大学通知书的那一刻，也没能解开。

深深难忘的，却是那一段刻骨铭心的田原躬耕和教书生活：在那壮民干栏式的破板房里，与壮民情如一家的享用素菜淡饭；那亲人相称，推心置腹，身教手帮的艰难日子；那在用小树自制的床、桌和窗边，劳作疲倦之余曾做过的淡淡清梦；那大学毕业又"社来社去"，为建校挑砖挑瓦所走过的弯弯田埂；那泥糊篱笆墙的教室里，就墨水瓶油灯萤光攻读的学生们的幢幢身影；那在兵荒马乱年代，久已衰败寂灭的山庄外的荒野草丛中，为开拓校办农场的辛勤垦殖；那饮着家酿的涩口甘凉的蔗渣酒，噙含热泪劝告弃学者返校重读的醉语滔滔；那课堂上声色俱厉，土话夹杂，盼铁成钢的愤言豪情……，都似乎永远与那空灵青秀的座座石山，与那奔腾不息东流而去的黑水河和翠竹密林，清晰地映入了当事人的心屏。

三起三落，对我来说，似乎只是一种师生角色的艰巨而又有趣的转换；当工农兵大学生的毕业文凭，重新受到历史的公正审视和严格检验时，我不得不临时放弃了学好数理化、弥补知识结构缺陷、以利全面辅导学生高考的自修计划，又投入了新时期考场上于己简直可说是得不偿失屡败屡战的应试。终于，在遨游书海、殚精竭虑地通过答辩后，我获得了华南师大现代文学的硕士文凭。但在当时，肯择此下策的，身边的昔日大、中学校同级同窗中，竟无一人！

吾既生于斯世，何戚戚而空嗟！30 年广西，30 年广东，一甲子过去，举目望寰宇，弹指一挥间。

忆往昔云游珠江上下，多凄清而壮阔：投亲靠友，谋生撰文，求学应考，赴会赏景；或乘筏过江，挑谷入库；或携友跋涉，寻幽探险；或舟车劳顿，长住小憩；上溯云贵高原乐业界河潺潺之溪流，下枕浩瀚南海电白滩头暖暖之碧波；挥汗濯足于桂西左、右江之绿水，笑语驰车过粤东汕头韩江之河面；信步北探灵渠湘漓分派之奥秘，渡轮南蹈港澳风雨飘摇之海涛……，批阅数十载，搔首费思量，于博大精深奥妙无穷之珠江文化，到底蠡测几许？又能贡献几分？

人生有涯而知无涯，蚁力负石思赧然。谨以此书作为新起点，
把它，献给所有热爱珠江文化的人们！

二

以上于农历甲戌年惊蛰写于"桂海庐"蜗居的心得，原为《新珠江文化论》的《后记》。孰料想 20 年后，它会以《跋》的形式，见证国内第一部珠江文化专著再度出版的艰辛历程。受屈大均所著岭南最早的文化名著

《广东新语》的影响，本书易名《珠江新语》，并做了重要增补。一是增加了生态国学为基础的中华江山龙脉论，与人类文化金塔建构论、传播美学论形成稳态三大理论支柱。二是扩大视野，增加了东夷青州文化、北狄草原文化、西戎新疆文化作为南蛮珠江文化的参照。三是补充了珠江水系的东江、北江、南江等支流文化，以及泛珠江文化的广佛同城化、学习型城市与群众文化论等。

令人欣喜的是，近年来广东珠江文化研究会在黄伟宗教授率领下，出版了一批颇有建树的研究成果，对珠江文化的起源、水系、民俗、哲圣、海上丝绸之路的贡献等，做了更深入系统的研究，在全国深化了珠江文化的影响，配合了国家"一路一带"的发展战略。而我本人，也在潜心国学，撰写《易经》、《道德经》、《易经风水图鉴》，应邀考察中国东部、西部地区，为中山大学国家西部开发班讲授文化产业课程，以及撰写有关中华国学、文化强省战略决策报告的过程中，积累了珠江文化研究的新成果，并借中华国学教育丛书出版的机会，增补修订了本书新版，以见教于各方贤达尊者。

作者

农历甲午年春于天河洽乐斋